天

Borderless

下

博稽古今　融汇天下

开放中的变迁

再论中国社会超稳定结构

金观涛 刘青峰 著

The Transformation of Chinese Society (1840-1956)

The Fate of Its Ultrastable Structure in Modern Times

法律出版社
LAW PRESS·CHINA
——北京——

青年時代的經歷，使我們開始用系統演化理論思考中國社會結構問題，並提出中國社會超穩定系統的論説。從1980年代探討中國傳統社會（《興盛與危機》）到1990年代迄今，我們把這一研究綱領擴展到對中國社會及其思想觀念轉型的一系列著述中（《開放中的變遷》、《中國現代思想的起源》、《觀念史研究》、《中國思想史十講》）。我們始終認為：每當人們面臨“不確定的年代”，就會以千年的大歷史眼光反思當前的迷茫。

刘青峰

2024年12月

刘青峰/绘

1988年金观涛（左一）和刘青峰（右一）于北京

2021年金观涛（左一）和刘青峰（右一）于深圳

目录

书与人生

——写在《兴盛与危机》(增订本)、《开放中的变迁》再版之际

法律出版社出版这两本近二十年前在香港印行的旧作,我们意外、高兴之余,也感慨万千。我们的主要工作一直是以超稳定结构假说来分析中国社会及文化在两千多年间的演变,姑且不论对其褒贬评价,它已成为我们的学术符号。三四十年来,从我们年轻时代的思考,到1980年代热情投身于民间文化运动,再到近二十余年沉潜于学术,一直围绕着这一假说的提出、研究和不断深化,也记录着各地出版社、编辑与我们的缘分。伴随着时代变迁,是我们辗转于北京、贵州、杭州、郑州、北京,再到香港、台北的人生。熟悉的城市和景观已永远消失,当年种下的树苗已长成大树,我们亦从中青年步入老年,唯独不变的,是我们仍然在思考、研究中国社会这个超稳定系统。

1981年,我们完成《兴盛与危机》写作之后,这本书便进入当时以出书快而闻名的湖南人民出版社的漫长曲折审编过程。到1983年尚不能确知出版日期,于是,该书简写本《在历史的表像背后》便收入第一批《走向未来》丛书出版,它成为火红1980年代的畅销书之一。湖南出版《兴盛与危机》之后过了三年,1987年夏我们结束访美一年回到北京,已调至江苏人民出版社的胡凡女士再次登门,

希望我们针对该书引起的广泛讨论作出修订并重新出版。就在修订稿基本完成之时,1989 年 4 月初我们到香港中文大学访问,此后长期留在中国文化研究所工作。1992 年,《兴盛与危机》增订本只能由香港中文大学出版社出版了。

从 1984 年算起,二十六年间《兴盛与危机》,该书先后出版了简—繁—简体字不同版本。细心的读者会发现,香港版《兴盛与危机》增订本的副标题,由 1984 年湖南版的“论中国封建社会的超稳定结构”改为“论中国社会超稳定结构”,删去了“封建”两个字。1993 年香港中文大学出版的《开放中的变迁》是《兴盛与危机》的续篇,副标题“再论中国社会超稳定结构”中也没有“封建”二字。近十多年来,我们从事关键词研究,认为从关键词使用的变化可以追踪历史足迹,那么,我们著作的副标题中“封建”这一关键词从有到无,又蕴含着什么样的思想轨迹呢?

按学术规范,用“封建”一词指涉从秦汉到民国前的中国社会,显然不很确切。表面上看,使用术语的变化,是与我们从北京来到香港,为了与海外学术用语一致,其实并不尽然如此。因为,“封建”不是一个简单的学术用语,它饱含着几代人痛苦而复杂的思想历程。

在受共产主义革命教育成长起来一代人的语汇中,“封建”是描述中国两千年间的君主专制独裁和地主阶级剥削制度的专有名词,是中国革命要推翻、打倒的对象。当 20 世纪中国的不断革命发展到文化大革命时,在追求解放全人类的崇高道德理想目标下,全民狂热追随伟大领袖,砸烂旧世界,彻底革命。现实生活却是几亿人互相残酷斗争,人的生命尊严扫地。“文革”发生时,我们都是北京大学学生,作为在反封建中成长起来的一代人,还有什么能比“封建”的复活更触目惊心的呢?我们开始思考革命后的现代中国是否与革命力图摧毁的古代制度存在着某种关联。我们决定放弃原有专业,转入中国历史和文化的研究,进入幽暗漫长的历史隧道。

1970年代初,我们已具备用超稳定系统解释中国朝代循环与封建社会长期延续之间的关系的看法。“文革”结束,1980年,偏远的贵州师院学报上发表了我们研究的初步成果。它之所以能立刻引起广泛重视和讨论,“中国封建社会为什么长期延续”问题,不正是经历了“文革”一代人的共同思考吗?在1980年代的思想解放运动和第二次启蒙热潮中,我们写作中使用“封建”一词,把它作为反思对象,自然不会觉察到得有什么不妥。

1989年,我们来到香港中文大学后不久,就开始写《开放中的变迁》,它作为《兴盛与危机》的续篇,要解决的正是《兴盛与危机》一书隐含着尚未言明的主题。这就是中国近现代革命究竟和超稳定系统是什么关系。虽然是同一问题意识进入更深层面,但“封建”一词毕竟已失去了中国启蒙思想大背景上的位置。我们用“传统社会”代替“封建社会”,而没有用在学术上更为准确的“帝制时代”,这是因为任何纯学术的背后都存在思想的考虑。中国第二次启蒙虽然过去,但由传统向现代的转型并没有完成。我们意识到,其中涉及的人文社会探索,已远越出中国社会和文化的范围。正如“文革”终结了革命乌托邦使得现代性再次成为全人类的宿命一样,作为超稳定系统的中国传统社会演化史,有着不同于西方社会变迁的历史经验,它将为人类社会普遍历史提供新的视角。事实上,出版《开放中的变迁》并不是中国社会超稳定系统研究的终点,而是走向思想史、观念史和轴心文明比较史的起点。我们至今仍缓慢地行走在这条看不到头的探索之路上。

今天,21世纪已过去十年。而我们是20世纪的人,“文革”前曾立志献身于科学,“文革”使我们成为反思的一代。对中国历史和现状以及由这个出发点对人类处境的思考,是反思的一代的共同宿命。时光流逝,我们从启蒙大潮中心走到边缘岛屿,始终不能忘怀中国的文化建设。在这两本旧作再版之时,我们渴望能与不相识的年轻读者思想交流,犹如我们回到青年时代,与南来北往的朋友彻夜促膝长谈。我们相信,每当中国发生巨变时,历史上曾经触动几代人心灵的问题,总会一再震响。

金观涛、刘青峰

2010年10月于台北木栅化南新村

第一版序

1989 年 8 月盛夏,我们开始写作本书时已经考虑到研究和写作的艰辛了,但依然没有料到要拖到今天——1993 年 8 月——书稿才能付印。又是一个盛夏,我们办公室窗外的青竹、门口池中的锦鲤,同四年前一样充满勃勃生机,时光却在我们埋头写作中不知不觉流逝过去。写作期间,几度春秋,数易其稿。完成这本书成为我们这几年生活的一个目标,它像隐蔽在浓雾中的一座高山,吸引着我们,令我们备尝攀山时的兴奋、疲劳,失去方向时的困惑、沮丧。今天,在我们接近目的地时,有一种如释重负的喜悦,同时又有告别一个老朋友般的空虚和惆怅。

在写作过程中,始终存在表达的困难。困难不仅在于如何更准确、更概括地阐述内容,而且还在于必须照顾到一般读者和专业研究者的不同要求。为了便于阅读,本书各章均由正文和批注两部分组成:正文尽可能简明扼要地勾勒出论述主线;批注在正文中用〔　〕标出,是讨论细节或引申出来的学术问题,有关文字叙述则放在各章正文以后。本书吸收了许多学者的研究成果,作为我们近代中国社会宏观变迁论点的证据和细节。这些成果多以简明的图表收入各章正文和批注。因此,本书附录中除了索引和参考文献之外,还列出全书百余个图表的目录。

任何一本书的写作,总包含着比文字所能表达的更丰富的内容。它不仅是人追求真理、实现自我生命价值的体验和经历,也包含着支持这种探索的人与人之间的相互理解和友谊。首先,我们要说的是,如果没有香港中文大学为我们提供稳定良好的生活环境和研究条件,我们在四年中要完成这本书的研究和写作几乎是不可能的。我们还要感谢香港"大学及理工资助委员会"(UPGC)资助本书的打印和研究助手费用。朱英先生曾校订过本书的前四章;庆源先生认真地查核了全书引用的材料、通校全书,大大加快了本书的后期工作;李洁儿小姐近一年多来不厌其烦地录入我们写作过程中不断修改的文稿;张素芬小姐制作了本书封面;孙立川先生做了部分编校;吴江波先生安排本书制作出版;郑会欣先生作了最后的编辑工作。在此,我们谨向他们各位表示诚挚的谢意。

最后,我们要特别感谢张玉法先生和陈方正先生。今年5月,我们征得张玉法先生同意,将本书初校寄到台湾,7月下旬就收到张先生的回函。张先生在百忙中通读了三十余万字的书稿,并在史实和编辑两方面提出宝贵意见。我们在定稿时采纳了这些意见。香港中文大学中国文化研究所所长陈方正先生,作为我们的好友,四年来一直关心我们的研究、写作以及本书的出版。特别是在书稿初校出来后,方正兄每周细读一章,校样上随处可见方正兄批阅的文字和勾勾画画的痕迹。大到各章各节的论点,小到文字叙述表达、标点符号使用,方正兄都认真提出具体意见,然后与我们逐章讨论,无疑对提高全书质量大有裨益。这也是我们第一次在海外出书前就征求专家和友人意见。可以说,这是一次令人愉快的、难忘的经验。

金观涛　刘青峰

1993年8月20日于

香港中文大学中国文化研究所

导言：寻找历史之路

只要从睡梦中醒来，
黑夜本身是不足畏惧的。

《开放中的变迁——再论中国社会超稳定结构》是我们研究中国社会宏观结构的第二本著作，它是《兴盛与危机》的续篇。在这本书中，我们试图以一种新观点来诠释鸦片战争以来的中国近现代史，提出超稳定系统在对外开放条件下的行为模式。在论述正文之前，先简单介绍一下我们如何写这本书，也许是有意义的。

1. 大时代的历史感

青年时读汤因比（Arnold J. Toynbee）的书，最难忘的是他写《历史研究》的经历。第一次世界大战后，汤因比乘东方快车自伊斯坦堡一路西行，巴尔干半岛上古远缥缈的高山平野，使他想起昔日文明的光荣与血腥，一种奇异而壮丽的历史感在心中涌起。他感到“一战”的欧洲和修昔底德（Thucydides）写作伯罗奔尼撒战争史时代的类似。他把自己的构思写在一页纸上，从此一生就为实现青年时代打下的提纲而奋斗。当时说什么也想不到，类似的故事居然也会发生在我们身上。我们青年时代的探索，由自然科学涉足于人文历史领域，我们为自己的历史研究也付出了代价，但我们一直没有放弃探索，对近现代史进行思考，所有这一切也都起源于青年时代的历史感。

所谓历史感,是指人突然对自己生活的时代有所领悟,把人类今天碰到的种种问题和数千年来我们祖先生活的社会联系起来,从而产生一种企图超越某一个特定时代、某一种特定文化社会规范来考察历史的意识。它往往出现在社会或思潮发生重大转向的历史关头。我们对中国历史的思考最早开始于60年代末和70年代初,这种企图重新审视中华民族几千年来走过道路的历史意识萌发于文化大革命时期并不是偶然的。今天,几乎没有人会否认20世纪最重大的历史现象之一是全世界范围的社会主义实践的兴起和终结。只要追溯1989年后苏联东欧社会主义国家纷纷解体的历史因果链,就会发现中国的十年改革也是这一制度内部出现巨大自我断裂张力的重要根源。而中国1979年后的改革开放正好是"文革"摧毁了乌托邦的后果。因此,在某种意义上,中国的文化大革命是社会主义实践的转折点。在这种转折关头所激发出的思考无疑有着特殊意义,何况这么多年的经历为我们提供了海外人文历史学家很难具备的特殊视角。

60年代中期,社会批判意识有两个基本角度:一方面来自于社会主义和资本主义胜负难分的拉锯战,它们各自用自己的价值体系来批判对方,形成五花八门的理论;另一方面是青年人的普遍反叛,新一代以自己特有的敏感和热忱向权威提出挑战,对一切现存制度的合理性进行再思考。而我们恰逢这两股潮流的奇特交汇点,既感受并经历过红卫兵运动的狂热,又为席卷整个西方的愤怒青年之反抗而激动。但是和西方青年不同,我们是在社会主义和共产主义思潮下长大的,了解这一政治文化巨灵内部的五脏六腑。当文化革命中乌托邦幻灭,那些被掩盖着的社会问题向敏感青年显现时,我们突然被一种重大的历史意识所震撼,这就是发现了统治的意识形态与中国封建专制主义的某种传承。

也许,很多老一辈的人早已察觉到这一点,1949年共产党进城，相当多的知识分子将其当作一个新王朝看待。我们和老一辈不同，深知社会主义本是批判资本主义、企图超越资本主义的产物。无论是封建专制，还是产生这种专制的文化、经济土壤，都是共产党人力图摧毁的东西。但是，中国共产党人的反传统却造就了一个做梦都没有想到的后果——就在他们以为彻底砸烂旧社会并在它上面建立了一个红彤彤的新世界之时，却无法摆脱封建社会影响下的封建专制。固然，马克思主义者可以据此认为马克思主义从未真正实行，现有的社会主义是假的，而自由主义也可以因此宣布马克思主义的虚妄。但我们认为，这一过程本身的意义远超出这两种价值判断之外。它恰好表明在中国一百多年社会改造的历程中，制约着中国社会变迁的深层结构没有被真正意识到，结果是历史好像在跟人开玩笑：本来想走进这一个房间，却发现走进另一个房间。从世界范围看来，社会主义实践无疑是人类第一次有意识地干预社会演化，它的奇特后果无论从理论还是从实践看都是全新的。当时，我们刚二十岁出头，历史感的涌现改变了往后的人生道路。我们放弃了自然科学的研究，决心转向社会科学。我们隐隐感到，这个问题的探索也许要用一生的努力才能实现，它是向一个未知的庞大怪兽作战。当时中国是最封闭的，几乎看不到国外的社会科学研究成果，我们是从自然科学中吸取方法的。这就是把控制论、系统论引进历史研究。

我们发现，从秦汉帝国建立一直到今天，中国社会深层组织方式一直没有改变，这就是社会的整合建立在人们对某种统一意识形态的认同之上，我们称之为意识形态与社会组织一体化。正是这种组织方式造成社会主义和封建专制的类似性。当时我们把这种思考写成一份六七万字由三部分组成的提纲。第一部分是中国传统社会组织方式研究，它包括在研究方法上批判经济决定论，引进系统演化方法来建立社会变迁模型。由于中国传统社会的组织方式是儒家意识形态与社会政治组织的一体化，就造成社会演化呈现出与西方完全不同的类型。在这种社会结构中,新结构难以在旧组织中成长壮大,旧社会结构瓦解后又会再次修复,社会演化呈一种奇特的动态停滞,我们称其为超稳定系统。这种组织方式造就了中国古代盛大辉煌持久的文明,但社会进步积累又为周期性大动乱所中断。当西方进入资本主义工业文明时,中国也就从先进转化为落后。超稳定系统假说解释了中国封建社会在相对与世隔绝条件下长期延续的原因。

第二部分内容是研究超稳定系统受到西方文明冲击后的行为,它应该包括用超稳定系统理论对 1840 年至今天的中国近现代史重新进行诠释。当时,我们虽然明确地意识到,1949 年中国建立的社会是毛泽东思想和社会组织的一体化,在意识形态和社会组织关系上与两千年的封建社会同构,但我们当时的学识不可能了解,传统一体化解体后,中国为何还是会最终建立这样一种结构。不过我们却十分强烈地感受到,正因为在今天的社会结构中意识形态和政治一体化的组织方式未曾改变,当中国共产党人用这种组织方式来实现马克思批判资本主义的社会理想时,却仍然在封建专制主义中运行传统。

当时,我们还用这种社会组织方式来探讨文化革命的原因和它带来的后果,它是研究提纲的第三部分。三部分中第一部分最为详细,它后来成为《兴盛与危机》一书内容的基本思想。70 年代中期,我们在河南郑州大学任教,从那个时候起就开始广泛收集材料,与来访的朋友讨论,为今后实现这一提纲做准备。

2. 逃避近现代史

人在青年时代所抱的理想,如同一个向四面八方涌射之源泉,任何一个方向之水源都可能会转化为汹涌的激流。但是当你选择了某一个方向,也许一辈子就跟着这一方向的激流走。如果不是有巨大的意外事变,往往再也不可能回到原有起点,去展开青年时代梦想的另一部分。我们的研究提纲也是如此。1979 至 1989 这十年,中国大陆推行改革开放,出现了1949年后从未有过的思想文化发展的好气候。我们研究提纲的第一部分获得了充分展开。1980年,我们发表了论中国封建社会超稳定结构的论文,在学术界引起广泛关注。1981年,我们进一步把论文扩充成专著,《兴盛与危机》一书于1984年在湖南出版。1987年,我们结束一年美国访问归来,开始对《兴盛与危机》作全面修订。我们吸收了近十年学术界的研究成果,验证和细化中国社会超稳定结构假说,以对海内外各种批评作出回答。(《兴盛与危机》的修订本,拖至1992年才改由香港中文大学出版。)与此同时,我们必须进一步锤炼方法论之剑,把来自控制论、系统论、突变理论中的内容和社会科学历史结合,转化为我们自己在运用中不断成熟的新分析工具。

1979年到1989年这十年的生活紧张而忙碌。我们出了一本又一本的书,与朋友们一起开创了《走向未来》丛书等民间文化事业。光阴飞逝,正如诗人所说"活得匆忙,来不及感受"。中年人的忙碌和沉醉于忙碌带来的成功感,实际上和吸大麻差不多,用占满每天时间来逃避人生的空虚,使他忘却那个青年时代立志一生去追求的理想。正如孙行者画地为牢不让唐僧离开以免受外界伤害一样,当时我们所有探索都有一个不曾逾越的限制,这就是闭口不谈近现代社会变迁。事实上,无论是我们在哲学方法论上的创新,还是历史文化探索,都只是青年时代拟下提纲第一部分之细化。而青年时代历史感的主体,却是对中国现代社会和传统的类似性的体悟,近现代史应比传统社会分析更为重要。可以说,我们是为了解决近现代社会变迁之谜才去研究中国传统社会的。攻其坚必先利其器,我们却整整十年沉醉在磨剑之中,好像造剑本身就是目的。实际上,这是对中国近现代史研究的逃避。

这种逃避来自中年人特有的以成熟和坚强为掩饰的懦弱。青年人在追求真理时有初生牛犊不怕虎的精神,中年人却由于深知前人之专业研究,了解这潭水有多深,就固守"不知深浅,切勿涉水”的信条。我们知道,无论从材料上,还是问题的复杂性上,中国近现代社会变迁的研究都远比传统社会更难,这是一个更为庞大的领域。任何一个仅仅了解中国传统社会的历史学家是不可以凭主观想象和直观外推来理解近现代的。我们在已开辟的领域中比较容易取得成果,但转到近现代史,就可能被史料淹没而一无所获。而且,我们提出超稳定假说已几次被扣上资产阶级自由化的帽子,中国近现代史涉及的问题在政治上远比古代史敏感,即使写出书来,也难以出版。

青年时代的历史感犹如初恋时对爱情的向往,它虽被中年繁忙的应酬和社会责任而造成的心灵麻木所压抑,但有时仍会如大鹏般突然振翅欲飞,在被专业和理性禁锢的铁笼中,带来阵阵不安和骚动。直到某一个重大转折的来临,往日努力的成果和瓶瓶罐罐被意外事变打碎,在十几年耕耘中自己筑下的所有藩篱均被重大历史事变拆除,青年时代的目标才会再次在生命和真理的追求中凸显出来。这一天终于到来了,这就是1989年4月以来我们长居香港之后,像青年时代那样听从历史感的召唤,再次进入新的探索领域。

3. 孤独者的回应

1989年4月初我们应香港中文大学中国文化研究所邀请,作五个月的学术访问。正在这段时间,中国出现了巨大的变化,我们在香港留了下来。当代学者常用“内在流亡”来比喻现代人内心的孤寂。在现代,人与人之间心灵的距离虽已被喻为如一个星球和另一个星球那么遥远。流亡是把一个人彻底和他原有的社会角色相孤立的过程。中年人惨淡经营十几年的文化事业毁于一旦,多年共事的朋友群消失了,他甚至不能照顾年迈的父母,不能再对儿女负起应有的教育责任。在原有的社会角色粉碎之后,一种类似于麻痹症般的无力感开始不断扩展。本来,我们正努力推动事业不断向前发展,是文化思潮的理性反思者,而在此之后,激烈的简单化情绪代替了理性,批判意识被用道德为旗号的指责败坏,中国和西方的关系一度退回到冷战时期。作家失去了读者,理论家失去了预设的论辩和说服对象。新文化的创造再次被政治干预和社会关切的变化所中断。流亡者的镜中形象不再是一个社会历史和文化积累中的自我,而是赤裸裸孤立的灵魂和躯壳,原来生活的社会赋予人身上的种种意义不再存在。萨特(Jean Paul Sartre)说,我写作故我存在。加缪(Albert Camus)说,我反叛,故我存在。对于我们这一代人,中华民族历史的苦难犹如苍天一样笼罩着我们的青春、生命和思想,从青年时代起,就意识到我们是为着中华民族未来的命运而存在的。但是现在我们还能为祖国做什么呢?

香港中文大学位于八仙岭之南,往北只要翻过两重山峰就是中国大陆。我们常常站在阳台上,面对北方群山,看着太阳徐徐下山,身后华灯亮起,一个灯火辉煌的现代化都市和黑压压的北方构成明显对照。我们在孤独中痛苦地沉思,思考常被九广铁路上轰响疾驶而过的火车中断。是的,对于孤独的思考者、立志把祖国的未来当作自己命运的中国人,我们既无政治权力,又无经济实力,除了已被社会冷漠的文化学术研究外,我们什么也不会做,我们应该做什么呢?我们又能做什么呢?

中国也许真的又到了一切理论研究、任何文化创造都是多余的时代,社会正在黑暗中酝酿着改变它的各种新动力。然而在中国历史上,从来不缺乏各式各样推动力。问题的关键在于,大多数新的动力出现时,它们往往是盲目的。我们的祖父辈不正是被它们推着走的吗?到了我们的父辈,力的方向改变了,他们又被改变了的力推着走。80年代,我们对父辈创造的精神果实和社会体制进行反省之时,却发现自己站到了类似于我们祖父辈的立场。一代又一代人成了历史重复和轮回的工具。在巨大的历史悲剧面前,愤怒开始平息,偏激之情也随着时光流逝变得淡漠,热情却依然留在我们心中。一种把中国今天悲剧般命运和历史遭遇联系起来的思考日益强烈,我们心中再一次涌现出历史意识。正如历史不能对11亿人无动于衷一样,理论家也不能对自己民族在150年中付出的代价无动于衷。尊重历史最好的办法是去大无畏研究她。我们再一次翻开青年时代的提纲,阅读二十年前的文字,在种种不成熟的观点和错误的史料背后,居然发现那些曾经激动过我们但后来却认定是幼稚的东西仍然正确,心灵再次被青年时代的历史感所震撼。

我们为十几年来下意识逃避近现代史研究感到羞愧,决心着手写《兴盛与危机》的续篇,探索自1840年超稳定系统对外开放后的社会结构的演变。思想家有自己的战场,那就是去战胜(认识)那些人们创造出来但又难以驯服的观念。在社会巨变中,有多少观念如过眼烟云被人遗忘,又有多少观念被历史积淀形变,上百年来它们吸收着民族血汗和精华,成长为庞然大物,使每一个后继者都生活在它的阴影之中,视它们为理所当然。理论家与错误的历史观、不公正的偏见,以及控制着人们的意识形态之战犹如解除魔咒,为了让理性之光照亮观念的群山,就应使它们恢复人创造历史时的本来面目。这种战斗在本性上是孤独的,有无读者和观众多寡对战斗者没有影响。在80年代文化热时期,理论探讨如罗马角斗士进入斗兽场,在社会众目睽睽之下进行,新观念一提出就立即得到观众响应,即使思想苦斗毫无结果,参与者仍能从过程本身得到满足而毫无怨言。但是在绝大多数场合,思想探索不是一项可以忘情于人群的公共活动,思想家必须习惯于孤独的战斗,这是他唯一能对社会挑战所做出的响应。

4. 涌现"历史记忆"

当我们沉入中国近现代史研究时,才开始理解为何这一领域的突破如此困难。我们碰到的第一个障碍是:中国150年来的社会变迁被人为地割裂成互不相关的几段。青年时代,读毛泽东词《念奴娇·昆仑》,最不解的是诗人因环球大同理想,用倚天宝剑把莽莽昆仑山砍成三截，一段遗欧，一段赠美，第三段留中国，以达到世界“同此凉热”的目的。整体的中国近现代史很像诗中昆仑山的命运，在当代人心中隔裂为三个难以相通的部分。第一部分是晚清（从 1840 年到 1911 年），其主线为中国传统社会受到西方冲击，大一统封建王朝步步解体。第二段是自辛亥革命后至 20 年代这十几年，这一时期中国社会变迁的主线是文化观念大变革，爆发了全盘反传统的新文化运动，中国产生了马列主义和三民主义两个新意识形态。第三段是 1927 年以后，中国社会再次整合，国共两党的斗争成为现代史的主线。这三阶段因历史主线不同，研究清末历史的专家不一定熟悉在年代上只差几年的新文化运动；研究新文化运动的学者则可能不了解国共两党的历史。这种断裂带来的另一个严重后果，就是中国人对近现代历史记忆的短暂。每隔十年，恍若隔世，正如代沟一样，青年人往往对上一代的心态和经验毫无所知。可怕的是近现代史专家也陷入了类似境地，他们只研究某一段的历史，仅在自己熟悉的领域中提出问题，总结历史经验，从而使历史反省受到无形的限制。

弗洛伊德（Sigmund Freud）派的心理医生常常用催眠和解梦来驱除笼罩着病人心灵之观念压迫，使人从过去的梦魇中得到解放。历史学家恢复历史记忆除了要突破专业藩篱、尽可能从自己熟悉的那种对过去之解释中摆脱出来以外，还必须把自己放到历史变迁中去，用自己的心来感受发生过的重大历史事件。在阅读近现代史的史料体验中，我们发现，表面上发展主线完全不同的近现代史三个阶段存在着结构性的关联，这就是意识形态和社会组织的关系。晚清史的主线可以归为在西方冲击下士大夫对儒家意识形态认同出现危机和大一统王朝解体；新文化运动则是中国知识分子抛弃儒家意识形态寻找新意识形态之运动；而五四以后的历史主线是两种新意识形态相互竞争、称霸并重新整合社会之过程。它符合我们在《兴盛与危机》中已阐明的超稳定系统的基本组织方式,即意识形态和社会组织一体化的假说。我们认为,当传统的一体化结构不能抵抗西方冲击时,就会出现传统意识形态的危机,以及相应一体化组织之解体,但是由于中国社会的意识形态与社会组织一体化这种组织方式没有改变,危机的后果只会是意识形态更替,即用更换意识形态以产生更具社会动员力的一体化组织来适应西方冲击。也就是说,只要把超稳定系统的基本结构放到对外开放条件下去考察,其典型的行为模式已不是王朝周期性的崩溃与修复,而表现为“传统一体化结构解体——意识形态更替——新一体化结构建立”的三部曲。在与世隔绝条件下封建社会的长期延续和对外开放条件下更换意识形态,并出现与传统同构的新一体化结构,都是超稳定系统基本组织方式的表现。

5. 新意识形态的迷思

一种基于灵感的构思,不管它多么诱人,多么具有表面的说服力,但和社会科学理论仍有十万八千里距离。走完这一路程不仅仅是收集事实材料的艰苦铺路,还必须克服思想逻辑方面的困难。我们用来把握近现代社会变迁的新历史观是超稳定系统在对外开放条件下社会结构的转化,它由“传统一体化解体——意识形态更替——新一体化结构建立”这三个环节组成,虽然它在宏观上与近现代史主线相符,但是在这三个阶段内在的逻辑关联被阐明并得到历史材料支持之前,它仍不能算作科学假说。

人们很容易理解中国传统社会和传统意识形态因不能应付西方冲击而解体,但是为什么会导致弃旧图新意识形态更替运动呢?中国知识分子为什么会在反传统之际认同马列主义和三民主义?三部曲中第一阶段和第二、第三阶段有什么联系?这是整个模式的基本困难。以往的历史研究,大多局限于对 1915 ~ 1924 年这十年新文化运动思潮本身的分析,来阐明反传统知识分子信仰马列主义的理由,占主导地位的观点是诉诸中国人的民族主义心理,即认为由于共产主义是源于西方又反对西方的意识形态,因此对于被西方侵略又不得不向西方学习的中国人具有特殊魔力。这种对中国人亲和新意识形态的解释是简明而有说服力的。这种解释最大的问题在于,它仅仅从文化心理层面来分析意识形态更替,而忽略了政治、经济与意识形态的互动,新文化运动中新意识形态的出现就和19世纪末开始的社会巨变割裂开来。而且由于马列主义明显是一种外来意识形态,这种史观由于看不到中国社会亲和于外来意识形态巨大的内在结构性动力,其不可避免的结论是把中国现代社会看作传统的断裂。这就使中国现代社会变迁的一些重大特征,都显得怪异而不好理解。如30年代三民主义向儒家传统的复归,马列主义的儒家化——毛泽东思想的出现,以及1949年大陆新建立社会结构和封建王朝的类似性,都难以纳入逻辑一致的分析架构。

我们决定把《兴盛与危机》一书中用于研究传统社会的整体分析方法运用到近现代史领域。如果说在古代社会研究中,这种整体分析方法主要用以解除唯物史观和经济决定论的束缚,那么在近现代史研究中,则有助于我们克服韦伯式思想史研究的文化决定论。也就是说,即使是意识形态更替,它也并不只是(或者主要不是)一种文化现象。在超稳定系统中,意识形态与政治、经济子系统存在着强耦合;意识形态内容的变迁和与它相关的社会组织解构存在着互动关系。1894年中日甲午战争失败标志着中国在不改变自身固有组织方式情况下进行第一次现代化尝试——洋务运动的失败。这时传统意识形态中的社会观和哲学观已经开始部分解体,整个知识界对《天演论》所宣传的进化观趋之若鹜,于是出现了一系列政治经济改革和意识形态认同危机蔓延的互动。1898年的戊戌政变,1906年的立宪改革,1911年大一统清王朝瓦解,均是这一互动必经的阶段。意识形态更替只是一体化组织解构的最后阶段,它和绅权整合社会失败密切相关,即它只是超稳定系统中社会整合危机导致的后果。我们可以从意识形态和政治经济结构的互动关系来解释为什么新文化运动发生在1915年后(即清王朝瓦解后),并说明传统社会的组织方式如何潜在地左右着新知识分子选择(或自行创造)新意识形态。

意识形态更替是传统意识形态的具体内容(政治文化符号)从深层结构中剥离下来的过程。新文化运动的反传统只是否定了儒家意识形态的具体内容,而没有触动用意识形态整合社会的基本思维模式,这样,传统的文化深层结构就和否定旧意识形态之逆反心理结合,成为选择外来新意识形态或自行创造新意识形态之基础。于是,在我们的历史解说中,新意识形态对旧意识形态的代替不是传统之中断,而更像传统结构的倒置。我们将其形象地比喻为意识形态面具的倒转,在深层结构不变条件下实现某些传统价值的逆反:如用群体的道德理想主义代替个体的道德理想主义,用未来的乌托邦代替古代的“大同”。这种解释也许更能有助于理解为何新意识形态会那么快地普及。正因为新意识形态符合了传统的深层结构,但又不同于儒家,并以反帝反封建为内容,从而具备了比传统意识形态更大的组织力。它一出现,就既可以促进中国社会实现内部整合,又可以对抗外来挑战。中国出现了比传统一体化结构更具动员力的组织结构,国民政府是三民主义和政治结构一体化,共产党政权是毛泽东思想与政治结构一体化。20年代后中国历史正是具有更大社会组织力的一体化结构不断壮大的历程。这样,近现代史在我们的解释中就可以联成一个有机的结构演化之整体。

6. 知识分子边缘化和民间社会的消失

超稳定系统说必须克服的另一个困难,是必须解释为何中国现代社会组织形态和传统封建王朝有着明显差异。

海外学者把中国现代社会看作传统的断裂并不是没有理由的,中国传统社会的组织者是儒生,他们或通过科举考试成为大一统官僚机构成员,或在乡村基层以缙绅地主身份作为地方和宗法家族的领袖,承担政府机构控制向农村延伸之功能。中国现代社会结构的组织中坚是列宁主义式政党,组织方式是以党治国、以党治军,党员占据了社会组织的中心位置,而知识分子则退到了边缘。第二个重大差别是民间社会的消失。传统一体化结构中,官僚机构的末梢是县一级,县以下则是民间社会。但在国共两党建立的现代社会中,官僚机构出现了历史上从来未有过的大膨胀。国民党南京政府官僚控制达到县以下区一级,民间社会已经比传统社会大大缩小了。而在共产党建立的社会结构中,官僚机构比传统社会扩大成百倍,民间社会和所有的公共空间都消失了。

这两个重大差异如同深不见底的鸿沟,横在中国现代社会结构与传统结构之间,似乎把它们从本质上区别开来。任何一个研究者,无论有多少现代政治文化与传统类似的感受,但只要不能填平这条鸿沟,现代和传统的类似关系就只是一种直感,不能转化为科学假说。人们要理解近现代史的渴望愈是急切,这两个差异向人们提出的挑战也愈强烈。1989 年后,这两个问题也成为学术界注意力的焦点。1990 年民间社会的讨论成为西方学术界的重心之一。余英时在《二十一世纪》杂志上提出,在近现代史上中国知识分子日益地从社会中心被排挤出来,成为边缘人物。“知识分子边缘化”一下子成为热门话题。而我们深知,如何解决这两个问题是考验我们近现代史观是否具有说服力的试金石。自从国共两党登上历史舞台以来,知识分子边缘化和民间社会日益缩小是人所共知的事实。问题在于,只要我们不把这些重大社会结构变迁归为偶然,就必须回答知识分子边缘化和民间社会消失的原因。

在以往的研究中,均将上述两种现象归之于外来影响,如把列宁主义政党兴起的原因归为向苏联模式学习,把民间社会消失看作列宁主义政党扩张的结果。但是中国在向苏联学习之前,曾长期向西方模式学习,也曾把类似于西方议会政党的组织(它们也是以知识分子为中心的)引进中国,为何这种尝试不能成功,而列宁主义政党却能在中国政治上大行其道呢?历史进程犹如洪水,而社会结构却是不引人注目的地形和渠道。当山洪铺天盖地而来时,它流向一个方向而没有走另外一个方向,表面上出于偶然,但实际上却被地形所决定。然而要在洪水之后复杂的地貌中发现干涸的河床却是十分困难的事。

这时社会结构演化的整体论分析就可以显示出独具的洞察力。我们认为,中国知识分子边缘化和民间社会消失,是超稳定系统在开放条件下进行社会整合时出现的必然现象。超稳定系统的组织方式是意识形态与政治结构的一体化,社会组织者只能由有统一意识形态的社会阶层来充当。当超稳定系统与世相对隔绝,占主导地位的意识形态是传统社会的主流文化之时,社会进行文化教育和造就具有统一意识形态知识阶层之过程是天然合一的。因此,在传统一体化结构中,知识分子之形成机制就使得他们具有统一意识形态,成为社会组织的中坚。超稳定系统对外开放,培养统一意识形态的社会组织者的目标和造就知识分子的过程再也不能合二而一,出现了结构性分裂。在对外开放、思潮日趋多元条件下,以传授知识为目的的学校(知识分子造就机构)是不可能保证知识分子具有统一意识形态信仰的,于是必须建立另一种组织来保证社会组织者的意识形态统一,这就是列宁式政党。总之,开放条件下建立意识形态与政治结构一体化,社会组织中坚是统一意识形态之列宁主义式政党,而知识分子自然退到了边缘位置。

一旦从保持社会组织者意识形态认同之功能来认识中国社会的组织结构,我们就可以较好地理解中国传统的和现代的社会结构的差异。在传统社会中,由于儒家意识形态以家庭伦理为本位,实现(培养)对这种意识形态的认同可以依靠家庭、家族和社会教化,儒家意识形态的这种特性使得它和政治结构一体化的组织形态是半官僚化的,其上层是官僚机构,其中下层可以是民间社会。而现代中国实现一体化的意识形态不再以家庭伦理为本位,它就只能用官僚机构充斥一切组织层次。20 年代后中国民间社会的消失,官僚机构大膨胀是中国在西方列强冲击下用新意识形态整合社会的逻辑结果。

本来,知识分子的边缘化和民间社会的消失是说明中国传统社会与现代形态断裂的例证,现在却可以成为我们历史观基本假设自然引申的结果,中国近现代史和古代史实现了统一。一些在近现代史上颇难解释的现象,如官僚资本主义的出现,农民革命组织形态,1955 年中国共产党放弃新民主主义,我们都可以在新的外表中发现传统结构的影子,它们均是超稳定系统社会结构在对外开放条件下的行为模式。

7. 走向新的批判

已故的法国当代学者阿朗(Raymond Aron)把历史解释称为“后知之明”(retrospective meditation)。其实,历史学家在探索历史时经历之崎岖与历史本身的复杂有着很大的类似性,只有在历史的疑难得到理论解释之后,我们才能获得这种“后知之明”。当事实与理论架构各方面契合,理论如水晶般明澈之时,这种解释看来极为简单自然,但获得这种了解的过程却充满了挫折。1989 年夏天,当我们决定进入近现代史研究时绝没有想到,我们会在这一密林中长途跋涉将近四年之久。有好几次,我们简直不知道,青年时代的历史感是不是一个虚幻的假象?有时,我们似乎有所发现,朝着看见的亮光走去,可转了半天又回到了原处。《开放中的变迁》正文只有二十多万字,但我们却写了五遍,只看见桌上的手稿越来越厚,不断被修改、取消,换上新的内容。我们写历史书极像贾克梅第(Alberto Giacometti)绘画,在蒙眬中出现了某种整体形象,但它很快被历史事实证伪、擦掉;当更多的事实显现出新的形象,它又被擦掉换上了更新的。每次擦去都留下了某些痕迹,结果手稿层层叠叠,如积累岁月一般,思想在那里沉淀。我们不知道什么时候写作会有一个尽头,也许,它永远只能停留在未完成阶段。

小时候,常有冬去春来时目睹映山红漫山遍野盛开的喜悦。那时会感到表面上单调、枯燥的世界会在一夜之间变得那么美,那么动人心弦。也许,没有一种阅读会像啃近现代史的史料那样枯燥,令人烦闷。中文大学的校园在吐露湾之畔的山上,我们常在校园中漫步、思考、讨论。每逢三四月间,红色的、粉的、白的映山红在浓雾中盛开,旧的花瓣刚落,新的花朵又绽开。历史探索中的映山红呵,何时才会在我们心中开放?

生活在 20 世纪末的知识分子是十分痛苦的。在一切思想痛苦中最痛苦的是,我们对时代变化的思考远远跟不上时代变化本身。我们对中国历史的探索自青年时代开始到今天,已经过去二十年了,我们仍在为解开中国为何走上社会主义道路的迷思而努力。然而在我们尚未理解现实之时,现实已经变了,东欧的社会主义阵营崩溃了。在福山和很多学者心目中,意识形态的历史已经终结。在这种世界和中国巨变的潮流中,历史研究突然显得无足轻重。我担心我们的研究极易给读者造成一个错误的印象,这就是在把中国式社会主义看作传统结构的旧瓶装新酒之时,它不过是重复了自由主义一个世纪以来弹过多次的老调:肯定了资本主义的合理。社会主义既然只是一种传统社会走向现代之时的反抗,它始终不能阻止社会由传统走向现代的历程,这不正是在理论上把今天虽已洋洋大观但却弊病百出的资本主义文明当作人类不可避免的前途吗?在整个思考过程中,这种对当代资本主义商业社会批判意识丧失的痛苦,一直在折磨着我们,使我们怀疑自己研究的意义。

以科学认知为目的的探索和从价值出发的反思不同,两者最大的差别在于,后一种批判一旦价值意义动摇就会失去进一步前进的动力,而前者却不受价值失落的影响,因为把社会结构的变迁搞清楚,认知深化本身就可以成为意义。而且只要认知过程进行得足够大无畏,它就可以成为重构批判意识的基础。随着本书快要完稿,一种立足于中国150年社会变迁之上的新的批判意识渐渐在我们心中显现出来。我们发现,如果人类真的要从历史中吸取教训,那么,历史轮回所告诉当代人的,绝不是应该毫无保留地重返资本主义文明,而是要超越一百多年来社会主义与资本主义的两极对立。

如果宏观地概括中国在西方冲击下走向现代社会的150年历史,它可以表示为社会应然模式在资本主义和社会主义两极之间的振荡。当传统一体化结构解体之时,中国一开始想建立的社会是直接模仿现代西方的形态。从1895年到1915年这二十年,中国一直以资本主义为蓝图推进现代化,只是当这一蓝图失败,社会主义共产主义思潮才开始兴起,批判资本主义的社会主义成为应然模式。然而,社会主义的实践实际上却造就了一个与传统同构的新的封闭社会,只有社会主义衰落,类似于资本主义的目标才再次显现出来。没有一个民族的现代化历程像中国近现代史那样,资本主义和社会主义各自在对方失败时取而代之表现得那么典型,反反复复,惊心动魄。这不得不促使我们去思考,社会演化在资本主义与社会主义之间两极摆动,是中国特有的、还是一种世界性现象呢?我们开始把从中国近现代史研究中得到的经验放到世界近现代史中去思考。我们注意到博兰尼(Karl Polanyi)在二次大战后的著作《巨变》,它在分析英国和西方近代社会起源时发现,西方近现代资本主义体系之形成直接和19世纪中叶否定具有社会主义性质的斯宾翰连法案(Speenhamland Act)有关。而这些具有社会主义性质的济贫法恰恰是更早期市场和工业革命带来社会危机之产物,也就是说,人类社会在现代化进程中,资本主义与社会主义之竞争一直是存在的,它甚至是从18世纪工业革命到现在社会经济史的主线。

我们突然领悟到,正如我们关于中国古代史研究的方法有可能投射到世界古代史中、产生一种文明演化的新方法那样,我们的中国近现代史研究也许同样具有普遍的意义。社会演化在资本主义和社会主义之间的两极振荡本身就表明:资本主义和社会主义两者都是由传统走向一个未知的现代社会之中间阶段。资本主义的功能是打破传统封闭,使社会走向开放。但它很快出现的弊病,导致社会出现危机。社会主义是对资本主义弊病的批判和否定,但却不得不以重返一个封闭的类似于传统的社会为结局。应该强调的是,对于不同的传统社会,社会主义和资本主义形态均是不同的。一旦认识到这一点,我们自然可以感到:以资本主义为特征的开放社会和社会主义一样并不是人类社会演化之终极。人类由传统走向现代的历程至今尚未完成。一个开放、稳定的理性社会也许只有在对社会主义和资本主义的两极振荡中吸取教训后才能出现。

我们隐隐地感到,一种新的批判意识已在以中国为范例的历史经验中形成。正如中华民族走向世界本身意味着改变这个世界一样,中国学者必须为当代批判意识的重建去承担自己的应有责任。今后,中国文化、中国历史对世界文化的贡献不仅仅只限于孔子和数千年的传统。和历史悠久的古代一样,它的近现代探索也可以成为批判和创造的源泉。我们正在走向新的批判。

第一章　超稳定系统的两种行为模式

不笑、不悲、不怨，

只是为了理解。

——斯宾诺莎

1.1　对新历史观的渴求

20世纪是人类历史上最令人困惑的时代：前80年，人类思想所显示出来的改造世界的巨大威力，是数千年文明史中前所未有的；而最后20年，人类思想又远远跟不上现实。自中国对外开放，短短十年左右，中国和世界格局都发生了巨变，东欧、苏联共产党政权相继解体，"二战"后形成的社会主义、资本主义两大阵营长达40年的对立霍然消失。在没有预料到的现实面前，现有的社会科学和历史理论无一不受到挑战。每当社会发生巨变，自然会激起人们追究其原因的理论兴趣，并进而思考已有的历史解释是否合理。对我们来说，一个重要的课题是重新解释一百多年来中国社会的历史变迁。

现有的对中国近现代历史的解释大致可分为六种：共产党、国民党各自的意识形态解释;西方学者的“冲击—回应说”、“传统—现代说”、“帝国主义说”三种模式;以及不满于上述五种解释的另一种观点,以余英时的说法最有代表性。他把20世纪称为中国历史上“最混乱、最黑暗的时代”。他认为无论是“五胡乱华”、“五代十国”还是“蒙古入主”对中国发展的摧残,都远不如本世纪严重。历史上文化和民间社会尚有很大生命力,大动乱后又出现了文化复兴与社会繁荣。而20世纪一连串的激进革命却彻底摧毁了中国传统文化和民间社会。[1] 余英时的历史感慨,无疑是来自当前中国社会深刻的结构性危机。把危机根源归之于共产主义革命和激烈反传统,是港台、海外学者中具有相当普遍性的观点。如果撇开价值判断,在某种意义上说,余英时的看法与国共两党的解释有着一致性。余英时把当代中国社会视为与传统中国社会的断裂,而国共两党都认为他们领导的反帝反封建革命旨在建立一个崭新的现代国家,因此,都可以统称为“断裂说”。

“断裂说”最大的问题是不能解释中国与苏联、东欧社会主义国家的差异。这种差异从五六十年代就愈加明显,中国发生了苏联、东欧都没有的“大跃进”和文化大革命。从“文革”中期开始,相当一部分知识分子感到,中国共产党建立的政权很像封建王朝之继续封建色彩浓厚。“断裂说”难以使这些人信服。在他们看来,传统不仅没有中断,中国危机的根源恰在于传统政治文化以新的形态出现。1989年以后,一个重读和重写中国近现代史的新探索已经开始。

西方史学界也有类似情况。据美国学者柯文(Paul A. Cohen)分析,20世纪70年代后,西方对中国近现代史的三种解释,即“冲

[1] 余英时:“待从头,收拾旧山河”、“中国知识分子的边缘化”,载《二十一世纪》双月刊,香港1990年、1991年总第2期、第6期。(以下简称《二十一世纪》)

击—回应说”、“传统—现代说”以及“帝国主义说”纷纷受到挑战。[1] 它们都犯了一个共同错误,这就是西方中心论。“冲击—回应说”把中国近现代所有重大事件均看作对西方冲击的回应,严重忽略了中国社会变迁的内部动力,越是靠近现代,这种史观越显得缺乏说服力。这一理论的代表人物费正清(John King Fairbank)在其晚年,已经意识到这个问题。他在80年代后期出版的《伟大的中国革命》一书中指出,中国在百余年间,计有五次外来武装入侵,但除了八年抗战外,其余四次影响和范围均十分有限,绝不能和中国近现代史上五次内部大变动相提并论。这五次内部大变动是:太平天国、辛亥革命、国民革命、国共内战和文化大革命。[2]“传统—现代说”是把西方现代化作为普遍模式,其最大缺陷是不能理解东方社会现代化道路的多样性。日本和中国几乎是同时在西方冲击下由传统向现代转变,但为何日本可以采取西方模式,而中国却变成社会主义国家?至于“帝国主义说”,它虽然在价值评估上把西方资本主义文明的扩张作为批判对象,但出发点仍是西方中心论。东方国家在近现代变迁中独特的文化、社会组织方式显然被忽略了。

柯文在检讨上述观点的种种缺陷后,呼吁历史学家以中国社会本身为中心来研究中国近现代史,他称其为“中国中心观”。虽然柯文也讲不清楚,他所指的“中国中心观”究竟是一种什么样的近现代史观,但这至少表明,西方学者从反对西方中心论而得出的结论,与中国知识分子的思考殊途同归。20世纪末期意识形态霸权和西方中心论退潮,使得被文化偏见或意识形态语言掩盖的真问题如磐石般地显现出来:那些历史上形成的各种不同的盛大文

---

〔1〕[美]柯文(Paul A. Cohen):《在中国发现历史——中国中心观在美国的兴起》,林同奇译,中华书局1987年版。

〔2〕[美]费正清(John King Fairbank):《伟大的中国革命》,刘尊棋译,国际文化出版公司1989年版,“前言”第2页。

明是如何走向现代社会的?传统的文化和社会结构如何左右它们的变迁?这需要我们以理性开放的精神再一次来探讨中华民族150 年来走过的道路。

1.2 古代史和近现代史的统一观

然而,这种探索的愿望又如何付诸实际研究呢?雅斯贝斯(Karl JasPers)在论述历史研究的困难时曾这样写道:“我们能够向史前投射那种暗淡光芒简直冲不破漫长的黑暗。”[1]对历史的整体认识,一直有两个最为晦暗的领域:一个是雅斯贝斯所说的远古,另一个则是近现代。由于远古离我们太远,缺乏足够的史料而难以把握。近现代则因为离我们太近,有太多具体事件,太多史料,人们不是迷失于烦琐细节,就是囿于参与社会事务而被束缚于特定时代的价值判断,把树木夸大为森林,使理性之光难以穿透。历史观的形成,往往要在时间和空间上保持一种距离,才能发现当时不易觉察到的历史事件之间的整体性关联。时间则是对人们的现实感情的无情洗练,历史学家可以从过分强烈的价值判断中走出来。可是,对于今天尚生活在其中或离研究者只有咫尺之远的近现代史来说,要靠时间或距离感来达到对细节和事件的价值判断之超越似乎是不可能的。但是,我们认为,有一个办法可以帮助当代人越过时间与空间的障碍,这就是尝试去建立一种古代史和近现代史演变的统一观。

确切地讲,我们先通过对近代以前历史的长程研究,总结出中国社会在大时间尺度上呈现的结构特点和演化模式,然后再将它

[1] [德]卡尔·雅斯贝斯:《历史的起源与目标》,魏楚雄等译,华夏出版社1989 年版,第 1 页。

放到受西方工业文明冲击的背景中去考察，看它会发生什么样的形变。可以把这种研究方法比喻为“历史望远镜之倒转”。通常，近现代史研究把中国150年来的社会变迁分作若干阶段，专家们尽可能熟悉每一段的各个方面，这犹如用放大镜和望远镜详尽地考察每一个细部。如果我们将望远镜倒转过来，就会出现一个相反的效果：历史事件的细部消失了，对象远离了我们，视野却大大扩展了，使得那些容易被忽略的联系显现了出来。我们获得了历史研究的新视野，中国近现代社会演变与延续了两千余年的基本结构浑然一体。我们面前，是一条整体的历史长河，它时而峰回路转，时而波汹浪急，时而坦荡浩然……

对于中国这样一个人类历史上少有的文明从未中断过的大国，它内部有一种极强的整合力，因而它的宏观变迁将主要取决于内部结构的制约。它受到西方工业文明冲击前的行为模式和受到冲击后的变迁路向，一定存在内在关联。也就是说，当我们在解释中国近现代一系列巨变，如洋务运动、戊戌变法、新文化运动以及最后走上社会主义道路时，总不能将它与中国传统社会的结构和行为模式割裂开来的。同样，古代史专家在津津乐道于中国封建社会与世界其他国家巨大差异，并用此来解释中国文明为什么在近代前一直遥遥领先时，也不应忽略他们的史观是否有助于理解当代中国社会。确实，这是一个关键性的考验，古代史和近现代史解释的逻辑一致的诉求，可以使我们超越时代近视和意识形态的屏障，获得一种历史洞察力的解放。我们提出中国社会结构是一个超稳定系统（ultrastable system）的假说，正是这样的一种尝试。

首先，我们通过中国封建社会和西方（以及其他封建社会）的宏观对比，指出中国两千多年的历史中存在两个最独特最鲜明的现象：一个现象是社会结构的停滞性。自秦汉大一统帝国建立一直到清朝，虽然社会生活不断发展变化，但社会组织方式一直保持着基本相同的形态，这正是人们常说的中国封建社会长期延续。

一种社会结构能在两千年历史长河中保持基本不变,在人类文明史上极为罕见。另一个重大现象是社会的周期性大动荡,每隔两三百年,中国社会都要发生一次社会结构毁灭性的崩溃,然后又奇迹般地重建。几乎每个王朝末期都有全国性农民大起义爆发,在动乱中三分之一到一半的人口丧失,几百年发展中积累起来的进步(财富)连同腐败(无组织力量)一起被扫荡。在动乱后,和旧王朝类似的新王朝很快又在残破的废墟上重建。一个系统通过周期性崩溃遏制进步和演化,长期保持特定的组织形态,这正是超稳定结构所具有的属性。我们提出的中国社会超稳定系统假说,正是从社会宏观组织方式出发,来分析中国传统社会结构,揭示周期性大动乱和封建社会长期延续的内在联系。[1]

简而言之,这种超稳定系统特有的组织方式,使得中国封建社会具有比世界上其他农业文明更强大的组织能力。每个王朝鼎盛时期,都呈现出高度繁荣,取得了在古代世界难以想象的成就。但是,也正是这种组织方式造成了它在演化中的动态停滞。西方社会却在不断演化,一旦它长驱直入资本主义工业文明,中国也就由先进转化为落后挨打。那么,能否用超稳定系统假说来研究中国社会近现代的演变呢?我们提出这一假说时,有一个特殊限定,即古代中国社会处于与世隔绝的相对孤立状态。在这个条件下,中国社会特有的组织方式才表现为较为单纯的周期性崩溃—修复的行为模式。我们发现,只要改变这一前提,当中国受到西方工业文明冲击再也不能保持其相对孤立状态时,那么中国社会内部固有的组织方式将和外来影响结合,塑造中国近现代社会变迁的特有方式。也可以这样说,中国近现代史上一系列重大历史现象,正好是超稳定系统在近代对外开放、受到西方工业文明冲击条件下的

〔1〕 金观涛、刘青峰:《兴盛与危机——论中国社会超稳定结构》(增订本),香港中文大学出版社 1992 年版。

变迁模式。

1.3　中国社会的独特组织方式

我们的整体研究方法由两个基本环节组成：首先是根据中国传统社会重大历史现象去寻找制约它的深层组织结构，通过解剖中国封建社会特有的整合方式，指出它在相对孤立条件下是如何规定古代史基本特点的；其次是把这种组织方式放到对外开放条件下去考察，以阐明近代社会变迁与传统行为模式的联系。

中国文明最大的特点是它在数千年中成功地维系了一个地域辽阔、人口众多农业社会的整合。因此，只要把社会组织分成上、中、下三个层次考察，我们就能发现，在这三个层次，中国社会均形成了和其他民族不同的组织方式。中国封建社会的上层组织是以皇权为中心的高度中央集权的官僚机构。从秦汉到清朝，各个朝代官僚人数不等，但大都保持着几万到十几万的规模。（注一）它们服从中央号令，执行对辽阔地区的行政管理，很少出现分裂和闹独立。在以小农经济为特色的传统社会中，各个地区缺乏有机的联系，要维系统一的官僚机构极为困难。马克思（Karl Marx）曾根据小农经济的自给自足的特点指出，封建社会的组织者常常被束缚于领地，全社会几乎不存在一个游离于土地之外可以建立广泛社会联系之阶层，从而不能“形成任何一种政治组织”。[1] 布洛克（Marc Bloch）在其名著《封建社会》中也讨论了封建社会政治组织的异化倾向，指出其典型形态——封臣制会不断退化（Alienation）。“我的附庸的附庸，不是我的附庸”，意味着封建社会政府各级管理

〔1〕 马克思：“路易·波拿巴的雾月十八日”，载《马克思恩格斯选集》（第2卷），人民出版社1966年版，第90～91页。

者演变为世袭贵族,它导致统一政府之解体。(注二)西欧统一王权的出现是封建社会向资本主义转化中的产物,有效文官系统的建立是更近代的事情。那么,中国在两千多年前又是如何克服马克思和布洛克所形容的组织困难的呢?

中国传统社会的独特之处正在于,春秋战国时期,逐步形成了一个不甚强调身份等级,并与土地相对游离的士阶层。到秦汉时期,他们所信奉的儒家意识形态日益完备并占主导地位。中国之所以能在秦汉以后维系大一统农业帝国的稳定,是因为设立了一种用意识形态为标准的选官制度,从而可以依靠士阶层作为大一统国家的组织者。(注三)用意识形态标准选官,就是把信仰儒家意识形态的知识分子——我们称之为的儒生——制度化地转变为国家官员。这种官僚机构具有开放性和流动性,防止了官僚世袭,演变为贵族领主。儒家意识形态中维护皇权大一统的信念,促使儒臣主动服从中央。中央政府依靠意识形态整合力保持着统治辽阔地区官员之间的互相合作,以防止分裂。(注四)

两千年来儒生阶层一直是这个超级大国的主要组织力量,用儒家意识形态标准选官的制度不断完善,从秦汉的推举,到隋唐已定型为科举制。清代科举制已极为成熟,当时凡读书人必经童试,每次选拔25,000名,称为生员(秀才)。生员三年一次乡试,大抵每科新中举人约1200人,其中一半可得到官位。举人三年一次会试,各科进士在200~300人。清朝会试共112科,取进士26,000余名。[1] 正是这些人组成中央和地方政府的骨干。据何炳棣(Ping-ti HO)统计,明清两朝进士中有42.9%的人,其家庭是从没有取得功名的。这说明,科举制是用意识形态标准而不是身份、等级、财富标准选官,有效地防止了官僚世袭蜕变,保持了官僚机

〔1〕 王德昭:《清代科举制度研究》,香港中文大学出版社1982年版,第62~65页。

构人员的开放性。[1] 李国祁等对清朝五万余名地方官的任期作了量化分析,发现50%的地方官任期只有一年左右,75%～80%任期在三年以下。[2] 官员具有高度流动性,表明中央王权对官僚的控制相当有效。

一个由数万名官员组成的统一政府只实现了社会上层的整合。如果只有这种上层组织,还是不可能把一个巨大农业社会整合起来。与历代王朝类似,清王朝官僚机构末梢到县级为止,平均每个县只有五名朝廷命官,但要管理约二十五万人口的广大地区。事实上,五名官员不可能执行税收、治安等一系列政府行政管理功能。要实现广大农业社会之整合,还必须依靠中层组织同上层官僚组织的有效配合。中国封建社会的中层组织方式是县以下的地主乡绅自治。本来,地主(领主)统治农村是世界各国封建社会共通的。由于地主(领主)对农村之统治常常造成各个封建领地割据,使得世界上绝大多数封建国家极难实现农村社会整合。但是中国封建社会的地主绅士却与之不同,一般说来,他们不仅不同政府对抗,相反,是与政府合作,帮助政府执行管理农村之功能。中国封建社会之地主缙绅,不是一般的地主和领主,他们大多也是接受儒家意识形态的知识分子。不少人从小饱读诗书,甚至有低级功名,有的本人就是退休官员。缙绅阶级按照儒家意识形态原则行事,保证了他们和政府的有效合作。在政府管理基层各类事务中,如征收赋税、调解民事纠纷、承办公共工程等,地主缙绅都扮演

---

〔1〕 Ping—ti Ho：The Ladder of Success in lmperial China，NewYork：Columbia University. Press，1962，pp. 255－259. 另据张仲礼的研究,进入绅士阶层的另一条途径——"监生"(经捐纳获得),差不多都是平民出身,其人数约占绅士集团的30%。这些人形成一种平衡力量,以制约正途出身的绅士结成朋党。参见张仲礼:《中国绅士——关于其在十九世纪中国社会中作用的研究》,李荣昌译,上海社会科学院出版社1991年版,第104、110页。

〔2〕 李国祁、周天生:"清代基层地方官人事嬗递现象之量化分析?",载《国立台湾师范大学历史学报》(以下简称《台师大历史学报》)1947年第2期。

着地方领袖的角色,而官方则以“一食廪,二免丁粮,三地方官以礼相待”等百姓没有的特权,作为对他们为政府效劳的回报。[1] 中国封建社会在农村存在一个信仰儒家意识形态的地主阶级,他们“官于朝,绅于乡”,实现乡绅自治,使得社会组织中层和上层官僚机构有效地衔接整合,起到沟通官府与民间的作用。(注五)19世纪嘉道年间人士姚莹说过一句话:“绅士信官,民信绅士,如此则上下通而政令可行。”[2]这句话十分形象地表明了缙绅地主如何发挥了把官僚机构的功能向民间延伸的作用。

我们把县以下缙绅自治作为中国社会组织之中层结构,它的组织规模有多大呢?据张仲礼研究,19世纪缙绅阶层的总人数(包括生员和监生)在110万到140万之间,这个数目比全国官僚人数大了数十倍,但也仅占总人口的0.3%,连同其家属也不过550万~700万人,占总人口1.3%~1.9%。[3] 对三亿人的农业社会来说,他们只是社会的一小部分。广大农业社会之整合,还必须有某种更基层的社会组织。众所周知,宗法家族和家庭是中国社会最基层的组织。日本学者片山岗研究清代图甲制时考察了许多族谱,发现一个奇怪的现象,从雍正到清末两百多年的图甲表中,总户户名使用同一个人名字的现象相当普遍。[4] 事实上,没有一个人可以活得那么长,户名只不过是社会基层单元组织之代号。中国历史上,宗法家族家庭与社会中上层组织实现了衔接。本来,家族是人类社会组织的最直接和最原始的形态,它与国家组织存在天然矛盾。但中国宗法家族组织已不是简单的血缘团体,而是以儒家伦理为组织原则建立起来的基础单位。儒家意识形态以伦理为本

---

〔1〕 王德昭:《清代科举制度研究》,第36页。

〔2〕 姚莹:“复方本府求言撂子”,载《皇朝经世文编》第23卷,转引自冯尔康、韦建华:《清人社会生活》,天津人民出版社1990年版,第121页。

〔3〕 张仲礼:《中国绅士》,第109~111页及第166页表32。

〔4〕 片山岗:“明清时代的王朝统治与民间社会——关于两者接点的户之问题”,载《广州研究》1986年第6期。

位，把国家看作家庭的同构体，有效地消解了宗法家族组织与国家组织的对抗。

中国的宗法组织内部俨然是一个小社会，族长、家长握有支配财产、执行族规家法、决定同族人公共事务的大权。清代有谚语云“国法不如家法”、“乡评严于斧钺”，形象地刻画出了宗法组织在基层对每个人的控制。另一方面，宗法组织也能够和政府管理衔接，宗法族长、家长往往把监督族人完课税、服役、承办官府事务作为自己的要务，宗法族长往往由本族中辈分高又识字的人来担当。(注六)这样，中国封建社会就通过上层国家机器——大一统官僚机构达到每一个县，再以乡绅自治为中介，最后由基层宗法家族达到每个家庭，实现了一个超级农业社会之整合。

综上所述，中国封建社会组织机制的特征是：儒家意识形态分别是社会上、中、下三个层次权威的合法性来源，从而把三个层次联成一体，使三者能互相协调(图1.1)。为了把握这种组织方式的特点，有必要提出两个基本概念。我们把人们信仰某种意识形态并将其规定的原则付诸于实践，称为意识形态认同；(注七)当一个社会各层次组织以统一的意识形态为前提，各层次组织骨干由认同统一意识形态阶层或集团充当时，这种组织方式称为意识形态与社会组织的一体化(包括政治结构一体化)，简称一体化。(注八)很明显，在中国封建社会中，国家官僚机构、乡绅自治、宗法家族三种组织层次，均认同儒家意识形态，因此，我们称之为“宗法一体化结构”(或“传统一体化结构”)，它是中国传统社会特有的整合方式。(注九)

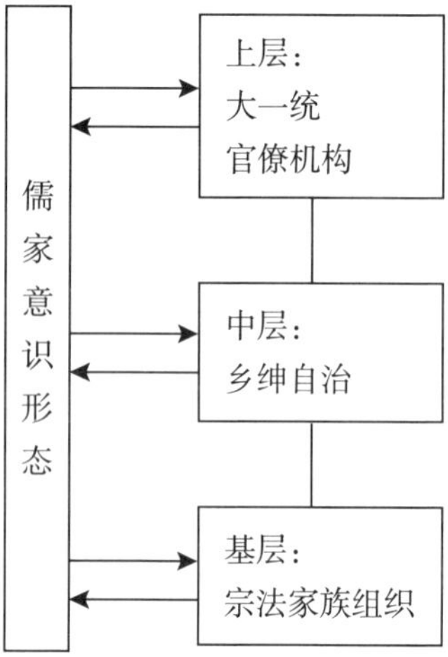

图 1.1　中国传统社会组织的三个层次

1.4　一体化结构和王朝周期性更替

认同社会组织必须依靠经济系统为其提供物质资源,当社会组织结构不同时,它的经济系统也不同。那么,与中国封建社会"宗法一体化结构"相适应的经济结构又是一种什么形态呢?

首先,大一统官僚机构需要足够的税收作为庞大的行政及军事开支,同时还需要社会提供足够的兵源和服劳役者。在农业经济中,只有自耕农才能为国家提供足够的税收、兵源和劳动力。因此,中国社会的经济体系中必须存在大量拥有土地的自耕农和半自耕农。一体化结构中下层组织也须有经济支持系统。缙绅实现乡自治,帮助国家管理农村,必须有自己的经济实力。宗法家族也需要有族田收入来支付社会基层组织活动的开支。这两个层次虽作为国家官僚机构管理功能之延伸放大,但性质上却是民间社会,政府不可能拿出钱来供养这两个组织系统。实际上,一体化中下层的经济基础是地主经济成分。地主的存在,必须允许土地自由买卖,缙绅不仅是地方精神领袖,也是富甲一方的地主。由于一体化结构中下层组织比上层组织庞大,农业经济产出中大部分用作中下层组织的资源。清代缙绅阶级不足全国总人口的2%,但他们却占有国民总收入的23%,[1]其中,19%靠官职和主持公共事业所得,相当一部分(34%)来自土地收入。[2] (注十)

农业经济中主要由自耕农、佃农、地主等成分组织的结构,可称为地主经济。供养一体化组织的三个层次,需要严格保持地主经济形态,地主和自耕农必须有适当的比例。当地主大肆兼并土地,自耕农急剧减少时,国家税源、兵源也将随之骤减,这时为了维持一体化官僚组织的生存,税收和劳役又不得不加到土地数量日益减少的自耕农,甚至是无地佃农身上。农民的负担就会随土地兼并而不断加重。当自耕农减少到一定限度以下,农村经济在地主与政府的双重压力下崩溃,往往会引发全国性农民大起义。历史上,中国封建社会每一个盛大王朝初建之时,自耕农相当多,往往占总农户的60%~70%:到王朝后期,自耕农越来越少,当他们只占总农户的30%以下时,社会大崩溃也就来临了。

不仅地主经济中自耕农和地主的成分要保持适当比例,城市和乡村的关系也必须保持在合理的结构中。(注十一)大一统官僚机构是社会管理系统的主干,它以郡县城市作为自己的基地。为了保持社会上层组织之稳定,必须维持作为首都、省会、府县衙门所在地的大小郡县城市的繁荣。城市仅仅是一体化官僚组织所在地,实现对广大农村基层社会管理的乡绅自治和家族组织的主体——缙绅地主和儒生,则大多数住在农村。一体化组织的种种

---

〔1〕 梅谷(Franz Michael):“十九世纪中国的国家与社会”,载《食货》月刊复刊1973年第3卷第7期。

〔2〕 Chang, Chung—Li: The lncome of the Chinese Centry, Seattle: University of Washington press, 1962, p. 197.

制度是以农村为重心的。广大中下层儒生在乡间过着耕读生活,科举制以读书人的籍贯乡里为配额选拔单位,乡村不仅是士大夫阶层生活和精神关注的中心,也是培养这个担负社会组织功能阶层的温床。为了实现一体化上层官僚组织的管理功能向农村基层的延伸,广大儒生必须住在乡间,成为中下层组织之骨干,我们称这种状况为中国社会组织(动员)的乡村中心。一旦城市过分发达、商品经济过分繁荣,土地兼并就会随之加剧,导致自耕农破产流离,流入城市做佣或成为流民,地主也纷纷搬进城市,乡间控制网减弱,整个社会组织的乡村中心就会动摇。为了保证一体化结构乡村中心组织模式,城市发展和商品经济必须得到控制。一般在一个盛大王朝建立之初,城市人口在10%以下,商品经济不甚发达。到王朝鼎盛时期,城市人口可达20%以上,但王朝后期城市恶性膨胀则意味着经济结构和一体化适应性的破坏,它往往是大动乱的前兆。(注十二)

显而易见,经济结构是不可能自动地达到这种理想平衡状态。一体化结构的确立,还必须包括利用官僚机构和意识形态对经济组织进行塑造、调节,尽可能保持它处于理想平衡状态。这样,中国封建社会特殊的组织方式,可以概括为图 1.2 所示的一体化结构与经济的耦合,它是由意识形态、政治结构、经济结构三个子系统组成的互相维系、互相调节的体系。

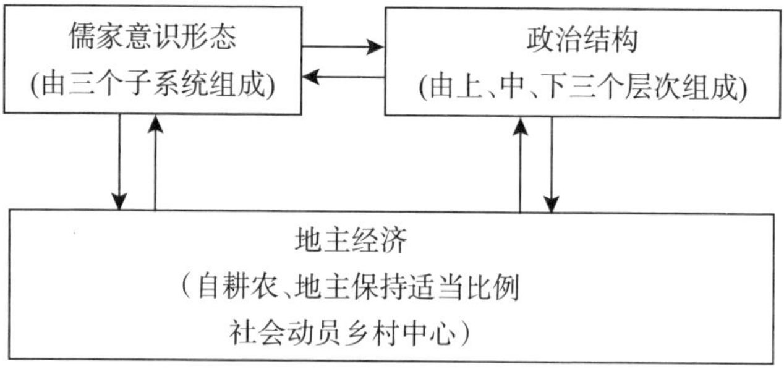

图 1.2　中国传统社会结构

我们认为,正是这种社会结构规定了中国社会的宏观行为模式。在相对孤立的条件下,中国社会所遇到的问题主要来自内部,这就是如何保持三个子系统处于良好耦合状态。社会结构所表现出的行为模式可以用两重调节机制来概括:第一重调节机制是社会结构在稳定时期的行为,其目的是通过一体化有意识地调节来保持三个子系统的耦合,如为了保证社会的意识形态认同,国家在意识形态领域实行独尊儒术,儒家学说不仅是官方正统意识形态,也成为广泛渗透基层对百姓实行教化的理论依据。在政治上是强化大一统官僚机构,防止官员腐化。经济上则实行轻徭薄赋,重本抑末,尽可能抑制土地兼并,既保证中央财政有充分收入,又使地主乡绅有经济能力充当地方领袖。一体化结构在社会稳定期的行为模式通常称为"仁政"。它是中国封建社会统治者出于对社会组织方式的理解,自觉地强化一体化结构、以保持整合社会之行动。清朝中前期在这方面表现极为出色。国家的农业税一直保持在相当低的水平,地主经济高度繁荣。清政府通过调节赋役、蠲免钱粮、摊丁入亩政策和法令,有效地控制了地价几涨几落,尽可能抑制土地兼并。[1] 太平盛世时期,郡县城市和商业相当发达,但城市人口一直受到控制,清初城市人口只占 6% ~7%,据施坚雅(G. William Skinner)估计,两百年后即 1843 年长江中下游城市人口仍只占 7.4%。[2] 社会一直保持着乡村中心。

但是以第一重调节机制为特色的行为模式不可能无限持续下去,一体化结构的各种调节功能会如铁在空气中氧化、刀在使用中变钝那样慢慢失效。失效的原因是一体化结构自身的异化。一体化结构的各种调节功能对自身的腐败和由调节制造出来的社会弊

---

〔1〕 邓尔康:"清代地主阶级述论",载《中国古代地主阶级研究论集》,南开大学出版社 1984 年版。

〔2〕 刘石吉:《明清时代江南市镇研究》,中国社会科学出版社 1987 年版,第 136 页。

病是无能为力的。我们将调节机制的异化称为“无组织力量”的增长。中国封建社会无组织力量主要有两种形态:一种是官僚机构的膨胀和吏治腐败,另一种是日益严重的土地兼并。各个王朝中后期,无组织力量由于积累而加速增长,最后如癌症般吞没一体化结构,社会结构三个子系统的整合瓦解,社会宏观行为模式转化为全社会崩溃性大动乱。由于社会整合是被无组织力量增长破坏,而社会解体的大动乱恰好存在有效清除无组织力量之效果,大动乱就成为一种调节机制。农民大起义打击地主,使土地兼并得到缓和,贪官污吏得以清除。城市是在动乱中受破坏最大的地区,儒生绅士在动乱中纷纷离开城市返回乡间。而儒家意识形态和宗法家族是大动乱不能破坏的,于是在动乱消除无组织力量后,儒家意识形态认同再次成为社会三层次重建之基础。我们看到社会结构的修复,一个新王朝迅速重建。这种由乱而治之过程,我们称为超稳定系统第二重调节机制。

第二重调节机制作为中国社会在大动乱时期的行为模式,它由无组织力量引发农民起义、动乱打击杀伤各种无组织力量、儒家意识形态认同在大动乱清除无组织力量后再次发挥作用、一体化结构修复等环节组成。它通常以新王朝取代旧王朝为结局。但在某些特殊条件下,农民大起义虽有效地杀伤了无组织力量,但却未能推翻中央政府,其后果则可能是原有王朝的中兴。中国自秦以后进入超稳定系统,到清朝两千多年中间共经历了11个大的王朝,在每一个王朝末期,我们差不多都能看到席卷全国的农民大起义。农民大起义清除了无组织力量,使得社会结构有恢复的可能。在清朝,第二重调节机制也十分典型,到18世纪中叶,清王朝已被吏治腐败和土地兼并折磨得衰弱不堪,终于在1851年初引发了以太平天国为首的全国性农民大起义。大动乱以极为残酷的方式缓解了19世纪中后期的人口——土地危机。太平天国起义虽没有推翻清王朝中央政府,却以席卷半个中国之势横扫清王朝的地方政府,大大清除了无组织力量。大动乱中,儒家意识形态认同在各层次发挥作用,重新修复一体化结构。以"湘军"、"淮军"为首的缙绅领导的地方武装取代了朝廷的"绿营",他们镇压农民起义后,在社会基层和中层再次建立地主缙绅乡自治,巩固了宗法家族。在社会上层,一大批新兴儒臣和儒将进入官僚机构,特别是地方政府。历史学家将经过太平天国大动乱后的清王朝结构性调整称为"同治中兴"。它表明在第二重调节机制作用下,一个腐朽的王朝即使不被新王朝取代,也会出现一体化结构的复苏。

总之,中国社会特有的组织方式使它具备能有效克服内部危机的双重调节机制。只要社会危机来自内部,这种双重调节机制交替起作用,中国封建社会运行的典型模式,也就呈现出周期性王朝更替与儒家意识形态和政治一体化这种组织方式的长期延续。那么,当中国社会所处的相对孤立封闭状况被打破,这种组织结构不得不对外开放、受到工业文明冲击时,它又会表现出什么样的行为呢?在近代,对外开放与相对孤立的最大不同,是社会危机同时来自内部与外部。对外开放时的行为模式由一体化组织方式如何应付内部和外部挑战所综合决定。

1.5　西方冲击下的行为模式

早在中国遇到西方工业文明不可抗拒的冲击前夕,龚自珍就以盆景中的梅花为比喻表达了对日益衰弱的中国社会的忧虑。他在《病梅馆记》一文中主张"毁其盆,悉埋于地,解其棕缚",预料被束缚在盆中的梅花必定会恢复欣欣向荣的生机。也许,龚自珍已敏锐地感到中国几千年来相对孤立的状态即将打破。但是,一个长久生活在封闭环境中的生命能否适应开放的环境呢?这是一个远没有解决的问题。

中国传统一体化结构是在相对孤立的历史条件下形成的,它的全部功能基本上是针对实现一个幅员辽阔的农业社会整合而设立,在对外开放、碰到近代工业文明冲击时,它立即显示出一个不可克服的内在悖论:当它力图保持社会组织三个层次整合,在这一前提下去学习西方时,其后果必然是现代化的失败,传统一体化组织会中断现代化历程。一旦由政府全力推行现代化事业,代价则是传统一体化整合方式的解体,社会面临日益严峻的内部整合危机。(注十三)

分析图1.1所示的结构,可以清楚地看到这一点。一体化结构依靠上、中、下三个组织层次保持农业社会之整合,这三个层次之协调必须依靠统一意识形态作为基础。如果在推行现代化过程中同时强调保持社会整合,那就不能改变政治组织方式和触及意识形态认同,向西方学习的现代化只能被严格限制在器物层面。大一统国家是通过缙绅乡自治和宗法家族将政府的管理功能延伸到基层农村,地主作为一体化中层组织主体,他们是全社会农业产出的最大占有者,国家通过征税来集中财力物力,地主总要先占有大量农产品,又要在为国家服务时中饱私囊,国家所得并不太多。如横征暴敛,则基层可能因动员过度而崩溃。传统国家收入差不多已达到这种社会结构经济动员能力之极限,国家无力把农业收入转化为国防和其他现代化事业的开支。即使器物层面现代化也会因为缺乏经费和与一体化组织矛盾而慢慢停顿。借用黄仁宇的比喻,传统一体化结构三个层次如潜水艇夹肉面包,上层官僚机构是上面一块又大又硬的面包,浮在农业社会之上;社会动员必须通过中下层组织,但中层恰如夹在中间的肉,它的组织结构松弛;而下层则是一块代表宗法组织的硬面包,唯有通过意识形态认同将三个层次联系起来。而意识形态的各种功能均以克服内部整合困难为主,社会组织动员也以农村为中心。这种组织方式对于保持农业社会整合和基层稳定十分有效,但现代化是要以城市为中心展开的事业，这三个组织层次既不能动员农村的人力物力进行现代化积累，也不能实现向以城市为组织中心之现代社会转化。当政府不把社会内部整合放在首位、全力推行现代化过程时，就会立即造成一体化结构三个层次的断裂。

19世纪中叶到1911年辛亥革命中国社会变迁的主线恰恰是传统一体化结构这一内在悖论的展开。1860年开始的洋务运动是传统一体化结构在尽量保持内部三个层次整合前提下去应付西方挑战，结果没有达到现代之目标。1895年甲午战争宣告洋务运动失败。在严重的亡国危机面前，中国儒生普遍觉醒，开始了一个全面学习西方工业文明、推动现代化的历程。这就是1895年后的一系列改革和新政，但是在改革过程中传统一体化结构的解体却一发不可收拾。

虽然清政府在推行现代化过程中尽量想保持社会整合，如维系儒家意识形态的权威，使各项政治经济改革不和一体化组织冲突，但是现代化需要地主绅士把来自土地的收入投资于现代企业，需要选拔在城市新学堂念书并了解西学的知识分子为官，它和一体化结构三个层次的整合有着结构性矛盾；这些措施立即导致一体化三个层次的互相冲突。例如，废科举和地主绅士投资办工业促使绅士、知识分子由乡村流向城市，造成绅士城市化潮流。本来，儒生作为一体化结构的主体，主要生活在乡村，他们是一体化中、下两个层次的组织者，担负着一体化上层组织向基层延伸之功能。一旦他们向城市流动，一体化中下层组织空虚，传统缙绅乡自治破坏，宗法家族就不再成为国家在基层功能之延伸，农村一天天混乱脱序。另外，中国的郡县城市是各级政府所在地，绅权主要被限制在县以下的乡村，现在绅权进了城，并在现代化过程中扩张，于是引发了绅权和王权的冲突，中国发生了城市化绅权联合革命党反对王权的辛亥革命。传统一体化结构三个组织层次整合解体，中国面临严峻的社会整合危机。

在对外开放条件下社会整合危机会引发相对孤立状态不可能有的后果,这就是意识形态更替。在意识形态与社会组织一体化这种整合方式中,社会组织被当作意识形态的规定蓝图的实现,那么社会危机一定会反映到意识形态层面。但是在与世隔绝的条件下,中国社会的普遍危机大多是由无组织力量泛滥造成的。无组织力量作为一体化结构调节功能的异化,它所带来的社会问题均可以归结为没有真正有效地推行正统意识形态之故。吏治腐败、乡愿流行常被理解为君王和儒臣忽视了圣人教导的道德政治原则:土地兼并带来的危机更证明"仁政"对于维护社会稳定之重要。于是,憎恨贪官污吏、捍卫正统意识形态之热忱得以激发,危机反过来强化了社会对儒家意识形态之信仰。因此,在与世隔绝条件下即使社会结构三个子系统整合解体,出现大动乱,人口杀伤一半以上,儒家意识形态依然屹立,成为建立新王朝之蓝图。

但在对外开放、工业文明冲击的条件下,社会危机并非单纯地由无组织力量泛滥引起,它再也不能单纯地被归为没有实行儒家理想社会的原则了。社会组织不能应付外来挑战之危机会反映到意识形态层面,成为人们怀疑检讨旧意识形态之理由。意识形态既然是社会组织合理性之依据,它就必须对与其相对应的社会组织危机负责。防卫现代化的失败会引起对意识形态内容的认同危机。一体化组织实体全面解构会带来抛弃传统意识形态的社会运动。

形象一点讲,超稳定系统在相对孤立和与世隔绝的条件下,意识形态与社会组织之间的一体化关系构成了儒家意识形态认同自我封闭、自我肯定之循环。人们根据意识形态设计调节现实社会组织,当社会组织出现危机时,无组织力量的增长反过来使人们强化对儒家意识形态的信仰。而在对外开放条件下,封闭的、自我肯定的循环就会变成对旧意识形态的否定。但无论是对旧意识形态的自我肯定还是否定,在超稳定系统的组织方式中,只要把现实社会理解成意识形态规定的理想社会之实现这种观念没有改变,那么随着旧意识形态被全面抛弃，社会发生严重整合危机时，就会出现对新意识形态之需求。各种解决社会危机之观念会重新汇集起来，建构或接受新意识形态。超稳定系统存在一种特殊的应付外来冲击的方式，这就是社会整合危机最后会引起意识形态更替。一旦系统找到新意识形态，社会又可能通过新意识形态与政治结构一体化组织起来，我们可称其为建立新一体化结构。

1911 年清王朝瓦解后，我们可以看到这一内在逻辑的展开。当中国陷入越来越严重的军阀割据局面时，爆发了全盘反传统的新文化运动。无论新文化运动看上去有多么复杂，都有着创造和追求新文化的含义，但从宏观的结构与历史功能来分析，它正好是一次意识形态更替运动。

众所周知，在新文化运动中，中国知识分子抛弃儒家学说后，迅速认同了两种新意识形态：三民主义和马列主义，中国出现了以新意识形态认同为基础的列宁主义政党。改组后的国民党和共产党成为社会整合的主导力量，它们共同扫平军阀。1927 年后中国社会就形成了以新意识形态认同为基础的政治结构，社会开始重新由分裂走向整合。只要我们进一步分析社会整合过程展开的顺序，就会发现，它和建立如图 1.1 所示的一体化结构存在形式上的类似性。差别在于两种新意识形态都不同于传统儒家，基于新意识形态认同之组织逐渐填补社会整合必需的三个层次。

首先取代儒家正统的是三民主义，1927 年国民党在建立了一个以三民主义认同为基础的统一官僚机构后，就力图把这种官僚机构向下延伸，以代替原有一体化结构中已解体之中下层组织。但三民主义是一种弱势新意识形态，它的组织力动员力不够强大，国民党一直缺乏管理基层农村之干部，无法把建立在意识形态认同之上的官僚组织深入到农村基层，它只实现了社会上层和中层的部分整合，而不可能把这个巨大的农业社会重新组织起来，结果无法与马列主义竞争，终于丧失了在大陆的主导地位。马列主义是比三民主义具有更大社会动员力的强势意识形态,共产党可以利用农民干部认同马列主义毛泽东思想,真正地把建立在新意识形态认同基础上的官僚组织深入到每一个自然村,从而具备更大的组织力量。1949年共产党在大陆的胜利,标志着新意识形态和政治结构三层次一体化之实现,中国社会整合完成。由于新意识形态整合社会可以用官僚组织代替传统一体化结构中的乡绅自治和家族组织,因此现代国家比传统社会具有更大的动员能力。这一巨大动员能力的第一次显示,是中国新政权一建立竟能在朝鲜战场上与世界最强大的国家——美国相抗衡,并开始了一个由国家吸取农业资源、将其系统转化为建设投资之工业化过程。中国近现代变迁虽然复杂,但却可以看到一条主线,这就是传统一体化结构不能适应西方工业文明冲击而解体,然后通过意识形态更替建立一种可以对抗这种冲击的新一体化结构。

以上简述只涉及意识形态和政治结构,很少谈及经济,实际上中国社会的宏观变迁还包括意识形态、政治结构与经济的耦合。这种耦合关系表现在一体化对经济结构的调节控制以及经济为一体化组织提供资源两方面。在封闭条件下,与传统一体化结构耦合的是地主经济。没有一体化结构的调节,地主经济在封建社会就不能保持自己的稳定,它会向领主经济退化。一体化结构的建立和解体一定伴随着经济结构形态的变迁。魏晋南北朝时,中国面临外来文化的第一次大冲击,传统一体化结构一度因佛教冲击和少数民族南迁而失灵,中国社会的地主经济开始退化到类似于西欧、日本封建社会那样的领主经济中去。魏晋初期,自耕农农奴化,郡县城市和商品经济衰落。只有等一体化结构恢复,它对经济结构的调节作用才再次发挥作用。隋唐帝国时期经济结构就再次由类似于领主经济形态转化为有大量自耕农存在的地主经济。超稳定系统在西方冲击下对外开放,政治、意识形态变迁主线为传统一体化解体,系统实行意识形态更替后建立了新一体化结构。经济结构经历了一个从传统一体化结构耦合中解放,又转入和新一体化结构耦合之过程。

和传统农业社会不同的是,在近代对外开放的条件下,中国被纳入世界体系,近代工业经济之成分一直在增长。正如中国传统社会农业经济形态取决于一体化结构调节一样,现代经济成分以什么形态存在,也和一体化结构是否解体有关。传统一体化解构之前,中国发展现代企业,是国家控制之下的国家资本和官僚资本。特别是在洋务运动期间,新式企业大都以官办形式存在。一旦一体化组织解构,近代经济发展不受国家政治意识形态的干预,对外开放又使得它和国际资本主义经济趋同,互相交往,便呈现为自由资本主义形态。因此,传统一体化解构、中国实现意识形态更替的时期,是中国自由资本主义发展的大好时光,经济结构变迁之主线为国内外市场和商品经济的迅速增长。图 1.3 为中国出口货物与国内贸易情况,从 1890 年到 1930 年前呈一递增曲线。[1] 1927 年国民党建立了新一体化结构,开始利用意识形态和国家机构控制经济,经济结构中国家官僚资本主义愈演愈烈。加上抗战的影响,我们在图 1.3 中看到自由资本主义之衰落。随着共产党在大陆的胜利,经济结构又进一步演变为社会主义计划经济。经济结构之演变只是超稳定系统三个子系统在对外开放中整体演化模式之一个部分而已。

---

〔1〕 吴承明:“我国半殖民地半封建国内市场”,载《历史研究》1984 年第 2 期。

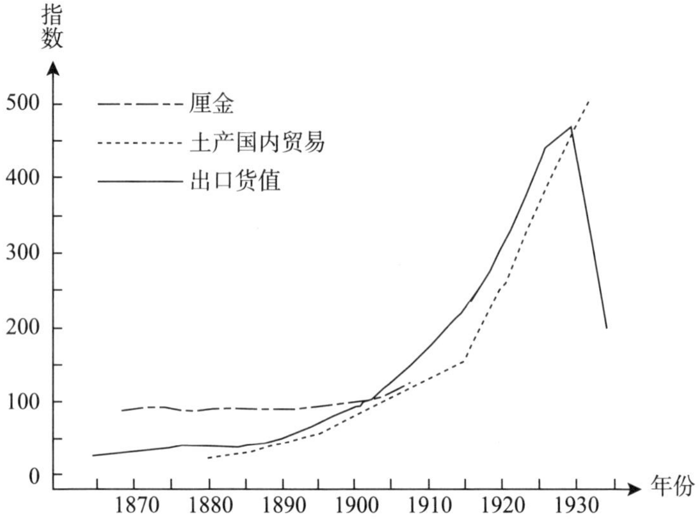

摘自吴承明:“我国半殖民地半封建国内市场”,载《历史研究》1984年第2期。

图 1.3　1860～1940 年国内市场的变化(以 1900～1905 年为 100)

1.6　各章内容简介

总之,中国古代史和近现代史均是其独特社会结构所表现出的行为模式。在相对孤立的条件下,中国社会面临的问题基本上来自内部。一体化结构只需应付内部挑战,它具有双重调节机制。在其作用下,系统的行为模式是封建王朝的建立、发展以及崩溃以后的再修复。中国对外开放,碰到的是西方工业文明的强大冲击,社会危机来自内部和外部两个方面,传统儒家意识形态不变,系统将难以适应内部整合与对抗外来挑战的双重压力。于是,只能通过用更换意识形态来适应开放环境。变迁模式表现为:传统一体化解体、意识形态更替、新一体化结构建立这样三个阶段。意识形态政党、党军、党国虽是中国历史上没有过的新事物，但它的功能却如乌龟长出甲壳一样来保证意识形态与政治结构一体化不受开放环境之干扰。新一体化结构用官僚组织充斥一切组织层次，也就有着更大的社会动员能力以对抗外来冲击。虽然新一体化结构在深层组织方式上和传统一体化类似，但是其意识形态在内容上又不同于儒家，这就造成新一体化结构在形态上和传统王朝相似而不相同的奇怪局面。

我们在《兴盛与危机》中提出中国社会的超稳定结构假说，是从系统的组织方式不变的机制来定义"超稳定结构"的。即超稳定结构是一种用周期性动荡来清除一体化结构在调节中释放出来的无组织力量，以保持这种组织方式的长期稳定的构制。在西方工业文明冲击下中国传统社会不得不开放，传统一体化结构再也不能保持不变了，但系统却呈现出一种新的行为模式：它用意识形态更替来建立新的一体化结构以适应工业文明冲击下的新环境。这种行为模式使得意识形态与政治结构一体化的组织方式继续保持下来，呈现出中国社会深层结构巨大的历史惯性。因此，我们仍可称其为超稳定结构。

中国社会超稳定结构只是一种假说。科学假说和思辨哲学的历史观的最大差别在于，它不仅仅是去建立一座与逻辑一致的大厦，还要铺一条由事实组成的可以让人们走到那里的大道。下面我们将用历史事实来展示超稳定系统在对外开放条件下各个行为环节。第二章写洋务运动，这是中国传统社会用传统组织方式以实现防卫现代化之尝试，它必然失败的命运带来对儒家意识形态的第一次大冲击，中国出现了局部意识形态认同危机。接下来用三章展开超稳定系统防卫现代化失败后，如何出现一体化解构和意识形态更替之过程。第三章写局部意识形态危机对社会组织的反作用，即意识形态在社会观、哲学观层面上的变化会导致一体化上层组织——大一统王权和官僚机构的解体，这就是戊戌变法后的立宪改革和辛亥革命。第四章指出,当传统一体化上层组织解构时,由于中国仍深陷于意识形态与政治结构一体化之组织方式之中,西方民主制度和议会组织和一体化中下层组织脱节,无法捏合在一起,民主共和国只是一个注定破灭的幻象。一体化解构带来了中国社会严重的整合危机,军阀混战局面的出现不可避免。它的后果是导致社会彻底抛弃旧意识形态。第五章写新文化运动,力图向读者展现为何马列主义和三民主义会代替儒家意识形态,并为广大知识分子所接受;这两种新意识形态和传统意识形态深层结构存在什么样的关联。第六章通过描述国共两党兴起和北伐,刻画新意识形态在开放条件下是如何进行社会整合的,为了达到意识形态认同必须创造或引进哪些新组织形态。第七章写国民党建立的新一体化结构如何因抗战和内部无组织力量的增长而衰落。第八章揭示共产党整合模式怎样与农民战争相结合,最终赢得政权。第九章分析共产党建立的一体化结构,我们证明,与其相应的只有一种稳定的社会组织方式,新民主主义被放弃是必然的,中国进入社会主义形态。第十章论述中国在魏晋南北朝时对外来冲击反应模式和近百年来社会变迁的类似性,并提出一种大历史观,以实现古代史和近现代史的统一。

我们希望读者能以足够的耐心和我们一起进入这一至今还是被意识形态帷幕笼罩着的迷宫。只有历史发展的逻辑得到科学理性的阐述,一个民族心灵才能真正开放,历史的代价、悲哀、愤怒才能得到平息。从此,过去不再是一个可歌可泣的故事,它将成为后继者可以通过它最终超越历史的智慧之路。

第一章　注　　解

注一　表 1.1 为中国历代官员人数。一般说来,在一个王朝初建时,官僚机构较小,人数在几万人左右,在朝代末年,官僚机构膨胀几倍,可达十余万人。[1] 清代官僚(加上有虚衔者的人数)在太平天国前后则分别为8万~15万人。其中除了行伍出身的武官,大部分从生员或监生擢升而来。[2] 从表中可见,自宋朝以后,随着人口膨胀,政府官员占的比例越来越小。这时一体化结构三层次中,中层(缙绅自治)和基层(家族组织)管理职能日益显得尤为重要。

表1.1 几个主要朝代官僚数量

朝代	官员数(人)	人口数(人)	官员占总人口的百分比(%)
西汉	132,805	59,594,978(公元2年)	0.22
东汉	152,986	56,486,856(公元157年)	0.27
隋	195,937	46,019,956(公元609年)	0.42
唐	368,668	52,919,309(公元755年)	0.7
宋	24,000	51,206,872(公元1064年)	0.05
元	16,425	59,848,964(公元1291年)	0.03
明	(洪武)24,683	59,873,305(公元1381年)	0.04
	(宪宗)80,000	61,852,810(公元1474年)	0.13
清	22,000	292,924,451(公元1796年)	少于0.01

摘自《兴盛与危机》,第27页;赵文林等:《中国人口史》,第236、382页,人民出版社1988年版,以及张仲礼:《中国绅士》,第116页。

〔1〕 金观涛、刘青峰:《兴盛与危机》,第63~67页。

〔2〕 张仲礼:《中国绅士》,第119页。

注二　布洛克在《封建社会》中曾讨论过西方封建社会典型的社会组织方式——封臣制——的不稳定性,它存在逐渐失去原有功能和结构的不断退化倾向。布洛克将它称为异化(alienation)。它有两种变化方向;一种是封建国家解体,统一政府分裂为很多碎片。另一种可能是向官僚机构转化。当农业社会中不存在统一的管理阶层时,封臣制转化为官僚机构是不可能的。在西方封建社会早期,由封臣制退化导致封建国家解体是一个普遍趋势。它表现为农奴化和封建化。我们在《兴盛与危机》一书中对此作过详细讨论,西欧查里曼帝国的瓦解,日本大化改新后建立的统一政府之解体,都是例子。秦汉帝国以前,中国也是如此,如周朝的分封制,它确实处于不断退化之中,其后果也是国家由统一转化为分裂割据局面。它典型地反映了农业社会中建立统一政府的困难。[1]

注三　战国以后中国日趋统一,如果我们以大时间尺考虑春秋至秦汉的社会变化历程,可以发现士阶层的兴起和儒家意识形态日益占主导地位是建立统一帝国的一个重要前提。许倬云做过一个著名的研究,他选取见于《左传》的 516 人,见于战国典籍的 197 人作考察对象,将这些人物划分为公子、卿大夫和士三个集团,又以三十年为一代划分为九代,战国也分为若干代,定量地分析这些集团在社会政治生活中重要性的变化趋势。

从公元前 692 ~ 663 年,公子集团人数在政治生活中所占比例由 53% 骤减至 19%,而公元前 542 ~ 513 年以后,公子集团比例人数就常在 10% 以下。在春秋的 516 人中有 335 人属于卿大夫集团,占总数的 65%。他们从公元前 722 ~ 693 年一代中所占比例 44%,逐代上升,到公元前 602 ~ 573 年,占 74%。这一上升趋势与公子集团的下降趋势同时发生,表明了政治活动的重心由公子集团向卿大夫集团的转移。到了春秋后期,卿大夫集团所占比例从

---

〔1〕 金观寿、刘青峰:《兴盛与危机》第二章。

74%的高峰跌至55%(公元前482～464年),卿大夫地位的下降,表明了“士”集团在政治生活上的兴起。战国时期,作者着重考察了社会上的“新人”,或出身寒微者。在春秋时代,来历不明者平均占总人数的32%,到了战国时期则高达60%,这一趋势表明了卿大夫集团的衰落以及战国时期社会具有的高度流动性。

这一研究表明,春秋战国时期,王室宗亲的公子集团和贵族卿大夫集团一直处于逐步衰落中,而不以身份等级为固定标志的士阶层逐步崛起,成为政治生活中最重要的组织力量。[1] 也就是说,士阶层的出现意味着当时中国已形成一个不同于贵族领主而可以在农业社会中进行广泛联系的新社会成分,他们可成为跨地域政府的组织者。与此同时,儒家意识形态开始普及,慢慢地成为一种占主导地位的文化。到了秦汉时代,这两个趋势结合起来,使得以儒生为大一统国家官员的条件得到成熟。马克思和布洛克所描述的封建社会跨地域的组织困难得以克服。从此以后,大一统成了中国封建社会的主要形态,而不像世界其他地区,分裂是农业社会之普遍状态。

注四　我们在《兴盛与危机》一书中考察了封建大国内部三种自发分裂倾向:第一种是国家官僚机构慢慢失去流动性,世袭制渐渐盛行,其后果是王权中央政府控制之衰落,我们称之为贵族化倾向,即国家官僚向贵族之演化。第二种为农民对地主人身依附关系的加强,从自耕农地位演变为农奴。与此同时,地主不但对农民存在经济上的剥削,而且有行政控制权和人身支配权。显然,自耕农农奴化也意味着大一统国家的解体,领主庄园成为政府针插不进、水泼不入之独立王国。第三种倾向是军事将领拥兵自重,不再服从中央,使大一统国家蜕变为封建军事割据。在中国封建社会,

〔1〕 许倬云:“春秋战国间的社会变动”,载《中央研究院历史语言研究所集刊》1972年第34期下册。

也存在这三种自发分裂倾向,但是利用统一意识形态为选官标准,则可以有效地克服这三种自发趋势,它使官员处于高度流动中,并防止世袭和官僚机构贵族化,儒将具有统一意识形态,有利于军事力量听命于王权。在官僚机构的控制下,农民对地主人身依附关系日益减弱。因此利用统一意识形态的阶层充当政府官员是保持统一政府的关键性前提。[1]

注五　由于大一统官僚机构对农村基层社会的动员需要通过缙绅的合作,历代王朝对官绅合作治理农村的鼓励提倡是不遗余力的。表 1.2 为清朝对湖南省知县治绩表彰之统计,其中表扬最多的是力倡文教(占 34.44%),它是将意识形态认同贯彻到基层的重要措施。其次为赈救灾荒(占 14.42%),第三位是确保治安(占 13.15%)。这三项事业均是通过与绅士合作来推行的。那么绅士在延伸大一统官僚机构控制方面的功能发挥得如何呢?这取决于绅士阶层的人数和他们与国家政府合作的积极性。张仲礼对绅士的社会活动参与进行了统计,得到表 1.3。它表明只有 32% 的绅士对社会活动不甚热心。因此,大多数绅士在积极执行着国家管理向农村延伸之功能。而活动积极的绅士中,下层绅士占多数。上层绅士中对社会活动不积极者占 41%,而下层只占 19%。因此,我们可以得到一个重要结论,将农村社会和上层官僚机构整合起来主要依靠下层绅士,他们大多居住在乡和小镇。即使在王朝末年,商品经济繁荣,很多上层绅士迁居城市时,相当多的下层绅士仍居住在小镇和乡村,执行着农村管理职能。这一结论对理解 1895 年后绅士城市化带来的中国社会结构变化极为重要。

---

〔1〕 金观涛、刘青峰:《兴盛与危机》第二章。

表 1.2　湖南省知县治绩

治绩 人数 朝代	确剿 保平 治匪 安乱	抚绥 苗傜	力倡 文教	赈救 灾荒	奖励 农耕	地方 建设	操守 清廉	断整 肃民 讼风	合计
顺治	17	4	12	7	14		6	8	68
康熙	11	5	60	36	10	14	12	20	168
雍正	5	1	14	7		2	10	5	44
乾隆	9	8	75	23	5	8	15	29	172
嘉庆	3	3	26	6	2	5	5	8	58
道光	10	6	20	11		4	9	16	76
咸丰	28	1	4	1	3		2	4	43
同治						1	1		2
合计	83	28	211	91	34	34	60	90	631
比例(%)	13.15	4.44	34.44	14.42	5.39	5.39	9.51	1.426	100

摘自张朋园:“湖南省地方传统中的几个方面:量化分析”,载《台师大历史学报》1982 年第 10 期,第 229 页。

表 1.3　绅士的各项社会活动参与

绅士类别		为慈善组织筹款或代管财产	调解或仲裁地方纠纷	领导团练		为公共工程筹款并主持其事	维护儒学道统	充当官府与民众的中介	为政府筹款(捐输、报效)	私人设善堂施舍、赈济	对社会活动不积极者	总计	消除重复计算	研究的实例数
				组织	指挥									
上层绅士	人数(人)	238	96	680	176	280	470	172	118	521	1364	4115	836	3279
	百分比(%)	8	3	20	5	9	15	5	4	16	41	126	26	100
下层绅士	人数(人)	133	99	303	670	216	246	59	64	525	402	2717	523	2194
	百分比(%)	6	5	13	30	10	11	3	3	24	19	124	24	100
合计	人数(人)	371	195	983	846	496	716	231	182	1046	1766	6832	1359	5473
	百分比(%)	7	4	18	15	9	13	4	3	20	32	125	25	100

摘自张仲礼:《中国绅士》,第 233 页,表 32。

注六　在《兴盛与危机》和本书中,我们均使用“宗法家族”、“宗法一体化结构”等词组,来概括中国传统社会的家族组织及其与社会结构的整体关系。“宗法”本来是有特定内容的专有名词,最早在《礼记》的“大传”和“丧服小记”有具体记述,它主要是在皇室贵族中实行的一套制度。但是,其区别家族血缘关系的嫡庶统系的原则、制度却对中国传统社会发生了持续的影响,它甚至影响到基层家族组织。因此,中国大陆学术界习惯于将中国传统社会特有的家族组织形态称为“宗法家族”,我们正是在这种意义上沿袭使用这一术语的。

社会基层组织必须承担两种功能:第一,在基层执行必不可少的社会管理,如调解处理各种人事纠纷,对受困无法生活下去的家庭进行救济,以及从事部分治安、教育文化组织等活动。第二,基层组织必须和国家政府衔接,监督族人完田课,以及承办上面交下来的事务。在中国封建社会,这些职能大多由宗法家族组织来实现。《大清律例》赋予祖父母、父母广泛的权力。凡“父母控子,即照所控办理,不必审讯”,已把处死权赋予宗法组织。[1] 祠堂不仅是一族人聚集的场所,也是一个实行宗法族规之管理机构。宗族大多有族田作为公共事业之开支,它使基层政权具备相当的经济功能。例如,有人对清代族田经营的研究表明,在很多地方,“完国课”是族田租入支出的首要内容,占收入的 15% ~20% ,而 42% 用于宗族公共事务,23% 用于祭祀祖宗,坟墓修葺占 5% 。在另一些案例中,国课占 32% ,30% 用来作子弟教学支助,20% 用于救济族中贫困户或赡族费用,[2] 而修家谱则有助于维系宗族的共同精神认同。我们把社会组织分成政治、经济、文化三个子系统耦合而成,而中国的宗族却俨然是一个小社会,它的三个子系统和社会组

[1] 张晋藩:“清律初探”,载《法学研究》1979 年第 1 期。
[2] 张研:“清代族田经营初探”,载《中国经济史研究》1987 年第 3 期。

织三个子系统存在对应关系(图1.4)。在《兴盛与危机》一书中,我们将其称为家族与国家组织同构效应。同构效应正好刻画了宗法家族是国家政府功能的延伸。[1]

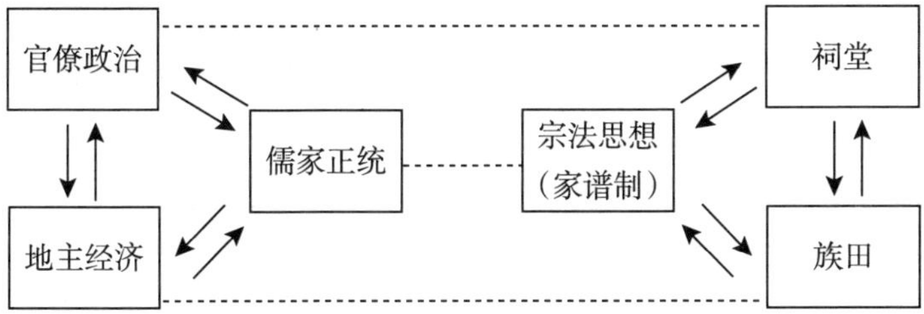

图1.4　家庭组织与社会结构的同构

注七　"意识形态认同"(ideological identity)这一术语曾经为社会学家艾森斯塔特(Eisenstadt)所用,他认为在中国政治秩序与文化之间,存在ideological identity。进而他又认为意识形态和政治秩序之紧张是现代化之动力,而中国则没有这种动力。显然,这种理论观和本书提出的论点存在某种类似,但是,我们所说的意识形态认同和艾森斯塔特的ideological identity不同。我们用它来刻画人通过沟通达到信仰某种统一意识形态之过程。而艾森斯塔特的ideological identity似乎像是我们把意识形态认同和一体化结构两个概念合二为一,指出中国传统社会政治秩序和意识形态的同一性,社会组织是意识形态之典范化和制度化。因此,我们认为,正确的方法是把艾森斯塔特用一个概念定义的对象分成两个定义:"意识形态认同"和"意识形态结构与政治结构一体化"。这无疑使整个分析大大细化了。因此,如果仅仅运用艾森斯塔特的概念,只能笼统地理解中国政治文化结构,而不能从中引申出整个中国社会近现代变迁模式。

注八　"意识形态"、"认同"是社会文化研究常用的概念,我们

---

〔1〕 金观涛、刘青峰:《兴盛与危机》第二章。

提出的“意识形态认同”和通常使用这两个词语所包含的直接含义稍有不同。社会科学家对意识形态的定义众说纷纭,但一个被普遍接受的工作定义(working definition)可以简单概括如下:政治意识形态为一信仰体系,此一信仰体系为一个社会所选择的政治制度(现存的或拟议的)加以说明并辩护其合理性,同时为此制度的完成提供策略(过程、制度,以及计划等)。[1] 马丁·塞利格(Martin Seliger)从功能角度定义意识形态时,也有过类似说法。[2] 我们所说的意识形态除了保持上述限定外,还对观念信仰体系内部加以进一步定义,意识形态不是一般的信仰与观念体系,它由伦理道德之价值观、合理社会模式之社会观,以及对自然万物解释之哲学观组成。意识形态是包含这三个子系统的整体性思想体系。根据这一定义,儒家学说是意识形态,马列主义是意识形态,基督教、伊斯兰教也是某种意识形态。而那些虽作为政治统治合法性来源但非整体性观念系统就不一定是意识形态。认同(identity)的原意通常指持续存在于个人实体的人格,即一个人对自己的性格、目标或存在根源之确认。而我们所说的意识形态认同是一种人际行为协调的机制,即社会成员接受某种对自然或社会整体性合理的整体描述,自觉地依据其原则行事。

表面上看,中国封建社会上、中、下三个组织层面的合法性所依据的观念是不同的。上层组织——以王权为核心的大一统官僚机构的支援意识,主要来自亘古不变的天道与大一统国家学说。皇帝制度、君臣之间的服从等级制之所以合理,正因为它们是天道的反映。正如《荀子·王制》里所说:“君臣父子兄弟夫妇,始到终,终则始,与天地同理。”乡绅地主的地方领袖地位之所以被百姓承

〔1〕 华家彻(Herber Waltzer):“政治意识形态:政治中的信仰与行动”,载《宪政思潮》1975年第31期。

〔2〕 Martin Seliger: ldeology and Politics (London: Allen and Unwin Ltd, 1976), pp. 119 – 120.

认,则基于他们是知书达理的君子,“君子治人,小人治于人”。保证君子统治合法性的是一种文化及道德精英主义。下层宗法家族中家长权威的基础则是家庭伦理关系。向这三层次组织提供合法性的观念,好像分别属于不同范畴。天道是一种哲学观,大一统国家学说和由道德精英(君子)充当地方领袖是一种社会观,家庭伦理则属于价值观的一部分。如果这些观念之间互相独立,甚至发生冲突,那就意味着三层次组织权威的冲突,这时实现社会三个层次的互相整合是不可能的。

但是在中国占主导地位的儒家意识形态中,价值观的核心是“仁”,“仁”既是家庭伦理之基础,也是推出合理社会观的前提。例如,孔子把对家长的“孝”看作“为仁之本”,[1]由此推出臣对君的“忠”,同时又把国君实行“徕远人”的“仁政”看作“仁”的表现。在日常感情中,人们的爱是有差等的,“仁”应是日常感情之典范化与合理化。于是“仁”必须符合社会等级和伦理规范的“礼”。“礼”是伦理价值的规范化,又是“天道”的体现。这里我们看到,儒家意识形态的价值观(伦理)、社会观和哲学观三个子系统互相联系,组成一个整体结构。社会组织三个层次的组织者都认同以“仁”为核心之儒家学说,虽然每一层次的支援意识不尽相同,但它们属于同一个整体性意识形态,使得各层次组织者不是互相排斥,而是上下配合。70年代后,不少学者都开始注意到,如果去分析中国传统政治制度的合法性来源,可以发现它往往建立在多种属于不同范畴之观念上。如墨子刻(Thomas A. Metzger)指出,清代的“法不可变性”有着如下五个规范来源:(1)法必须建立在自然之上,是自然不变法之反应。(2)儒家“道”的道德观不变性。(3)大一统的不

〔1〕《论语·学而》。

变性。(4)本末思想的不变性。(5)祖先崇拜的不变性。[1] 这里,我们看到这五个来源中(1)和(5)是一种自然观和哲学观,(3)和(4)是一种社会观,(2)属于价值伦理。也就是说,法的合理性基础来自不同范畴,而且它们是互相协调的,这正是一体化结构中意识形态成为政治制度合法性基础的证明,因为只有意识形态才能提供这样一个互相联系的整体性观念系统。

意识形态认同只是一种观念的力量,而意识形态与政治结构的一体化则刻画了这种观念的整合力量如何转化为现实的组织力量。实现一体化有两个关键:第一,社会三个组织层次中均以认同同一意识形态的成员作为组织者;第二,三个层次之组织原则均为意识形态内容之制度化。这两个特点在中国封建社会组织方式中都极为明显。儒生广泛分布于社会组织三个层次,是他们能转化为三个层次不同角色之前提。在上层,儒生通过科举制被任命为国家官员,他们忠君爱国,维护国家统一。在中层,他们是缙绅地主,充当地方领袖,主动与政府合作。在基层,他们是族长家长,用儒家伦理管理宗族事务,实行教化。由于认同统一意识形态之阶层转化为三个层次的组织者,意识形态认同就成为现实的组织力量。它如强性黏合剂,使政府官僚、缙绅地方自治与宗法家族连成一体。虽然不同层次的组织者的社会角色不同,但他们均来自儒生阶层。而以儒家学说为内容和选拔标准的科举制,则是建立大一统官僚机构和培育儒生阶层的关键性制度。儒生之所以可以顺利进入不同角色,并实现不同角色的和谐,基本的前提是这些角色均为意识形态内容所规定,意识形态认同保证了儒生的角色转化。于是,三个层次的组织结构实际上必定为意识形态所制度化或规范化。大一统官僚机构可以说是儒家意识形态有关宇宙秩序(哲

---

〔1〕 Thomas A. Metzger:The lnternal Organization of Ch′ing Bureaucracy:Legal Normative and Communlcation Aspects(Cambridge, Mass: Harvard University Press, 1973).

学观和理想社会秩序社会观)在现实中的体现,它是意识形态的典范化与制度化。一体化结构中层组织“乡绅自治”的基础是“劳心者治人,劳力者治于人”。农村中广大农民服从乡绅统治,因为乡绅有文化,是道德精英分子。因此,一体化中层组织是儒家意识形态中有关君子小人等精英主义内容之社会投射,它也是意识形态内容的制度化。一体化下层组织为宗法家族,其合法性根据为儒家伦理,而理想的家族关系恰恰也是儒学中“礼”的内容,因此,宗法家族组织也是意识形态伦理内容的制度化与典范化。这样,一体化结构中三个社会组织层次分别是意识形态不同内容之社会投射。它们和意识形态不同子系统之间的对应关系,对于研究在近现代社会变迁中意识形态认同危机出现的范围和顺序极为重要。

注九　在世界文明史上,不乏某一种宗教或占主导地位的文化系统成为大一统国家权威来源和组织基础的例子,但社会组织上、中、下三个层次的权威基础均来自同一种观念系统则很少见。例如奥斯曼帝国,伊斯兰教是其国家组织的权威来源。“军人”(askeriye)、宗教系统人员(ilmlye)和公务员(mülkiye)可以通过伊斯兰教义之认同成为一个大帝国的组织力量,并把帝国疆界不断扩张。但伊斯兰教充其量只是国家上层组织的文化基础。大帝国的中下层组织均保持着这些地方被征服前原有的组织形态,其文化、信仰是多元的。罗马帝国也是这样,尚武精神与古代神人同形宗教只是罗马人精神凝聚力的来源,而各行省的中下层社会则呈多元状态。于是这种统一帝国在组织上远不如一体化结构严密。每当遇到强大外来冲击,或政府官员腐败时,大一统帝国解体,社会瓦解为不同文化用不同方式组织起来的不同部分,统一社会结构的修复是不可能的。这正是奥斯曼帝国和罗马帝国最后的结局。而在一体化结构中,社会上、中、下三个层次均基于意识形态认同,当上层组织解体时,中下层组织没有解体。这时,意识形态认同可以促使上层组织之重建。

而某一种文化观念系统能否成为上、中、下三个层次的组织基础,取决于很多因素:一个重要因素是它统治农业帝国的时间是否足够长,另外,还要看它有无渗透基层之能力。儒家意识形态以伦理为本位,把家庭看作与国家同构,这正是它能同时为农业社会上、中、下三个层次提供权威和组织基础的原因。因此,在农业社会中,只有儒家意识形态实现了和政治结构的一体化,这绝不是偶然的。

注十　绅士来自土地的收入占总收入的比例,是一个学术界尚有争议的问题。张仲礼先生的专著《士绅的收入》对 19 世纪士绅的各类收入来源作了大致的数量估计(表 1.4)。

表 1.4　绅士各类收入来源岁收入总额估计

收入来源	受益士绅数(人)	岁收入总数(千两)	所占比例(%)
官职	23,000	121,000	18.75
幕僚	16,200	9050	1.4
地方绅董	675,000	81,000	12.55
包揽词讼等	300,000	30,000	4.65
教师	604,500	61,575	9.54
医、书画、书院、管人等		9000	1.39
土地占有		220,000	34.1
商务活动	10,000	113,600	17.6
总　计		645,225	100

摘自 Chun – Li Chang: The Income of Chinese Gentry (Seattle: Washington UP,1962),p. 197。

贺跃夫认为,张仲礼的估计偏低。因为张仲礼的估计是假定全国 25% 左右的土地为士绅地主所拥有,而他依据的土地数字是清朝官方记载的九亿亩。学术界普遍认为,清代官方统计的以上土地数字偏低，不足信。王业键先生估计，19 世纪中叶全国耕地面积应为十二亿亩。因此，按张仲礼的计算方法，士绅地主占有的土地约为三亿亩，从地租所得的年收入总为三亿两左右，占士绅全部总收入约 41%。[1] 我们认为，士绅大多是地主，因此来自土地收益取决于土地兼并程度。它在每个王朝的中期和后期是不同的。

注十一　施坚雅（G. William Skinner）对中国传统社会城镇地理分布与行政级之间的关系进行过详尽的研究，这项研究为地主经济中城市和乡村结构如何与一体化组织三个层次互相协调提供了详细的图画。由于地主经济是一种商品经济相当发达的农业经济，因此在这一经济体系中，城镇必须承担某一地域商品交换中心和商品集散地之功能。施坚雅根据这一功能提出了一个不同等级城镇如何在农业社会中分布之模式。他认为，由于农产品流通的需要，平均十八个自然村围绕一个墟市（小市集），六个墟市围绕着一个大市集，六个大市集围绕着一个市镇（他称为普通市镇），在普通市镇之上的是中型市镇和中心市镇，再上面的集中地是地方城市、较大城市、区域城市和区域都会，处于顶端的称为中心都会，它们一级级构成一个六角形等级分布模式（图 1.5a，b，c，d）。他发现 19 世纪中国农业经济中城镇网确实可以用这种模式概括。1893 年中国有普通市镇 27，000 ~ 28，000 个，中型市镇 8000 个，中心市镇 2300 个，地方城市 669 个，较大城市 200 个，区域城市 63 个，区域都会 20 个，中心都会 6 个。[2] 它们构成了一个巨大商业流通网中大小不同之纽结。

---

〔1〕 贺跃夫："晚清士绅与近代中国的社会变迁——兼与日本幕末、明治士族比较"，中山大学 1992 年博士学位论文，第 84 ~ 85 页。

〔2〕 施坚雅（C. William Skinner）："中国城市与地方系统的等级"，载《国外中国学研究译丛》（第 1 辑），余苇青等译，青海人民出版社 1986 年版。

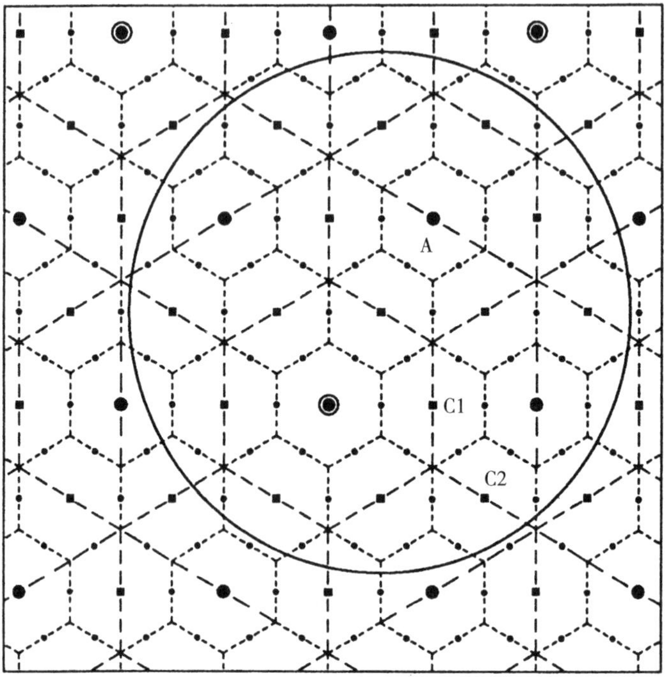

D 级腹地的界限没有显示 A 级中心 B 级中心 C 级中心
D 级中心

摘自施坚雅:"中国城市与地方系统的等级",载《国外中国学研究译丛》(第 1 辑),青海人民出版社 1986 年版,第 100 页。

图 1.5a 中国城镇市集等级分布理想模型

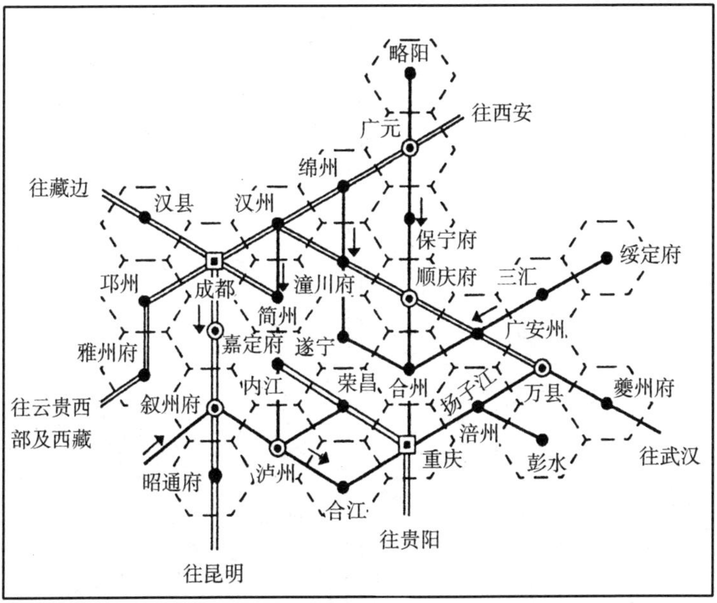

前头标示河流流向　▣ 都会　⊙ 区域城市　● 较大城市

摘自前引施坚雅，第 114 页。

图 1.5b　城镇等级模型举例之一：1893 年长江上游区域

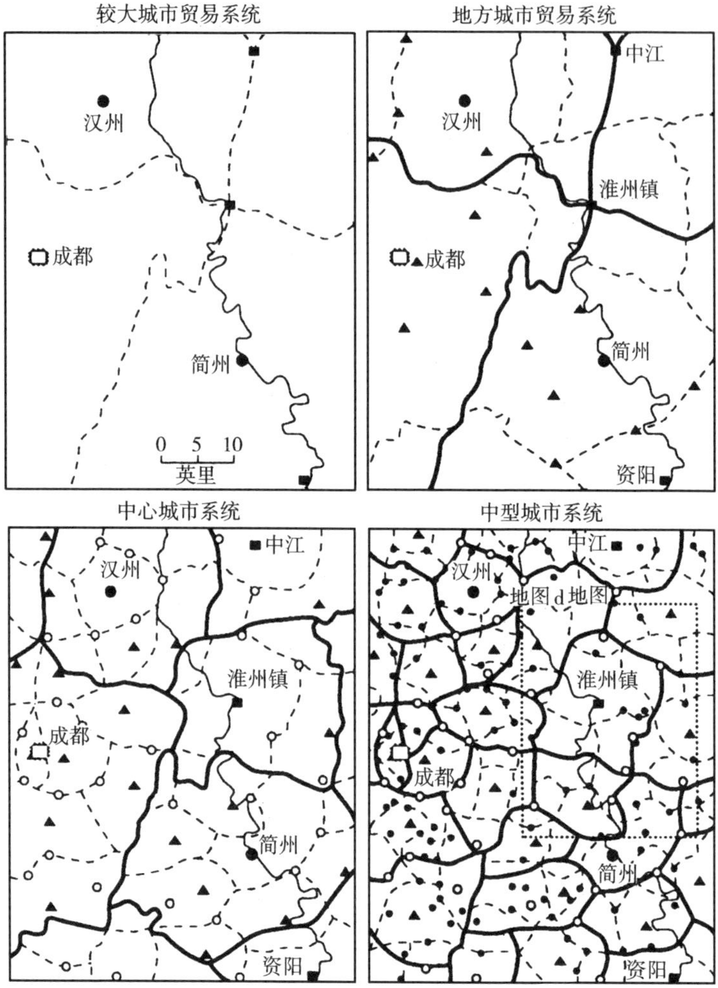

显示了较大城市和地方城市贸易系统及中心和中型市场系统的近似范围

●较大城市 ■中心城市 ▲中心市镇 ○中型市镇

摘自前引施坚雅,第 118 页。

图 1.5c 城镇等级模型举例之二:1893 年长江上游区域的一小块

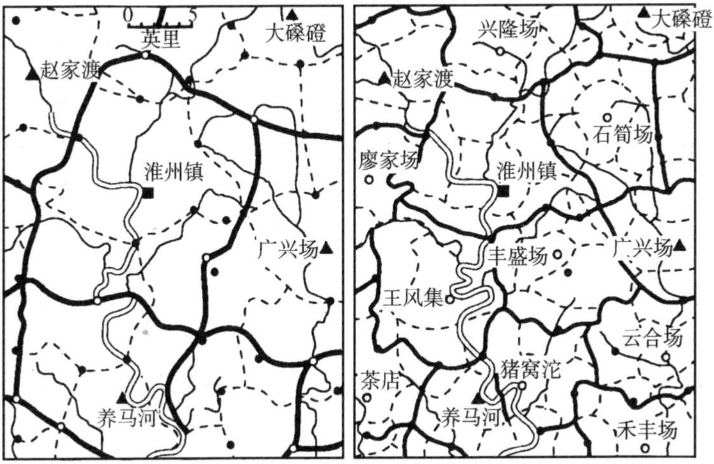

显示了中型市场系统和普通市场系统的近似范围　■地方城市　▲中心市镇
○中型市镇　●普通市镇

摘自前引施坚雅，第119页。

图1.5d　城镇等级模型举例之三：1893年长江上游区域更小的一小块

中国官僚政治行政控制网正好是这一巨大经济网纽结的子集合，即在1890年中国十八个省份中，总数为39,000个经济中心地，其中有1546个作为帝国地域行政首府。表1.5更清楚地表明中国政治行政中心之等级和这些城镇在地主经济中经济交流的等级位置是高度一致的。这里我们看到，中国传统郡县城市既是官僚政治控制的中枢，同时也是农业经济商品交流之中心。它担负着行政控制和地主经济中商品流通的双重职能，在很多时候，行政控制要通过商品流通网。因此，我们可以说，一体化上层组织基本上都处于郡县城市中。那么一体化中层组织——乡绅自治在经济交流网中处于什么等级呢？施坚雅发现，它处于经济等级下缘，县级官僚机构和乡绅自治的交汇点是地方城市或中心市镇。在中心市镇以下基本上都是地方绅士政治权力所影响的地方。这样，我们可以得到图1.6。

表 1.5　各级中心在行政等级和经济等级中的分布(1893 年)

经济等级	行政等级						
	帝国	省	道	府直隶州	低级	无行政级	总数
中心都会	1	3	2				6
区域都会		15	1	3	1		20
区域城市		1	26	20	8	8	63
较大城市			19	77	85	19	200
地方城市			12	62	494	101	669
中心市镇				17	581	1721	2319
中型市镇					106	7905	8011
普通市镇					12	27,700	27,712
总　数	1	19	60	179	1287	37,454	39,000

摘自前引施坚雅,第 171 页。

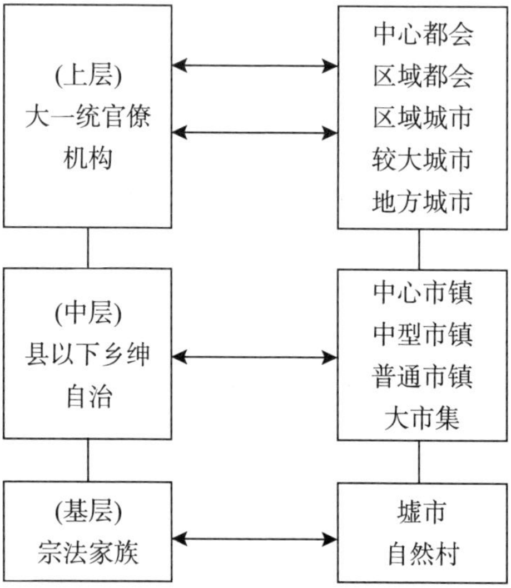

图 1.6　中国传统社会城乡等级和一体化结构三层次的对应关系

在这个图中，可以看到一体化组织三个层次分别对应着城市、市镇集市和自然村。一体化结构通过乡绅和宗法组织把官僚控制延伸到每一个自然村，与它相协调，在经济网中则可看到一个由城市通过市镇到集市自然村组织之连续扩散网络，它极为形象地表明一体化结构与地主经济之耦合，实现了一个辽阔农业社会之整合。

注十二　关于中国历代城市人口占总人口百分比的讨论，是一个十分复杂的问题。赵冈、陈钟毅对中国历史上城市人口作了大量考察，从而得出下表（表1.6）。

表1.6　中国历代城市人口

朝代	年代	城市人口（百万）	总人口（百万）	城市人口比例（%）
战国	300BC	4.3	30	14.3
汉	2AD	10.845	59.6	18.2
唐	745	10.99	52.9	20.8
北宋	1077	16.623	82.6	20.1
南宋	1193	15.9	71	22.4
金	1207	8.859	45.8	19.3
清	1820	24.2	353	6.9
清	1893	29.8	426	7.0
近代	1949	57.65	541.6	10.6
近代	1953	77.257	582.6	13.2

摘自赵冈、陈钟毅："中国历史上的城市人口"，载《食货》第12卷，1983年第3、4期。

从上表可见，城市人口百分比最低在10%以下，而最高在20%以上。赵冈等学者的研究主要是想证明中国城市人口所占百分比在历史上不同时期是不同的，它和人均耕地面积有关。而我们认为，不仅城市人口在不同朝代有异，而且在每一个朝代中，不同时期(初期、中期、灭亡之前)城市人口的比例都是不同的。一般说来,存在一个基本趋势,一个盛大王朝初期,由于它是在大动乱后建立起来的,动乱对城市人口的杀伤极为严重,这时城市人口很少。到王朝中期,随着生产发展,土地兼并程度增加,农村向城市提供商品粮增加,城市人口百分比不断增高。中国传统社会中城市人口的比例,除了赵冈等所指出的取决于人均耕地面积外,还和三个因素有关:第一是社会安定,第二是商业的发展,第三是农村土地兼并。因为地主的土地比自耕农的土地提供更多的商品粮。因此,在中国出现人口大爆炸之前,一个盛大王朝末年,城市人口可以大大超出 20% 以上。但这时,土地兼并极为严重,农民大起义风暴已在孕育中,所以高城市人口的状态是不能维持下去的。从战国到清朝我们可以看到城市人口百分比随王朝更替存在周期性变化。战国时,城市人口虽高达 14.3% ,但秦汉之交社会大动乱,使全国人口只剩下 1000 万左右,其中损失最多的当然是城市人口。据史书记载,汉初户口可得数才十二三,连天子都乘不起四匹马的马车,将相只能乘坐牛车。到西汉末年,总人口又达 6000 万,城市人口高达 18.2% ,但大动乱马上出现,城市人口又受到极大杀伤。东汉王朝建立,又开始了另一个周期。[1]

注十三　必须指出的是,超稳定系统之所以不能同时胜任社会整合和应付外来文明冲击的双重任务,这是因为,1840 年后它所碰到的外来冲击是西方工业文明带来的,而非农业和游牧文明。如果超稳定系统对外开放,外界只有农业和游牧文明,就不会有这个问题。一体化组织方式实现了一个超级农业社会之整合,这种组织方式应付来自其他农牧业社会的挑战绰绰有余。一体化整合方式使中国成为农业社会中不可征服的庞大帝国。从秦汉到清朝两千多年中,中国曾数次受到北方少数民族的冲击。西汉初年,匈

〔1〕 金观涛、刘青峰:《兴盛与危机》第六章。

奴势力十分强大，控弦之士号称三十万，对汉王朝构成巨大威胁。东汉又面对强大的鲜卑部落军事联盟。东突厥曾以数十万骑围攻隋炀帝于雁门。唐高祖时，突厥兴兵四万大举进兵中原，直达渭水桥北。一般说来，当某一个王朝处于鼎盛期，它基本上都有能力抵抗其他农牧业文明之武装入侵，甚至把中国的疆域和影响不断向外扩张。即使到了一个王朝的后期，社会一体化组织力被无组织力量吞没，中国被入主中原的少数民族所征服，但是征服者也只有学习中国传统社会独特的组织方式，才能实现这一超级农业社会的整合。于是他们不得不学习儒家文化，采用一体化结构。这方面的一个典型例子是元朝。13 世纪初蒙古旋风曾猛烈冲击欧亚农业文明，唯独在中国，蒙古人不得不学习中国传统的统治方式，元朝在相当程度上实现了一体化结构。正如有些学者所论述的那样，自蒙古人入主中原统一中国后不久，元朝就不再是蒙古的历史而成为中国王朝兴衰之组成部分。约翰·达迪斯（John W. Dardess）对此有过专门论述。他认为，自 1328 年起，元朝皇帝不再是蒙古帝国的大汗，元朝的历史变成了中国传统式的历史。当时无论是社会组织各方面的运作，还是社会问题，均如同中国传统社会，具有中国的特殊性。特别是元朝的儒化运动，它是超越种族的，从此儒学也成为元朝最高的政治理念。[1] 我们在《兴盛与危机》一书中，对元朝和清朝曾作过一个比较，就建立一体化结构而论，元朝远不如清朝，这是元朝远比清朝不稳定的原因。但蒙古入主中原后不得不采用中国一体化组织方式，以及清朝自觉学习一体化组织方式都证明，在传统农业经济中，也许只有这种组织方式才能实现一个人口众多、地区辽阔的社会整合。只有在魏晋南北朝时，汉民族人口在大动乱中大量伤亡，少数民族进入中原，并在

---

〔1〕 John W. Dardess:"Conquerors and Confucians—Aspects of Political change in Late Yuan China", Studies in Oriental Culture, No. 9 (Colmbia University, August 1971).

人数上超过汉人,占北方人口的54%以上,一体化结构受到干扰,中国社会才出现了长期分裂割据的局面。但几百年后,随着少数民族被同化,社会组织方式仍再次回到一体化这种组织方式中来。

然而,这种曾卓越地克服了农业社会组织困难的组织方式,一旦碰到工业文明挑战时,就如歌利亚(Goliath)碰到大卫(David),以往所有的历史经验似乎都失了灵。汤因比曾用歌利亚和大卫之间的战斗,来比喻古老文明在遇到新兴文明挑战时的行为模式。歌利亚曾是一名百战百胜的勇士,他全身包裹了沉重的铁甲,手里的长枪像一根铁柱子。他以为碰到的敌人都是和他一样的铁甲武士,所以当手里拿着投石器的大卫走到他身边时,他一点也没有放在心上。他从没想到,以往的全部作战经验以及手中的长枪是无法抵挡这位年轻人的攻击的。

首先,它已不能像对待农牧文明冲击那样,抵抗工业文明以大炮和廉价商品为武器的入侵。歌利亚被大卫用投石器打倒在地。但是中国毕竟是世界上唯一实现了人口众多幅员辽阔的农业社会整合之国家。其次,西方列强虽然屡屡打败中国,却不能把中国瓜分,变为以通商口岸城市为中心的殖民地。西方列强对东方的殖民地政策,在亚洲许多地区取得了成功,但在中国却遭到了挫败。因此,歌利亚并没有被大卫杀死,他只是在地上痛苦地挣扎而已。圣经故事并没有想象过,当歌利亚不可能被大卫杀死时,他会有什么表现?其实在逻辑上,可能的结局只有一种,就是歌利亚去学习大卫的武器。当某一种社会组织方式不是被外来征服者打垮,而只是被挫败时,它就会动员自身力量向外来文明学习,这是超稳定系统对外开放,遇到工业文明冲击时出现新的行为模式之内在根据。

第二章　对外开放和洋务运动

历史学家应该指出每一种胜利的事业都有某种恶的因素，每一种失败的事业也总有某种善的内核，从而使该时代的偏激得到平息。

——摘自《美国历史协会主席演说集》

2.1　对西方冲击反应的迟钝

1843 年 3 月，中国因鸦片战争战败而赔偿英国的第一批银子运到了伦敦造币厂大门。一位历史学家在记述这一事件时说，在场的人为此"发出极热烈的欢呼"，但他也承认这场以"货币为战利品的对华战争，似乎不是这个国家（指英国）应该引以为体面的事"。[1] 仅这第一批赔款银子就达 426 万两，占当时清政府财政总收入的 11%。[2] 中国近代史就这样开始了——1839 年 11 月中英

---

〔1〕 彭泽益："论鸦片战争赔款"，载宁靖编：《鸦片战争史论文专集》（续编），人民出版社 1984 年版。

〔2〕 同上。

鸦片战争爆发,西方列强用武装贩毒和炮舰打开了中华帝国的大门,从此,中国再也不能抵御工业文明的入侵,不能自外于世界现代化潮流。

每当人们回顾中国挨打受气、充满屈辱的近代史,最令人感慨的就是中国对西方冲击的麻木不仁。早在 1637 年,英国就到广州开展贸易,这与英国在美洲建立新殖民地新英格兰只相差几年时间,但中国对西方冲击作出回应,却在两百多年以后。无论是士大夫意识到中国处于 3000 年未有之变局,还是从加强海防开始的洋务运动,都是 19 世纪后半叶的事情。200 年对于中国历史来说并不长,但就在这一段时间,世界长足进步,英国当年在美洲的殖民地已发展成泱泱大国,新兴的美国也开始了对清政府的侵略。中国对外来冲击的反应如此迟钝,恰恰也是超稳定系统的特征。

17 世纪中叶,中国对西方冲击的迟钝,是因为当时清王朝刚刚建立,很快就达到极盛状态。经济的繁荣使乾隆对英国特使说出"天朝无所不有"的豪言壮语。清王朝的强大可以做到闭关自守,士大夫也没有感到新兴工业文明的压力。200 年后,英国为了打开对中国通商的大门,发动了鸦片战争。此时清王朝早已过了鼎盛期,吏治腐败,社会内部危机重重,外部挑战一时又被内部危机所掩盖。汤因比在谈到西方工业文明与中国在 17 世纪与 19 世纪两次相遇时曾指出,在第一个回合中,西方主要是以奇异宗教出现,船只和武器与中国相比,并无决定性优势,结果铩羽而去。到 19 世纪第二次卷土重来时,西方已经过工业革命,中国要抗拒西方入侵,唯有以开放的心灵学习西方科学技术。[1] 汤因比的观察无疑是正确的。但他并不了解,当超稳定系统面临吏治腐败和日益严重内部危机时,它是否能迅速意识到外来挑战本身就成为一个

---

〔1〕 韦政通:《中国十九世纪思想史》(上),东大图书公司 1991 年版,第 5 ~ 6 页。

问题。

以力主禁烟而闻名的湖广总督林则徐，在尚未被撤职时曾上书道光皇帝，提议将关税银的十分之一用于仿造西洋船炮。他认为“制炮必求极利，造船必求极坚”，“制夷已可裕如”。道光对这一建议的批示是：“一片胡言。”居于紫禁城深宫高墙之中的道光皇帝对英国住于何方都不知道，后听说在中国之西，竟问它是否有陆路通新疆。[1] 作为国家栋梁的士大夫也普遍昏聩。即使鸦片战争失败了，朝野的普遍看法也是认为朝廷用人不当，不信任主战的林则徐，而不是由于中国落后。头脑清醒的魏源在《海国图志》中，痛陈当时弥漫朝野的两大弊害：一是“寐”，二是“虚”。他认为只有儒生普遍觉醒，力倡务实作风，才能“师夷之长技以制夷”。但是，当官僚机构出现系统性腐败之时，这是不可能的。

即使朝廷重视外来挑战，企图作出积极反应，但由于土地兼并、吏治腐败造成的深重危机，整个社会已处于大动乱的边缘，政府也没有可能把足够的注意力放到对付外来文明的挑战上。（注一）第二次鸦片战争是十分典型的案例。清王朝在第一次鸦片战争中已经吃了大亏，但并没有汲取应有的教训。从第二次鸦片战争的兵力分布来看，清军在总兵力上占绝对优势，却没有很好地调配。广州城城陷落两年间，未曾得到一兵相助。当时清政府被内部危机搞得焦头烂额，农民起义此起彼伏，大动乱正在开始，清军最重要的兵力必须放在镇压和预防农民起义上，并没有把英法联军当作最重要的敌人。[2] 要引起超稳定系统对外来挑战的重视，需要有两个条件：一是西方文明发展到它难以抵挡而不得不重视

---

〔1〕 1840 年，清廷谕浙东钦差大臣奕䜣，要他向所俘英国军人打听英国“距离内地水程”，“英吉利至回疆有无旱路可通”。这表明，当时清廷根本不知道英国的地理位置。转引自韦政通：《中国十九世纪思想史》（上），第 19 页。

〔2〕 茅海建：“第二次鸦片战争中清军与英法军兵力考”，载《近代史研究》1985 年第 1 期。

的地步,二是社会大动乱有效地清除吏治腐败和土地兼并等无组织力量。对于超稳定系统而言,只有外来冲击造成普遍的社会危机才能使社会对外来文明的重视上升到意识形态层面。清初一体化的强大,刚刚兴起的工业文明冲击不足以引起社会危机。鸦片战争时西方入侵已势不可当,但是严重的内部社会危机又吸引了统治者的注意力。只有在社会大动乱清除无组织力量以后,外来威胁信号才能真正被社会组织者普遍地重视。

历史的发展正是如此,自1839年以后中国被西方文明用炮舰和商品打开大门从而不得不对外开放,到19世纪60年代开始学习西方军事科技的洋务运动,中间正横隔着一次社会大动乱,这就是以太平天国为首的农民大起义。

2.2 太平天国大动乱的历史功能

我们把以太平天国为首的农民大起义称为介乎传统与现代之间的大动乱。说它是传统的,是因为无论从农民起义的原因还是它所导致的后果来看,太平天国农民革命均和历史上农民大起义没有本质的不同,是超稳定系统第二重调节机制的体现。但是,这次大动乱发生在中国对外开放十年以后,超稳定系统相对孤立的条件已经开始打破,农民大起义也具有对外开放条件下的新特点。洪秀全创拜上帝会,自称是天父耶和华之子,基督之弟,用“在上帝面前人人平等”的口号组织和动员民众,其意识形态显然具有浓厚的西化色彩,是中国式的基督教。外国轮船对中国内河航运逐渐控制,造成南方大量从事运输业的苦力失业,则为农民起义提供了可观的后备军。虽然这次农民起义能燃起燎原之势的基本原因还是土地兼并和官僚腐败,(注二)但在意识形态和起义军队伍组织上已明显受到外来冲击的影响。同样的情况也表现在大动乱的社会调节功能之中。传统农民起义的后果仅在于有效清除无组织力量，而在对外开放条件下，消除无组织力量除了使传统一体化结构得到复苏外，还意味着社会内部危机之缓解，外部挑战不再被内部危机所掩盖，一体化结构有可能对西方冲击作出史无前例的回应。

首先，这场农民战争以极为残酷的方式缓解了19世纪中后期的人口—土地危机。一项新近的研究表明，在1851～1865年这14年间，全国人口由43,000万骤降为31,800万，净减11,200万，下降了26.05%，平均每年下降21.8%。[1] 短时期内这么巨额的人口消耗，有效地遏制了自18世纪20年代以来的人口爆炸趋势，从19世纪后半期到辛亥革命的70年间，人口总数还没有恢复到1850年的水平。特别是在太平军活动中心的江苏、浙江、安徽、江西等省，这些全国最富庶、人口最密集的地区，遭受的破坏也最大。据何炳棣统计，100年后（即1953年）这些地区人口总数尚比1850年少近2000万（见表2.1），只有江苏，由于上海作为全国最大都市的兴起，其人口数才略高于1850年的水平。[2] 大动乱严重打击了大地主的利益，土地危机也相应得到缓解，到20世纪20年代，仍有50%的农民自有土地。[3] 据黄宗智（Huang, Philip C. C）研究，华北农村的商品化和社会分化程度，直至20世纪30年代仍然比较低，土地分配形式与18世纪相似。村落多是以自耕农为主的社群。[4] 地主、自耕农保持一定比例，是中国社会稳定的基础。太平天国以后清王朝又延续了半个多世纪，这几十年中农村土地兼并并不很严重。半个世纪农村相对平静正是以太平天国为首的农民大起义清除经济结构中无组织力量的结果。（注三）

---

〔1〕 葛剑雄：《中国人口发展史》，福建人民出版社1991年版，第253页。

〔2〕 何炳棣：《1368—1953中国人口研究》，上海古籍出版社1989年版，第219、244页。

〔3〕 同上。

〔4〕 黄宗智：《华北的小农经济与社会变迁》，中华书局1986年版，第233～234页。

表 2.1　江苏、浙江、安徽、江西 1850 年与 1953 年人口数

年代 省份	1850 年	1953 年	变化百分比 (增减)(%)
江　苏	44,155,000	47,456,609	7.5
浙　江	30,027,000	22,865,747	-23.8
安　徽	37,611,000	30,343,637	-19.3
江　西	24,515,000	16,772,865	-31.4
合　计	136,308,000	117,138,441	-14.0

摘自何炳棣:《1368—1953 中国人口研究》,上海古籍出版社 1989 年版,第 244 页。

如果我们回顾太平天国农民大起义后半个世纪中主要的历史事件,无论是洋务运动、甲午战争、戊戌变法、庚子事变,还是辛亥革命,重大事件大多出现在社会中上层,它们差不多均和外来冲击引起的社会危机有关。这表明,太平天国为首的农民大起义之后,外来挑战导致的社会问题才凸显出来,成为社会变迁之主线。

无组织力量既是大一统帝国内部危机的指标,也是社会组织者腐朽程度和官方意识形态脱离实际之度量。大动乱之前,整个社会笼罩着被龚自珍称为“朝廷无良臣,世无良将,市无才商,江湖无才偷、才盗”万马齐喑的气氛,越来越趋于烦琐、脱离实际的考据学派成为儒学的主流,讲究务实的经世致用学派不受官方重视。在这种条件下,社会组织者和官方意识形态不可能对外来冲击作出积极反应。

据刘创楚、杨庆堃的研究,清廷在 1796 ~ 1911 年间共处罚了三万余名官吏,在受处罚的官员中,京官只占二成,地方官(省、府、县)占八成,晚清政治的“京官无能,地方官贪枉”现象相当普遍。[1] 虽然太平天国没有能推翻清王朝,但其以席卷大半个中国之势摧垮了腐朽的地方政权。动乱以后,清朝的政治腐败情况也明显扭转(图2.1)。[2] 为了镇压全国性的农民大起义,清廷不得不起用一批有为的汉族儒臣,并授命他们指挥地方缙绅武装。随着军事指挥权的下放,与战事密切配合的人事权和财权也不得不下放给地方军事将领,由他们自招兵勇、自筹军饷。曾国藩办团练、组建湘军,使大批有为务实的儒生进入地方官僚机构或充当幕僚。曾国藩集团先后掌握了浙江、广西、安徽、江苏、江西、广东、陕西、湖北、湖南、云南等省巡抚之位,"是后四十年间,两江总督几乎是非湘系将领或与湘军有关的人物莫属"。[3] 李鸿章的淮军虽为

摘自《兴盛与危机》,第124页。

图2.1　19世纪中国政治腐败情况变化曲线

---

〔1〕 刘创楚、杨庆堃:《中国社会——从大变到巨变》,香港中文大学出版社1989年版,第148~149页。

〔2〕 《兴盛与危机》,第121~124页。此图是根据梁作檠"晚清之政治腐败与社会骚乱:一个量化分析",载《中国文化研究所学报》(第9卷上册),香港中文大学1978年论文提供的曲线,简化后绘出。

〔3〕 郭廷以:《近代中国史纲》(上册),香港中文大学出版社1989年版,第178页。

后起,“而日后对中国的影响远在湘军之上”。[1] 清朝地方基层政府机构在相当大程度上实现了重组。

表 2.2　满汉官员比例变化(1840～1866)

年　代	满汉总督比	满汉巡抚比
1840	1:0.75	1:2.3
1866	1:6.5	1:12

摘自杨天宏:“咸同时期清朝权力结构的变化”,载《四川师范大学学报》1986 年第 4 期。

表 2.2 表明满族贵族官员和汉族官员的比例在大动乱前后发生了结构性变化,总督和巡抚中汉族官员占了压倒多数。[2] 随着大批有为的儒生进入官僚机构,意识形态也注入了新的血液。新兴的儒臣大多注重实际,信奉儒家经世致用学说,幕僚的思想也更为解放,据估计,18 世纪晚期这类由官员私人雇佣的幕僚已达 7500 人,19 世纪时人数当更多。[3] 他们是官僚体制外的知识分子,有的甚至没有功名,他们却比儒臣更注重实际或有一技之长,在盐务、漕运、边疆防务、河道治理和地方吏治方面都有所研究并提出过改革方案。因此,大动乱后,无论是意识形态上务实作风的兴起,还是一体化组织成分所呈现的吐故纳新,都有助于对外来挑战作出积极回应。(注四)

1860 年 5 月,太平军将领李秀成、陈玉成全歼清军江南大营,并乘战胜之余威,于三个月后进攻上海。但这支曾使清军闻风丧胆的农民起义大军,终于敌不过枪炮装备只有千余人的英法军队。在中国南北战场上,武器优势发挥了关键性作用。那些受命于危

---

〔1〕 郭廷以:《近代中国史纲》(上册),第 178 页。

〔2〕 杨天宏:“咸同时期清朝权力结构的变化”,载《四川师范大学学报》1986 年第 4 期。

〔3〕 [美]费正清编:《剑桥中国晚清史》(上卷),中国社会科学院历史研究所编译室译,中国社会科学出版社 1985 年版,第 157～158 页。

难之际的儒臣，在残酷的军事较量中，也由此深切体会到洋枪火炮的威力，当时长江内河中，西方轮船已驰骋往来。史学家常爱提到湘军将领胡林翼在看到外国轮船"鼓轮西上，迅如奔马，疾如飘风"后，深受刺激，不禁色变吐血之事。[1] 胡林翼说："太平军不足平，不成问题，倒是江面上的轮船，来日大难，不是我们所及料的了。"[2]胡林翼的警觉心态可算是这批有远见儒臣的代表。他们已意识到在对外开放条件下，一体化结构的复苏必须同时包含一些新内容，这就是推行国防现代化，以应付西方的冲击。

2.3　"官办现代化"的开始及其局限

19 世纪 60 年代中期，大动乱初步平息后，社会结构全面复苏，史称"同治中兴"，清王朝也开始了学习西方军事科技的洋务运动。洋务运动是趋稳定系统在保持传统一体化结构不变条件下实现（国防）现代化之尝试。现代化和巩固传统一体化结构本质上完全不同，两者之所以奇妙地结合在一起，是因为洋务运动本是同治中兴的有机组成部分。芮玛丽（Wright，Mary C）在其研究同治中兴的名著中指出，犹如历代大动乱平息后社会复苏一样，当时政府的事业主要是政治上整肃吏治、削减皇室和官僚机构开支，经济上奖励开荒，意识形态上强化对理学的认同，旌表忠臣孝子节妇等。[3] 同治中兴不外乎是中国超稳定系统大动乱结束后典型的行为方式，即恢复（加强）一体化结构。但是，同治中兴是在超稳定系统对外开放条件下展开的。新巩固之一体化结构必然要担负起抵抗西

---

〔1〕 郭廷以：《近代中国史纲》（上册），第 184 页。

〔2〕 曹聚仁：《中国近百年史话》，创垦出版社 1953 年版，第 5 页。

〔3〕 Mary C. Wright：The Last Stand of Chinese Conservatism：The T'ung－Chih Restoration，1862—1874（Stanford：Stanford University Press，1957）.

方冲击之任务,不得不包括国防现代化。

这样,我们也可以理解,国防现代化只有被纳入一体化组织之轨道才能进行,洋务机构的设置清楚地表明了这一点。1861 年清王朝设“总理衙门”主管洋务,当时的“总理衙门”并非今日的国务院,它的全称是“总理各国事务衙门”,相当于和传统各部平行的外交部,下设英国股、法国股、俄国股和美国股等。其中海防股统领北洋海防和长江水师,并且兼管机器制造、新式学堂、电线通讯、铁路矿业,等等。今天,人们也许会对由一个外交机构包揽军事、工矿甚至文教方面的事务感到可笑,但这恰好反映出洋务在同治中兴时期的地位:它是被纳入一体化结构由政府有组织地推动。在传统一体化结构中,只可能把与防卫视代化有关的这些中国历史上从未有过的新内容,统统归于对外关系的范畴内。(注五)

回忆图 1.1 所示的一体化结构上、中、下三个层次,就能进一步理解洋务运动的展开方式。用一体化结构来推行国防现代化,首当其冲的是由国家官僚机构直接兴办和管理国防军事工业。在 1861 ~1885 年的二十五年间,清政府共创办了 31 家较大型的官办企业,除了只有 1 家是毛呢厂外,其余 30 家均为制船、造炮、修械等兵工业。[1] 国防现代化还需大量诸如炼铁、机器制造、能源交通等和军火工业配套的设施,而国家又无力用官僚机构来包揽一切,这就需要动员整个社会支援配合。在一体化结构中,轻车熟路的社会动员组织方式是利用具有统一儒家信仰的缙绅与官方合作,以延伸放大官僚机构的功能。这一传统模式在洋务运动中的表现就是官督商办(图 2.2)。我们从官办和官督商办企业两种形式兴起的年代前后相连,可以看出洋务运动是如何展开的。

---

〔1〕 张玉法:“清末民初的官办工业:1860—1916”,载《清季自强运动研讨会论文集》(下册),中研院近代史研究所 1988 年。

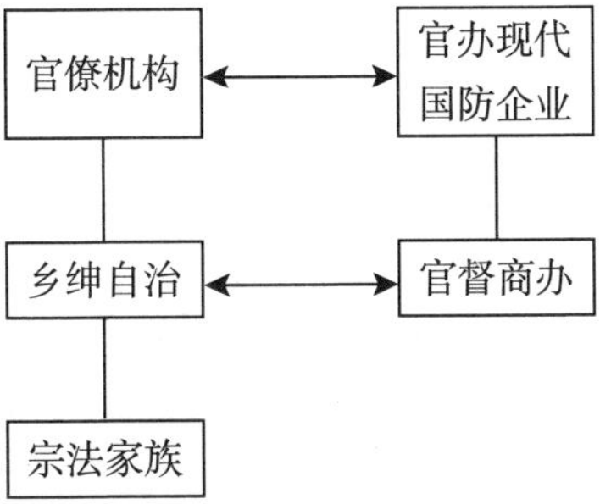

图 2.2　洋务运动展开方式和一体化结构三层次的关系

重要的官办军事企业大多兴办于1860年代,如上海江南制造局(1865)、南京金陵制造局(1866)和天津机器局(1867);而官督商办企业则兴起于1870年代,如轮船招商局(1873)和开平矿务局(1878)。据王尔敏研究,官督商办这种组织方式起源于漕运这类国家所必需,而又要依靠官绅合作才能完成的事业[1]。(注六)士绅配合官府管理地方事务、兴办公共工程的官绅合作模式,本是一体化结构中政府管理动员功能深入民间的基础。清政府用官绅合作推行洋务可谓驾轻就熟。如1871~1878年间苏州新建的八个工商业公所的领衔人物,均有士绅在内,从附贡生、监生到举人,累累二十人之多[2]。(注七)官督商办是由政府出部分资本,招绅士(商人)入股,由国家监督绅士协助官家办理,把洋务运动由官方推向社会。总之,从1865~1895年这三十年间,一体化结构的复苏是在对外开放条件下进行的,这就使得它同时包含着用自身的组织方式来实现国防现代化之尝试,从此拉开了中国社会大变动的序幕。

〔1〕 王尔敏:"官督商办观念之形成及其意义",载《中国近代现代史论集》(第9编),台湾商务印书馆1985年版。

〔2〕 唐文权:"苏州工商各业公所的兴废",载《历史研究》1986年第3期。

2.4 洋务运动与明治维新

人们常把洋务运动看作中国第一次有可能从传统进入现代之历史机会。确实,现代化后进国家受到工业文明武装侵略而被迫实行国防现代化,往往只是这些后进国家社会结构巨变的第一步。国家兴办军事工业,训练新式军事人才,有时会带动一个连锁反应。军事工业需要以大量民间现代工业为基础,国家投资军工业会引发与其配套的整个民间工业化进程之展开。而训练新式军事人才则需要西方科技和文化的传播,于是现代教育趁势兴起,进而导致行政管理和政治制度的配套改革。现代国防本来是生长在现代社会土壤之上的,只有整个社会的现代化才能建立真正与西方匹敌的现代国防。社会学家把经由国防现代化推动社会结构从传统向现代变迁称为防卫现代化。(注八)但是,一个社会能否实现这种变迁却取决于它原有的结构。我们可以把中国的洋务运动和与其同时开始的日本明治维新作一历史性的比较。日本是防卫现代化成功的典型例子。19世纪中叶,日本在西方工业文明挑战下从国防现代化开始,出现了政治制度、经济结构和文化观念的一系列变革,明治维新的成功意味着日本通过防卫现代化一跃为世界五强之一。但洋务运动却不可能达到防卫现代化之目标。

从经济结构分析,在1863~1894年这三十年中,清政府虽投资国防企业、官僚资本达一亿元,但官办工业没有引发社会的工业化历程,民间资本只有600万元。[1] 官办的国防工业没有相应的交通、能源、采矿、炼冶等基础,成为无本之木、无源之水,根本不能发

---

〔1〕 黄如桐:"试论洋务派企业的性质和作用",载《中国社会经济史论丛》,山西人民出版社1982年版。

挥作用。分析一下当时的官僚企业结构就一目了然,其中直接的军工生产占71%,交通采矿冶炼加起来才占22%。[1] 官府兴办的工业像个头重脚轻的倒立三角形。(注九)戴逸对洋务运动中工业化规模的微小作过很形象的说明。他说,到1894年中日战争爆发时为止,新式军工交通的近代化企业投资额不过等于1894年一年中外贸易入超赤字的三分之二,等于大半个颐和园的修建维护费,等于清政府每年财政收入的一成,等于后来甲午赔款的一成![2]

对比中国和日本社会结构之差异,可以说明为什么洋务运动没有引发经济结构中现代工业之成长。明治维新的成功是由于国家能够做到源源不断地把农业生产剩余转化为工业投资。1873年7月明治政府颁布了有关"地租改革"的布告和条例,既稳定了政府的财政来源,也为利用国家权力将地税收入直接转化为国家资本提供了保证。1873~1881年,日本在全国范围内进行了地租改革,正是在这一时期,地租收入占政府财政收入比例最高,日本"官办企业"得到极大发展。[3] 国家大约将从农业收入中得到总产量的一半左右作为税收[4]。(注十)在政府把农业生产剩余转化为工业投资的同时,城市化的武士、商人纷纷经营投资近代企业,一个由官方推动、民间响应之工业化运动蓬勃展开。(注十一)而这个过程对于中国由一体化推动的洋务事业来说,实为不可能。

据王业键分析,清朝时中国并不特别贫困,但清政府即使在最

---

〔1〕 黄如桐:"试论洋务派企业的性质和作用",山西人民出版社1982年版。

〔2〕 戴逸:"洋务历史试论",载阮芳纪等编:《洋务运动史论文选》,人民出版社1985年版。

〔3〕 米庆余:《明治维新——日本资本主义的起步与形成》,求实出版社1988年版,第104~105页。

〔4〕 John. K. Fairbank, Edwin. O. Reischauer and Albert M. Craig: East Asia: The Modern Transformation (Boston: Houghton Mifflin, 1965).

繁荣的年代,全部政府财政收入都没有超过全国谷物产值的5.6%,[1]清末全部赋税大约只占国民总产值的24%。[2] 清廷没有像日本那样用农业产出积累作为新式工业的资金,有一个社会结构性的原因,这就是中国农业生产积累大多都用于供养一体化结构里中、下两个组织层次,国家无法获得更多的可支配收入。据张仲礼估计,19 世纪 80 年代地主乡绅阶级个人年收入总额达67,500万两,[3]这个数目是 1885 年清廷总收入 7708 万两的 8.8 倍,是 1911 年国家总收入 30,191 万两的 2.2 倍。[4] 表面上拥有无限权力的大一统国家只是巨大的一体化结构冰山浮在水面的一小部分,它所能直接动员之经济资源远不足以提供工业化的全部投资。清廷办洋务的主要财源是海关税收和厘金,[5]这是门户开放后政府在供养官僚机构外还能有所剩余的收入。(注十二)但随着一系列屈辱条约的签订,特别是甲午战败,关税全部用来作赔款和抵押还不够,政府便再也无从筹措兴办现代企业的经费了。[6](注十三)

任何社会的工业化都主要靠民间资本推动,政府只能起带头作用。在中国,政府无钱投资新式工业,照理说占有绝大多数农业收入的地主缙绅是有投资能力的。我们知道,洋务运动中建立了

---

〔1〕 转引自[美]吉尔伯特·罗兹曼(Cilbert Rozman)主编:《中国的现代化》,国家社会科学基金"比较现代化"课题组译,江苏人民出版社 1988 年版,第 96、98 页。

〔2〕 同上。

〔3〕 [美]德·希·珀金斯(Dwinht H. Perkins):《中国农业的发展(1368—1968)》,宋海文等译,上海译文出版社 1984 年版,第 231 页。

〔4〕 魏光奇:"清代后期中央集权财政体制的瓦解",载《近代史研究》1986 年第 1 期。

〔5〕 刘翠溶:"关税与清季自强新政",载《清季自强运动研讨会论文集》(下册),中研院近代史研究所 1988 年,第 1025 页中的注 58。

〔6〕 陈诗启:"清末税务处的设立和海关隶属关系的改变",载《历史研究》1987 年第 3 期。

动员民间资源机制,这就是官督商办。为什么官督商办和绅士自办的工业在洋务运动中没有加速成长,成为现代工业基础呢?关键正在于:传统一体化组织方式中官绅合作是为了建立农村社会秩序,而兴办洋务和现代工业是在城市里的新型事业,两者在方向上背道而驰。(注十四)同治中兴时,官绅合作之重点依然是恢复地主宗法组织的乡自治,整个绅士阶层关注的重心是乡村重建。当大多数绅士居住在农村、只关心农村事务时,一体化结构的乡村组织(动员)中心,决定了如图2.2所示的洋务运动展开机制不能把工业化运动深入民间。

在一体化结构中,官督商办充其量只是官方与少数有功名的绅商合作,[1]一般商人并无政治地位,和官方联系也少,他们被排斥在一体化结构之外。官督商办事业既然属于一体化组织,它不仅没有成为政府动员商人之机制,反而是一个垄断和压制商人投资近代工业之手段。一个典型的例子是李鸿章办上海织布局。当时每年洋货进口达8000万两银子,其中洋布就占30%。因织布利益丰厚,李鸿章用官督商办发展织布业。上海织布局一开始就宣布垄断,"只准华商附股搭内,不准另行设局",它有十年专利权。但就像所有官办事业那样,上海织布局效率极低、速度特慢,早在1875年就动议设厂,至1882年才成立,1890年勉强募足资金和设备,刚投产就负债百万两银子。在这长达15年的时间里又不准别的商人插手织布业,官督商办表面上是动员民间投资,实际上却是延误了民营工业的发展。(注十五)

而且,在一体化结构中,意识形态认同是中、下层能和上层官僚机构合作之保证。洋务运动是被纳入儒家经世致用学说才得以展开的。正如张灏所说,儒家"经世学说"虽然主张人们关心和积

---

〔1〕 朱英:"清末商会'官督商办'的性质与特点",载《历史研究》1987年第6期。

极改造现世社会,但对个人而言,“经世致用”的一切政治行动都要受儒家道德规范的约束;对群体来说,“经世致用”必须服从儒家意识形态勾画的理想社会秩序[1]。(注十六)对“经世致用”的理解一定会出现“屁股决定脑袋”的现象。(注十七)那些主管对外事务、切身体会到西方冲击的官僚,可以把“经世致用”理解为“审时度势”的国防现代化,连奕䜣都说过“治国之道在乎自强”。但对于那些屁股坐在国内事务上人数更多的官僚和绅士,他们尚感受不到西方军事和科技的压力,“经世致用”就只是强化传统一体化结构,不能注重那些有可能和传统的国策有冲突之洋务。洋务只是少数人的事业。

中国第一次现代化尝试的这种组织方式早已注定了它所能展开的极限。既然洋务只是作为同治中兴过程中一体化结构全面复苏的一部分,它就不可能带动整个传统社会向现代之转化。当洋务运动的展开不可避免地和一体化组织发生矛盾时,它也就走到了尽头。防卫现代化只要触及一体化结构组织方式,就会被阻碍,不得不中断。它表明,一个民族的现代化道路和传统社会结构存在内在联系。超稳定系统不可能像日本那样,通过国防现代化把社会转型从器物推向制度、文化层面,全面模仿西方现代化社会结构。它只能遵循着自己固有的逻辑,这就是防卫现代化失败,并带来社会组织者意识形态认同的破坏。

2.5 甲午之战:中国大惊醒

1885年11月,清廷向德国定造的铁甲炮船“定远”、“镇远”、

[1] 张灏:“晚清思想发展试论——几个基本论点的提出与检讨”,载《近代中国思想人物论——晚清思想》,时报出版公司1980年版,第23~24页。

“济远”开到大沽港。这一消息传到日本,曾一度引起惊慌。日本人担心中国以这样的速度现代化,几年后日本将难以抵挡。然而,伊藤博文却料定中国的洋务运动会失败。他认为,中国眼下看来似乎大有作为,但不出几年就会因循苟安,再次陷于沉睡,他为日本制定了十年打败中国的雄心勃勃的计划。主持中国洋务事业的李鸿章也意识到,中日迟早要在现代化上进行较量。他在1885年预测说,日本富强,尚需十年左右,目前可望无事。[1] 果然,约十年以后,爆发了甲午中日战争。这场战争是对中国30年洋务运动和日本防卫现代化的总评判,其后果不难预见,防卫现代化成功之日本打败了现代国防没有生根之大清帝国。中国北洋海军全军覆没。似乎历史的发展被伊藤博文言中,但他关于中国沉睡的预言却大错特错。防卫现代化的失败在中国造成了一个史无前例的现象,这就是儒家意识形态认同的破坏,大多数儒生缙绅开始“大觉醒”。中国真正处于一种“三千年来未有之大变局”之中了。

在一般历史学教科书中,都把1840年鸦片战争描述为中国社会(观念)大变局之开始,实际上这一说法是不严谨的。中日战争爆发前,虽然中国对外开放已经半个世纪,但儒家意识形态尚未受到怀疑,推行洋务的士大夫的普遍心态是后来张之洞所概括的“中学为体,西学为用”,即用西学的“器”来补充和强化中国的“道”。大多数儒生和缙绅,更是沉醉在维护传统社会秩序和恢复道统之中。在当时的主要思想家陈澧、朱次琦、俞樾、黄以周的著作中看不到西学的影子,正如张灏所说,那时候社会思潮的主流“不是对西学的拒斥,而是一种普遍的漠视”。[2]

1894年甲午战败是一个分水岭,“仁政”所代表的社会秩序的观念受到冲击。从此中国思潮汹涌,出现了从来没有过的出国留

---

〔1〕 郭廷以:《近代中国史纲》(上册),第256页。

〔2〕 张灏:“晚清思想发展试论——几个基本论点的提出与检讨”,载《晚清思想》,第23~24页。

学热潮。数以千计的读书人东渡日本,去那里学习法律、军事和政治。在甲午战争中,中日是敌对国家,中国战败本应激发起士人抗拒日本、仇恨日本的民族情绪,但实际上却出现了一个去敌国留学、向敌人学习的高潮。这说明儒生的反省精神压倒了民族情绪,这种反省正好是儒家理想社会模式的破产带来的。(注十八)据说,甲午一战败,袁昶曾十分惋惜地对黄遵宪说:"如果你的书早一点让大家看到,价值可抵得二万万两银子。"原来,在甲午前十年,黄遵宪就写了《日本国志》,大谈日本如何推行政治体制改革,但书出后却乏人问津。而二万万银子为甲午战败后《马关条约》规定中国的赔偿。这种历史感慨十分形象地表明:甲午战败导致儒士放弃了中国社会制度最优的信念,转而认为日本制度优于中国。在这种历史性转变中,从未动摇过的对儒家意识形态的认同,首次出现了裂缝。

在世界近现代史上,因防卫现代化失败而被肢解的东方帝国不乏其例,但防卫现代化的失败导致意识形态认同破坏,却是中国特有的现象。和西方地理上最为接近的奥斯曼帝国最早受到西方冲击,舍林三世(Selim Ⅲ,1789—1807)推行了持续15年的国防现代化。[1] 然而,奥斯曼帝国的防卫现代化和中国的洋务运动一样,并没有推动社会结构由传统向现代转化。在一个多世纪中,这个版图相当于中国明朝的大帝国分崩离析,今日土耳其的领土还不到往日奥斯曼帝国疆域的五分之一。即使奥斯曼帝国因防卫现代化失败而陷于被肢解的命运,原有社会占主导地位的意识形态——伊斯兰教教义——并没有因此被破坏。为什么中国防卫现代化失败会导致意识形态认同被破坏呢?原因正在于中国社会组织的特殊方式——意识形态和政治结构的一体化。

---

〔1〕 陈方正:"毁灭与新主Ⅰ——奥斯曼帝国的现代化历程",载《二十一世纪》1991年总第7期。

在没有实行一体化结构的帝国中，社会组织行动的失败并不立即和意识形态发生关系。而在一体化结构中，各个层次组织基础和互相协调均基于意识形态，非宗教性的意识形态不可能不对社会有组织活动的失败负责。中国一开始是用一体化结构来推动防卫现代化的，这本身就是一把极锋利的“双刃剑”，当防卫现代化失败时，这一后果立即作为剑的另一面对准一体化结构的思想基础——儒家意识形态。

正如我们在上一节所论，洋务运动作为同治中兴的一部分，在其展开过程中，正是一体化结构所要求的意识形态认同阻碍了国防现代化所带动的社会变迁链锁。每当洋务派官僚上书中央请求拨款兴办近代企业时，都会有一大批正直的儒臣站出来反对，认为这样做会加重人民负担，违背了儒家轻徭薄赋的“仁政”原则；每当务实派人物感到国家缺乏精通西学的管理人才而要求强化这方面人员的培养和选拔时，也总是立即有人指出，这和理想社会的政治组织原则相冲突。在洋务运动中，如何使懂西学的人才进入官办的现代企业体制内，发挥管理功能，一直是洋务派官员颇为头痛的事。丁日昌曾提出六条意见，由李鸿章加以补充，形成了一个尚能通融的方案。如设立洋学局“培养科技人才”，使之“与正途出身无异”。但是，它违背了一体化结构需要选拔具有统一意识形态儒生为官这一基本原则，这一方案一出笼，马上遭到朝野士大夫狂风暴雨般的反对。丁日昌被骂为“丁鬼奴”。李鸿章见此路不通，就联合有势力的奕䜣、文祥奏议，在总理衙门同文馆里设天文算学，选拔正途出身的五品以下的官员来学习。这种“先红后专”的选拔已经考虑到意识形态认同的原则，但仍然遭到反对。一体化组织原则不仅要求以意识形态作为选官标准，而且官员在实际政治运作中还要不断强化意识形态认同。让有功名的官员学习西方自然科学和管理，谁能保证不会破坏和污染他们的信仰呢？儒臣以西学知识会动摇忠君观念为理由，认为它“上亏国体、下失民心”，没有一个正途出身的人来报考,应试者多为老年或失业人士。同文馆勉强录取了三十名学员,到毕业时仅剩五名。洋务知识分子为改变受人鄙视的孤立地位,往往谋求科举进身。当时以学外文及西学为主的上海广方言馆和广州同文馆的学生,常因习中学而导致西学荒疏,连一些受过西学训练的学者严复、马建忠等,也曾下工夫于八股制艺,多次参加科举考试,以博取为士人承认的资格。总之,在种种事业中恰恰是儒家意识形态认同,使得防卫现代化所需的配套变革不可能涉及政治制度。

意识形态一直充当着批判、阻止洋务运动进一步展开的角色,那么它也不得不承担洋务运动失败带来的后果。中国出现了意识形态认同与防卫现代化之间的互相否定,意识形态认同中断妨碍了防卫现代化,防卫现代化的失败又反过来破坏意识形态认同。儒家所推崇的理想社会模式并非来自神谕和宗教教义,这一点极为重要。如果理想社会模式来自神谕和宗教教义,那么除非把信仰者的肉体消灭,否则,任何外来的失败都不会动摇其信仰。而儒家理想社会模式却是对历代太平盛世社会状态之经验总结。儒生既然囿于这一模式带来安定、繁荣的盛世的历史经验而信仰它,那么,这种信仰也就可能为某种重大历史事件所震撼,甚至被否定。甲午中日战争极富有对意识形态检验的象征性含义,全国朝野都一清二楚:中国和日本差不多同时开始防卫现代化,有近乎相同的起点,(注十九)不同的是中国坚持只在器物层面上向西方学习,坚守儒家理想社会模式,认为中国社会政治制度高于西方。而日本却进行了整体制度改革。日本打败中国除了宣布儒家意识形态所推崇的理想社会并非最优之外,简直无法作其他解释。因此,甲午战争后,绝大多数儒臣都对儒家意识形态所崇尚的社会制度产生了怀疑。

士大夫对儒家仁政信念动摇的最好例子莫过于清议派的变化。清议派由那些正直清廉、思想正统但又对西方所知甚少的儒生组成,他们以敢于批评腐败和种种不合原则现象而著称。他们最激烈的批判对象,一个是洋务,另一个是腐败,其理由均是出于对仁政之捍卫。早在 1851 年,那个曾经写了《瀛环志略》,属于最早睁开眼睛看西方世界的徐继畬就是被清议派扣了崇洋媚外的帽子罢了官。同治中兴时,一体化加强,清议派力量大增,洋务派官僚似乎没有一人能逃过他们的批评,纷纷中箭落马。但是甲午战败后,这一强大的清议派队伍土崩瓦解,相当一部分人对西学态度来了个一百八十度大转弯。他们对政治改革变得热心起来,不仅研究西方议会制度,而且还具体设计如何将其引进中国。据石约翰(John E. Sohrecker)等人的研究,1898 年激进的改革派领袖(包括康有为在内)都和清议派有密切的渊源。[1] 只有意识形态认同的破坏才会出现清议派的瓦解和转型。

2.6　意识形态危机的类型和阶段

我们把一体化结构各层次组织者的意识形态认同破坏称为意识形态认同危机。(注二十)儒家意识形态是一个整体性思想体系,它包括以家庭伦理为中心、以忠孝仁义为基础的价值观,大一统仁政理想的社会观和"天不变"、"道亦不变"的哲学观三个子系统(图 2.3)。意识形态认同破坏可以只限于三个子系统中的一个或两个,也可以波及三个子系统。前一种情况我们称其为意识形态局部认同危机,后一种则是全面危机。

〔1〕［美］柯文:《在中国发现历史——中国中心在美国的兴起》,第 32 页。

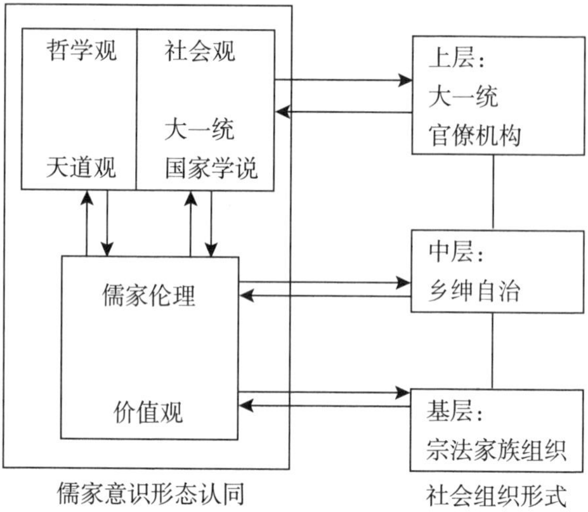

图 2.3　传统一体化结构三层次的意识形态基础

超稳定系统何时出现意识形态局部认同危机,局部认同危机会不会扩大成全面认同危机?表面上看,社会普遍观念的变迁很难严格把握。但是根据2.5节分析,洋务运动失败导致意识形态认同破坏是因意识形态必须为社会危机负责而造成的。那么意识形态认同危机的规模和性质也就可以意识形态内容和社会组织关系来判定。从整体上看,一体化组织上、中、下三个层次的理论基础和合法性均来源于儒家意识形态,但是只要我们对儒家意识形态的内容进行细致一点的分析,就可以看到,意识形态三个子系统对一体化三个组织层次的功能贡献是有所不同的,因而受社会危机冲击之程度和先后也各不相同。缙绅乡自治和宗法家族的权威合法性的支援意识主要是儒家伦理。一体化结构的上层——大一统官僚机构的支援意识,大部分均由儒家学说之社会观和哲学观提供。如"大一统"、"仁政"本身属于儒学的社会观;而"祖宗之法不可变"则来自"天不变,道亦不变"的天道。"天道"是哲学观。换言之,儒家意识形态三个子系统中,哲学观和社会观是上层组织之基石;而中、下层次的主要支柱是价值观(图2.3)。防卫现代化作为一种主要由一体化结构上层组织(国家官僚机构)推行的事业,它的失败所导致的对儒家意识形态的冲击一开始就只是局部性的。它只涉及一体化上层组织的支援意识。即甲午战败所引发的认同危机首先发生于社会观和哲学观中,儒家的家庭伦理和价值系统受到冲击较少,一体化结构承受的是局部意识形态认同危机。只有一体化上层组织解体后,其中下层组织对社会危机负责时,才会冲击相应的意识形态内容,导致意识形态全面认同危机。

事实正是如此,1895年甲午战败后出现思想观念大变革,史称戊戌思潮。戊戌思潮最基本的特征是:儒家的社会观和哲学观暴风骤雨般地变迁,而家庭伦理却触动很少。众所周知,甲午后短短几年内,中国思想界发生了两件轰动大江南北、掀开社会大变革思想风暴的事情:一是正途出身的康有为发表了《孔子改制考》和《新学伪经考》。他用儒生们熟悉的传统考据方法来论证孔子就是一个制度改革家,祖宗之法并非不可变;而儒生们当时奉为神圣不可变更的儒家经典不过是经汉儒篡改过的伪经!伪经不可信,圣人乃制度创新者,儒生们还凭什么来维护祖宗之礼法?另一件事是严复译《天演论》,将进化观引进中国。这窃来之普罗米修斯火种,一点即着,从此,社会达尔文主义风靡中国,成为中国社会大变革的哲学基础。

无论是康有为的变法思想,还是严复译著带来的新观念,均主要局限在社会观和哲学观方面。康有为虽然把汉以后的经书和现行制度批判得体无完肤,但他仍把孔子奉为改革正宗,肯定了儒学的基本价值,他所做的只是重新从孔子奠定之儒家价值观中推出新的社会观和哲学观。严复的三本翻译名著分别对准了儒家意识形态哲学观和社会观的核心。《天演论》用"进化"代替"天不变,道亦不变"之宇宙观;而《原富》一书则把孔子的"长国家而务财者,必是小人矣"这一道理翻转过来,从此"求富"变为圣人之道;《群学肆言》则打破了以中国为天下中心的观念,认为必须建立新的社会和世界秩序。梁启超把严复引进的以进化论为核心的新观念称为中国思想界的霸王。实际上,这一思想霸王之所以统治中国三十年之久,是因为只要人们没有从根本上触动儒家伦理价值,进化论就代表着当时最解放的思想。只有到新文化运动时,一体化上层组织解体,绅士对社会危机负责时,反对儒家伦理的全面的意识形态认同危机发生,社会达尔文主义的地位才被更激进的观念所取代。

总之,我们从分析意识形态和一体化三个层次之间的关系中可以得到一个结论:只要大一统国家官僚机构尚未解体,在外来冲击下带来的种种挫折和危机就均由一体化上层组织承担责任,意识形态认同危机很难扩充到价值观层面。那么这是不是说,意识形态认同危机可以被控制,使它不波及价值系统呢?答案是否定的。中国一体化结构实现了意识形态和政治结构的强耦合,任何意识形态危机都会转化为政治行动,而政治改革的后果却是摧毁大一统王权,使一体化中下层组织为社会危机负责。也就是说,政治结构的改变反过来影响意识形态。两者形成一个互相加剧的正反馈,意识形态认同危机就如岩石中的裂缝,会在外力下不断扩大延伸,难以控制,以致最后从哲学观、社会观蔓延到价值观,出现全面的意识形态认同危机。当康有为在广州讲学时,理学大师朱一新似乎就感到不妙,他说:“夫人心何厌之有?六经更二千年,忽以古文为不足信,更历千百年,又何能必今文之可信耶?窃恐诋讦古人不已,进而疑经;疑经不已,进而疑圣;至于疑圣,则其效可睹矣!”[1]事实上,朱一新所担忧的过程,正是在1895年到1915年这二十年间通过意识形态与政治结构互动而展开的。

---

〔1〕 曹聚仁:《中国近百年史话》,第21页。

2.7　从戊戌变法到义和团运动

为了形象地把握1895年后意识形态危机和政治改革的互动，我们试图用一个象征指标来代表某一时期意识形态认同破坏的情况，以使整个变化过程可以用曲线表示。我们认为，可以用士大夫为了改革所组织的社团来反映意识形态危机在社会上的公开呈现。社团的宗旨大体可以反映士大夫对传统意识形态哪一部分产生怀疑，社团数目则可以衡量这种破坏的普遍程度。

我们根据王尔敏的研究，[1]将1895到1911年各类新学会的数目作出如图2.4所示的统计曲线。这条曲线有两个十分突出的高峰，可以分别代表局部意识形态认同危机的两次大爆发。而在这两个高峰出现之前，存在两次重大政治事变——戊戌政变和义和团运动。分析这两次政治事变和意识形态认同危机的关系，恰好表明存在我们所说的互相加剧之正反馈。

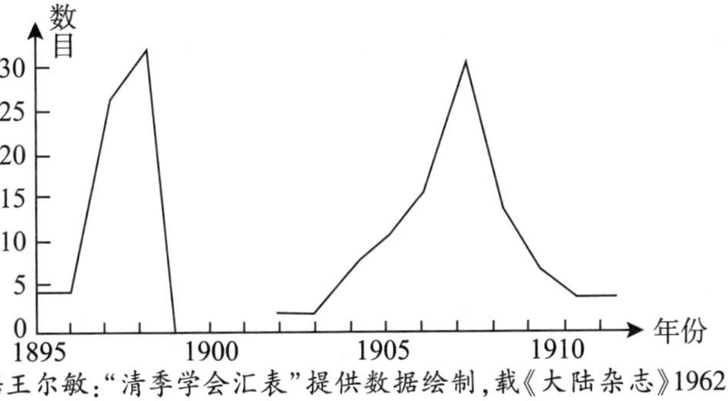

据王尔敏："清季学会汇表"提供数据绘制，载《大陆杂志》1962年第24卷，第2、3期。

图2.4　清末学会数目的变化曲线

---

〔1〕　王尔敏："清季学会汇表"，载《大陆杂志》1962年第24卷第2期，第14～20页；第26卷第3期，第16～23页。

我们先来看看第一高峰。它出现在1895年甲午战败后,在1897~1898年达到顶点。这正是我们前面一再讲过的甲午战败使中国士大夫普遍惊醒,出现了对儒家意识形态社会观和哲学观的怀疑。王尔敏将各种学会分成七种类型。他发现在1895~1898年时,占压倒优势的是"重振士气以保国"的自强类型,这些学会并无确定的政治改革主张。这表明:认同危机刚爆发时,人们只是对原有意识形态有怀疑,并不一定鲜明地支持与原来意识形态主张相左的政见。这时,认同危机不算强烈。有一项对戊戌时期中央官员思想倾向的研究,可进一步证明这一点。当时光绪帝下令重印冯桂芬的《校邠庐抗议》,令各衙门阅后批注加签,这可以看作对官僚士大夫的一次思想测验。有人对372位包括大学士、内阁学士及其他中央级官员所加签注进行过研究分析,发现绝大多数人是"唱和派",对少数激进派所主张的变法内容既不拥护,也不反对,仍随声唱和。[1] 即便如此,意识形态认同危机也已在政治层面上有了反应,它推动光绪皇帝实行了政治改革,史称戊戌变法。但我们知道,在一体化结构中,某种意识形态内容的变化,如果得不到大多数士大夫的支持,是不可能转化为政治现实的。因此,改革即使得到皇帝的支持,也不会成功。结果戊戌维新只搞了一百天就宣告失败。

关于甲午战败后意识形态认同危机如何推动戊戌变法,历史学界有很多研究。但对戊戌变法的失败如何反过来加剧扩大社会组织者意识形态认同危机,社会上注意甚少。事实上,戊戌变法的失败恰好是几年后意识形态认同危机更大范围涌现的前提。它是通过变法失败后的倒退以及义和团运动这一逻辑链实现的。李剑农、汪荣祖均对戊戌变法失败原因提出了一个有趣的观点,他们认

〔1〕 李侃、龚书铎:"戊戌变法时期对《校邠庐抗议》的一次评论",载《文物》1978年第226号。

为变法失败的重要原因是康有为的思想过于标新立异，从而引起大批士大夫的反感和反对，于变法的政治活动实害多而利少。[1]实际上这正表明，第一次意识形态认同危机出现时，由于广大士大夫仅仅对传统社会观和哲学观处于怀疑之中，还难以接受任何一种新的社会观，政治改革难以推行。广大士人处于怀疑迷惘状态，使得戊戌变法失败后意识形态顽固派的意见能占上风。顽固派认为中国的失败不是传统社会组织方式不好，而是洋务派的改革动摇了一体化结构，造成媚外怕死，不敢和洋人决一死战。（注二十一）甲午战败后，坚持这种解释之意识形态强硬派最团结，行动最少犹豫。结果他们轻易地战胜了激进改良派，用强制性行政干预的办法，来维系对儒家国家学说的认同。光绪皇帝被软禁，激进改革派遭到清算。戊戌政变后一个短时间内这种反动竟如此之彻底，甚至连以前他们尚能容忍的洋务派也遭否定。郎中左绍佐甚至要求把最早推动洋务事业但早已去世的郭嵩焘戮尸以谢天下。他们鼓动慈禧太后发动群众和洋人一战。正是在这种极端仇视开放和改革的气氛中，爆发了义和团运动。（注二十二）

在此，我们不想去分析义和团反洋教运动爆发的原因。只想指出，清廷利用义和团运动来反洋人，是和意识形态强硬派占上风、全盘否定洋务和变法密切相关的。它导致的后果则是局部意识形态认同危机更强烈地呈现，因为退回到祖宗之法不可变的立场，并不能改变门户开放之下中国落后挨打的现实。在1900年庚子事变中，意识形态强硬派的倒行逆施，立即被无情的现实所粉碎。当时，面对八国联军的咄咄攻势，意识形态强硬派和义和团在某些方面是相当一致的，他们相信卫道的神圣感可以使血肉之躯能够抵挡甚至打败敌人的枪炮。郭廷以先生十分形象地描绘了清

---

〔1〕 李剑农：《戊戌以后三十年中国政治史》，中华书局1965年版，第19页；汪荣祖："论戊戌变法失败的思想因素"，载《近代史研究》1982年第3期。

廷用“人民战争”反洋人的结果:“义和团事变,无洋不反,凡外皆雠,以中国(实际上是以华北、东北甚至是以京津一隅),致成一个小型的‘世界大战’,结果京师再陷,朝廷狼狈出亡……赔偿巨款,京津一带驻兵,创痛之剧,远过于英法联军、甲午之役,而一般知识观念的开通前进,亦非彼时可比。”[1]

在广大儒臣心目中,庚子事变是比甲午战败更大的对儒家社会观和哲学观的否定,它立即引发了更大的局部意识形态认同危机。图 2.4 表明,第二个高峰由 1901 年开始,1907 年达到顶点。王尔敏对这一时期占主导地位的学会宗旨进行了分析,认为它们已不是第一个高峰所代表的无确定政见之“自强”,而大多有明确的政治主张。占压倒多数的学会宗旨是研究立宪和推动地方自治。我们可以看到,意识形态认同危机再次浮现,虽仍局限在哲学观和社会观方面,但它已经由怀疑变为要求哲学观和社会观内容的变革。戊戌时只被少数激进派认同之政治主张一下子为广大士大夫所接受,(注二十三)立宪成为学会组织者的共识。这种意识形态之改变立即成为改革政治制度的强大动力。这次政治改革挟不可阻挡之势,促使清廷于 1903 年设商部,1905 年废科举,1906 年宣布立宪,(注二十四)接着各省县纷纷成立咨议局。

分析两次意识形态局部认同危机和两次政治改革的关系,可以清楚地看到意识形态变化和政治改革的互动中,有两点值得注意:首先,意识形态变迁推动的政治制度改革具有不可抗拒性。戊戌变法时意识形态变迁尚不够有力,不足以使广大儒臣赞同制度改革。但顽固派抵抗改革的结果却引发了更大的意识形态认同危机,从而为今后的政治改革扫除了障碍。这一过程表明,意识形态变迁到相当程度就会导致政治改革。其次,政治制度变迁又会进

---

〔1〕 郭廷以:“近代西洋文化之输入及其认识”,载《中国现代化的历程》,时报出版公司 1980 年版,第 171~172 页。

一步引发更大的意识形态认同危机。图 2.4 只描绘到 1911 年时的情况，如果把时间轴再延伸，就可以看到政治制度变迁再次反作用于意识形态。1911 年清王朝被推翻，标志着一体化结构上层组织的瓦解，1916 年军阀割据局面的形成，则意味着中层组织——缙绅自治重新整合社会结构之失败，它立即导致意识形态认同危机进入价值观层面，从而爆发了新文化运动，儒家伦理被新知识分子彻底批判。

总之，可以用超稳定系统在开放条件下的行为模式，来把握自鸦片战争到戊戌变法的历史过程。中国超稳定结构实为农业文明之“列维坦”，一体化组织三层次恰似巨人的躯体，而意识形态就像巨人的思想。当意识形态不变时，巨人对外界冲击的反应麻木不仁，或顽固抗拒自身组织的变革，防卫现代化的失败不可避免。这时超稳定结构特有的对外来冲击的反应方式就会表现出来：防卫现代化的失败会引发意识形态认同危机。意识形态认同危机意味着巨人的惊醒，从此，一体化内部产生了推动持续不断的变革的动力。它必然导致传统一体化结构的解体，而一体化结构的解体又会促成意识形态的更替。这一过程可以说是一发而不可收拾。以下，我们将在第三、四章分别讨论中国传统一体化结构的解体和社会危机为何会引起意识形态的更替。

第二章　注　　解

注一　王尔敏曾考察过，第一次鸦片战争后有多少人曾有过类似于林则徐那样“船坚炮利”的想法，他发现当时大约共有 66 人对国防上学习西方有所关切，他们的身份不是高级官员就是著名绅士，即使道光皇帝后来也并非如一开始那样对“船坚炮利”绝对排斥,但是这种意见在太平天国大起义前并不能引起朝廷的普遍重视。[1]

注二　近现代史学者多从外国资本主义侵入所造成的社会问题来探讨太平天国农民大起义的原因。把中国社会在受到西方冲击从而对外开放条件下的农民大起义和传统农民起义区别开来是正确的,但是当时中国刚开放不久,太平天国农民大起义基本上仍是传统的。一体化调节在 200 年中释放出的无组织力量——吏治腐败和农村土地—人口危机仍是大动乱的主要原因。关于无组织力量与这次大动乱关系的分析,可参见《兴盛与危机》一书的第 4.6 节。

注三　关于太平天国为首的农民大起义如何解决 19 世纪中叶的土地危机,为中国基层社会相对安定半个世纪奠定基础,有关的综合性宏观研究还不够。但大多数近代经济史家公认,20 世纪 20 年代之前,中国农村土地兼并并不严重。当然也有例外,如河北望都县赤灰村,1905 年全村共 200 多户,无地户占 50%。该县北高岭等五村共 440 多户,占地十亩以下者 361 户,占总户数 80% 以上。[2] 这些例外差不多都可归为两种情况:一种是清末农民大起义没有扫荡到的地区,土地兼并是长期积累下来的。如京畿地区一直是清末农民大起义没有波及的地带。另一种可能是,大动荡虽打击了土地兼并,但在镇压农民大起义中迅速兴起了一个新兴的大地主阶层,如湘淮军的将领大多是中国近代新出现的大土地占有者。一般说来,新兴大地主的土地兼并发展到严重程度,需要一段时间,因此只有在动乱过后几十年,土地兼并才会比较严重,这些地区性土地集中大多出现在 20 世纪初以后。例如,江苏昆山县 1905 年佃农占 57.4%,1914 年增加到 71.7%。安徽宿县 1905

---

〔1〕 王尔敏:《中国近代思想史论》,华世出版社 1977 年版,第 6~7 页。

〔2〕 陆保善等:“望都县乡土图说”(1905),载李文治编:《中国近代农业史资料》(第 1 辑),三联书店 1957 年版,第 195~196 页。

年佃农和半佃农只占40.5%,1914年增加到57.5%。[1] 关于20世纪初土地兼并加剧的论述详见本书第6.1节。

注四　不少学者都注意到了推行洋务运动的一个重要前提就是农民大起义打击了贪官污吏,一大批相对清廉务实的儒臣进入官僚机构。刘广京不久前就讨论过类似命题,即为什么自强运动要到鸦片战争后二十年左右才开始?他指出:没有太平天国,就没有自强运动。如果两江总督还是何桂清等人,直隶总督还是恒福等人,就很难有新的海防政策,更谈不上去学习西洋技术和科学了。[2]

注五　孟思明(S. M. Meng)对总理衙门的结构和功能的考察为我们的观点提供了证据。在受到西方冲击对外开放之前,超稳定系统没有专门的主管外交事务的机构,外交由礼部和理藩院处理。对外开放后,驻使一来,不得不设立相当于外交部的总理衙门,1901年又改名为外务部。据考察,19世纪末,主管洋务的总理衙门效能不过如一个秘书处,其机构设置及内容和各部重叠,主管的事务远没达到专业化,工作效率取决于主办大臣的个人声望。[3]

注六　官督商办这种洋务运动向民间渗透方式的起源可为我们提供一个证明:它只是利用了传统一体化结构中上层组织和中下层组织之关系,把由官方兴办的现代化事业推向民间。官督商办起源于漕运事业绝不是偶然的,在这一类事业中最早发生了必须靠一体化上层和中层组织协调才能应付的新社会问题。清初,京城每年通过运河运输征集来的漕粮大约有400万吨。道光年间

---

〔1〕乔启明:"江苏昆山、南通、安徽宿县农佃制度之比较以及改良农佃问题之建议",载严中平编:《中国近代经济史统计资料选辑》,科学出版社1955年版,第276页。

〔2〕刘广京:"关于晚清自强运动的几点意见",载《近代中国史研究通讯》1987年第4期。

〔3〕S. M. Meng: The Tsungli Yamen: It's Organization and Fuctions (Cambridge, Mass: Harvard University Press, 1962).

(1825 年前后)因运河河道不畅而实行海运,运输工具也由传统人力挽曳的民船改为依靠风力的沙船(大型远航帆船)。如此庞大的运输事务,只能通过官绅合作办理。超稳定系统受西方冲击对外开放后,外轮闯入,沙船业受到排挤而一蹶不振,它立即影响了漕粮运输。在漕运问题上亟须寻找解决办法。当时,一个显而易见的选择是由国家购置轮船来进行运输,但经费浩大,光靠官僚机构无法胜任漕运现代化。这时只能去发明官绅合作推行现代化事业的新形态。据考察,由官督商办办理轮船招商局的整个构思皆因官方力量不足而萌发。总理衙门想用传统官绅合作的扩大来解决漕运,即"雇用商船,酬给水脚银两",由上海熟悉航务的绅士主其事。一个由华商购造洋船、变法自强以解决航运问题的方案渐渐成熟。由于国家经费不足、财政支绌而衍生出养船问题,最好的办法是"招商",1872 年李鸿章终于提出官督商办。[1] 这里可以看出,官督商办出现在如下两个条件首先集中的地方:第一,它必须是只能由官绅合作才能办成之事业。第二,它又是最先感受到西方冲击的行业。

在相当长一段时间内,漕运的水脚收入一直是轮船招商局的大头,1873~1874 年,漕运水脚占总水脚收入的 35%,1876 年后,仍有百分之十几。当时,中国轮船运费为每石六钱,较外国轮船高出一倍。1875 年美商旗昌轮船公司表示愿意仅收运费每石一钱,与招商局竞争。清政府如允许旗昌承运,总经费可省下 30 万两。但清政府为了落实"招商",不为所动。从中可见官督商办事业中,传统官绅合作并不仅仅在于经济上的互利,还在于意识形态认同。[2]

---

〔1〕 苏梅芳:"李鸿章与'官督商办'",载《国立成功大学历史学报》(以下简称《成大历史学报》)1990 年第 16 号。

〔2〕 黎志刚:"轮船招商局国有问题:1878—1881",载《中央研究院近代史研究所集刊》(以下简称《近史所集刊》)1988 年第 17 期。

注七　公所与官督商办一样，是官绅合作推行现代化事业的另一种形态。其内部运作之关键，仍在于官方和绅士的互相默契与合作。诸如税收等事务，往往是通过公所贯彻实施，官府起督察作用，与传统官绅合作在乡间征收农业税模式一致。

注八　18、19世纪两个世纪中，我们至少可以举出四个由于国防现代化需要而推动社会由传统向现代演进的例子，其中成功的两例即是普鲁士和日本。普鲁士比日本早半个世纪，自1793年后即受法国大革命冲击，开始推行防卫现代化历程，其典型事件为1806年普鲁士被法国大败，费思德里希·威廉三世（Frederick William Ⅲ）在国难当前时奋起改革。1806～1808年由施泰因（Friedrich K. F. von Stein）实行政治经济现代化措施，1810年洪堡（Wilhelm vonHumboldt）推行教育全面现代化计划，1811～1812年哈登堡（Karl A. von Hardenberg）进一步实施政治经济改革，与此同时，沙恩霍斯特（Gerhard von Scharnhorst）的军事改革也颇见成效。其后果是现代德国之兴起。[1] 失败的也有两例，就是奥斯曼帝国和中国。

注九　洋务运动（1863～1894年）兴办的企业种类和资本如表2.3所示。我们可以发现，军事工业占70%以上。其实，洋务运动中投资规模仅次于军事工业的交通运输业的发展，也是基于国防军事上的需要。[2] 例如修建铁路，就是为了军队和物资能在短时间内集中，因此，洋务运动中占投资额84%的企业直接和国防有关。相反，作为国防工业的基础工业却很薄弱。现代化的企业体系显然是头重脚轻，缺乏基础。

---

〔1〕 郭少棠：《德国现代化新论》，香港商务印书馆1992年版，第52～56页。

〔2〕 全汉升："甲午战争以前的中国工业化运动"，载《中国近代现代史论集》（第9编），台湾商务印书馆1985年版。

表2.3 洋务企业的种类及资本

种 类	企业数目(个)	资本额(银元)	百分比(%)
军事工业	19	69,943,461	71.4
交通运输业	7	12,508,702	12.8
采煤工业	7	2,716,228	2.8
金属采掘和冶炼	9	6,637,250	6.7
纺织工业	5	6,103,803	6.2
合 计	47	97,909,444	100

摘自黄如桐:"试论洋务派企业的性质和作用",载《中国社会经济史论丛》,山西人民出版社1982年版。

注十　关于日本明治维新后国家究竟掌握了多少农业收入,目前存在几种说法,但学术界公认,日本明治维新的一个重大收获就是国家农业税收的骤增。1873年日本进行一次重要的赋税改革,建立了一个不随收成多少而波动的统一税率制度,即将原幕府和藩政权按惯例征收的税收变成新中央政府直接控制下的统一货币税,它是地价的3%,而地价定为平均年产量的8.5倍。根据这种算法,日本农业产出中至少有25%~30%转化为国家税收。明治政府初建时,新田赋占政府岁入的94%。19世纪末,工商业有了很大发展,但田赋仍占岁入的50%以上。[1] 可见,国家可以直接从农业生产中抽取高税收并将其转化为现代化的各项事业之经费,是日本明治维新成功的条件之一。中国大陆1949年后也建立国家从农业积累中获得人力物力主要来源之机制,农业税率和日本明治时代相差不多,但对于传统一体化结构来说,这是不可能做到的。

---

〔1〕［美］费维恺(Feuerwerker Albert):《中国早期工业化——盛宣怀(1844—1916)和官督商办企业》,虞和平译,中国社会科学出版社1990年版,第54~55、59~60页。

注十一　明治维新时期，国家能大规模地支配农业产出，是近代日本崛起的主要原因之一，学术界对于这一点并无争议。但国家直接将农业收入投资现代工业究竟起了多大作用，则意见分歧。学术界占主流观点认为，国家直接投资起了重要作用。但有些学者不同意这一说法，他们认为，1868 至 1881 年间，明治政府从当时农业税收中抽出 3400 多万日元转化为工业投资，这仅占这一时期正常税收的 5.5%，只是政府经费的 13%，为陆海军总经费的三分之一多。而且 1878 年首次公开发行政府公债，为新工业筹措资金。[1] 这派意见更强调政府投资和推动是通过社会力量发生作用的。这两种意见虽不同，但均认为日本工业化过程中由国家作为中枢，在它的推动下民间引起了工业化热潮。在中国就不存在这种转化链。

注十二　有人曾对 1895 年前洋务运动中七个最大的国防现代化企业的经费来源进行了统计，表 2.4 就显示了总投资 42,805.295 两白银中有 85.8% 来自关税。王尔敏先生也曾指出，自强运动期间，总理衙门经费中，户部每年只拨给 700 余两。可见这些来自中央政府直接拨款只是名义上的，实际上毫无意义。经费的主要来源靠海关税收，如每年提拨三成船钞，数目可达五六万两至八九万两，包括同文馆等费用均出自此项。[2]

注十三　甲午战败后，中国除了用关税收入支付赔款外，还被迫签订三次大借款（俄法借款和两次英德借款），大多以海关洋税为抵押，使海关税收源源运入英、德、法、俄四国。紧接着又是 45,000万两数额庞大的庚子赔款，不仅把海关洋税抵押净尽，而且连通商口岸五十里以内的常关税也充当了抵押品。洋务运动的第

---

〔1〕［美］费维恺（Feuerwerker Albert）：《中国早期工业化——盛宣怀（1844—1916）和官督商办企业》，第 54～55、59～60 页。

〔2〕《清季自强运动研讨会论文集》（下册），中研院近代史研究所 1988 年，第 1116 页。

二大经费来源——厘金本来就不稳定,常受贸易之旺衰及政令之变换因素影响而盈缩,随着清王朝的衰落亦日益枯竭。[1]

表2.4 七个最大洋务企业的经费来源

企业名称	经费总额(两)	海关关税(%)	地方拨款(%)	军费(%)	捐罚款(%)	户部拨款(%)
苏州洋炮局	110,567			100		
江南制造总局	15,970,736	94.11	0.48	2.66	0.25	2.50
金陵制造局	2,776,895	70.94		29.06		
福州船政局	12,530,000	98.00	2.00			
山东机器局	890,800		100			
天津机器局	7,586,707	98.50	0.40			1.10
湖北枪炮局	2,960,000		44.93		35.51	19.56
合　计	42,805,795	85.82	5.98	3.11	2.56	2.52

摘自前引黄如桐。

我们可以用甲午战争前后清朝地方和中央政府的财政收入之用途来证明这一点。表2.5、表2.6分别为甲午战争前和甲午战争后各省派定的解款额。我们看到甲午前地方政府能从海关与地方商业税收中拿出防卫现代化之经费。甲午战争后,防卫现代化失败,清廷在一系列丧权辱国的条约中把海关关税用作赔款之用。这时关税收入虽增加了一倍,但还不够支付借款和赔款的利息。甲午以前,各省摊额为一千余万两,甲午以后至宣统年间新添五千余万两,连同以前派额共为六千余万两,为甲午前的6倍。这一切均表明用一体化结构来推行防卫现代化一定会触发下列恶性循环:一体化结构对防卫现代化的限制→防卫现代化失败→向西方列强赔款→防卫现代化经费来源之短缺→进一步失败和丧权辱国。

〔1〕 庄吉发:"同光年间的地方财政与自强经费的来源",载《清季自强运动研讨会论文集》(下册),中研院近代史研究所1988年。

表 2.5　甲午战争之前各省及各关派定解款额

款　目	各省摊额(万两)	各关摊额(万两)
京饷	638	162
固本京饷	66	—
内务府经费	15	45
东北边防经费	154	46
筹备饷需	114	86
内务府常年经费	30	20

摘自彭雨新:"清末中央与各省财政关系",载《中国近代史论丛》(第2辑第5册),正中出版社1963年版。

表 2.6　甲午战争以后各省及各关派定解款额

款　目	各省摊额(万两)	各关摊额(万两)
摊还汇丰银款	84.20	50.00
摊还汇丰镑款	195.80	66.50
摊还克萨镑款	74.30	5.00
摊还瑞记借款	42.00	25.00
摊还俄法借款	365.25	256.25
摊还英德借款	467.75	368.75
摊还英德续借款	500.00	—
摊还庚子赔款	1880.00	—
练兵经费	966.00	—
海军经费	451.50	—
崇陵工程经费	80.00	100.00
合　计	5098.00	871.50

摘自前引彭雨新。

注十四　这方面一个有说服力的案例是1883年上海出现的严重金融风潮。在这次风潮中上海七十八家钱庄大多倒闭,只剩下十家继续营业。官督商办及其他华商企业股票大跌。主办轮船招商局的商人徐润破产,唐廷枢也损失惨重。这次金融风潮自钱荒引发。据一些学者考察,最主要的原因是中国商人对工、矿、“交运”等企业做了力所不能及的过分投资,抽走了商业流通中本来已捉襟见肘的银根,结果导致金融危机。[1] 如果从社会经济动员模式来分析,其原因更为清楚。官绅合作模式中,绅大多是地主,其经济实力主要在乡村,绅士雄厚的资金实力也不在大城市。这样在绅士城市化之前,用官绅合作搞现代企业,不能动员绅士掌握的大部分经济资源。其推行的一个结果就是资金不足,仅凭商人投资,极容易造成金融危机。我们如果把1883年的金融风潮和甲午以后广大绅士投资现代企业的热潮作一对比,就可以发现,甲午以后伴随绅士城市化,广大农村资金流向大城市。而现代企业迅速成长的过程中,也再没有出现类似的金融危机。

注十五　不少学者都谈到过,商人对官督商办的态度大体经历了三个阶段:第一阶段是犹豫观望,入股者不多。第二阶段是在19世纪70年代末和80年代初,入股较为踊跃。第三阶段则因深受官督之苦,屡遭盘剥,商股啧有烦言,遂对官督商办深恶痛绝。在传统意识形态以及相应一体化控制未解构之前,官僚机构和商界的关系受传统一体化组织抑商所限,是不可能把官绅合作管理农村模式运用到政府和商人关系之中的,因此,商人对官督商办态度的上述三部曲不可避免。这里一个不可解决的问题是企业所有权。企业的官督(一体化控制)会不断产生把民间企业纳入官办的轨道而损害商股的权利,而商人终因所有权得不到保证而对官督

[1] 杜恂诚:“从1883年上海金融风潮看中国资产阶级的产生”,载《历史研究》1987年第6期。

商办失望。一个典型例子是轮船招商局,它自建立后即不断有收回国有的动议,曾有过两次国有化的尝试,都因国家缺乏资金而失败。其后果是使商人信心受到打击。[1] 当时商人宁可把资金投入外国在华兴办的企业,因为在洋人的企业中所有权是有保障的。据统计 19 世纪末外商在华企业中,华商附股资金达 1600 万两之巨,达外商总投资之 40% 以上。[2] 只有一体化解构过程中出现绅士城市化潮流,官督商办才能普遍在城市推开,转化为一个类似于官僚资本主义(即官僚个人资本与国家资本混合)的经济形态,详见本书第 3.5 节。

注十六　余英时曾从儒学内外两个方向发展来说明“经世致用”的兴起。他认为儒学发展的内在要求是“道问学”,而“经世致用”则因儒学受到外来刺激而产生。刘广京根据对《经世文编》的研究得到一个有趣的结论,即一切“经世”活动均以政府作为权威之源泉,政府之外的“济民”、“正俗”活动不属于经世之学。换言之,“经世致用”之实行是相当官僚化的,处处以一体化官僚机构活动作为自己的主体。这些分析都证明“经世致用”是官方意识形态——儒学在对外开放条件下的一种新形式,其各种延伸均不能脱离官方正统意识形态的轨道。韦政通考察了《经世文编》的社会影响,发现它是在洋务运动中才受到重视,甲午后更为发达。从 1826 年到 1913 年,以“经世”为名同类的文编有 18 种,而 19 世纪 40 年代只印了 1 种,到 80 年代印了 3 种,90 年代为 5 种,以后逐步增多。它表明,“经世致用”确实是在洋务运动中兴起的。[3]

注十七　有人曾对洋务运动中,士大夫对自强运动应如何进

---

〔1〕 黎志刚:“轮船招商局国有问题:1878—1881”,载《近史所集刊》1988 年第 17 期。

〔2〕 Yen - Ping Hao(郝延平):The Commercial Revolution in Nineteenth Century China: The Rise of Sino - Western Mercantile Capitalism (Berkeley:University of California Press,1986).

〔3〕 韦政通:《中国十九世纪思想史》(上),第 36 ~ 37、71 ~ 72 页。

行的态度进行了分类研究,发现人们共有三大类方案:第一类主张应以传统的内治为本,认为安内即可攘外,当务之急是内治。第二类意见是自强应以内治为本,洋务为末,但迫于当时时势,认为重点应在办洋务。第三类意见也是以内治为本,洋务为末,但理论根据与第一类不同。作者考察了持这三类不同观点知识分子的类型,发现存在某种类似于"屁股决定脑袋"的规律,即知识分子对改革持哪一种意识形态化的意见,完全取决于他们所处的地位。那些身处京城但为改革的局外者或在京外很少与西洋接触者,都持第一类观点。主张第二类方案的人,则是身处京内局中或京外局中者,如总理衙门的官员和沿海各省督抚,他们为国家安全不得不讲洋务。[1] 这一案例分析表明,如何在意识形态上解释洋务,向西方学习能在多大程度上纳入儒学"经世致用"的范围,取决于士大夫在实际工作环境中是否受到西方压力。这样就造成了一个用传统一体化结构推行现代化不可避免的悖论:当传统意识形态和一体化结构还未解构之时,大多数士大夫都不会受到西方文明的压力,这样意识形态保守派必定占了士大夫之多数。

注十八　中国人留学日本狂潮自甲午战败开始,随意识形态认同危机发展而不断高涨。由于当时留日学生既有官派,也有自费,加上流动性又大,因此难以对留日学生的人数作出准确的统计。一般认为,1896~1911年留日学生总人数在两万人以上。其年代分布大致为:1900年以前的四五年间,只有70~80人;1901~1903年间,可信的留日人数由200~300人向500~600人、再向1300~1400人递增。但到1905~1906年间,有据可查的数字达到

---

〔1〕 石锦:"清末自强观的内容、分野及其演变(1840—1895)",载《近代中国——知识分子与自强运动》,食货出版社1972年版。

8000 人以上，还有人认为 1906 年的最高人数达到 12,000 人。[1] 可见它在第一次认同危机时出现，在第二次意识形态认同危机时达到高潮。

注十九　不少学者都谈到了日本明治维新和中国洋务运动是在差不多的时间、相差不大的国际条件下开始的。两国的开放（与西方通商）均属被动，国门都在炮舰威胁下打开，中国与日本都曾被迫与西方签订不平等条约，现代化均从器物层面开始。[2] 以机器进口为例，1889～1893 年日本的机器、工具和车辆进口总值约为 6,000,000 日元。而在这五年中，中国机器进口价值达 3,181,000 两，当时一两银相当两日元，那么与日本进口值大致相当。[3] 甚至 19 世纪七八十年代的国防现代化程度，两国也相差不远。据康念德（ThomasL. Kennedy）研究，1874 年日本军事工业水平与中国相当，若就舰只数目和吨位而言，中国的海军实力还胜过日本。日本军事工业建立之初，和中国一样管理支出很大，但是和洋务运动不同的是，日本新兴工业生产力提高得很快。[4] 可以想象，这种对比对当时中国士大夫意识形态之冲击是何等强烈。

注二十　认同危机这一概念，白鲁恂（Lucian Pye）经常运用，但并没有用它来特指意识形态。他认为东方现代化后进国家在西方冲击下，人们的自我形象遭到侵蚀。而认同（identity）本是指一个人对自己性格、目标和存在根源之确认，它有助于保持人内心的

---

〔1〕 刘望龄："1896 年—1906 年间中国留日学生人数补正"，载《辛亥革命论文集》，广东人民出版社 1980 年版，第 333 页；实藤惠秀：《中国人留学日本史》，谭汝谦、林启彦译，三联书店 1983 年版，第 451 页。

〔2〕 李恩涵："清季同光自强运动与日本明治维新运动的比较"，载《近代中国——知识分子与自强运动》，食货出版社 1972 年版。

〔3〕 ［美］费维恺：《中国早期工业化——盛宣怀（1984—1916）和官司督商办企业》，第 73 页。

〔4〕 Thomas L. Kennedy：The Arms of Kiangnan：Modernization in the Chinese Ordnance lndustry 1860—1895（Boulder，Colo.：Westview Press，1978）.

平衡。因此用认同危机来表示文化失范和困惑是颇形象的。但是白鲁恂发现,中国社会在受到西方冲击时,中国人的认同感反而加强,而认同危机只发生在居住于通商口岸的少数人。因此,我们提出的意识形态认同危机是和白鲁恂的认同危机属不同类型之概念,它们分别对应不同层面上的文化结构之混乱。

注二十一　戊戌政变以后一个短时间内,全国上下、朝廷内外充斥着一片反洋人且决心和西方一战的强硬气氛。举一个例子,清朝本有一不成文的法,规定凡国家遭遇重大事故,必须召集亲王大臣,六部九卿,举行御前会议。像召义和团进京向洋人开战这样的大事,清廷连续举行过四次御前会议,参加而见于上谕者多达 73 人。在慈禧太后面前,那么多大臣几乎众口一词,主张向西方宣战。倘有异议,即以汉奸通敌罪名相加。据说,载漪气焰最盛之时,曾带人入宫想弑杀光绪皇帝,被太后阻止。正是在这种强硬气氛中,才可能出现庚子事变。

注二十二　考察中国近现代史上反洋教(洋人)的群众运动,可以发现一个奇怪的现象,它们差不多均集中在 1895 ~ 1900 年间。在此之前和之后均不激烈。如四川教民之冲突自 1860 年后就开始出现,但高峰却在 1898 年,此后不再有重大教案发生,四川人民反教情绪大为低落。[1] 又如山东省,反洋教也集中在 1895 ~ 1900 年间,义和团平息后,山东地区很少再有反教事件发生。[2] 1900 年出现的义和团运动绝不是一个偶然现象。它出现的原因是社会结构性的,也就是和意识形态认同危机直接相关。毫无疑问,在基督教传播过程中,教民、洋人和中国当地居民的对立是难以避免的,但是这种文化对抗会不会成为义和团式的排外运动,则取决于社会的组织者,即士大夫和农村广大绅士的态度。四川和山东案例

---

〔1〕 吕实强:“晚清时期基督教在四川省的传教活动及川人的反应,1860—1911”,载《台师大历史学报》第 4 期。

〔2〕 张玉法:“清季山东地区的中外交涉”,载《近史所集刊》1980 年第 9 期。

研究表明,反洋教群众运动兴起,后面多半有官员支持并有地方绅士为后盾,他们成为群众运动的组织者和推波助澜者。因此,我们可以说,反洋教群众运动与士大夫和绅士对第一次意识形态认同危机的反应有关,它出现在1895～1900年这段时间内绝不是偶然的。这段时间正好是第一次意识形态认同危机爆发,导致政治改革失败、意识形态强硬派兴起之际。这种强硬愚昧思潮具有普遍性,它的后果就是引发全国性反洋人群众运动。1900年后,第二次意识形态认同危机爆发,意识形态发生极大的改变,民族主义有了新的表现形态,反洋教运动也就衰落了。

注二十三　庚子事变带来了局部意识形态认同危机的第二次爆发,常被学术界忽略。事实上,相当多的士大夫在庚子事变后,思想来了一个一百八十度的大变化,其政治改革方案比戊戌维新时的康有为还要激进。我们可以举出不少例子。例如,在戊戌政变时以保守闻名、主张"中学为体、西学为用"的张之洞,在庚子事变后曾致电刘坤一等八人,主张"西法最善者,上下议院互相维持之法也",提出一种绅民选各州县长官的官员民选制度。1901年为张之洞思想最激进的时期,和前几年相比,简直判若两人。[1] 于式枚十分生动地形容过那段时间的普遍气氛。他说:"光绪初年,故侍郎郭嵩焘尝言西法,人所骇怪,知为中国所固有则无可惊疑。今则不然,告以尧舜禹汤文武周孔之道,汉唐宋明贤君哲相之治,则皆以为不足法,或竟不知有其人。近日南中刊布立宪颂词,至有四千年史扫空之语。惟告以英德法美之制度,拿破仑华盛顿所创造,卢梭边沁孟德斯鸠之论说,而日本之所模仿,伊藤青木诸人访求而后得者,则心悦诚服,以为当行。前后二十余年,风气之殊如

〔1〕 苏云峰:"张之洞的中国官僚系统民主化构思——对张之洞的再认识",载《近代中国史研究通讯》1989年第8期。

此。”[1]这段报告惟妙惟肖地刻画出当时士大夫心目中理想社会模式的变化:由中国古代变为西方的宪政。

注二十四　一部分学者认为,清廷1906年以后宣布的立宪改革是迫于广大士绅压力的假立宪。事实上,一种制度普遍的变迁很难从动机上去考察而认为它是真的还是假的。一位学者研究指出,清廷的立宪之所以长期被认为不是出于真心,是因为清廷立宪的目标模式和广大士绅的想法不同。清廷的理想社会模式为增加国家力量和强化中央权威,绅士和地方的立宪目标为扩大政治参与和地方权力。这种差异表现在二者企图引进不同国家模式之上,如士绅大多主张采用英美政治制度。[2] 它表明,意识形态社会观的变化必然引发一体化结构政治制度的变化,不同的模式表示不同的改革方向,两个目标的冲突也是一体化结构从内部出现断裂的原因,详细分析参见本书第3.6节。

---

〔1〕“出使德国考察宪政大臣于式枚奏考察宪政谨拟办法宗旨摺”,载《政治官报》第37号,第9~10页,1907年10月26日。

〔2〕刘纪曜:“清季的政治权威危机与宪政意理的形成”,载《台师大历史学报》1978年第6期。

第三章　一体化结构解体的逻辑

凡重要的事情，
从前都被没有发现它的人讲过。
——艾尔弗雷德·诺思·怀特里德

3.1　王权衰落与地方主义

也许没有其他近代史事件像1898年的戊戌变法那样给人造成如此错误的印象了。我们常常会听到一种历史感慨：如果慈禧太后不是那么保守和腐败，戊戌变法能够成功的话，中国也许不会有这么多苦难，它会和日本经历明治维新一样迅速实现现代化。实际上，这种议论是不了解1903年以后清王朝的变化。自1901年局部意识形态认同危机加剧后，清廷所实行的改革比戊戌变法时的方案要大胆激进得多。虽然慈禧太后并没有撤销1900年以十万两银子捉拿康有为、梁启超等流亡知识分子的通缉令，光绪皇帝仍然被软禁，但是20世纪初年开始的新政却是中国历史上从未有过的政治改革。它带来的结果是众所周知的，这就是大一统王权被推翻。

本章,我们继续证明超稳定系统在受到西方文明冲击后基本的行为模式,即防卫现代化失败导致意识形态局部认同危机后,不管意识形态认同危机如何推动政治构变迁,它的结局只能是一体化上层组织的解体。我们企图展示一体化组织解体的逻辑:即使1898年戊戌变法成功,也无法改变超稳定系统在对外开放条件下的行为模式,充其量,它只是把1905年以后中国社会的变迁提前六年而已。社会仍遵循着一体化解体和意识形态爆发全面危机的轨道走下去。

为什么全面改革会导致官僚组织解体呢?意识形态的变异虽然可以转化为一体化推行改革的动力,但它的直接后果却是削弱了大一统官僚机构的组织基础。一体化结构是建立在意识形态认同之上的,认同危机带来的社会观内容的改变会立即导致其上层组织凝聚力减弱。首先是地方主义的膨胀。本来,儒臣对大一统之认同是各级地方政府服从中央之机制,现在大一统国家学说被宪政和地方分权取代。地方主义找到合法性根据,地方政府就可以明目张胆地与中央对抗。

晚清地方主义最有代表性的事件是1900年庚子事变时的"东南互保"。我们在第2.7节已分析过,戊戌变法失败后,义和团反洋教运动是儒臣意识形态认同危机大爆发的导因。这在儒臣对中央和地方关系上表现得最为急切。当时,八国联军攻势凶猛,而慈禧太后草率对外宣战,她相信中央致各省督抚"保守疆土,接济京师,联合一气,共挽危机"的通谕,可以调动地方勤王之旅。但是,两江总督刘坤一收到勤王救驾命令后,却先去和盛宣怀及居住在南通的状元张謇商量。张謇认为保国必先保东南,即保家乡,[1]刘坤一大为赞同。接到盛宣怀电报后,张之洞、刘坤一决定东南互保。这种做法立即得到十三个省的响应。刘坤一(两江总督)、张

[1] 左舜生:《中国现代名人轶事》,香港自由出版社1951年版,第63页。

之洞（湖广总督）、李鸿章（两广总督）不但不挥师北上护驾，反而协商与各国签订“两不相扰”的互不侵犯条约。[1] 这种在国防军事行动上抗拒中央指令，在外交主权上擅自做主的非分之举，在传统政治体制中是不可思议的。用胡春惠的话来讲，“这些省份俨然已非清帝国辖下省份，而是各自独立的列邦。”[2] 在儒家国家学说中，保国与维护大一统在意识形态上是画等号的，当中央皇权受到威胁时，发兵勤王、保卫中央就是保国。儒家社会观受到冲击，儒臣所认同的中央与地方关系就处于混乱状态。张謇和刘坤一的思想反映了意识形态认同危机使他们做出和历代儒将忠君勤王完全不同的举动。

张謇认为爱国应先爱其家乡，家乡不能自保时就不能发兵勤王。当时这样的思想十分普遍。1902 年欧榘甲在《新广东》一文中就这样论证：“爱国者，不如爱其所生省份之亲，人情所趋，未可如何也。”[3] 杨守仁 1903 年在日本印行的《新湖南》中，更是慷慨陈词：“湖南者，吾湖南人之湖南也。铁血相见，不戁不竦，此吾湖南人对于湖南之公责也，抑亦吾湖南人对于汉种之公责也。”[4] 从爱乡推及爱省，然后才是爱国的思想方式，正是大一统国家学说认同被破坏、儒生从儒家亲情出发来理解新的中央与地方关系之表现，它无疑是地方将领在中央危难时发动各省自保的基础。因此，意识形态的认同危机，使地方主义成为清末普遍潮流。正如胡春惠所说：“‘省’已成为牢不可破之地域意识。”[5] 当时梁启超大力鼓

---

〔1〕 胡春惠：《民初的地方主义与联省自治》，正中书局 1983 年版，第 20～21 页。

〔2〕 胡春惠：“辛亥革命与地方势力”，载《孙中山先生与辛亥革命》（下册），中华民国史料研究中心 1981 年版，第 1330～1332 页。

〔3〕 欧榘甲：“新广东”，载张玉之编：《晚清革命文学》，经世书局 1981 年版，第 2 页。

〔4〕 杨守仁：“新湖南”，载张玉法编：《晚清革命文学》。

〔5〕 胡春惠：《民初的地方主义与联省自治》，第 39 页。

吹湖南自立,认为在大清帝国无法抗拒列强瓜分中国的条件下,“腹地一二省可以自立,然后中国有一线之生路”。孙中山认为中国面积相当于有众多国家的欧洲,各省也应有独立的自主权。所有这一切都证明意识形态认同危机虽推动清廷新政,但两千多年来牢不可破的大一统信念却在瓦解之中了。

一体化上层组织是以皇权为核心的大一统中央政府。意识形态认同破坏在打击大一统中央政府的同时,也削弱了皇权的合法性,中国出现日益严重的权威危机。王亚南在对中国官僚政治的研究中指出:封建社会皇权有三大支柱,第一个是亘古不变之天道(它基于哲学观);第二个是大一统思想(它是社会观);第三个是儒家纲常教义(它来自把国家看作家庭同构的意识,即儒家伦理的延伸)。[1] 哲学观和社会观发生认同危机,皇权意识形态支柱由三条减为一条,权威合法性基础大大减弱。即使儒家伦理继续成为皇权合法性的基础,但满清是一个少数民族政权,它能否代表儒家伦理纲常所说的道统是可能发生争议的。自 1901 年意识形态认同危机摧毁皇权在社会观和哲学观上的合法性支柱后,认为满清无权代表中国道统的观念便抬头了。很多知识分子已经不再相信盛行一时的“保种必先保教,保教必先保国”、“保国必先保大清”的说教了,以孙中山为代表的革命派应运而生。1905 年 8 月,孙中山领导的同盟会在日本东京成立,明确提出“驱除鞑虏,恢复中华”,不承认清朝在道统上的合法性。当时梁启超办的《新民丛报》和同盟会机关报《民报》展开大论战,争论的实质正是清朝在道统上是否具有合法性的问题。梁启超持立宪派主张,认为中国的危机在于社会制度,而不在于满清统治,因此主张进行政治、经济制度的全面变革,而不提倡推翻满清朝廷的革命。《民报》的汪精卫、朱执信

---

〔1〕 王亚南:《中国官僚政治研究》,中国社会科学出版社 1981 年版,第 70 页。

认为：自满清入关后，中国已亡，清王朝不具有道统上的合法性，而且满清为贵族政府，满人没有立宪能力，[1]中国要推行社会改革，就必先进行种族革命。1902 年 4 月 26 日，为纪念南明永历帝覆亡 242 周年，著名知识分子章太炎、秦力山等人发起大型纪念会，在日本留学生中引起巨大震动。[2] 邹容更明确指出“欲御外侮，先清内患”，以极大的热忱写了《革命军》，呼唤推翻满清的天翻地覆的大革命。陈天华则斥清政府为“洋人的朝廷”，并以自杀来抗议清廷卖国。

我们可以看到 1901 年后有一种有趣的文化现象：宣传西方政治哲学、文化学说的名著，如卢梭的《民约论》（通译《社会契约论》——编者注）、赫胥黎的《天演论》，居然与鼓吹反清复明和抵抗外族的民族英雄史可法、郑成功、文天祥、岳飞的书刊同时风行。它十分形象地反映了意识形态认同危机是如何消解皇权三个基础的。西方学说可以作为中国正统意识形态的社会观和哲学观受动摇后的替代品，并进一步消解皇权的两根柱石。而当儒家伦理纲常仍作为皇权的第三根支柱时，能动摇它的只能是排满种族主义和传统汉民族正统观念。将排满种族主义与西学结合的代表人物是章太炎。虽然宣传排满复明、以汉民族为道统和推崇新的西学如此不协调，但它们却能随意识形态认同危机扩大而兴起，与西学互相激荡，成为冲击满清王朝统治合法性之潮流。我们可以用革命社团发展为指标，来刻画意识形态认同危机如何动摇以皇权为核心的一体化上层组织。从图 3.1 可见，革命社团随意识形态认同危机的出现而产生，在意识形态认同危机发展中不断高涨，它如

[1] 朱浤源：《同盟会的革命理论——“民报”个案研究》，中研院近代史研究所专刊（以下简称近史所专刊）50，1985 年，第 76 ~ 78 页。

[2] “章太炎与支那亡国纪念会”，载《革命逸史》（初集），商务印书馆 1945 年版，第 57 页。

同越来越多的小地震,震撼着一体化上层组织的大厦。[1]

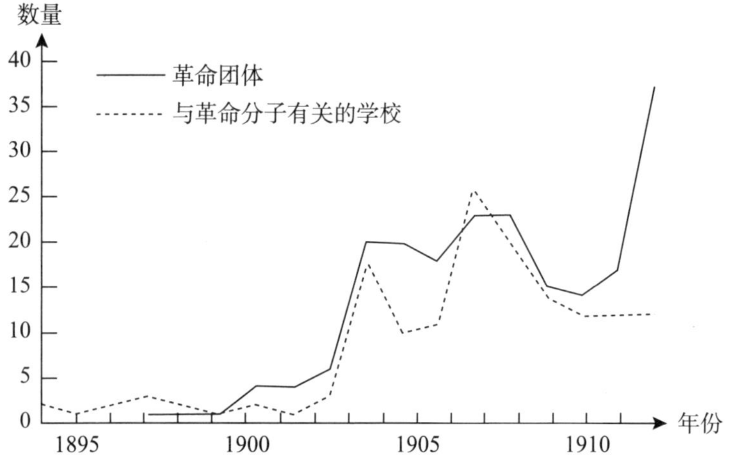

据李炳南:《辛亥革命起因之分析》提供数据绘制,第144页,表4-1(正中出版社1987年版)

图3.1 晚清革命社团(1894~1911)

3.2 清末新政:旧体制的自我摧毁

仅仅用意识形态局部认同危机动摇了一体化上层组织之基础,并不足以证明王权必然被推翻。因为,局部意识形态认同危机仅波及哲学观和社会观,尚未触动意识形态的核心——儒家伦理,纲常名教仍作为皇权基础,一体化上层组织虽被削弱,但还没有到非推翻不可的地步。排满革命派只是少数,社会组织者的绝大多数是立宪派。立宪派多达数十万人,他们要求清王朝雷厉风行地

〔1〕 此图是根据李炳南:《辛亥革命起因之分析》(硕士论文,正中书局1987年)第144页中的表4-1提供的数据绘制。而这张表格,又是李炳南根据张玉法《清季的革命团体》(近史所专刊32,1975年)—书的统计而做出的。

推行新政,承认清廷道统的合法性。一体化的解体,主要是因为学习西方社会政治经济模式被纳入官方指导改革的蓝图,造成了一体化结构的第一重调节机制的破坏。本来,清政府对社会的调节方向是由历代太平盛世经验概括而来的"仁政"模式所规定的,而现在新的社会政治经济模式进入官方意识形态,一体化调节方向不再服从"仁政",而由向西方学习的目标所规定,调节方向来了个一百八十度转向,这才是加速一体化组织自身解体的主要原因。

如果我们去分析1905年前后清廷实行新政的各方面内容,确实可以看到,在经济、意识形态和政治每一个领域中,它和传统"仁政"方向恰好相反。"仁政"对经济结构的调节是重农抑商,这不仅是控制商品经济发展、防止土地兼并之措施,还使社会组织者——儒生——尽量少受商业污染,而他们的社会生活主要领域在农村,则是一体化上层组织和中下层组织能有效接口的保证。现在,以小农经济为基础的传统耕读社会,不再是意识形态所主张的理想模式,中国必须学习西方发展工商业,重农抑商一下子转变为鼓励新式工商业。1903年4月,清廷派载振、袁世凯、伍廷芳制定商律,俟商律编成即设商部。各大中城市纷纷成立商团、商会。1903年年底,商部奏准颁行《奖励华商公司章程》。清末的重商主义在中国历史上是史无前例的,从它对商人的奖励政策就可见一斑。重商主义运动在1906年10月达到高潮。清廷商部(一个月后改名为农工商部)颁布了勋商章程,依据投资现代新型工业的数额大小,分别封授不同等级勋号和官阶品衔。凡投资2000万元以上者,不但可以被封为一等子爵,还可以当农工商部的头等顾问,并赏以一品顶戴及双龙金牌。投资在80万以上、30万以上、10万以上者,分别授予三品、四品、五品衔。(注一)当年曾国藩以平定太平天国之功,只不过封了个一等侯;李鸿章办了半辈子洋务,仅仅是一等伯。[1] 可见,传统的以官抑商,一下子转变为以官位等级奖励商人投资了。这与历史上封建王朝末期盛行的卖官鬻爵根本不同。卖官鬻爵是商人把钱给国家以交换官位,以解决国家财政危机,而清末新政商人的投资仍属于他们私人,它是一种鼓励商业资金向新型产业转化的重商主义政策。

一体化调节方向之转向在意识形态方面的表现就是兴办新学堂。众所周知,"仁政"在思想意识上的表现除了表彰孝子、节妇外,主要是重视以儒学为内容的传统教育和对社会的教化。据张玉法统计,19世纪末以前山东省各县的私塾达数千家。农村历来是培养中国知识分子的基地,现在必须在城里办新式学堂。据说,戊戌变法时光绪皇帝提出改寺观为新学堂,结果连北京菜市口卖菜的老头都破口大骂:"自古的寺观如何能改为学校?"其实,改寺观为学校大约是康有为等知识分子煞费苦心想出来的。熟悉十三经、背诵孔孟圣人之言的儒家文化教育是可以通过私塾来实现的,但教授科学、经济等分科甚细的专业知识则必须把学生集中到新学堂去。学堂一般只能设在城里,利用寺观或其他公共场所。(注二)20世纪初清廷新政的一个重要内容就是兴办新学堂。清廷规定每个省府一定要有中等程度的新学堂,凡县城必设初等程度学校。在传统体制中,也存在为儒生进一步深造而设立的书院及其他教学机构,但它们的数量不多,只是分散于广大农村儒学教育之点缀,整个意识形态教化、精英分子的培养都以农村为中心。现在一切都倒了过来,新式教育变为以城市为中心。(注三)

政府调节方向逆转最重要的表现,就是1905年正式废科举。本来科举制是以儒家意识形态为标准选拔社会精英的制度化保证,它是维系一体化组织以乡村动员(组织)为中心的重要制度。

---

[1] 陈李顺妍:"晚清的重商主义运动",载《近史所集刊》1972年第3期(上册)。

当儒家文化教育基地以农村为中心，知识分子由私塾、家庭教育培养时，以乡试作为考试基本单位的科举制是完全与这种教育制度配套的。意识形态的哲学观、社会观发生了改变，西方科学知识、社会政经制度成为培养精英的重要内容，知识分子是由城里新学堂培养的，清廷虽然坚持选拔具有统一意识形态知识分子为官员这一原则，但是以会试、乡试为制度，以八股为内容之科举制明显地不能与此配套，也不再适用。科举制的废除势在必行。

分析废科举的过程，可以看到意识形态内容和选拔意识形态精英的方式存在密切的对应。（注四）早在1822年，龚自珍就撰文攻击科举制是“万喙相因”的鹦鹉学语式的教育，使天下读书人“心术坏而义理锢”。[1] 鸦片战争后，王韬、郭嵩焘等有识之士提倡西学，但对科举制不可能有丝毫触动。王德昭指出：“大抵初期的主张改革者所注意的不在制度本身，而在考试的内容。”[2] 只要一体化组织存在乡村组织中心，科举制就不可能改。就连李鸿章这样举足轻重的大官想对科举制做点滴改良都行不通。当意识形态发生变化、知识分子由城市新学堂培养时，为了建立以新学堂培养人才为国家官吏的制度，废科举的改革就势不可当。1903年清廷颁布了张之洞拟定的《鼓励游学毕业生章程》，将中西混杂的近代教育制度中的学生、留学生等与科举制下的功名一一作出对应。如在外国读到博士学位的可得到翰林阶，大学学士与翰林相当，大专文凭相当于进士，高中毕业相当于举人，普通中学毕业相当于拔贡……。到1905年9月2日，“清廷接受袁世凯等人的吁请，谕令立即停罢科举。此一立停科举之诏……最后结束了中国漫长的科举取士的传统”。[3]（注五）

我们看到，在一体化组织方式中，意识形态是政治结构设计的

---

〔1〕 王德昭：《清代科举制度研究》，第168、174～175、245页。

〔2〕 同上。

〔3〕 同上。

蓝图。一旦出现意识形态认同危机,西方哲学和社会制度模式进入原有意识形态的社会观和哲学观,就会导致一体化结构调节方向的巨大变化,产生一系列不可估计的社会影响。

3.3 绅士城市化和新知识分子

本来,一体化调节是保证封建社会政治、经济、意识形态三个子系统的互相耦合,而反向调节却是破坏原有系统的耦合,我们可以把清末新政所实行的这一系列反向调节称为结构性“自杀”。人们一定会很奇怪,为何清政府会愚蠢到这种地步,意识不到这是“自杀”呢?实际上,一开始新政不会直接破坏一体化结构各组织层次中的每一层,只是摧毁三个组织层次之间的关系,其后果很难被改革政策的制定者和推行者预先意识到。

让我们再来看看图 1.1 所示的一体化组织三层次。对于上层官僚机构,实行新政并不会直接把它摧垮。新学堂培养的知识分子仍要学习儒家经典,选拔官员的新标准同样要求他们对儒家伦理的忠诚。但是这一政策对于中层组织却有不同的含义。科举制和重农抑商造成知识分子以农村社会生活为中心:耕读在农村,关心的事务也在农村。现在相反的调节政策使士绅不得不把城市作为生活场所。读书做官要进新学堂,办工商企业必须进城。社会出现了史无前例的绅士城市化浪潮。(注六)绅士阶层生活场所从农村转向城市,使一体化结构的基层和上层关系出现了根本改变。

首先它使一体化三层次组织之间的关系脱节。本来绅士大多身兼三重身份:地主、读书人和宗族族长,他们一搬到城里,宗族组织就失去了和官僚机构衔接的中介,他们对农村社会基层组织的管理功能也开始慢慢消失。绅士在城里活动使乡绅自治空虚,也使传统的租佃土地收租方式随之发生改变。其次,城市本来只是官僚机构所在地,现在它同时成为绅士主要社会活动场所。绅士掌握着农业收入之大部分,这部分经济收入也便跟着投入商业和工业,促使城市迅速增长,摆脱传统郡县城市模式,向现代新型城市转化。与此同时,历史上前所未有的社会上层和中层组织的对抗也就开始了。在官于朝、绅于乡的传统结构中,官僚机构的权力行使范围和绅权行使范围是井水不犯河水,两者互相需要,因此可以合作。绅士进城,绅权也进入城市,同一个地域存在两种权力。绅士把乡自治那一套搬到城里,它立即和大一统官僚机构权力发生冲突,官绅合作转化为官绅对抗。反向调节所造成的后果并不是直接破坏一体化结构三个层次本身,而是先改变三者的关系。关系改变的核心是绅士城市化,它对整个一体化结构内部造成了极大冲击。

不少历史学家都注意到 19 世纪末 20 世纪初中国绅士城市化的潮流。美国汉学家周锡瑞(Joseph W. Esherick)对 19 世纪末 20 世纪初湖北、湖南乡绅作了详细考察,他发现甲午战争以前,乡绅关注的中心是乡村社会秩序、教育和各种乡间事务;甲午后,乡绅纷纷迁居城市,在城镇办新学、新工商业等。他认为,这是因为“帝国主义的威胁多半出现于城市中心,所以人们必须在那里对付它”。〔1〕 费正清编的《剑桥中国晚清史》也注意到,乡绅城市化是一个全国性潮流,其原因是“由于最活跃的分子进城去求学或发财”。〔2〕 虽然很多历史学家谈过绅士城市化,但它对中国社会结构的整体冲击仍未被史学界充分认识。特别是很多学者没有看到,乡绅城市化主要是一体化结构实行反向调节所带来的结果。它是一体化解体的中心环节,导致传统绅士被新知识分子取代,牵动了一系列一体化解构之链锁。

---

〔1〕 [美]周锡瑞:《改良与革命——辛亥革命在两湖》,杨慎之译,中华书局 1980 年版,第 80 页。

〔2〕 [美]费正清编:《剑桥中国晚清史》(下卷),第 634 页。

这一分析可由中国城市知识分子增长曲线证实。从图 3.2、3.3 可见,在 1905 年以前,在城里新学堂受教育的人数不足 30 万,1902 年前则更少。[1] 社会精英分子培养仍在乡间进行。乡绅城市化有两个指标:一个是把孩子送到城里读书,另一个是关心城里事务并且搬到城里居住。1902 年城市新学堂学生数的稀少反映了绅士城市化才刚刚开始,图 3.3 表明自 1905 年后,新学堂学生数量如爆炸般增长。清末,有功名的士绅总数为 144 万。新政才办几年,到 1909 年,新知识分子已超过传统士绅的总数。1912 年新学堂在校人数达 300 万,已是传统士绅总数的两倍。新学堂学生人数超过士绅人数,意味着中国社会精英阶层分布重心的历史性改变。它注定了绅士乡村自治的没落,在精英城市化的潮流下,乡间剩下的已是没有培养接班人能力、人数不断下降的遗老们。

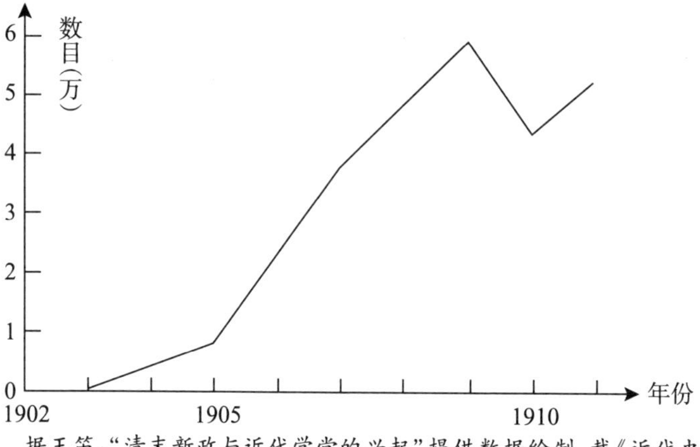

据王笛:"清末新政与近代学堂的兴起"提供数据绘制,载《近代史研究》1987 年第 3 期。

图 3.2 清末城市新学堂的数量增长

---

[1] 王笛:"清末新政与近代学堂的兴起",载《近代史研究》1987 年第 3 期;"清末近代学堂和学生数量",载《史学月刊》1986 年第 2 期。

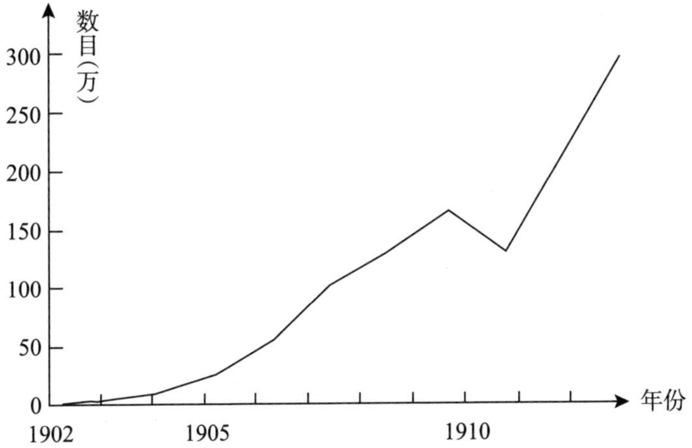

据王笛:"清末近代学堂和学生数量"提供数据绘制,载《史学月刊》1986 年第 2 期。

图 3.3　清末城市新知识分子数量增长

一体化反向调节犹如一把利剑,一下子把一体化结构拦腰砍断。(注七)虽然上层和中下层仍然具有活力,并轰轰烈烈地推行改革,但它造成了三个巨大的冲击波,其中两个是长期性的,20 年后才导致社会基层组织和经济结构的巨大变化;另一个后果是短期的,它立即带来了大一统王权和官僚机构的解体。

3.4　长期趋势:宗法家族的解体

我们先来讨论长期变化。绅士城市化导致的第一个后果,就是地方绅士乡自治的衰落和宗法家族作为农村基层组织的逐步瓦解。绅士城市化开始是绅权能力的膨胀,但时间一长,绅士住在城里必然导致绅权在农村基层的空虚。乡绅原本主要负责县以下乡村自治和宗族管理事务,搬到城里固然有利于他们投入现代经济和国家地方政体改革,一时他们变成了"千手观音",着手城市事务时并不放弃农村。但是,随着时间流逝,他们的后代不再回到乡村,乡村的各种事务都因他们本人衰老或无暇顾及而慢慢荒废。张謇的政治生涯是一个典型案例。他是南通人,中了状元,在新政中扮演着重要角色,无论他多么忙碌,对家乡事务却从不忽视。20 世纪初南通县在全国颇具盛名,无人不晓。但随着张謇退出历史舞台,他的各种乡镇事业后继乏人。到 20 世纪 20 年代,南通已默默无闻,张謇兴办的各类地方乡村改革也多埋没在历史的荒草之中。绅士城市化不仅是乡村自治之衰落,还意味着一体化上层组织和基层宗法组织的断裂。从此,宗法家族不再作为贯彻上层组织之延伸而存在。原先,宗族领袖大多身兼地方精英、退休官员三重角色于一体。随着地主迁居城市,他们在大众面前拥有的道德和社会权威,以及作为表率和人望的作用,无疑受到损害。[1] 宗族变得群龙无首,大家族经济共同体开始瓦解。当然宗族势力并不马上消失,但宗法家庭开始走上漫长的自然解体之路。

中国封建社会大家族解构始于意识形态认同破坏,并随绅士城市化而加快。这种观点有无根据呢?张玉法曾系统考察了山东省 1860～1916 年的社会演变。以宁海州为例,19 世纪下半叶,该州共有 43,661 户,基本上被 32 个大族统治。每个大族有宗祠,并设有分族,由分族长统领。张玉法是用农村家庭人口不断变小来说明半个世纪以来宗族逐渐瓦解的趋势。到民国初年,山东省农村家庭平均人口已降到四人。[2] 黄宗智利用满铁调查材料,发现华北地区农村到 20 世纪二三十年代,“极少是地缘界线与血缘界线一致的宗族共同体”。[3] 宗族已不再承担中国基层政权的功能。

另一项时间跨度较长、较定量化的研究,是梁作檠从考察清代

---

〔1〕 [美]费正清编:《剑桥中国晚清史》(下卷),第 634 页。

〔2〕 张玉法:《中国现代化区域研究:山东省,1860—1916》,近史所专刊 43,1982 年,第 83～84 页。

〔3〕 黄宗智:《华北的小农经济与社会变迁》,第 244 页。

后期政府旌表政策入手,依据所发生的骚乱等社会现象,来进一步分析士绅与政府的关系。[1] 表3.1是根据论文表一简化,表3.2是根据表二简化。他利用大量统计作出表3.1和表3.2。如果不考虑1850~1875年间的全国性大动乱,而将1796~1849年的情况定为指数100,那么,1876~1911年,反家庭主义的骚乱指数便是169,可见宗法家族制受到了比以前更大的冲击。表3.2则很突出地反映出绅士态度的变化。如果将绅士在1796~1849年护卫家族主义的指数定为+1.00,那么1875年之前,士绅对家族贡献为0.81,这时宗族仍得到巩固。但到1876~1911年,这个指数则急速蜕变为-0.43。这非常突出地说明了绅士对护卫家族的非官式贡献,已由正面的维护,变为起破坏瓦解作用了。

表3.1　1796~1911年中国社会骚乱程度

类别＼时间	1796~1849年	1850~1875年	1876~1911年
全骚乱	100	866	173
反政府骚乱	100	1359	207
反家族主义骚乱	100	995	169

摘自梁作檠:“就结构功能理论来看清代后期政府的旌表政策”,载《香港中文大学中国文化研究所学报》,第10卷(上),表1。

表3.2　1796~1911年绅士及满人对社会秩序的非官式贡献

群体＼时间	非官式贡献之类别	1796~1849年	1850~1875年	1876~1911年
绅士	护卫政府 护卫家族主义	-0.85 +1.00	+0.26 +0.81	-0.64 -0.43

摘自前引梁作檠,表2。

〔1〕 梁作檠:“就结构功能理论来看清代后期政府的旌表政策”,载《香港中文大学中国文化研究所学报》1979年第10卷(上册),第204~205页。

农村政治制度的改变必然同时伴随着经济结构之变迁。乡绅的乡自治,通过严密的宗法家族作为控制农民之基层组织,是和传统的地主—自耕农经济联系在一起的。乡绅地主作为乡间事务的管理者,是有文化的精英,虽说以"耕读"为荣,但他们自己往往不直接管理农业生产,土地大多是出租给佃户。强大的家族宗法控制,往往限制了无地农民去当长工。族田等经济资源一直有利于无地农民转化为佃农。在一体化中下层组织未解构时,地主经济一直被束缚在自耕农转化为佃农轨道上。文人地主进了城,只通过二地主或租局收租,无地农民当长工就不再受宗族组织的限制。一种新型的经营地主和富农经济也就出现了。经营地主和乡绅地主最大的差别是,前者大多无文化,和官方没有很深的关系,占地在100~200亩,他们亲自安排劳动,管理雇农生产。有的是由自耕农发家致富而成,有的干脆转租城市化绅士的土地来经营,成为二地主。他们是趁着由绅士城市化造成的农村空虚而兴起的。一体化中下层组织的解构直接促使地主经济慢慢变型。(注八)

以往学者们一谈起绅士城市化对农村的影响,总是会谈到农村家庭和私塾教育的退化:农民识字率反而比传统社会更低了,(注九)有文化有教养的精英阶层退出,无文化的小地主占领乡间,乡村成了一个被精英遗弃、管理日益混乱的地区。但他们一直忽略了一个极为重要的事实,这就是经营地主比乡绅地主能提供更多的商品粮。如果将甲午以后兴起的经营地主所能提供商品粮的比率与传统租佃地主进行比较,可以看到,前者占全部粮食的十分之三,而后者占十分之七。[1] 同样的土地所能提供的商品粮数增加了一倍以上。而且,至19世纪末20世纪初,还出现了一些经营大土地的垦殖公司。它们是在清朝政府开放禁垦区、放垦官荒以

〔1〕 景苏、罗仑:《清代山东经营地主底社会性质》,山东人民出版社1959年版,第145页。

后,一些官僚、地主、资本家包揽官荒所建立起来的。1902 年以前建立了 4 家,至 1912 年,全国已创办 171 家。这些垦荒公司许多采用资本主义的经营方式。[1] 自耕农本有自给自足倾向,在地主经济结构中向城市提供商品粮的主要靠地主—佃农成分。地主经济所提供商品粮比率太低也就限制了中国封建社会城市成长的规模。现在,绅士城市化促使一种能生产更多商品粮的经营地主和资本主义式的大土地经营者兴起,地主经济的变型恰恰是中国近代城市能不断壮大并脱离传统轨道的一个结构性条件。表 3.3 为中国近现代粮食商品率,1840 年,地主经济标准形态中,商品粮只是总产量之 10% 。1895 年后,我们看到商品率逐步提高,这与地主经济变型、经营地主富农兴起直接有关。因此,绅士城市化另一个长远后果就是促使中国近代城市的发展。

表 3.3 中国近现代粮食商品率(1840 ~ 1936)

时　间(年)	粮食的商品率(%)
1840	10
1894	16
1919	22
1936	30

据吴承明:"中国资本主义的发展速略"提供数据制表,载《近代中国资产阶级研究》,上海复旦大学出版社 1984 年版,第 125 页。

3.5 城市兴起与绅商资本主义

绅士城市化不仅是精英阶层由农村、小县城流向省城和通商口岸,它还是一个绅士拥有的资金向城里聚集、转化为工业商业投

〔1〕 史全生主编:《中华民国经济史》,江苏人民出版社 1989 年版,第 44 页。

资的过程,这无疑造就了城市和近代资本主义发展的巨大推动力。在洋务运动中,清廷提倡官督商办搞工业化30年,乡间的绅士响应者寥寥无几。一旦出现绅士城市化,官督商办便雷厉风行地推开了,中国出现了一个绅商办公司、搞投资的热潮。一开始他们与地方政府合作,遵循官督商办模式,后来干脆由有功名的绅士自办,纷纷把属于国家的官僚资本转变为绅士(及官僚)私人的资本。清廷推行新政后十年间是绅士私人资本发展极迅速的时期,绅士投资企业总额很快超过了洋务运动30年的国家投资量。林增平统计了这段时间新设的资本在一万元以上的工矿业,得到表3.4。从中可见,商办所占份额已高达76.3%。在洋务运动时期,官办是现代企业主导的组织方式,1872～1894年间有资本额可查的72家近代企业,官办和官督商办占到总资本额的77.6%,商办只占22.4%。清廷推行新政后,两种类别的企业资本额的比例,恰好互相对换了位置。这表明:随着绅士在农村拥有的资本深入城市,以及城市化绅士把官僚资本变为官僚绅士的私人资本,现代企业组织方式迅速转化为商办占主导地位。(注十)

表3.4　1895～1913年近现代企业的构成

类　别	厂矿数(个)	资本额(千元)	占总资本的(%)
商办	463	90,792	76.3
官办和官督商办	86	29,496	23.7
合　计	549	120,288	100.0

摘自林增平:“论民族资产阶级上层与清末立宪派”,载《明清史国际学术讨论会论文集》,天津人民出版社1982年版。

一些学者认为私人企业占主导地位意味着中国民族资本主义从此兴起,民间资本超过官僚资本。实际上,这一概括并不十分准确,当时兴起的工业既然主要由城市化绅士所掌握,它只能处于官僚资本与民间资本的中间阶段。陈锦江(Chan, Wellington K.)的研究指出,清末最后十年中,私人企业的创办者大多是地方有功名的绅士,很多是现任或退休官员,并非真正的商人和民间实业家。[1] 汪熙统计了清末十大行业中 300 个创办者的出身,发现在 1913 年以前创办的企业中,创办者差不多半数是官僚地主(绅士)。只有到 1913 年以后,即一体化结构解体以后,真正的商人才在创办者中占明显的比例。[2] (注十一)因此我们可以把 1895 年至 1911 年由绅士城市化而缔造的近代经济形态称为官绅资本主义。(注十二)

大量原来分布在农村的社会精英和资本突然流向城市,无疑会使大城市迅速扩张。绅士城市化带动的工业化和城市发展机制,可以帮助我们理解中国近代城市颇为奇特的发展趋向。照理说,自超稳定系统对外开放,特别是洋务运动开始后,对外贸易的发展会导致通商口岸不断扩张,但是事实并非如此。1895 年前对外开放只是促使通商口岸周围小市镇数目的增多,通商口岸本身变化较小。上海是个典型的例子。表 3.5 为上海县历代人口统计资料,一直到 1881 年,上海也不过只有五十多万人,比 1810 年增加有限。[3] 但上海县的市镇数目自 1865 年后却急骤增加(图 3.4)。图 3.5 表明,湖州、嘉兴、常州、苏州等地也是如此(除松江市镇数量发展较早外,其余各地市镇的大量增加均为 19 世纪下半叶后的事)。而通商口岸本身的大发展则是在 1895 年后突然出现的。从 1895 年至 1920 年的 25 年中,上海人口急速增长,从 50 万迅速发展到约 300 万,上海不仅成为国内的商业、工业和金融中心,还是中

---

[1] Chan, Wellington K.: Merchants, Mandarins and Modern Enterprise in Late Ching China (Cambridge, Mass: Harvard University Press, 1977).

[2] 汪熙:“关于买办和买办制度”,载《近代史研究》1980 年第 2 期。

[3] 刘石吉:《明清时代江南市镇研究》,第 100 页。

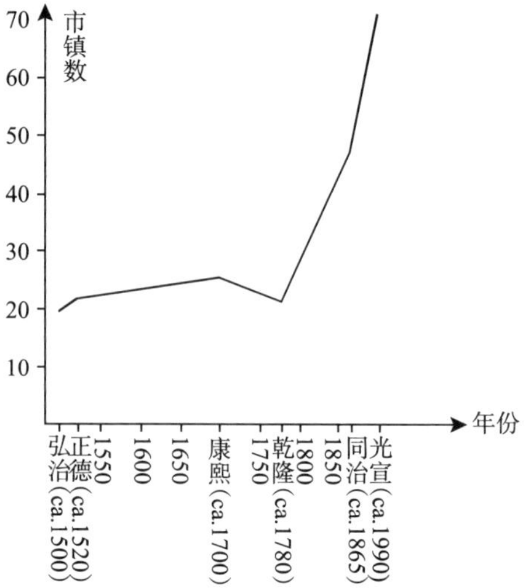

摘自刘石吉:《明清时代江南市镇研究》,中国社会科学出版社1987年版,第99页。

图3.4　明清两代上海县市镇增长

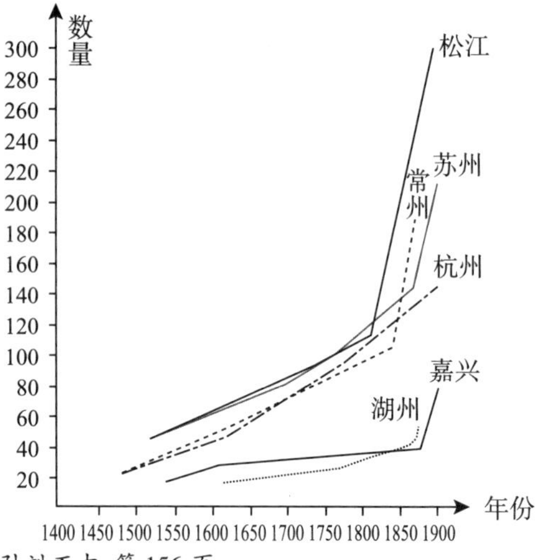

摘自前引刘石吉,第156页。

图3.5　明清时代江南市镇数量变动

国和西方世界来往接触的汇集点。[1] 考察天津、武汉等通商口岸发展的模式，可以发现存在类似规律。（注十三）确实，“十九世纪最后几年和二十世纪最初几年，是中国主要城市迅速发展成长的时期，城市人口（特别是在主要通商口岸）以3.5%～9.8%的年增长率增长，它大大超过0.4%～0.5%的人口每年平均增长率”。[2] 为什么通商口岸要到19世纪末20世纪头几年才开始大扩张，而在这之前对外开放带来的只是通商口岸周围的传统市镇之增加？表面上通商口岸的成长只取决于对外开放和外国资本侵入程度，但在超稳定系统中，它的发展速度和一体化结构是否开始解体直接相关。当一体化结构稳固时，它难以自由发展。1895年，中国对外开放已半个多世纪，外国在中国的投资还只有2791万元，占洋务运动中中国自己投资的四分之一弱。[3] 那时，清廷在城市和通商口岸有种种规定，如不准外国人在那里开厂设公司。通商口岸均处于一体化结构的控制之下。

表3.5　19世纪上海县人口变动

年　代	人口数
1810	527,472
1813	582,442
1816	529,249
1852	544,413
1864	544,357
1865	543,110

〔1〕［美］帕克斯·M. 小科布尔（Parks M. Coble, Jr.）：《江浙财阀与国民政府：1927—1937》，蔡静仪译，南开大学出版社1987年版，第1～9页。

〔2〕［美］周锡瑞：《改良与革命——辛亥革命在两湖》，第144页。

〔3〕黄如桐：“试论洋务派企业的性质和作用”，载《中国社会经济史论丛》（第二辑）。

续表

年　代	人口数
1881	545,036
1908	1,264,643
1909	1,290,984

摘自刘石吉:《明清时代江南市镇研究》,中国社会科学出版社 1987 年版,第 100 页。

墨菲(Rhoads MurPhey)早就注意到西方列强在中国设置通商口岸和其他东方殖民地的不同。他发现,17、18 世纪西方殖民者在选择通商口岸时,有意避开了殖民地国家原有的城市和商业中心,往往是建立新城市,并在新城市发展出一整套资本主义制度。这种政治、文化、经济上新形态的通商口岸城市,基本上与传统母体脱离并对立,如印度和东南亚的城市果阿、巴达维亚、马德拉斯、加拉、孟买、加尔各答、槟榔屿、新加坡等都属于这一类型。但中国是个例外。中国的通商口岸都设在原有的商业贸易中心附近,并没有形成一种新型的异质文化和制度(租界除外)。为什么同样的西方殖民者(有时甚至是同一家公司)在中国采取完全不同的做法呢?墨菲认为,这是因为中国封建社会早在西方势力侵入之前,就已经具有相当发达的商品经济。用作者的话来说,当时中国在政治和军事上虽然比西方弱小,但在经济抵抗力上仍然相当强大。中国商人很会做生意,而且有相当成熟和发达的商业流通系统和制度,西方商人如果另建新城市,就难以与中国商人竞争。[1]

通商口岸只能利用原来的商业网、原有的城市,这就使得它处于一体化结构控制之下,其成长速度取决于一体化结构的调节控制能力的强弱。在清末推行新政前,一体化尚未解体,通商口岸发

〔1〕 墨菲:"通商口岸与中国现代化:走错了哪一步?",载《中国现代化历程》,时报出版公司 1980 年版。

展受到抑制,对外开放只是促进中国地主经济结构中商业和市镇发展的因素。也即在意识形态认同破坏前,通商口岸主要是促进了原有商业网的发展,其结果是通商口岸周围的市镇急速增加。只有在出现反向调节、一体化上层组织解体过程中,不仅有利于外资大量涌入,而且绅士资金也大量流入通商口岸,这才出现通商口岸城市快速成长时期。在清廷推行新政以后十年左右,通商口岸城市超过了传统郡县城市,成为中国最发达的地区。(注十四)

在一体化结构中,郡县城市本来是一体化官僚机构控制的枢纽,是行政和商业中心。现在新兴大城市性质开始改变了,它成为新知识分子、企业家荟萃之地,是中国政治文化中最多元化的地区。绅士代表地方利益,和官方的对抗形成权力制衡,而官方势力达不到的外国租界则成为革命团体和非法民间刊物的“保护伞”。新学堂本为政府所倡办,但学者聚集在那里读禁书、搞学运、组织革命社团。城市在中国历史上史无前例地成为颠覆中央政府的基地。

3.6　辛亥革命:绅权与王权的对抗

绅士城市化带来的两个长期效应,并非当时就显示出来了。我们之所以勾出其主线,是便于读者理解一体化解构造成中国20世纪最初二十多年社会变迁的背景,和超稳定系统在对外开放条件下的进一步行为模式。现在我们要回到本章的中心,讨论绅士城市化如何在短时间内表现出最强大的冲击力,这就是绅权进城后和官僚机构相对抗,它成为推翻清王朝、瓦解一体化上层组织最重要的社会势力。今天人们一提起推翻清王朝,就会想起孙中山一次又一次锲而不舍的武装起义。人们常常会感到奇怪,为什么孙中山多次组织严密的举事全部失败,被清廷轻而易举地镇压,但和同盟会中央领导组织关系不甚密切的武昌革命却推翻了清王朝？一些历史学家认为,革命团体的增加和对新军渗透是辛亥革命成功的重要原因。但是,这个因素并不一定是关键性的。图3.1表明,1908～1910年革命团体组织数反而比1907年有所下降。实际上,清王朝瓦解的一个重大原因是1909年在全国各地成立谘议局。

表面上看,各省地区的谘议局是清廷新政中模仿西方政治制度成立的地方议会组织,但很大程度上它却是城市化绅士把原来乡自治那一套传统带到城里。按照谘议局章程的规定,凡属本省籍贯、二十五岁以上的男子,符合下列条件之一即有选举权:(一)在本省地方办学务及其他公益事务满三年以上并卓有成绩者;(二)在国内外中等以上学堂毕业并获文凭者;(三)有举贡生员以上之出身者;(四)曾任实缺文七品、武五品以上未被参革者;(五)在本省地方有五千元以上之营业资本或不动产者(非本省籍贯,寄居满十年以上,如有一万元以上的营业资本或不动产者亦得有选举权)。这些条件固然使受过新式教育的知识分子与资产者得以参政,但更主要的还是为那些拥有功名的绅士大开方便之门。据张朋园对全国21省的1643名议员身份的统计,得到表3.6,从中可以发现,约80%的议员具有传统功名,其中进士占4.35%,举人占21.27%,贡生占28.73%,生员占34.78%。当时全国绅士总数为145万人,[1]正好与有资格参加选举的登记选民167万人大致相近。[2] 而选民占总人口的比例仅为0.42%,与历史上绅士占总人口比例十分相近。清廷决定谘议局议员名额时,也是以科举取进学额的5%为标准。选举过程与公民投票不同,更像传统的推

〔1〕 张朋园:“民主政治的尝试——清季谘议局议员的选举及其出身之分析”,载《近代中国——知识分子与自强运动》,食货出版社1972年版。

〔2〕 耿云志:“清末资产阶级立宪派与谘议局”,载《纪念辛亥革命七十周年学术讨论会论文集》,中华书局1983年版。

举。很多地方是指导投票,“名为民选,实自官派”。[1] 由此可见,充当清末立宪运动的发起者、参与者大多为绅士。正如李国祁所评价的那样,这种现象本质上是中国传统社会绅权之扩张。[2] 谘议局实际上是城市化绅士建立的组织,他们企图把原来在县以下乡村的官绅合作自治的模式搬到城里,建立自己的政治共同体。(注十五)

表 3.6　15 省谘议局议员的功名背景

省份 功名	奉天	吉林	黑龙江	直隶	江苏	安徽	浙江	福建	湖北	山东	河南	陕西	四川	广东	贵州	共计	百分比(%)
进士	3	0	0	5	8	2	4	4	8	5	9	3	2	3	0	56	4.35
举人	7	2	0	34	30	14	22	24	15	20	26	11	32	25	12	274	21.27
贡生	22	9	1	33	41	32	40	19	41	20	19	24	25	29	15	370	28.73
生员	12	8	10	69	38	25	36	28	28	52	38	20	55	18	11	448	34.78
其他	9	11	19	14	9	10	9	3	5	6	4	8	12	20	1	140	10.87
合计	53	30	30	155	126	83	111	78	97	103	96	66	126	95	39	1288	100

摘自张朋园:“立宪派的阶级背景”,载《纪念辛亥革命八十周年国际学术讨论会论文》,武汉出版社 1991 年版。

要知道,在一体化结构中的上、中、下三个层次组织中,上层官僚机构一般不代表地方利益,皇帝对县官有任免调动权,县官的高度流动和不在原籍做官的回避制度,是防止官僚机构变为地方利益代表的措施。而一体化中层乡绅自治从来都是代表地方利益,并与中央国家利益尽可能协调的。在绅士城市化之前,即使地方利益和中央利益发生冲突,绅士自治只能代表县以下地区,组织程度也不高,地方利益不可能和中央利益直接对抗。绅士城市化则

〔1〕 张朋园:“民主政治的尝试——清季谘议局议员的选举及其出身之分析”,载《近代中国——知识分子与自强运动》,食货出版社 1972 年版。

〔2〕 李国祁:《中国现代化的区域研究——闽浙台地区》,近史所专刊 44,1982 年,第 606 页。

把绅权扩展到府城和省城,在各地建立的各级谘议局,马上使得有一个机构来代表各地地方利益。有些学者把谘议局看作地方利益的具体化。[1] 其实称其为地方利益的组织化和扩大化也许更为妥切。它立即带来两个后果:首先是原来潜伏在民间没有组织的地方利益和中央政府之矛盾转化为一种体制内的对抗——谘议局和政府机构冲突;其次,一旦中央政策损害了一省或数省绅士的利益,谘议局就会带动社会掀起反中央政府的群众运动;它和革命党配合,摧垮本来已十分脆弱的中央政府。辛亥革命之所以成功,并很快得到各省响应,正是绅士城市化后,地方势力合法化并在体制内和中央王权冲突的符合逻辑的展开。

谘议局一成立,我们就可以看到它经常和政府意见不一致。谘议局是由传统官绅合作模式改进而来的,官绅合作基础是意识形态认同,意识形态认同遭到破坏,谘议局只有在地方利益与一体化官僚机构所代表的中央一致时,才会与各级政府机构合作。耿云志考察了山东省谘议局第一届常会后议案的执行情况。在被调查的六项议案中,只有维持银号钱业案执行得较好,其余议案执行情况都很差。[2] 很明显,执行较好的议案正因为是维护了地方绅士的利益。在大多数场合,地方绅士和中央政府利益并不能一致,冲突越来越厉害。

1910年,浙江省铁路总理汤寿潜因维护地方利益被清廷下令革职。浙江省谘议局便以“停议待旨”的方式上书中央,与中央抗争。理由是,“事关本省权利存废事件,应在谘议局权限之内”。这种由谘议局出面为地方利益向中央抗争的局面,是中国历史上极为罕见的。谘议局与清政府不合作甚而抗争分权的行动,刺激了清廷在立宪改制名义下加强中央集权。1910年11月各省督抚与

〔1〕 胡春惠:《民初的地方主义和联省自治》,第11页。
〔2〕 耿云志:“论谘议局的性质与作用”,载《近代史研究》1982年第2期。

谘议局联合吁请中央尽速颁布宪法，组织内阁。1911年5月，清廷匆忙推出满八汉四（另有一蒙古人）的“亲贵内阁”，6月谘议局联合会便呈请另组内阁；7月，更指责皇族内阁不符合君主立宪公例。中央与地方的矛盾白热化了。正好在这种关头，中央政府将原来决定官督商办修建铁路事业的权力收回，改作国家办理，它一下子触动了全国绅士的经济利益，辛亥革命爆发了！

只要我们去追溯1911年武昌起义整个过程之因果链，就可以发现它起源于5月的铁路风潮。其原因是绅权与中央政府因经济利益冲突出现了全国性对抗。在推行新政中，清廷要修建铁路，而国家又无经费，不得不允许绅商投资商办。1904年四川总督锡良奏请清廷批准绅商自行筹资修建自成都到宜昌的铁路。但1911年清廷决定向英法德美四国借款来办川粤汉铁路，把原来批准由四川商办的铁路，收归由国家兴办。消息传到四川，顿时群情激愤，全省绅士大哗。像修建铁路这样大的事业本非个别绅士所能投资，因此四川官督商办建铁路，已由绅士按占田多少强迫认购铁路租股，即凡有一亩田能收租的人全是股东。〔1〕 铁路国有化立刻造成了四川全省绅士和中央对抗。省商会联名公开发布通电，宣称清廷如不废除借款合同，路事风潮“万无有或息之一日”。〔2〕

据亲自经历这一事件的周善培回忆，铁路公司召开会议商量对策时，到会的有千余人，人们流着眼泪说“铁路完了，四川也亡了”，连维持会场秩序的警察也丢了警棍，伏在桌子上大哭不止。〔3〕 各地纷纷成立保路同志会，四川地方政府准备服从中央决定，但绅士一致认为“本省权利兴废事件要交谘议局通过”，没有谘议局认可，四川铁路收归国有便不合法。一时间，四川绅士派代表

---

〔1〕 周善培：《辛亥四川争路亲历记》，重庆人民出版社1957年版，第10页。

〔2〕 陈旭麓、顾廷龙、汪熙主编：《辛亥革命前后——盛宣怀档案资料选辑之一》，上海人民出版社1979年版，第138页。

〔3〕 周善培：《辛亥四川争路亲历记》。

到北京,跪在地安门外要求和摄政王对话。中央政府拒绝对话,将代表解回原籍,四川绅士商人以罢市抗议,引发了轰轰烈烈的保路群众运动,家家户户供光绪皇帝牌位。四川绅民准备宣布独立。中央政府极其惊慌,派端方带湖北驻军入川镇压,造成武汉空虚。结果出现连锁反应:农历八月十九日武昌新军起义,九月初一日,湖南、陕西独立,初二日,九江独立;初四日,广州将军凤山被刺;初八日,山西独立;初九日,云南独立,初十日,江西独立……

辛亥革命之所以能够成功,其关键不仅在于革命党人奋不顾身地武装起义,更重要的是它引起各地地方政府的连锁响应,否则单单一个城市或省份少数革命党人的武装起义以及少数新军反中央,是很容易被镇压下去的。我们如果不囿于具体事件细节而宏观分析清王朝被推翻机制,就可以看到革命党起义只起到点火作用,而使火势蔓延最后成燎原之势的则在于城市化绅士领导和推动的城市群众运动。(注十六)当时除少数省出现军事冲突外,大多数省均“和平独立”,脱离中央政府控制。在最早宣布独立的 12 个省中有 10 个省的谘议局都担当了发动、组织者的角色。[1] 因此,辛亥革命的本质是城市化的绅士与革命党人联合摧垮王权,也是一次地方分权运动。

从 1900 年庚子事变后清王朝不得不实行新政开始,到 1911 年清王朝灭亡,整个社会结构演变虽然复杂,但我们却可以看到一条主线,这就是历史变迁遵循着意识形态认同危机和经济政治改革在互动中破坏一体化结构之逻辑。由意识形态认同危机而触发的政治经济改革,虽然促使了经济的现代化、大城市的兴起、自由资本主义的出现,但就社会整合而言,只能带来一体化上层组织的解体,它使得社会整合危机在社会初步显现,并反过来再次推动意识形态变迁,促使全面意识形态认同危机爆发。这正是从辛亥革命

---

〔1〕 张玉法:《清季的革命团体》,近史所专刊 32,1975 年,第 454 ~ 548 页。

通向五四新文化运动的道路。

第三章　注　　解

注一　1907 年年底农工商部又修订颁布《奖给商勋章程》,降低了原订条件,如获农工商部头等顾问官加头品顶戴衔,所需要的投资额由原来的 2000 万元降为 800 万元。可见清廷对发展工商的重视。

注二　非常有趣的是,新政时,一个推行新式教育的实际措施正是改"寺观"为学校,它恰恰是戊戌变法提出过的方案。例如,江苏省平均有 41.6% 的新学堂占用寺庙,有的省甚至 100% 占用寺观作校址。这一政策的推行在某些地方甚至引起闹事风潮。[1]

注三　国家兴办新式教育的一个重要方法是把传统书院改为新学堂,并不断扩大学生人数。这种转化差不多普及于全国各州县。图 3.6 以武昌文学堂创设为例,表明传统书院如何转型为新学堂,最后扩大成为清末民初普及全国的新式学校的过程。1903 年,武昌约有中等以上文学堂学生 1500 余人,武学堂学生 500 余人,到 1907 年,中等以上文学堂增至 4000 ~ 5000 人,武学堂增至约 1700 余人。[2] 至于在没有书院的地区(县城或县以下的镇和部分乡村),清廷采用的办法是推行私塾改革,将其合并为新式学校。不少学者对这一过程进行了详细考察。如光绪三十一年(1905 年)杨士骧以山东省官立公立学堂甚少,议行强迫教育法,饬各州县速立初级小学堂 30 所,如有因循,即予参办。光绪三十三年(1907 年)提学使朱益藩通饬各州县设劝学所,由劝学所派员详细调查各私塾地址及塾师姓名,用行政命令改良教法,或令合二三塾为一

[1] 五树槐:"清末江苏地方自治风潮",载《近史所集刊》1977 年第 6 期。
[2] 苏云峰:"清季武昌学界的革命运动",载《近史所集刊》1973 年第 4 期。

塾,或合四五塾为一塾,教授科目悉遵奏定学堂章程,并延聘曾习师范之人,按日分赴各私塾演说新教育法。[1]

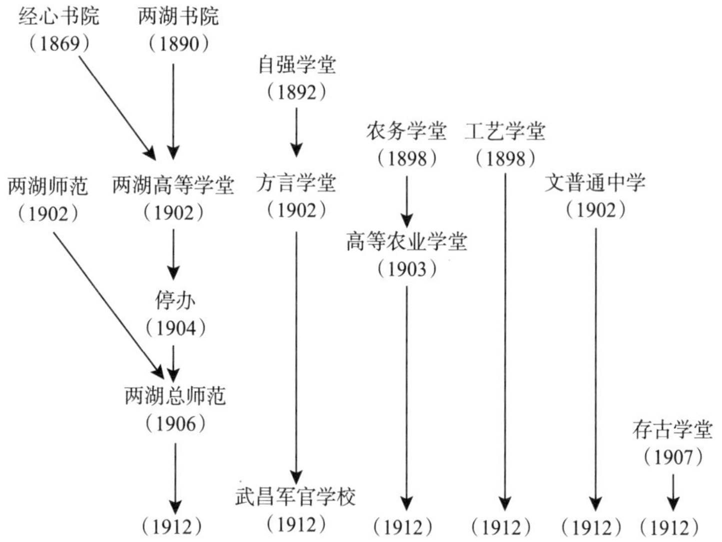

摘自苏云峰:"清季武昌学界的革命运动",载《近史所集刊》1973 年第 4 期。

图 3.6　武昌文学堂之创设及演变

新近的研究结果还表明,1904 年以前,官办学堂占绝对优势。但自 1905 年开始,公私立学堂一跃而上,特别是公立学堂,一般占总数的三分之二。个别地方私立学堂还取得优势。1909 年京师督局所属官、公、私立学堂就分别为 43 所、46 所、183 所,相应百分比为 15% 、15% 和 70% 。表 3.7 就显示出新式教育的结构发生了重大改变。而学堂数量直线上升,也使学生群体急剧扩大。1905 年以前,学生增长率虽高,但基数较小,最多不过 258,873 人(不含军

[1] 张玉法:"清末民初山东的教育变革",载《台师大历史学报》1977 年第 5 期。

事、教会学堂，下同）。此后两年，学生人数成倍递增，达到1,024,988人，1908～1909年，在高基数上，仍以每年净增30万人的速度扩大，达1,638,884人。到1912年，跃升为2,933,387人。除官方正式统计数外，还有（一）未经申报立案的公私立学堂；（二）军事学堂，据法国和美国军事情报部门报告，1908年中国陆军学堂共有学生10,000人，到1911年10月，各类军事学堂有70所；（三）教会学堂，辛亥前，教会在华学校共3145所，学生102,583人。1912年，仅新教学生即达138,937人。天主教和东正教估计有5万～10万学生；（四）日本、德国在东北、山东、福建、江宁等地开办的非教会学校，仅南满一地，就有日本所办学堂28所，学生5551人。总计辛亥时国内学生数在300万人左右，几乎是1905年的12倍。[1]

表3.7　新式教育结构的改变（1904～1909）

类别／年份	总堂数	学堂分类					
		官		公		私	
		堂数	百分比（%）	堂数	百分比（%）	堂数	百分比（%）
1904	4222	3605	85	393	9	224	6
1905	8277	2710	33	4,829	58	678	9
1906	19,830	5224	26	12,310	62	2296	12
1907	35,913	11,546	32	20,321	56	4046	12
1908	43,088	12,883	29	25,688	59	4512	12
1909	52,348	14,301	27	32,254	61	5793	12

摘自桑兵：《晚清学堂学生与社会变迁》，稻禾出版社1991年版，第157页。

注四　意识形态内容与选拔意识形态精英方式的一一对应表

〔1〕　桑兵：《晚清学堂学生与社会变迁》，稻禾出版社1991年版，第156～158页。

现在两个方面:当意识形态内容不变时,选拔方式也不可能变化。当意识形态内容发生变化,如果选拔方式仍不变时,就会影响新知识分子的培养。对于第一个方面人们讨论得较多,第二个方面却注意甚少。不少学者都谈到过改变科举制的各种尝试。例如,康熙二年曾取消八股文,不久即告恢复。雍正时亦有废八股之议,乾隆九年兵部右侍郎认为时文"不适于用",必须改革。19 世纪中叶后,批评更多。同治九年英桂、沈葆桢请增算学科,光绪元年李鸿章请增洋务科,这些努力均未成功。[1] 这证明在一体化结构中,如果培养知识分子是以农村为基地,意识形态内容是传统儒学,那么在意识形态不变的条件下,改变与其适应的选拔意识形态精英的制度是不可能的。而一旦传统意识形态出现变异,科举制立即变得与之不再相应,它不利于教授新学的新学堂的成长。1900 年以后,新学堂如雨后春笋般出现,但科举制废除以前,立即出现新学堂经费不足的问题,以致 1905 年袁世凯、张之洞、赵尔巽等众多督抚将军在上奏中说:"科举一日不停,士人皆有侥幸得第之心……学堂绝无大兴之望。"[2] 科举废止后,兴办新学堂的运动得到广大缙绅的推动,经费问题就迎刃而解。这里我们看到,两个互相耦合的子系统必须同步改变才能共同发展。

事实上,选拔精英的制度变迁与意识形态认同危机发展是亦步亦趋的。早在 1901 年,局部意识形态认同危机加剧时,科举制的基础已动摇了。1901 年 8 月,清廷颁发谕旨,强调科举制"流弊日深,士子但视为弋取科名之具",规定从次年起加试策论,所有考试"均不准用八股程式"。1903 年认同危机已十分剧烈,科举制实际上已经在逐步废止之中。1903 年年底,张百熙、荣庆、张之洞提出一个一步步废除之方案,奏请将科举取中额,逐年递减三分之一,

---

〔1〕 Wolfgang Franke: The Reform and Abolition of the Traditional Chinese Examination System(Cambridge, Mass.: Harvard University Press, 1960).

〔2〕 朱寿朋编:《光绪朝东华录》(五),中华书局 1958 年版,第 5390 页。

历三年全部减尽,“俾全国臣民确见裁减科举,归重学堂办法,咸晓然于朝廷意向所在”。[1] 1905 年 9 月,清廷正式颁发谕旨,规定自 1906 年开始,“所有乡、会试一律停止,各省岁科考试,亦即停止”。[2]

注五　在近现代史研究中,常常从教育现代化角度来探讨新学堂的兴起和废除科举。但“教育现代化”很难解释当时在教育制度改革中出现的奇特现象,如女子学堂发展过程。1901 年,清廷大力推行新式学堂,改省书院为学校,在省城设大学堂,但当时所有“教育现代化”的措施,均不涉及妇女上学受教育问题。清廷《奏定学堂章程》中只将女子教育包括在家庭教育中,它在新式教育体系中没有正式的位置。事实上,清末女子教育的改革基本上都是沿着如何实现新式家庭教育展开的,即女学是培养儿子的附属品。幼儿教育需要家庭有文化,如母亲识字,则可由母亲进行教育,母亲不识字,必须请保姆教,于是先有训练保姆之学校,如敬节堂、蒙养院之类,它是师范学校的先声。1905 年才有女学出现,但被严格限制在师范教育之内。1907 年的《女子师范学堂章程》也是从幼儿教育出发来论述女学的功能。因此“女学”最高只到初级师范教育,其数目只是男性小学生的六十分之一。[3] 显然“教育现代化”这种观点不足以解释为何“女学”发展是以幼儿教育为中心的。但把兴办新学堂看作意识形态改变所导致的培养意识形态精英制度之变异,则马上可以理解,在意识形态精英培养功能中,“女学”只是和幼儿教育发生关系,它只能顺应改善“幼儿教育”这一环节而发展起来。

---

〔1〕 舒新城编:《中国近代教育史资料》(上册),人民教育出版社 1961 年版,第 62 页。

〔2〕 朱寿朋编:《光绪朝东华录》(五),第 5392 页。

〔3〕 廖秀真:“清末女学在学制上的演进及女子小学教育的发展(1897—1911)”,载《成大历史学报》1983 年第 10 号。

注六　地主绅士迁居城镇在中国历史上早已有之。在受到西方冲击前,每一个盛大王朝的中后期,城市人口增加,商业病态繁荣,这时往往有相当多的地主缙绅迁居城市。清代也不例外。据19世纪初期《苏州府志》统计,江南地区大约有为数一半的地主住在县城,三分之一以上居于城镇集市。每个盛大王朝因商品经济发展而导致地主向城镇聚集的现象,和我们所说的绅士城市化是不同的。传统社会搬迁到城镇的地主虽身在城市,但他们关注的社会事务却在乡村,城市不过是其享乐的地方。而县城以下的地方集市和小镇则是乡自治之中心。因此传统社会中绅士即使住在城市,其社会组织功能之发挥主要还是在乡村。随着旧王朝被农民大起义推翻,新王朝建立,地主向城市集中过程也就中断,每当大动乱结束,地主乡绅立即着手进行乡村社会重建,这时他们中大多数是居住在农村的。石锦根据光绪《桐乡县志》中297个举人的传记材料,考察明清五百多年间桐乡县乡居举人与镇居举人比例变化,证明了我们的观点。明初,乡居占83%,镇居只占10%;到明末(1644年),乡居为70%,镇居为28%。[1] 清朝也是如此,19世纪初太平天国大动乱前,虽然有相当多的地主居住在城镇,但经过农民大起义后,19世纪60年代,地主士绅大批迁回乡村,重建县以下乡自治和巩固宗法家族。因此1895年以后的缙绅城市化导致镇居绅士比例急骤增加。关于1895年后城市化绅士所占比例的具体数还有待于进一步研究。就以石锦的统计为例,1889年,乡居的只占1%,镇居达88%。1895年以后,比例一定更高,而且很多绅士的活动范围已不再是县以下的市镇,而是向对外开放地区和大城市集中,它产生了和传统社会地主居住在城镇迥然相反的后果。

注七　不仅从政治结构上可以证明绅士城市化会导致传统社

---

〔1〕 转引自贺跃夫:《晚清士绅与近代中国的社会变迁——兼与日本幕末、明治士族比较》。

会上层与下层的断裂,而且在地主经济结构中,也可证明会形成相应断裂。我们曾指出一体化结构与地主经济是良好耦合的。施坚雅根据农业经济商品集散和交换的需要,就把中国传统城镇的分布归纳为由八个城市级组成、自中心都会通过城市、市镇和集市向广大农村连续扩散的六角形网络。在这网络中,与一体化上层组织相应的是“中心都会”、“区域都会”……及“地方城市”这些网络中的纽结,与中层相应的是县以下的中心市镇、中型市镇、普通市镇和大市集等系统,和基层组织相应的是自然村。根据这种耦合关系(图 3.7),绅士城市化时,图 3.7 的左边政治结构由于中层的上移导致上层和下层的断裂,与此同时右边结构也出现类似变化。本来绅士集中在中心市镇以下,它们是把自然村和城市联系起来的通道。当绅士城市化时,意味着原来分布于中心市镇以下的大量资金流入大城市,这样在经济网中,把城市和乡村联系起来的地带就会发生结构性变异。在通商口岸及对外开放交通枢纽的附近,大城市以下的中心市镇可以因城市发展带动而高度发达,但对于那些远离通商口岸和对外开放交通枢纽的传统腹地,则意味着传统市镇的衰落,中国城乡结构出现了断裂:一部分变成较现代化地区,传统腹地反而出现商品经济之衰落。

注八　这里讨论的经营地主,狭义指立足于农村专门经营农业者,广义可以包括本住城里但因商业和外贸需要而设立经济作物农场的土地经营者。关于经营地主的产生,学术界有不同意见,有人认为它出现得很早,19 世纪就已有经营地主广泛活动的记录。有些学者认为它产生于 20 世纪 20 年代。根据我们的理论分析,经营地主作为农业经济成分需要两个条件:第一,农村中出现大量游离劳动力,以至于合理地利用雇佣劳力耕种比出租土地获利更多。第二,农村中产生相当多农业劳力雇主。第一个条件大约在 18 世纪以后就已具备。中国人口的大膨胀使得农村产生严重的人口——土地危机,耕地不足,劳力严重过剩,以致雇工工资一降再

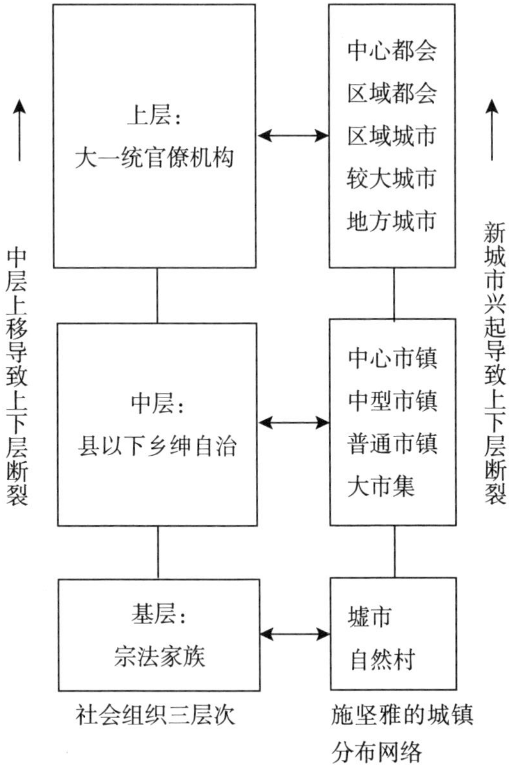

图 3.7　社会整合的断裂

降,但此时农村中租佃地主仍占绝对优势,经营地主极少。因为经营农业的形成需要地主管理土地和生产组织方式的改变,这在一体化组织呈现动摇和解构之前是不可能的。以山东为例,甲午以前就已有经营地主活动的记载,但数目不多,目前所知的明显证据,大多是1895年以后的。如据1897年之前对42个县197个村的统计调查,经营地主只占地主中的36.8%(实际上比例远比它低),出租地主占63.2%。[1] 到19世纪末20世纪初,绅士城市

〔1〕 景苏、罗仑:《清代山东经营地主底社会性质》附表。

化,宗法家族解体,经营地主才日益增多。详细分析可参见本书第8.2节。

注九　1880年代清代识字率男人为30%～45%,女人为2%～10%,平均识字率在20%左右,这一比例不亚于英国和日本现代化以前的识字率。[1] 中国传统社会之所以达到这样高的识字率,和一体化中下层组织深入农村有关。农村是知识分子的培养基地,私塾教育的广泛存在,政府办的义学普及全国,以及绅士主动拿钱办教育,都有助于产生高识字率。实际上,由于广大缙绅秀才生活在农村,在清代1000个学童可得7个老师,比西方3个老师教1000人充足。但随着城市成为培养知识分子的基地,对广大农村的识字普及自有影响,从1895年后到南京国民政府成立期间,全国的平均识字率一直在下降。至于20世纪中国识字率究竟是多少,一直缺乏统计,但从小学生数目中可以作一估计。表3.8为1907～1933年小学生数目。张朋园根据这个数目计算出20世纪30年代的识字率,其中具有小学文化程度的人数占总人口的17%,他认为由于统计不全和私塾仍产生10%的识字率,1930年代中国识字率应达30%。[2] 但私塾仍产生10%以上的识字率,这个数字是极富争议性的。如果严格以小学生数统计识字率,从1907～1933年,中国识字率肯定比传统社会20%来得低。至于当时私塾还能产生多少功能,直接取决于农村中传统社会结构的破坏程度,这样看来,在传统一体化结构已完全毁坏之民国初年,社会识字率极有可能已比传统社会大大降低,难怪梁启超在1915年批评新政时说,20年来办现代教育使得全民不识字。

---

〔1〕 EVelyn Sakakida RaWski: Education and Popular Literary in Ching China (Michigan: The University of Michigan Press, 1979).

〔2〕 张朋园:"劳著'清代教育及大众识字能力'",载《近史所集刊》1980年第9期。

表3.8　1907～1933年小学生人数

年代	小学生数
1907	918,586
1908	1,192,921
1909	1,598,639
1920	5,722,213
1933	6,396,854

摘自张朋园:“劳著‘清代教译制及大众识字能力’”,载《近史所集刊》1980年第9期。

如果把识字视为一体化结构在社会普及文化教育上的能力,那么1930年,南京国民政府实行三民主义和政治结构一体化后,新一体化结构(国民党模式)才达到了与传统社会差不多的文化教育普及能力。而在这以前,新式教育普及可能低于传统一体化结构的文化教育普及程度,这里我们看到了中国社会整合和文化教育(意识形态)普及的内在联系。有关这方面进一步的分析可见本书第7.3节。

注十　这方面一个颇有说服力的证据是张玉法对民营工业的量化分析。他统计了1148家工厂,发现自1848～1916年民营新式工业创办可以分为三个时期:第一期自1848～1894年,共创办了151家,平均每年3.1家。第二期自1895～1904年,共创办了122家,平均每年12.3家。第三期自1905～1916年,共创办了875家,平均每年72.8家。[1] 从这一统计可见,1895年后民营工业创办数开始增多,但民营工业大发展则是清廷推行新政以后才出现的。

注十一　江熙的统计表如表3.9所示,新式企业创办人中,来自官僚地主者占了46.7%,买办占了18.3%,商人占了33%。官

〔1〕 张玉法:《近代中国工业发展史(1860—1916)》,桂冠图书有限公司1992年版,第208～210页。

僚地主(绅士)比买办和商人都高。1912年以后,新式企业开办者中真正商人的比例迅速上升。苏云峰曾对民初337名著名商人的出身、职业和其他下面作了统计,得出表3.10、表3.11和表3.12。从中显示这时企业创办人家庭为官僚地主的只占7.2%,商人出身的明显占主导地位。这些企业家大多已不再具有清末企业家身兼官绅的双重身份,表3.11统计指出这些企业家的最初职业76.3%是公司董事、经理和商人,只有9.8%才是官吏、议员幕府。其受教育程度也发生了结构性变化,有传统功名的只占6.4%,受新式教育和未受教育的比例大增。这一切都表明,在创办新式企业中缙绅地主明显让位于纯粹商人阶级。

表3.9　十个行业创办人的出身(1872~1913)

业别	时期	家数	创办人数	官僚地主		买办		商人		其他	
				人数	百分比(%)	人数	百分比(%)	人数	百分比(%)	人数	百分比(%)
棉纺工业	1872~1894	5	14	11	78.6	1	7.1	2	14.3	—	—
	1895~1913	20	27	15	55.6	9	33.3	3	11.1	—	—
	1914~1922	36	59	17	28.8	1	1.7	35	59.3	6	10.2
	合　计	61	100	43	43.0	11	11.1	40	40.0	6	6.0
面粉工业	1895~1913	30	30	11	36.7	10	33.3	9	30.0	—	—
	1914~1922	43	43	8	18.6	6	14.0	29	67.4	—	—
	合　计	73	73	19	26.0	16	21.9	38	52.1	—	—
毛纺工业	1872~1894	1	1	1	100.0	—	—	—	—	—	—
	1895~1913	5	7	4	57.1	3	42.9	—	—	—	—
	合　计	6	8	5	62.5	3	37.5	—	—	—	—

续表

业别	时期	家数	创办人数	官僚地主		买办		商人		其他	
				人数	百分比(%)	人数	百分比(%)	人数	百分比(%)	人数	百分比(%)
缫丝工业	1872~1894	3	4	2	50.0	2	50.0	—	—	—	—
	1895~1913	9	9	5	55.6	2	22.2	—	—	—	—
	合计	12	13	7	54.6	4	30.8	2	14.6	—	—
水电工业	1872~1894	2	3	1	33.4	1	33.3	1	33.3	—	—
	1895~1913	16	19	9	47.4	5	26.3	5	26.3	—	—
	合计	18	22	10	45.6	6	27.2	6	27.2	—	—
水泥工业	1895~1913	3	3	3	100.0	—	—	—	—	—	—
榨油工业	1895~1913	9	10	5	50.0	4	40.0	1	10.0	—	—
卷烟工业	1895~1913	4	4	3	75.0	1	25.0	—	—	—	—
航运业	1872~1894	3	4	1	25.0	3	75.0	—	—	—	—
	1895~1913	9	11	8	72.7	1	9.2	2	18.1	—	—
	1914~1922	8	9	2	22.2	3	33.3	4	44.5	—	—
	合计	20	24	11	45.9	7	29.1	6	25.4	—	—
煤矿工业	1872~1894	10	13	11	84.6	2	15.4	—	—	—	—
	1895~1913	28	30	23	76.6	1	3.4	6	20.0	—	—
	合计	20	24	11	45.9	3	6.5	6	14.0	—	—
总计		244	300	140	46.7	55	18.3	99	33.0	6	2.0

摘自汪熙:“关于买办与买办制度”,载《近代史研究》1980 年第 2 期。

表 3.10　民初商人之父辈职业统计

职　别	人　数	百分比(%)
商　人	84	22.3
官绅地主	27	7.2
清贫工农	42	11.1
未　详	224	59.4
合　计	377	100.00

摘自苏云峰:“民初之商人,1912—1928”,载《近史所集刊》1982 年第 11 期。

表 3.11　民初著名商人之初职

<table>
<tr><th>初职别</th><th>人　数</th><th colspan="2">百分比(%)</th></tr>
<tr><td>公司董事</td><td>10</td><td>2.7</td><td rowspan="6">76.3</td></tr>
<tr><td>公司司理、副理、经理</td><td>107</td><td>28.4</td></tr>
<tr><td>公司职员、店员</td><td>84</td><td>22.3</td></tr>
<tr><td>小商店店主</td><td>73</td><td>19.4</td></tr>
<tr><td>买办</td><td>9</td><td>2.4</td></tr>
<tr><td>盐商、木材商、股东</td><td>4</td><td>1.1</td></tr>
<tr><td>官吏、议员、幕府</td><td>37</td><td>9.8</td><td rowspan="4">16.7</td></tr>
<tr><td>教员(包括教授)</td><td>17</td><td>4.5</td></tr>
<tr><td>工程师、技师、律师</td><td>6</td><td>1.6</td></tr>
<tr><td>主笔、记者</td><td>3</td><td>0.8</td></tr>
<tr><td>学徒、工人</td><td>25</td><td>6.6</td><td rowspan="2">7.0</td></tr>
<tr><td>帮会首领</td><td>2</td><td>0.4</td></tr>
<tr><td>合　计</td><td>377</td><td>100.0</td><td></td></tr>
</table>

摘自前引苏云峰。

表 3.12　民初著名商人之教育程度

教育程度	国内	国外	合计	百分比(%)
传统功名	24		24	6.4
大学	38	88	126	33.4
中学	27	16	43	11.4
小学以下	74		74	19.6
未详	110		110	29.2
合计	273	104	377	100.0
%	72	28		

摘自前引苏云峰。

注十二　一些学者认为,官僚、地主绅士投资创办现代工商企业以后,其社会身份已转为资本家。我们认为,这些人的身份究竟是什么,是需要用历史事实来说明的。清末城市化绅士投资兴办企业,他们的主要社会角色仍是传统官僚和绅士,或乡间的地主及地方宗族领袖,而企业家只是业余的职业。最多只能说他们具有双重社会身份。于是,这一个新兴阶层的行为规范、所担负的社会功能与纯粹商业资本家有着明显区别。他们能进入官场,甚至左右国家资本和政策,因此我们把以这批人为主所兴办的现代企业称为官绅资本主义。它是介于传统一体化结构兴办的国家资本主义与单纯来自民间的私人资本之间的一种形态。

人们常把资本主义分成资本属于国家的国家资本主义和资本属于私人的自由资本主义两种形态。我们认为还存在国家资本主义与私人资本主义之间的形态。在这种形态中,国家资本与私人资本之间没有明显界限,官僚凭借自己对国家企业之管理权化公为私。这种形态在两种社会条件下会出现:一个条件是传统国家解体,国家资本不得不向民间资本转化之际;另一个条件是国家组织力量重新兴起,国家资本再次涌现,官僚凭借手中的政治行政权力进行资金积累。官绅资本主义是在第一种条件下出现的。有人曾以周学熙集团为案例分析了清末国家资本是如何转化为私人资本的,并将其称为由官僚资本(bureaucratic capital)变成官僚的资本(capital of bureaucrats)。[1] 显然周学熙集团的资本正具有我们所讲的所有权在转化中的双重性,它属于官绅资本主义。而1928年国民党统一中国后,中国的国家资本再次出现。与此同时,还出现了官僚掌握企业、银行股份的现象。于是在他们身上,同时具有国家资本之支配权和私人资本,国家和私人的界限再次含混不清。我们称为官僚资本主义。它和官绅资本主义类似,差别仅在于官僚资本主义随新一体化结构的建立而兴起,而官绅资本主义随传统一体化的解构而出现。详细分析见本书第七章和第十章。

注十三　各种统计数据表明,1895～1911年这十几年,是通商口岸城市急骤膨胀的时期。例如,宁波是最早的通商口岸,但到1855年时人口数仅为21.4万余人,1895年前人口增长率并不突出。然而到1912年,人口一下子激增至65万余人,若以1855年为基数,平均每年增加3.56%。又例如杭州市,1884年人口数为25.3万余人,1911年增加至68万余人,年增长率达6.22%。[2] 王笛考察另一通商口岸重庆,也说明存在着我们提出的发展趋势。嘉庆末年间重庆市人口约5.3万,道光末约14.3万,咸丰末约15.7万,同治末为21.5万。光绪中期也只有23～28万。也就是说,在1895以前,增长速度仍属平缓,但到清末,重庆市人口急增至35万。[3] 表3.13为汉口自1772～1911年的人口增长,从中可以看出,1800～1850年汉口人口增长率为负5.23‰,1850～1888年

---

〔1〕 李林:"从周学熙集团看官僚资本的转化",载《二十一世纪》1991年第3期。

〔2〕 李国祁:"清末民初闽浙地区人口流动与都市化的演进(1866—1916)",载《台师大历史学报》1977年第5期。

〔3〕 王笛:"清代重庆城市人口与社会组织",载隗瀛涛主编:《重庆城市研究》,四川大学出版社1989年版,第322页。

间增长率为 15.89‰,而 1888 ~ 1906 年高达 60.42‰,城市人口大膨胀也出现在 1895 ~ 1911 年这段时间中。

表 3.13 汉口市 1772 ~ 1911 年的人口增长

年　代	人口数	年增长率(‰)	备注
1772	99,381		为汉口镇四坊二里人口
1800's	129,183	9.41	同上
1850's	99,380	-5.23	同上
1888	180,900	15.89	汉口市区人口
1906	520,000	60.42	同上,时全厅人口为 87 万,汉口市占 59.77%
1911	590,000	25.58	汉口市区人口

摘自李国祁:"由上海、汉口与青岛三都市的形成与发展论近代我国通商口岸的都市化作用",载《台师大历史学报》1982 年第 10 期。

从包德威(David D. Buck)所考察的济南的发展中,也可以发现有类似趋势。1837 年济南只有人口 12.8 万人,20 世纪最初几年,人口急增至 25 万人。自 1919 年以后,人口年增长率为 3%,1924 年人口为 30 万,到 1933 年达 42.7 万。济南虽然是一个非通商口岸的内陆城市,但山东绅商在 1923 年青岛回归之前,大多在济南投资。特别是 1912 年津浦铁路通车,济南因位于津浦与胶济铁路的交会点,更成为山东的商业中心。[1] 我们认为,绅士城市化使得中国城市发展呈一放射性链锁,最早成长的是直接和对外开放有关系的通商口岸,接着是那些位于对外开放交通要道上的城市,然后才是那些传统政治文化之中心。它们是随着一体化上层组织解构而扩张的。

---

〔1〕 David D. Buck: Urban Change in China: Politics and Development in Tsinan, shantung 1896—1949 (Madison: The University of Wisconsin Press, 1978).

注十四　我们必须把通商口岸和近代大城市之成长和普遍城市化趋势区别开来。大多数学者用城市化速度来衡量现代化，但绅士城市化促使的通商口岸扩张，并不等于全社会范围内的城市化速度增长。因为通商口岸兴起，必定同时是它附近不甚有利于开放的传统郡县城市的衰落。湖南长沙的崛起和湘潭的衰落就是明显的例子。湘潭是湖南的传统城市，明末就有"小南京"之称，19世纪70年代人口达100万，但由于不是通商口岸，很快就因处于交通干线上的长沙、汉口和株洲之兴起而衰落。1916年，湘潭市人口下降到5万，到1936年才恢复到10万。长沙于1860年代内河航权未开之前远不如湘潭。1895年后开始成长，民国初年达18万人，到30年代，人口达38万，成为全省最大的都市之一。[1] 据施坚雅的研究，中国传统社会大多数郡县城市本来既是农业经济中商品集散地，又是社会管理网的中枢，现代通商口岸因西方冲击下对外开放和社会发展而引起，它不可能担负这两重功能。通商口岸急速发展就意味着传统城镇六角形分布结构的破坏，从中央政府所在地（京城）到一个个乡村不再是处于由八个城市等级和集市组成的连续扩散网络。它造成了近现代史上城乡对立的基本格局。而且，它也带来了这段时间中国都市化程度的极大不平衡。通商口岸较集中地区，都市化程度高，而广大内地，都市化程度很低。如辛亥时期，江浙地区都市化程度高达13%，而全国的都市人口只占6%。

注十五　清末21省的谘议局议员总数为1643人。张朋园的统计包括了15省议员1288人，占总数的三分之二，抽样的误差似已可忽略，应可清晰地反映议员的传统教育背景。但新近贺跃夫的研究表明，实际情形远超过90%的比例。因为议员登记册并不

---

〔1〕 张朋园："近代湖南的人口与都市发展"，载《台师大历史学报》1977年第5期。

能完全反映议员的出身背景。各省谘议局议员名册,固然以正途功名登记入册者为多,但以官职衔或办地方公益资格注册者,其实亦可能有正途功名,或有由捐纳而来的监生或官衔等身份。如广东谘议局的94名议员全部来自士绅阶层,其中,有举贡生员及进士等正途科举功名者85人(进士3人,举人26人,贡生32人,生员24人),官职衔者9人。广西谘议局的64名议员,62人有科举功名(进士3人,举人13人,贡生15人,生员31人),另外2人,一为清末大官僚唐景崧子之子,得父荫而为荫生,并有陆军部主事的官衔;另一为士官之后,袭世职,援例亦为荫生。因此,贺跃夫推断,清末各省谘议局议员几乎全部来自绅士群体。[1]

在讨论谘议局性质时,以往学术界都强调它借鉴参照西方资本主义国家议会制度。而这里则提供了考察这一问题的新角度。在传统一体化结构中,官绅合作,绅士乡自治的基础是绅士具有和官僚机构一致的意识形态,也就是说,意识形态认同使得官僚机构可将其组织力延伸到机构外。新政期间,官方意识形态发生变异,在儒学的基本构架中,吸收了西方政治制度。这时,谘议局作为城市化绅士的组织,借鉴参照西方资本主义制度本身可以从意识形态变异来说明,而它和官僚机构的关系仍基于意识形态认同;因此我们可以把谘议局看作原来官绅合作模式在意识形态认同变异下的组织形态。意识形态认同危机是绅权能够扩张的原因,而绅权向城市扩张之程度也和谘议局中城市化绅士所占比例有关。

贺跃夫有关谘议局议员居住地的研究为我们的观点提供了证明。他统计了广东与广西两省议员的居住地,发现广东谘议局议员住在乡间的只占17%,绝大多数住在城里,住在广州的高达30%。广西是落后省份,绅士城市化不如广东明显,议员人数较

---

〔1〕 贺跃夫:《晚清士绅与近代中国的社会变迁——兼与日本幕末、明治士族比较》,第128~129、131页。

少,但居住在县城以上的议员也占了33%。[1] 这一统计不仅表明,谘议局实际上是城市化绅士的组织,是传统绅士乡自治在新形势下的变种,还指出了可以用城居议员比例来说明谘议局对传统官绅合作模式之偏离程度。

注十六 大陆学术界在讨论辛亥革命成功的原因时,高度强调革命党人在推翻清王朝中的作用,而很少肯定立宪派(城市化绅士)的功绩。这种观点无法解释清廷为何不是灭亡于革命党竭尽全部力量多次发动的武装起义上,也难以说明如此众多省份的独立,系由非革命党人掌握的谘议局所推动和组织的。路康乐(Edward J. M. Rhoads)曾对这一点作了系统的考察,他指出,1905~1908年是革命党最活跃的时期,其间革命党起义达七次之多。大多以知识分子领导,以绿林及会党作为武力。他认为,起义未推翻清王朝乃因为没有出现革命形势,对于中国这样一个超级大国,革命形势远比革命党的起义重要。[2] 路康乐没有进一步分析革命形势和社会结构变迁的关系。我们提出的一体化组织中中层组织和上层组织之对抗就是对这个问题的进一步解答。一些历史学家鉴于清王朝最后被地方势力推翻和陷于军阀割据局面这一事实,认为清王朝的解体原因是清末地方政府日益权重,独立性越来越大。实际上,地方分权是很难通过大一统王权对地方官控制的减弱来达到的。刘广京曾对咸同之后清王朝各省督抚是否失去控制、中央是否听其"专权"或"自治"进行了考察。他认为,同光自强之际,清廷在某种程度上给各省督抚一定的自主权,如1866年5月前各关所入除四成用作英法联军赔款外,允许各省留各关所得之六成作为勇营之军费,且甲午战争前14省之机器局的总办委员

[1] 贺跃夫:《晚清士绅与近代中国的社会变迁——兼与日本幕末、明治士族比较》,第128~129、131页。

[2] Edward J. M. Rhoads:China's Republican Revolution,The Case of Kwang Tung1895-1913(Cambridge,Mass:Harvard University Press,1975).

亦由督抚任命。但是,各自的主要财政活动仍在中央控制之下,特别是中央对各省督抚有着绝对的任免权。[1] 他还系统考察了自1860~1900年督抚之任期。大多数督抚任期只有一至三年,任期在十二至十五年的只占极小比例。在任期只有一至三年的条件下,督抚要搞独立王国、培植私人势力是不可能的。因此在清王朝灭亡之前,各省行政长官的任免权仍一直在中央控制之下,地方分权则主要表现为绅权的扩张以及它日益和王权的对抗。

---

〔1〕 刘广京:"晚清督抚权力问题商榷",载《中国近代现代史论集》(第6编),台湾商务印书馆1985年版。

第四章　社会整合危机

在中国近现代史上，从未有一个时期的社会制度有如民国初年那样接近民主的理想，但它却是一体化结构在解体过程中的幻象。

4.1　共和国幻象

鲁迅在《阿Q正传》中对辛亥革命有一段十分精彩的描写：阿Q听说城里革命了，跑到尼姑庵，小尼姑生气地告诉他，别人早来革过了。原来假洋鬼子和赵太爷一早到庙里把“吾皇万万岁”的龙牌砸掉，就宣称革命成功。鲁迅确实十分传神地抓住了辛亥革命所引起的社会结构变化。假洋鬼子是城市化绅士的代表，赵太爷是本乡的地方知识精英和宗族领袖。他们联合起来推翻王权，意味着一体化结构中层向上冲击，掀掉了压在他们上面的一体化上层组织。而假洋鬼子和赵太爷却不准阿Q革命。既然辛亥革命只是一体化上层组织之解体，那么越是社会基层变化就越小。在某些省城，还看得见革命党和满清政府之军事冲突，相形之下，革命对县城的影响就比省城小得多了。辛亥革命中县级政权的转移，有革命党占城及会党、新军和民众起事等五种类型,但绝大多数为当地士绅宣布和平光复。而且,不论是哪一种方式取得政权,最后都是地方名流绅士左右政权。[1] (注一)至于乡间,只是皇帝的龙牌被摘下来而已,农村社会秩序并没有变化。

在中国历史上没有一个王朝是用这种奇特的方式推翻的。只有超稳定系统在西方冲击下对外开放,意识形态局部认同危机推动政治结构变化,才会导致上层先于中层解体这一特殊现象。(注二)它立即带来一个历史性的后果:原来一直处于大一统官僚机构掩盖之下,但又是中国封建社会最强大最活跃的组织力量直接暴露出来。城市化的缙绅和知识精英在社会众目睽睽之下担负起重组中央和地方各级政府、对付西方文明咄咄逼人的冲击之任务。(注三)

众所周知,在辛亥革命后新文化运动前短短的几年中,出现了中国历史上第一次学习西方民主制度的尝试,然而长期以来国共两党的官方历史对此所谈甚少。而对于超稳定系统近现代史观,这次尝试的分析却是十分重要的,因为它是由城市化绅士和知识分子所推动,想用民主政治来代替解体的一体化上层组织。如果它获得成功,社会整合危机就得到克服,意识形态全面认同危机就不会爆发,中国也就不会有新文化运动了。我们提出超稳定系统在对外开放条件下的变迁模式,蕴涵着防卫现代化失败、意识形态局部认同危机、一体化上层组织解体、意识形态全面认同危机……这样的展开链条。在这一逻辑中,一体化上层组织解体之所以会引发意识形态更替运动,其前提正是民国初年民主尝试是不可能成功的。

从表面上看来,辛亥革命一举摧垮了两千余年的帝制,中国到了一个历史性转折关头。当时,无论是政治、经济还是文化各个方

---

〔1〕 李喜所:"武昌起义后的农村变动",载《历史研究》1982年第2期。

面似乎都存在建立类似西方资本主义国家之历史机会。从20世纪初开始,城市和自由经济一直保持着生机勃勃的势头。谘议局一成立就成为地方政权的基础,它是中国士大夫模仿西方政治结构的产物。在社会思潮上,民主共和与宪政已获得社会普遍认同,中华民国成为亚洲第一个共和国。民国初年,中国也曾认真地、系统地模仿西方现代政治结构,除了国民党和进步党两大政党外,还有几百个小党;曾两次召开国会,四次制定宪法。多党制、议会、宪政这些中国历史上从来没有过的新鲜的政治事务,遍及首都和各省。中国人也从来没有像当时那么虚心地向西方学习,并且满怀希望。张朋园说得好:"辛亥革命建立了共和政体,接着有国民与进步两大政党的出现。自外观上看,似乎这是一个好的征兆,即使美国革命之后也没有这种迹象。袁世凯装得很雍容,颇有以华盛顿自任的味道。孙中山和梁任公,是当时最具世界知识的两党领袖,恐怕杰弗逊和汉弥登都无法望其项背。"〔1〕

但是,历史再一次在中国人面前显示了其诡谲和多变。袁世凯的雍容装扮不多久就弄权独裁,干预制宪,迫害国民党人并下令解散国会。袁世凯称帝失败身亡之后,党派对立纷争不已,张勋趁机率辫子兵进京,胁迫黎元洪再次解散国会,并宣布清王朝复辟。张勋复辟闹剧像过眼烟云很快散去,但国会从此分为势不两立的南北两家,明争暗斗。时间一天天过去,中国的政治格局离民主宪政却越来越远。全国政治秩序日益混乱,军人干政一天比一天严重。国民制宪运动的爆发,显示了人们对宪政和社会稳定的真切期待。而各省在感到国家统一宪政无望时,就兴起争取联省自治的浪潮。但是,20年代初联省自治运动只是建立民主共和国的最后呐喊。随着民国初年相对稳定的社会秩序的破坏,中国陷入了军阀混战的分裂局面。民主共和国已成为一个过时的幻梦,新的

---

〔1〕 张朋园:《梁启超与民国政治》,食货出版社1978年版,第42页。

政治力量耀武扬威地占据了政治舞台中心。白鲁恂用“共和幻象”(Phantom republic)来比喻中国这一段时期,是再生动不过的了。辛亥革命成功后所显示出来的希望和机会,都如海市蜃楼般地消失了。

为什么民国初年热闹非凡的民主宪政只不过是昙花一现?而中国又一次失去了政治民主化的机会呢?如果仅仅从建立民主制度的社会要素是否完备来分析,就会陷入无法理解之迷雾中,而一旦从一体化结构三个层次整体地看,则会豁然开朗。民初民主政治的尝试是以城市化绅士和军人为主体,它企图在一体化中下层基础上建立类似西方民主制的上层组织。而民主共和体制和未曾解构的一体化中下层组织无论如何是整合不起来的。一体化中下层组织会分泌出排斥民主宪政的抗体,使移植西方政治器官注定失败。超稳定系统会进入其行为模式的下一个阶段,这就是社会整合失败反过来进一步瓦解已经裸露出来的伦理价值体系,中国出现意识形态更替运动。

4.2 民主政治为什么失败?

建立稳定而统一的政府,碰到的第一个问题就是统治权威来源。所谓权威来源,就是社会成员服从什么,以及为何他们要服从统治的问题。如果我们把上层国家组织比作大厦,权威来源就是大厦的地基。在传统一体化结构中,这一地基就是人们对儒家意识形态的认同。现在,皇帝被推翻了,大一统官僚机构解体了,而原来作为皇权和中央统一政府权威来源的意识形态处于局部认同危机之中。虽然大多数社会精英(城市化绅士、各级议会成员、开明的新军军官,等等)都赞同引进西方民主宪政,他们似乎可以达成新的共识,但是赞同一种政治模式,并不等于人们服从新体制的权威。中国精英阶级大多数不知道，西方现代民主政体的权威结构和中国传统结构完全不同。在民主制度中，人们有言论、宗教信仰自由，价值是多元的。民主社会并不要求先有统一意识形态然后才有秩序，人们的政见、追求可以完全对立，但仍服从某种权威。民主制度虽也建立在人们对自由、民主的认同之上，但这种信念不是一个独断的整体性思想体系。民主制度权威来源不是我们在第1.3节所定义的意识形态。追溯民主政治中"服从"的理由就可以发现，宪法或不成文的宪政传统是政治统治权威和法律合法性的来源，人遵守宪法和法律，服从统治，是依靠超越特定宗教或意识形态的理性精神。这与传统社会中人出于对上帝的敬畏或认同于某种意识形态而服从政治统治和法律，是大不相同的。韦伯（Max Weber）把现代社会的建立看作理性化过程，在西方各国，政治理性化最早出现在英国，它是一个随工业革命和启蒙运动而导致的政治现代化潮流。理性化的表现是，维系社会秩序的基本规范（如选举和立法程序）和人们的宗教信仰、意识形态原则相背离，具有不同信仰的人可以尊重并遵守共同规范，这可称为规范认同。

形象地讲，民主政体的权威基础是透过意见纷争、是非判断、宗教对立和价值多元的沙滩，将政治制度合法性基础直接建立在理性和秩序之岩石上。一个意识形态不能统一的社会中要有秩序，必须让人遵守超越意识形态的规则，而修改这些规则（如果它们不合理）必须建立修改规则的规则。程序合法必须优先！而民初的城市化绅士是不可能理解这一点的。虽然不少新型知识分子从西方、日本留学归来，知晓建立民主共和政体之关键在哪里，但是由于从事上层政治组织建构的社会成员大多来自于绅士，他们对统治权威和合法性的认识，除了对西方政治有些皮毛的了解外，主要还是立足于儒家意识形态尚未解构之部分。主导他们思想和行为的文化观念，与实现民主政治所要求的超越意识形态的政治理性精神，存在结构性矛盾。（注四）民主制度一旦没有权威，就会在意见纷争中一天天混乱。如果我们去看民初民主尝试的过程，会发现规范认同障碍几乎贯穿在一切重大政治事件中。

1912 年 6 月中旬，成立仅几个月的北京临时政府，发生了唐绍仪内阁垮台的政治危机。当时，袁世凯要委任直隶都督王芝祥赴南京遣散军队，而内阁总理唐绍仪反对并拒绝在委任状上签字。袁世凯一意孤行，竟把没有总理副署的委任状交给王芝祥，破坏了“临时约法”规定的责任内阁制度。唐绍仪愤而以辞去总理之职表示抗议，导致第一届内阁垮台。这一事件颇为形象地反映具有宪法性质的《临时约法》从一开始就缺乏约束政治行为的权威力量。(注五)分析一下当时对唐内阁垮台事件的舆论便很能说明问题。那些反对同盟会的议员和报纸，由于早就对唐绍仪不满，对其出走便冷嘲热讽：而支持同盟会的派别，则将注意力集中在王芝祥是否能胜任上。本来，这一事件的本质是袁世凯在程序上违宪，而人们却对“程序违宪”熟视无睹。各党派和知识分子最关心的是任命王芝祥和唐内阁垮台事件的实际意义，而漠视程序合法的优先性。(注六)李剑农曾十分感慨地评论这件事：“此种问题，莫说在英法，就是在天皇大权的日本，假使天皇发下一道没有首相副署的敕任令来，日本的议会和新闻界，要发生一种什么喧嚣的状况？是不是‘违宪’，‘违宪’的声浪，要震动全国？”[1](注七)

民初民主尝试最后以宋教仁被刺宣告结束。这件事把当时人们缺乏“规范认同”表现得淋漓尽致。宋教仁是当时最熟悉民主制度并全力为之奋斗的政治家，他力争以内阁制限制总统权力，并使国民党获得国会中大多数选票。他的政治活动直接对袁世凯专权构成威胁，结果被袁世凯的爪牙暗杀。国民党感到约法不能约束袁世凯，便举兵讨袁，从而爆发“二次革命”。但由于组织不得力，内部意见不一致，又得不到社会响应，“二次革命”被袁世凯轻而易

〔1〕 李剑农：《戊戌以后三十年中国政治史》，中华书局 1980 年版，第 163 页。

举地镇压下去。袁世凯干脆宣布国民党非法,民主宪政连形式也维持不下去了。在宋教仁被刺案中,各派政治力量的表现形形色色,但有一个共同特点,就是对规范认同麻木不仁。袁世凯搞暗杀,明目张胆地违反国法,是最大的规范破坏者。当时各种革命和进步势力,以至于全社会都没有意识到超越党派政见维护宪法权威是当务之急。当袁世凯是暗杀宋教仁的幕后指使者的证据得到确实时,国民党内部分为两派,只有少数人主张用合法手段弹劾袁世凯,大多数人则主张武力讨袁,国民党本身先对约法丧失信心。"二次革命"爆发后,照理说,这是挽救民主宪政之大事,然而却得不到广大绅商的支持,他们认为社会安定最重要。(注八)这些在辛亥革命时以反清共和为政治旗帜之社会精英几乎全都支持袁世凯,就连梁启超这样卓具远见之政治家也都没有超越政见的维护规范和程序的意识,他领导的进步党主张"主权在国家"而和国民党的"主权在民"的政见针锋相对。政见不同,在民主制度中本来是很正常的,但是,这却使得进步党处处反对国民党。两党议员在议会中,"一言不合,即大起冲突",由"口舌之争而至奋臂格斗",更有国民党议员陈策、吕复用铜墨盒抛掷副议长陈国祥(进步党)。[1] 宋教仁被刺时,进步党不仅没有支持国民党捍卫约法,反而站在袁世凯一边。追随梁任公多年的张君劢事后曾万分感慨,他说,"民国政治,设若中山与任公携手,必然有所不同"。[2]

陈志让在讨论民初人们为何不遵守法规时指出,在西方,合法不合法是政治运作的首要前提。而在中国人们却把事情背后的道义,看得比合法程序更重要。他说,当时一派政治力量反对另一派,惯用的口号是藐视法规的"有道伐无道"。[3] 这里,"有道"或

---

〔1〕 张朋园:《梁启超与民国政治》,第43~48、51页。

〔2〕 同上。

〔3〕 陈志让:《军绅政权——近代中国的军阀时期》,香港三联书店1979年版,第106、110页。

“无道”的根据,正是意识形态的合理性标准。问题在于,清王朝灭亡以后,原有意识形态中,作为政治权威来源的“天道”和“大一统中央集权”的国家学说已经失去约束力,对什么是“有道”,社会上已没有共识。于是,每一派政治力量都可以把自己的政见视为“有道”,视别派为“无道”。各派都坚持“有道伐无道”,就会打混战,谁也不服谁。张勋正是基于意识形态理由,打出以纲常名教为精神宪法,以礼义廉耻收决溃之人心的旗号,公然带着辫子兵进京宣布复辟的。

孙中山本人虽意识到维护约法权威的重要,并以“护法”为口号和一些军阀展开长期斗争,但是,在漠视规范认同的政治现实中,孙中山又不得不依靠最不遵守约法的军队。这些军人胡作非为,“他们把在广州召开的旧国会赶到昆明重庆,他们威胁议员,打毁报馆,不给国会议员薪水”。〔1〕 翻开民国初年的政治史,政治家破坏法规的事例比比皆是,而社会舆论关注的只是政治家的行为和品质,并将之视为事件是非的价值判定。这样,政治秩序自然随着意识形态认同危机的扩大而越来越混乱。(注九)

4.3 行政现代化的困难

建立国家政治实体,除了统治权威外,还必须有一个运作有效率的行政系统。它们的职能是维系社会治安,征收赋税,管理各项社会公共事务。辛亥革命后,北洋政府模仿西方文官制度,进行行政改革,企图建立一个管理公共事务的全国性行政机构。然而结果却是社会管理、财政税收四分五裂,社会日益陷于混乱之中。我们很难把失败的原因归咎为当时社会精英学习西方不够真诚。据

〔1〕 陈志让:《军绅政权——近代中国的军阀时期》,第106、110页。

学者考察，如果仅看条文，而不看实施，北洋政府的人事制度和工商业法规在中国现代史上是最接近西方现代政治的。这一尝试为何失败得如此惨呢？关键在于：要建立现代行政系统，首先要保证行政独立于政治权力之外，这又和中国传统一体化结构格格不入。

一般说来，行政管理隶属于权力，是统治者（皇帝、官僚或政党）的办事机构，无论西方还是中国都是如此。历史上每当社会出现权力转移（由一个阶级转到另一个阶级，一个政党取代另一个政党，或某一集团转移到另一集团），管理系统总是瓦解，社会秩序因而动荡。民主社会存在着大众参政，经常出现由选举结果导致权力转移。那么，如何使社会管理不因权力转移而陷于混乱呢？在现代社会组织方式中，保证这一点的是行政独立。首先把政治分为政务和事务两部分。政党、议会等权力系统不干预作为行政功能之事务官运作，即行政管理有相对独立性。要做到行政独立，除了不受政党干预外，还要防止行政系统和经济及其他社会集团发生利益关联，如规定事务官不能从政、从商，建立不以意识形态而以专业知识和行政能力为标准的选拔考核制度。这样，当社会发生政治和经济剧变时，行政管理尚能保持社会的基本秩序和稳定。

英美等国家均先后在19世纪时实现行政独立。1805年，英国苦于执政党更迭和内阁变动引起的行政管理混乱，财政部首先设置常务次官（事务官），以后文官普遍实现了政务官和事务官的区分。美国在19世纪时也同样碰到政府官员受政党斗争的影响，很不利于社会的有效管理。1877年，海斯（Rutherford Birchard Hayes）总统发布命令，禁止联邦官员在政治组织中担任职务。1883年，美国实行文官制度改革，规定文官不能参加政治活动。从此，一个工具性的超越政治、经济利益冲突的行政管理系统开始出现。

然而，民初城市化的绅士却很难做到这一点。传统社会上层组织——官僚机构只到县一级，深入基层的行政管理靠官绅合作。

在一体化组织中、下两个层次中,行政本来是绅士让自己信任的人员来办理“私人”事务这么一种性质的运作,要让行政事务及人员脱离绅士的领导与干预,是不可思议的。(注十)辛亥革命是扩大的绅权部分取代了官僚机构,在原有官僚组织中,要把管理从政治权力中独立出来已经很难,现在绅士阶层的政治、经济活动和管理的关系更为具体和密切。从结构上看,独立的行政机构不可能从制度化的绅权中转化出来。辛亥革命后,一体化上层解体,但中下层仍是社会占主导地位的组织方式。北洋政府的种种行政现代化尝试最多只到县级政府为止,至于县以下乡村,原是绅士管理的领地。任何政府行政部门无法绕过绅权把乡长、保长、甲长和族长纳入自己的管理体制中。这里我们看到,一个现代化的行政组织是不可能安装在一体化中、下两个组织层面之上的。

以民初税收机构为例,可以看出独立的行政管理体制和原社会中下层组织的对立。清朝管理税收和财政的机构称为度支部,设在正阳门附近的户部街,下设田赋、漕仓、税课、管榷、通阜、库藏、廉俸、军饷、制用、会计十司。民国一建立,把度支部改为财政部,在机构设置和预算方面,全面引进西方制度,后又搬到西长安街新建的洋楼里去办公。但机构现代化了,财政部的收入却大大减少。1912 年 6 月,财政部提出在各省设立国税司(后改称国税厅),“从北方入手,先行整理北方税务……以后渐行推及于南省”,企图建立全国性税收系统,将财权收归中央。[1] 但这一方案得不到贯彻,中央财政收入一天比一天减少,(注十一)“惟以输入外债,以救急需”。[2] 财政部部长也走马灯般地替换。15 年间,财政总长更迭 33 次,任满一年以上的只有三个人,最短命的财政总长罗

〔1〕“财政部官制修正案”,载《政府公报》1912 年 6 月 26 日。

〔2〕“参议院第五次会议速记录”,载《政府公报》1912 年 5 月 16 日。

文干、王正廷仅当了十几天和二十几天。[1] 不断替换人选无济于事，最终整个政府财政收入完全崩溃，不得不靠借外债度日。

为什么政府的财政收入会枯竭呢？原来，在一体化结构中，度支部也好，地方政府机构的税收系统也好，都只不过是输送钱粮的大动脉，它们能够工作仅仅是因为有一体化中下层次的毛细血管存在。县以下广大绅士和官方合作，他们和宗族组织一致协助国家征集田赋，这是基层行政之基础。辛亥革命后，皇权瓦解，城市化的绅士仍然通过自己在农村的势力增收田赋，加强对农民的剥夺，但这些资源不再输送给国家，它们或变为个人财富，或名义上属于地方政府工业投资，实际上则是绅商的私人资本。下面的毛细血管起不到原有供给国家征集税收之功能，那无论怎样改革县以上各级官僚系统也是无济于事的。民初不仅中央财政收入不断减少，各省政府财政也在减少。以经济富裕的广东省为例，1912 年收入为 38,139,000 元，到 1924 年收入降到最低点，只有 9,746,000 元，它仅占元年的四分之一。[2] 正如张一凡所指出，原来属于国家的"中央税收多数为地方当局截留扣用，拒解国库"，或"名义上虽有解缴国库"，实际上"亦不过敷衍若干"。[3] 江苏都督程德全公开宣称："如地税之属于直接者，应归地方收入。"[4] 而地方政府各种应得之收入又被绅士和制度化绅权所掌握，一级扣一级，到了中央钱粮已所剩无几。（注十二）1922 年以后，中央已无法从税收机构得到各地资源，曹锟为藉承认各省自治以推行其争取军阀支持

---

〔1〕 贾士毅：《民国初年的几任财政总长》，传记文学出版社 1967 年版，第 3 页。

〔2〕 熊理编："广东省地方财政"，转引自李国祁："宋子文对广东财政的革新（1924—1926）"，载《近代中国区域史研讨会论文集》（下册），中研院 1986 年，第 498 页。

〔3〕 张一凡："民元来我国之地方财政"，载周开庆主编：《民国经济史》，华文书局 1967 年版，第 167 页。

〔4〕 《程雪楼先生书牍》（上卷），第 44 页。

的政策,干脆承认土地税为地方税,[1]中央政府放弃了对农业税的控制。

辛亥革命后,一体化上层组织解体,独立行政系统又建立不起来,原来依附于一体化官僚机构的行政管理系统纷纷瓦解。除税收外,维系社会治安的警察系统是另一个例子。在清末新政时,政府学习日本行政现代化,首先改进地方治安系统。1905年9月清廷创巡警部,1907年在全国各地设巡警道、巡警局。但由于中国县以下地方管理历来由乡绅承担,建立警察制度也逃不过一体化中下两个层次的加入。据王家俭对中国警察制度的考察研究,各省在新政中建立的警察制度,无论是经费筹措,还是具体管理,均要依靠绅士。[2] 从清末新政开始,各地设劝学所、巡警局、公款局,"大抵皆由地方绅士主持,成为具有半官方地位的自治机关"。(注十三)到辛亥革命,一体化上层组织解体,统一的警察组织也不复存在了。虽然各省、县政府仍设有警察局,但职业性警察学校大多停办,警察至多只在城里发挥维持治安的功能,属于地方军阀管辖。至于乡村,警察变作绅士手中的工具,他们无异于传统维持乡间治安的民团。其他行政皆不能逃脱碎裂之命运。公共事业从此乏人问津,司法几乎成为绅士权力的一部分。

民初只有两个全国性管理系统例外,这两个系统本来就是由外国人建立并管理的,它们从一开始就与中国的一体化结构无关,既不属于官僚系统,也与官绅合作不沾边——这就是海关和邮政系统。不属于一体化结构之海关和邮政系统能有效运作,从反面证明了一体化中下两个层次和现代行政机构是互不相容的。

---

[1] 陈志让:"现代中国寻求政治模式的历史背景",载姜义华等编:《港台及海外学者论传统文化与现代化》,重庆出版社1988年版,第423页。

[2] 王家俭:《清末民初我国警察现代化的历程》,台湾商务印务馆1984年版,第23页。

4.4　洪宪帝制流产和军阀失控

民国初年政治现代化失败的象征性事件是1916年袁世凯的称帝活动。这一事件意味着建立民主制度无希望后，不得不退回到原有上层组织形态中去——恢复大一统王权。如果我们撇开对袁世凯称帝事件的道德和是非判断，而仅对社会结构作静态分析，就可以发现在一体化结构中下层组织基础上要建立与其整合之上层组织，除复辟帝制外几乎没有其他办法。中国人只能接受来自意识形态之权威，当时儒家伦理认同尚没有破坏，广大城市化绅士接受来自它的权威，而从儒家伦常中能推出的是君主制。正如周锡瑞所说，民初，广大绅士实际上是支持君主立宪的。鼓吹帝制的理论家杨度似乎已经发现了这一点，他在《君宪救国论》中就指出："共和决不能立宪，惟君主始能立宪，与其行共和而专制，不若立宪而君主。"杨度想用君主立宪，来维护宪法的权威。袁世凯在执政的四年中，也充分感到来自地方行政解体的压力，国家税收一天不如一天；而执掌财政的梁士诒、周自齐则从另一方面论证，认为只有重皈帝制，利用人们熟知的权威形式，才有可能恢复清朝的征税标准。[1] 种种迹象表明，当时上层统治者已感到：为了建立与一体化中下层整合之国家组织，只有恢复帝制。

表面上看来，恢复以王权为中心的一体化上层组织似乎是可能的。清王朝君主立宪之所以失败是因为它是少数民族政权，广大绅士精英不承认它代表儒家意识形态的道统。那么只要换一个汉人皇帝，应该就能得到儒家伦理的支持，重新获得权威。也许这

---

〔1〕 欧内斯特·杨(Earnest. P. Young)："现代的保守主义者——洪宪帝制"，李宇悌译，载傅乐诗(Charlotte Furth)等：《近代中国思想人物论——保守主义》，时报出版公司1980年版，第247页。

正是袁世凯称帝时的如意算盘。但是袁世凯没有料到,一体化上层组织在意识形态认同遭到破坏之后是不可能重建的。中国道德政治犹如洪水,它既可以载舟,也可以覆舟,太平盛世之际,它确实是皇权合法性来源,但民初如果执政者企图再次利用它,反而会使已经掌握权力的统治者完全丧失其道义上的合法性。在封建社会改朝换代之际,新的君主往往先在"天命"上获得合法性后,才慢慢获得道统上的合法性。起初,儒臣服从他是因为视他为"真龙天子"。到新王朝建立后,作为君主的皇帝才日益得到儒家伦常强大的支持。(注十四)"天命"必须来自意识形态的"社会观"和"哲学观"这两个子系统,而民初意识形态的哲学观和社会观已出现认同危机,它不再支持传统的"天命"和"大一统",不可能再为皇帝提供权威。袁世凯的称帝反而使他和传统道统对立起来。在拥护民主共和的人看来,袁称帝是倒行逆施;而在广大绅士心目中,这是大逆不道的篡位。"帝制自为"一下子改变了大多数国人心目中袁世凯的道德形象,使他从民初的"华盛顿"变为"窃国大盗"。正如陈志让所指出的,当时社会上大多数人反袁并不是捍卫民主共和,而是由于他公然把国家作为一姓之私,人们多出于对儒家道德政治原则之捍卫。袁世凯不但没有得到儒家伦理的支持,反而因和儒家伦理抵触丧失了原有的权威和合法性。从此,北洋军阀失控,中国形成军阀割据的局面。

80年代末,中国有几个提倡"新权威主义"的学者,鉴于东亚和拉丁美洲某几个国家在军事独裁政权下推行现代化,认为如果民初袁世凯不称帝,他的军事独裁就能够稳定存在,也许中国的现代化步伐会比较快。这种见解似乎十分有理。民初,在一体化中下层组织基础上虽建立不起民主共和的上层体制,但袁世凯至少维持了一个军人政府,毕竟可以为社会带来秩序。实际上,这也是一种错觉,无论袁世凯是否称帝,他的倒台都是历史的必然。在一体化中下层组织基础上,同样也不能建立一个稳定而又统一的军人政府。一体化结构一旦出现意识形态认同破坏,就失去了控制军人的力量。军人闹独立是迟早会出现的。

政治权威来自于意识形态认同,它本身就包括意识形态认同是控制军队的机制。历史上,中央政权对军队的调遣,依靠的是军事将领对儒家国家学说的臣服,中国历史上很少出现武装力量失控。唐代藩镇割据只是军队失控极为罕见的例子,即使在这个例外的分析中,造成节度使武装割据的原因之一,也只是中央政府无法在这些地区任命儒臣儒将,导致意识形态对军人控制之失灵。历史证明,那些以儒臣儒将为节度使的藩镇基本上听命于中央,并在扼制藩镇叛乱中发挥了作用。晚清镇压全国性农民大起义的湘军、淮军统帅曾国藩、左宗棠、李鸿章均为儒臣,他们对儒家国家学说的自觉维护,使他们即使拥有强大的军事实力,也不会违抗中央搞地方割据。曾国藩在湘军攻克太平天国首府天京后的第八天,就自行解散十二万湘军。一旦出现了意识形态认同危机,一体化结构控制军队的力量也就消失了。因此,民初要使军队服从国家,不发生军阀割据,只能去建立控制军队的现代机制,这就是军队国家化。所谓军队国家化,是指军人服从来自宪法的权威,自觉地意识到军队只是国家的工具,不受政党或政治势力支配。只有在国家安全受到威胁或其他必要的情况下,才依据宪法规定的程序,动用军事武装力量。军队国家化是规范认同在军事组织中的确立,它要求军事组织能与政治势力和派别斗争相分离,只是执行宪法赋予它的功能。民初规范认同障碍又使得军队无法国家化,军队失控也就成为一个不可抗拒的自然趋势。(注十五)

实际上,即使袁世凯不死,军阀割据也迟早要发生。袁世凯一掌权,就感到军队有失控的危险。为强化中央集权,他就模仿历代皇帝,削弱因建功而坐大的北洋系将领们的势力。1914 年公布的省、道官制和裁撤各省都督,都旨在完成中央集权。[1] 这些做法和历代开国皇帝为维护中央皇权而削藩的情况差不多。但是,在帝制时代,皇帝这样做有儒家国家学说作为合法性依据,因而可以名正言顺地号令天下。辛亥革命时,中国最有军事实力的是袁世凯的北洋系,袁本人不但没有忠君,反而和革命党讲好让他当临时大总统的条件,再以武力逼清帝退位。这表明他已经破坏帝制时代的意识形态认同。现在,他又要学皇帝加强中央集权削夺北洋系军阀的实力,显然已没有合法性依据。手握重兵的段祺瑞、冯国璋再也不可能听命于袁世凯。北洋将领对袁世凯削藩之不满早就在酝酿之中了。他们拒绝服从袁世凯的命令,终于在袁称帝之际来了个总爆发。1915年10月以后,因袁世凯公开大搞"洪宪"复辟而引发倒袁运动时,冯国璋也学1911年袁世凯"患脚疾"那样,小病大养,拒不对反袁的护国军出兵。1916年4月26日,冯国璋对已宣布废除洪宪帝制的袁世凯的总统之职也发出异议。[2] 郭廷以一针见血地概括了袁世凯的命运:洪宪帝制时,袁世凯只是尝到了四年半以前他给清廷的苦果。[3] 无论是当年袁世凯不服从清廷,还是此时军阀们不听命于袁世凯,都是军队独立性一天天呈增长趋势之表现。

由于控制军队的机制从来是军事将领的意识形态认同,将军们只能靠道义作为凝聚下级军官的号召,随着意识形态认同危机加剧,军队会分裂成不同的部分。四分五裂的军队各自都以意识形态残破不全之道义作为自己的旗帜。袁世凯、段祺瑞在北洋军中以儒家道德为准,提出"忠国、爱民、亲上、死长";吴佩孚则发明"新君臣观"和"泛忠孝论"作为团结将士的精神力量。奉系张作霖

---

〔1〕 胡春惠:《民初的地方主义与联省自治》,第155~156页。

〔2〕 陈志让:《乱世奸雄袁世凯》,湖南人民出版社1988年版,第212~218页。

〔3〕 郭廷以:《近代中国史纲》(下册),第444页。

除了提倡义气外,也贯彻“儒化”政策;阎锡山则搞中西合璧的“几希哲学”和“横竖政治”。冯玉祥把自己的军队称为“基督军”;唐生智则利用佛教作为军队的精神支柱。[1] 他们谁也不服从谁。(注十六)随着统一行政之解体,经济资源掌握在大大小小绅士手中,国家没有足够财政收入来养军。从1912年到1922年,全国兵变次数达179次,其中大多为军队缺饷所致。[2] 军队既然不能从行政部门取得必要的供给,军阀为了自己的实力又在不断扩充兵力,就势必会借武力直接“取财于民”,“就地取财”。一旦军阀们贪婪的目光直接转向社会,他们就会和地方豪强绅士相结合,仰仗绅权地方势力作为自己的经济供给系统。当一体化结构失去上层组织时,其中下层组织也是不能长期保持稳定的。它会迅速向军人与绅士结合形态转化,形成大大小小的军阀割据。清王朝灭亡五年后,美丽的共和幻象慢慢消失,一个改革者从未想到的怪物——军绅政权出现在人们面前。(注十七)

4.5 军绅合流与农村的破坏

据说,五省联军总司令孙传芳带领军阀部队占领杭州时,恰逢西湖边雷峰塔倒塌。当时社会上流言四起,谓大难将至。因为老百姓相信,原雷峰塔下镇压着不少妖怪,现在它们一下子全跑了出来,百姓要遭殃了。一体化结构上层解体后中下两个层次向军绅政权转化,就如雷峰塔倒塌,把各式各样的妖魔鬼怪释放出来。本来绅权受到大一统王权的控制,无论是国家轻徭薄赋政策之限制,还是“仁政”之观念,都使绅士在剥夺农民方面不敢索取无度。辛

〔1〕 张鸣:“中国近代军阀政治性格的分野——军阀团体维系意识各论”,载《走向未来》第3卷第4期,四川人民出版社1988年版。

〔2〕 “民国以来179次之兵变”,载《东方杂志》第20卷第1号,1923年1月。

亥革命后,绅士和地方政府合一,立即放开手脚对农民剥削。以前增税还以办新兴工业和其他现代化事业作为名义,到了军绅政权时,传统文人绅士政治地位被军阀取代,军人和乡村地主恶霸勾结,明目张胆地增加税种,预征田赋,发行公债,甚至开白条征收。随着争权和争地盘的白热化,军阀的行为更像中国历史上的豪强势力。他们招兵买马,抢占地盘,并拼命聚敛财富。皖系军阀倪嗣冲1920年5月病重时,准备将2800万元分给子侄妻妾。曹锟1924年倒台时,不包括土地,曹氏五兄弟财产即达6000万元。王占元督鄂六年,聚财3000万;陈光远督赣五年,财产由90万元增至1500万元。[1] 这些大大小小的军阀,口头上讲道义,实际上恃武力扬威,明火执仗地大肆搜括民脂民膏。

本来,清王朝覆灭并没有给基层带来多大动荡,而军绅政权、军阀混战立即成为破坏社会秩序之主要因素。(注十八)直皖战争、粤桂战争、两次直奉战争、江浙战争、奉浙战争一个接着一个;每年平均差不多有八个省遭受战火洗劫。[2] 省内地方性军阀混战,规模虽不及大军阀的省际战争,但是打打停停,旷日持久,频度极高。如四川省境内大战小仗超过400起。[3] 从表4.1半定量统计,我们可以看到,1917~1928年间,内战动员指数扩大了20倍,加上自然灾害因素,社会激荡指数增加了44倍,动乱程度呈指数增长趋势。[4]

---

〔1〕 魏明:"论北洋军阀官僚的私人资本主义活动",载《近代史研究》1985年第2期。

〔2〕 王全营等:《中国现代农民运动史》,中原农民出版社1989年版,第8~9页。

〔3〕 何炳棣:《1368—1953中国人口研究》,第246页。

〔4〕 苏云峰:"民初之农村社会",载《中华民国初期历史研讨会(1912—1917)论文集》,中研院近代史研究所1984年,第646页。

表 4.1　内战与自然灾害互相激荡指数(1917～1928)

年份	(A)内战动员指数(1917＝100)	(B)受自然灾难省次(以一省一次为单位)	A×B 激荡指数 1922＝100
1917	100	8	33
1918	181	12	89
1920	218	7	62
1922	409	6	100
1924	818	13	433
1926	1090	12	533
1928	2000	18	1467

摘自苏云峰:"民初之农村社会",载《中华民国初期历史研讨会(1912—1917)论文集》,近史所 1984 年,第 646 页。

军绅政权是军阀和地方豪强的相互勾结,打仗以争夺土地为目标,而争夺土地则是为养兵,[1]破坏对象主要是农村社会。加在农民头上的田赋地租成倍增长,预征税可征到几十年以后,苛捐杂税名目繁多,农民常常不得不举债应付。高利贷盘剥日益兴旺,月息高达四五分,甚而八九分,其结果必然是自耕农纷纷破产。(注十九)

当时报载"小康自给人家,逐渐变成赤贫;衣食不能自给,流而为匪的良民,以极大的速度增加"。[2] 破产农民大量为匪、成为军阀扩军的兵源,而军队扩充造成军费激增,又刺激加紧对农民的搜刮,这样就形成一个恶性循环。据统计,河南省 20 年代初农业人口中居然有十分之一是土匪。战乱对农村的骚扰,也打击着农村原有的地主绅士的生活,或迫使他们招兵买马,沦为小军阀,拥民

[1] 陈志让:《军绅政权》,第 34 页。

[2] 《民国日报》(汉口) 1927 年 3 月 19 日,转引自王全营等:《中国现代农民运动史》,第 11 页。

团横行乡里;或迫使他们携资流入城市。据河南警方统计,1922 年秋至 1923 年春的短短半年内,各县富翁流入省城开封者约为两万人。[1] 辛亥时期还相对比较平静的农村社会雪崩似的瓦解了。(注二十)

军绅政权带来的另一个严重后果是掌权者思想观念的倒退。我们知道,自 1905 年前后的新政以来,意识形态中的哲学观和社会观吸收了大量西化内容,这是推行新政和绅士城市化的思想基础。城市化绅士中有部分是留学生,相当多的人虽没有出国留学,但他们毕业于新学堂,接受了很多西方观念,因此,办新政的城市化绅士的意识形态为儒家伦理与西学的混合物。但军阀大多受教育不多,他们只懂儒家伦理,文明开化程度要小得多。当城市化绅士扮演社会生活中的主要角色时,意识形态相对开放,而一旦文人缙绅让位于军绅政权的武装豪强,统治阶级的意识形态便出现了向传统的大倒退。(注二十一)

在 1911 年到 1928 年有传可考的 1300 名左右旅长以上的军官中,只有 30% 受过教育,其中 20 名拥有传统功名,117 名是清末派往日本的留学生,29 名毕业于天津武备学堂,61 名出身于保定军校。而 70% 则是文盲或半文盲,他们要依靠幕僚来阐述自己的政治主张。他们所赏识的幕僚,大多是仇视现代思想的文人。[2] 他们一旦占城掌权,在文化和现代化上立即倒行逆施。“孙传芳不许妇女着旗袍,直隶督军褚玉璞不许妇女剪头发,李宗仁在广西禁止穿西服……袁世凯恢复祭天大典,湖南督军张敬尧到处建寺庙,北京政府的总统选举、工程开工等日期都由算命的先生来决定。”[3] 吴佩孚在大军阀中算是颇通文墨,但也只是一个秀才,没有受过新

---

〔1〕 王全营等:《中国现代农民运动史》,第 15 页。

〔2〕 陈志让:“现代中国寻求政治模式的历史背景”,载姜义华等编:《港台与海外学者论传统文化与现代化》,第 418~419 页。

〔3〕 张玉法:《中国现代政治史论》,东华书局 1988 年版,第 161 页。

式教育。他看见外国人说外语,居然说,让全世界都说中文不是省了很多麻烦吗?对西方了解远不如洋务运动时的官僚。狗肉将军张宗昌一个大字不识,当了山东督办,立即把当时六大专门学校合并为国立山东大学,要找一个全省识字最多的人当校长。他手下那班文人一致推荐前清状元王寿彭。王寿彭提出的条件是,不坐汽车,上下班坐轿子,并在省府设大成至圣文宣王孔子牌位,在孔子神位香案下受职,并兼教育厅长。他上任的第一件事就是把读经规定为各学校主要科目。当有人提出科学不能缺少时,他却说"那些洋鬼子玩意儿,不要管他"。由此可见,军阀及其手下文人对西学的无知和敌视。正是这位张宗昌,虽对西方东西一无所知,但却十分推崇儒家伦理,以"孝"治军。

从这些讽刺性的军阀逸事中可以看到一个极明显的事实,由传统的官绅合作实行农村社会的管理,到现在变为军绅政权后,给中国带来了自洋务运动以来从未碰到过的严峻局面。自太平天国农民大起义平息后,中国的社会危机主要是由外部西方文明的侵入引起的。洋务运动、戊戌变法以及清末新政,均为对西方挑战的积极反应。现在,外部危机不但没有解决,内部却出现了严重的社会秩序混乱。危机的罪魁祸首就是军绅政权,而他们合法性之意识形态基础就是儒家伦理。军绅政权不仅利用儒家意识形态的价值核心作为自己讨伐异己的道义根据,而且更趋向于复旧倒退。于是一个全社会性的抛弃军绅政权、批判其意识形态的运动便是不可避免的了。正如甲午战争和庚子事变后,人们曾抛弃传统哲学观和社会观那样。

民初中国第一次政治民主化尝试的失败,已经预示着越来越强的社会整合危机的出现,而扩大了的绅权必须为社会危机负责。1915 年,梁启超鲜明地表达了整个社会对戊戌变法以来社会变革后果的不满情绪,他说:"二十年来朝野上下所昌言之新学新政,其结果乃至为社会所厌倦所疾恶:言练兵耶?而盗贼日益滋,秩序日益忧;言理财耶?而帑藏日益空,破产日益迫;言教育耶?而驯至全国人不复识字;言实业耶?而驯至全国人不复得食,其他百端,则皆若是。"[1]自1895~1915年这20年来推动社会变革的主要是绅士阶层,梁启超所表达的社会性的不满情绪,表明历史对他们来了一个全盘否定。它犹如隐隐的雷声宣告儒家意识形态之认同危机即将全面爆发。正在这一年,陈独秀办起《青年》杂志,后又改作《新青年》,新文化运动开始了。中国进入了意识形态更替时期。

第四章　注　　解

注一　从辛亥革命前后知县的人选研究中可以看出在革命中县级政权过渡实际上是一个平稳连续的过程。以湖南14个县当权官员身份统计为例,1901~1911年光复前共有94任知县,其中进士占17%,举人26%,生员34%,其余23%,有传统功名的占77%。1911~1913年新政权共有64位知事,除11%的暂时留任者有功名外,其余进士、举人各占3%,生员占17%,有功名的占34%,无功名的占66%。[2]实际上,1905年后,新学堂培养出来的知识分子开始进入官僚系统,他们逐步取代有传统功名的士大夫。辛亥革命后,这个过程只是加快而已,当时仍有34%有传统功名的人当县官,表明县级政府仍掌握在城市化绅士手中,革命中政权的变化只是城市化绅权推翻王权。

注二　传统封建王朝大多被农民大起义推翻,其解体过程是自下而上,而不是像清朝那样自上而下。农民大起义首先打击恶霸地主,然后才是攻县城、省会,直捣京城的中央政府。两种解体方式造成的后果是不同的。农民大起义自下而上推翻旧王朝,农

〔1〕 梁启超:"大中华发刊词",载《大中华》1915年第1卷第1期。

〔2〕 杨鹏程:"试析辛亥革命时的谭延闿政权",载《近代史研究》1985年第2期。

村中的绅权首先受到冲击,这种解体方式对土地兼并等无组织力量清除较彻底。而清朝灭亡只是一体化上层组织解体,它不可能起到打击土地兼并的功能。何况王权解体同时也是绅权扩张,绅士根本不会去理会农村的土地兼并问题。以往学术界在讨论辛亥革命没有深入农村基层时,多从革命党人主观忽视土地与农民这一角度来讨论。实际上,辛亥革命不仅没有消除农村土地兼并,反而因绅权扩张而加剧了农村的土地危机,这可以由社会结构变化来说明。进一步分析见本书第4.5节和第6.1节。

注三　大陆学术界相当多的人把民初引进西方民主制度实现社会整合的努力归为民族资产阶级的尝试,实际上当时真正的民族资产阶级刚刚在兴起之中,他们基本上是被排除在政治之外的。一个典型例子是1912年临时参议院公布的选举法,其中第四条对选民资格作了如下规定:(1)年纳直接税2元以上者;(2)有值500元以上不动产者;(3)有小学以上毕业学历者。根据这个标准,很多纯粹的商人和新兴资本家是没有选举权的。直接税是指传统的地丁漕粮,厘金不在其列。商人和资本家当然很容易有500元以上的资产,但只有房产还不行,土地等才算不动产。很多资本家用的厂房和土地是租来的,而且他们往往没有学历。根据选举法,一个富有的农民可以有选举权,而很多新兴实业家却没有资格。[1]因此,选举法一公布,就遭到商人的普遍反对。后来袁世凯政府想用变通办法把其他税也算作直接税,但遭到临时参议院的否决。

其实,选举法本身就是城市化绅士阶级制定并代表他们参政主张的。当时登记的选民有4000万人以上,占全国人口十分之一,其中占主导地位的正是各级绅士。民初由城市化绅士(扩张了的绅权)来实现社会整合还表现在各级地方政府的组成之中。不仅

〔1〕 徐宗勉:"关于资产阶级从拥袁走向反袁的历史考察",载《社会科学研究》1986年第5期。

地方政府大多在城市化士绅手中,就连第一届国会成员组织中,亦可以看出绅士和新式学堂毕业的知识分子是议会政治最主要的参与者。如表4.2所示,在455名第一届国会议员(占议员总数之53%)中真正资本家只占了2.6%,属于新旧士绅(包括新旧政府官员)则占49.2%,新学堂毕业的知识分子占了30%。从中可见民初是由城市化缙绅和知识精英联合起来实行社会整合的。

表4.2 第一届国会议员的构成

成分	人数	百分比(%)
民族资产阶级	12	2.6
职业革命家	28	6.2
政党领袖	17	3.7
自由职业知识分子	157 教师100人,校长52人, 记者、律师22人,学生33人	30
新政府官员	73	16
原清政府官员	86	18.9
绅士	65	14.3

摘自张亦工:“第一届国会的建立及阶级结构”,载《历史研究》1984年第6期。

注四　这方面一个典型的例子是民初制定的《约法》内容本身的局限。民初各省宪法有下列几个共同缺陷:首先没有明确地表现主权在民的政治原理,没有对宪法的最高尊严和权威性作明文肯定,而这两点恰恰是法、美两国19世纪以前宪法不可缺少的内容。第二,对政府权力制衡设计的不够周到,如行政首长无类似于解散议会或否决议案的合法权力,议会只有弹劾政务员的权力而不能及于都督。第三,宪法没有注意保障人民的基本权利,如鄂、赣、苏、浙四省的临时约法均保留了政府剥夺人民自由权的条文。[1] 民初宪法是城市化绅士和新学堂培养的知识分子以西方为样板制定的,从这三个缺陷可以明显看出规范认同与当时人们原有文化观念的冲突。肯定宪法之最高权威就是肯定规范认同,只有这样,宪法之正当才不需要意识形态或其他权威来源的支持。而在中国文化传统中,法的根据是天道,它必须由意识形态推出,因此,规范、程序本身从来即被认为是工具性的,不会具有最高权威。其实,在文字上肯定宪法最高权威并不一定等于人们普遍服从这一权威,但连文字上都不肯定,显示当时人们仍习惯从意识形态获得政治权威,而看不到西方宪政的文化基础。此外,宪法不仅是法律之依据,其主要目的是规定如何分配、限制政府之权力,因此宪法中规定政府各部门权力制衡是极重要的内容。它的前提是将政治和个人道德分开,预设掌权者在道德上不一定可靠,是可能滥用权力的,而这一点对于以儒家伦理作为政治行为规范的绅士是不可能了解的。中国存在着强大的泛道德主义传统,大家普遍把政治看作道德之延长,而政治家必须用道德规范来约束,他们应是道德上的完人,中国政治理念上很少论及掌权者在道德上不可靠时应如何办。因此,对权力制衡的漠视同样是传统文化与规范认同不一致的表现。至于宪法中对人基本权利和自由之维护,可以保证宪法提出的内容不会僵化,可以随大多数人的意愿变化而修改,这些均为规范认同的具体表现。而在中国传统文化中,法和百姓的关系主要是基于道德教化,在这种观念中,人的基本权利要靠立法系统来确定是不可能被理解的。结果宪法在政治运作中只能成为独裁者压迫人民之工具,正如陈独秀所批评的:“旧人骂约法,是骂它束缚政府太过;新人骂约法,是骂它束缚人民太过。但

---

〔1〕 李锷、林启彦:“辛亥革命时期的共和宪法”,载《近代史研究》1982 年第 2 期。

照事实上看来,违法的违法,贪赃的贪赃,做皇帝的做皇帝,复辟的复辟,解散国会的解散国会。约法不曾把它们束缚得住,倒是人民底出版集会自由,都被约法束缚得十分可怜。"〔1〕

注五　分析唐绍仪内阁垮台过程,处处可以看到宪法缺乏约束政治家行为的权威力量。内阁成立后,袁世凯只是将其视为传统的幕僚机构,根本不重视宪法规定的各种程序和权限,于是立即和内阁政府发生尖锐冲突。导致内阁垮台的最初导火线是向六国银行团商洽借款,银行团提出监督中国财政和军事开支作为借款条件,全国舆论一致反对。在舆论压力下,唐绍仪拒绝六国银行团的要求,袁世凯大为光火,改派财政总长熊希龄与银行团交涉。同盟会阁员提出辞职以示抗议,唐也表示"公等辞职后,我亦得借此以辞"。〔2〕接着又发生责任内阁与袁世凯因人事任命的激烈冲突,最后唐绍仪辞职,内阁倒台。在这一系列过程中,都看得到法定程序和权限对政治家毫无约束力,不仅对于袁世凯如此,对其他官员和民众也是如此。张玉法在讨论民初人们对国会为何会迅速由神圣转为厌弃的原因时指出,"传统中国政治行政权独大,今欲以立法权限制行政权,一般国民固难理解,行政部门尤直接受其害,故不惜破坏国会,以达到破坏制宪之目的"。结果就如梁启超所说"宪法草案之不为政府所容"。〔3〕

注六　同盟会成员的态度就很典型,他们多是从内阁的组织形式来论述唐内阁垮台的原因。6 月 20 日,张耀曾等四人代表同盟会见袁世凯,认为唐内阁系各党派混合内阁,"因党派混杂,意见不一致","此后欲图政治之进行,非采完全政党内阁不可"。〔4〕他

〔1〕 陈独秀:"约法的罪恶",载《独秀文存》,安徽人民出版社 1987 年版,第 578 页。

〔2〕 《民立报》1912 年 7 月 27 日。

〔3〕 张玉法:"民初对制宪问题的争论",载《近史所集刊》1983 年第 12 期。

〔4〕 "大总统与同盟会代表之谈话",载《政府公报》1912 年 6 月 22 日。

们也漠视程序违宪，以为只要同盟会有力量在议会中取得多数席位，组织一个完全的“同盟会内阁”就能解决问题。

注七　这方面，明治维新后的日本确实和中国构成明显对比。1891 年日本曾发生俄国皇太子被国粹主义者警察所刺伤的事件。当时日本政府曾担心此事被人找到借口，主张对犯人的惩处运用侵犯皇室的法律而处以极刑。但是大审院院长岛惟谦并未屈服于这种政治压力，而是采取了维护宪法规定的司法权独立的原则。日本社会在现代化过程中，规范认同虽不如西方，但比中国仍进了一步。

注八　分析当时的舆论，可以明显看到绅商的态度。他们把主张讨袁的国民党人称作“谋为不轨者”，要求“一律严拿，尽法惩治”。[1] 大多数绅商在行动上也秉承袁氏旨意，“断绝一切与叛党之经济关系”，积极帮助速平祸乱。[2] 事后，袁世凯亲自通令嘉奖各省商会、商团帮助镇压二次革命，称“各商界烛其奸邪，绝其资助，遂使逆谋无由大逞，乱事得以速平，曲突徙薪，功匪鲜浅”。[3]

注九　亨廷顿（Samuel P. Huntington）曾提出一个公式来描述传统社会现代化过程中发生政治紊乱的原因，他认为一个国家的政治不稳定程度和人们的政治参与成正比，和政治制度化程度成反比，[4] 即有如下公式：

$$\text{政治不稳定} = \frac{\text{参政程度}}{\text{政治制度化程度}}$$

事实上，任何集体活动是否有秩序都可以用类似的公式来表示，集体活动之混乱与参加人数成正比，和规则完善程度（包括人们是否遵守规则）成反比，正如一场体育竞赛，当参加的人很多、大

〔1〕《申报》1913 年 6 月 5 日。

〔2〕《申报》1913 年 8 月 3 日。

〔3〕《袁大总统书牍汇编》（第 2 卷），上海广益书局 1914 年版，第 70 页。

〔4〕塞缪尔 · P. 亨廷顿：《变动社会的政治秩序》，张岱云等译，上海译文出版社 1989 年版，第 60 页。

多数人又不遵守游戏规则时,运动场上必定乱成一团。我们发现,只要将这个公式分子分母意义作适当扩充,就可以用来说明民初一体化上层组织解体后,扩张了的绅权和新知识分子若不能实现社会整合,政治秩序必然会日益混乱。

我们先来看看清王朝灭亡以前的情况。公式的分子可以用一体化结构上层和中层人数来估计。大一统官僚体制内官僚约15万,中层的士绅共150万,因此参政者大约160万。公式的分母部分为中国传统政治运作规则,它们都基于意识形态认同,在传统社会中当意识形态认同良好时,一体化结构中上层政治运作是稳定而有秩序的。到民国初年,公式的分子和分母都发生了很大的变化,政治参与者除了传统士绅外,还包括了广大新学堂培养出来的知识分子,正如我们在第3.3节所指出的那样,新学堂培养出的城市知识分子很快就在数量上超过传统缙绅。到1917年,受过新式教育的人数达1000万之众,[1]他们都是潜在的政治参与者。也就是说,民初社会政治参与量扩大了近十倍。而分母则因意识形态认同破坏而大大变小了。我们可以想见,当分子扩大,分母大大变小,政治运作紊乱程度必定日益增大。在这里,分母变小是关键性的。本来,在传统社会政治现代化过程中,政治参与扩大是必然的,但随着参与扩大,须同时实现政治运作制度化,以保持政治秩序稳定。在民初的民主尝试中,人们确实想建立各种规则,实行政府运作制度化。有人曾对《东方杂志》1915年开设的"法令"栏公布的法规进行统计,发现到1921年此栏结束止,民初公布的法律、条文、规则无论从内容上还是数量上都是清末预备立宪所不可比拟的,但这些法规大多不起作用,于是人们再也没有兴趣制定它。从表4.3可见法规数是一个递减序列。它表明,在中国传统社会

---

〔1〕 周策纵:"五四运动的背景和历史意义",钟玲译,载周策纵等:《五四与中国》,时报文化出版公司1980年版,第31页。

一体化结构解构过程中，一方面出现意识形态认同危机，阻碍规范认同确立，另一方面却使政治参与量扩大十倍，这时政治紊乱不可避免。

表 4.3 1915～1921 年公布的法令、条例数目

年 份	1915	1916	1917	1918	1919	1920	1921	合 计
公布法令、条例之数目	150	55	34	51	39	40	22	391

据王跃："北洋军阀统治时期社会意识变迁的趋势"提供数据制表，载《近代史研究》1987 年第 3 期。

根据上述分析，我们可以解释为辛亥革命后，省议会政治比清末谘议局秩序更差。[1] 而到北京政府时期，由于意识形态认同进一步破坏，政治更是乱作一团。从 1912 年至 1928 年北京政府共建立 59 届内阁，平均每一内阁任期仅 100 天。59 任国务总理中，任期在一个月以下者 14 任，一至三月者 24 任，三至六月者 11 任，六至九月者 5 任，九至十二月者 2 任，十二月至十五月者 1 任，十五至十八月者 2 任。外交总长有 42 任，内务总长 39 任，财政总长 49 任，陆军总长 33 任，海军总长 25 任，司法总长 39 任，教育总长 43 任，农商总长 40 任，交通总长 43 任。[2]

注十 清末财务机构混乱而没有系统，以致同一性质的税捐，往往设不同机构征收。如两江总督衙门经费 16.6 万余两，总督兼通商大臣及盐政、养廉公费约 19 万两，它们来源于八个解款机构，其中重复解款者有四个，且有重复三次者，共计十六次解款。税务机关组织混乱使得它的收入常常极不稳定，如淮安关正税，1907 年

〔1〕 王树槐："清末民初江苏省谘议局与省议会"，载《台师大历史学报》1978 年第 6 期。

〔2〕 张玉法：《中国现代政治史论》，第 106 页。

为4.6 万余两,1908 年为 10 万两,1909 年为 21.2 万余两。[1] 在税源变化不大的情况下,税收差异竟是如此之大。黄仁宇也批评过中国传统税收机构之混乱和非专业化,他甚至认为,中国没有建立一个可以进行数量管理之财政机构是它迟迟不能现代化之主要原因。为什么一体化结构中不能建立一个高效、统一、深入农村的全国性税收系统呢?这和它通过官绅合作深入农村有极大关系,正因为大量税收和公共事业只能通过官绅合作完成,全靠官方是无能力把一项事业在广大农业社会推开的。而绅士承办的私人性质使得任何公共事业的实施,不可能建立高度专业化之机构。像田赋这些重要税收,官僚机构尚可设专门部门管理,对其他新税,只是因事而设项目,交给绅士或商人去做,这就造成统一行政的困难。

注十一　陈志让曾论述过民初财政困难,“革命之后,县款不解于省、省款不解于中央”,如 1913 年各省承担解给中央的款项应是 3250 万元,实解不过 560 万元。但根据财政部报告,自民国元年到二年十二月,各省实解才 260 万元。袁世凯强化中央集权后,财政收入一度稍有好转,1916 年各省上缴中央税款达 2000 多万元,是民国初年中央政府收入最好的年度。[2] 但随着袁世凯称帝失败,中央权威一落千丈,政府财政收入也日益枯竭。张玉法曾详细列举过各项收入不断减少的情形。北京中央政府的收入原来主要有三类;其一为田赋,它们大部落于地方军人之手。其二是关税,自 1854 年后关税掌握在外国人手里,多用以抵借外债,剩下来的有限。1912 ~ 1927 年间,北京政府仅得关税 13,000 万余两,不过总额的 18% 。其三是盐税,自 1913 年善后大借款签订以后也由外国人掌握,作为外债抵押,部分收入归地方。1918 年至 1928 年的盐

---

〔1〕 王树槐:“清末民初江苏省的财政”,载《近史所集刊》1982 年第 11 期。
〔2〕 陈志让:《军绅政权》,第 2 页。

税余额除1923年不详外,其余各年共达64,000余万元,中央政府所得只有32,000余万元,其余均归地方所得。[1]

注十二　表4.4为1918年至1923年中国盐税余额及它为地方政府和军阀所截留的数目,从这个数目可以明显看到,截留数额越来越多,到1926年已达74%。

表4.4　1918～1923年中国盐税余额及截留数

年　份	全部盐余(千元)	截留数(千元)
1918	71,671	15,000
1919	75,183	26,000
1920	64,020	24,000
1921	70,474	18,000
1922	78,862	31,000
1923	89,800	30,200
1926	64,287	47,672
1927	—	52,557

摘自陈志让:"现代中国寻求政治模式的历史背景",载《港台及海外学者论传统文化与现代化》,重庆出版社1988年版,第422页。

注十三　引进西方警察制度,本是清末绅士城市化带来的一个结果。在中国传统社会,农村治安大多由保甲制及绅士办团练来维持,也就是说,地方治安本是一体化中层组织之功能。中国绅士城市化潮流兴起,一体化结构中层组织功能衰退。1902年以后,地方的保甲团练制度已经破坏,新政开始后大力引进西方警察制度。办警务的经费大多靠绅士自筹,由城市化绅士负责实施。因此,清末警察制度的建立本身就是绅士城市化的产物。从这个意义上说,警察制度的命运始终是和城市化绅士联系在一起的,随绅

[1]　张玉法:《中国现代史》,东华书局,第204～205页。

士城市化兴起而兴起,又以城市化绅士退出历史舞台而衰落。由于城市化绅士不可能实现社会整合,全国性统一警察网也得不到建立。民国初年,社会重军不重警,警务由清末"要政"降为一般行政。袁世凯为了使警权控制集于中央,下令各省警察学校停办。打击地方绅士的行动也立即损害了警务,随着军绅政权的出现,城市化绅士让位于军阀,全国警务开始急骤衰落。[1]

注十四　根据图 2.3 所示,在一体化结构中,王权的直接支援意识来自天命和大一统思想,中下层组织的直接支援意识才是儒家伦理。只有在大一统王权确立相当长时间后,王权才能慢慢获得儒家伦理支持,我们在第 3.1 节指出,清王朝的王权有"天道观"、"大一统思想"和"纲常教义"三大支柱,实际上"纲常教义"这一来自于儒家伦理之支持,是清王朝建立相当长时间后才出现的,只有等人们已臣服某一统治权威以后,国家才被看作家庭关系的放大。这一过程对袁世凯称帝来说是不可能做到的,因为在哲学观(天道)和社会观(大一统思想)已经出现认同危机的条件下,王权不存在其直接的意识形态基础,这时要建立皇帝的权威是不可能的。袁世凯称帝的失败进一步表明,在一体化结构中意识形态三个子系统和一体化组织三个层次之间微妙的对应关系。

注十五　将亨廷顿用于描述政治紊乱原因之公式(注九)稍加改造,来研究军队失控的条件,即得出:

$$\text{军阀割据的可能性}=\frac{\text{军人数目}}{\text{对军队的控制能力}}$$

在传统一体化结构中,军队数目并不多,对军队控制要依靠儒将意识形态认同,这时出现军队不听命于王权,闹独立的可能性很小。在清王朝灭亡之前,全国新军总数只有 241,000 人,其中北洋

〔1〕 王家俭:"清末民初我国警察制度现代化的历程(1901—1916)",载《台师大历史学报》1982 年第 10 期。

系约为145,000人,占60.2%,非北洋系为96,000人,占39.8%。[1] 而随着意识形态认同危机扩展,军队不再效忠于王权,我们看北洋系和非北洋系已出现分裂,这是辛亥革命的社会条件。但军队还未达分崩离析的程度。民初,意识形态认同危机进一步加剧,对军队控制力的继续减弱,而军队却在不断扩充,军阀割据局面迅速形成。就在各省宣布独立之际,地方军队大扩充,以苏、皖、赣、闽、湘、鄂六省计,原有的新军由55,640人猛增到36万余人,全国军队达90多个师,110万人。[2] 1918年,军队扩充到130万人,到30年代达200万人。[3] 在中国追求现代化过程中,要取得民族独立,军队的扩充本是必不可少的。问题的关键在于,在传统控制军队的机制——意识形态认同迅速失灵的条件下,要防止军阀割据唯一的办法是让军队服从宪法,使军人不问政治,成为国家的工具。控制武力的办法由传统变为现代形态。但是民初规范认同的障碍使得宪法并无权威,袁世凯称帝失败后,意识形态认同凝聚力消失,北洋系内部分崩离析,军队迅速失控。军阀割据出现和民初民主宪政导致政治紊乱的本质,均是传统一体化解构后社会不能转向现代整合方式之表现。只有等新文化运动以后,中国出现了一种新意识形态,才再次恢复对军队的控制能力。党军正是建立在新意识形态认同机制之上的,军阀割据虽得以克服,但这时军队又成为新一体化结构的重要部分,进一步论述见本书第六章。

注十六　非常有趣的是,中国军队传统上服从意识形态的号召力,在意识形态认同解体之后,我们仍可以发现,不同军阀队伍

---

〔1〕 刘凤翰:"论新军与辛亥革命",载《辛亥革命研讨会论文集》,中研院近代史研究所1983年。

〔2〕 汪朝光:"论民初裁兵问题及其与资产阶级的关系",载《近代史研究》1986年第2期。

〔3〕 [美]吉尔伯特·罗兹曼主编:《中国的现代化》,第364页。

中治军思想影响力的大小和军阀势力存在一种微妙的对应关系。我们将各种思想在当时的影响力分为 A、B、C、D 等不同等级，可以得到表 4.5，它基本上就是军阀势力大小的顺序等级。

表 4.5　民初军阀的意识形态类型

类型	传统型（儒家意识形态）	尚义型	嫁接型	宗教型		迷信型
				基督教	佛教	
代表人物	袁世凯 段祺瑞 吴佩孚	张作霖	阎锡山	冯玉祥	唐生智	刘湘 孙殿英
组织原则	新君臣观 泛忠孝论 儒家气节	结盟意识 义气 儒家政策	中西结合的 “横竖政治” “好人主义”	基督教 仁爱、 勇敢、 互济原则	三身真义	“孔孟道” “庙会道”
所占等级	A	B	B	C	C	D

据张鸣：“中国近代军阀政治性格的分野——军阀团体维系意识各论”提供材料制表，载《走向未来》第 3 卷第 4 期，四川人民出版社 1988 年版。

注十七　“军绅政权”这一名称是陈志让提出的。他把 1860 ~ 1895 年这段时间称为绅军政权，把 1912 ~ 1937 年的政治结构称为军绅政权。[1] 我们虽沿用军绅政权的说法，但含义和陈志让所说的不同。顾名思义，军绅政治和绅军政权都是从绅士和军人结合方式来定义政权性质。在镇压太平军过程中兴起的湘军、淮军都是绅士武装，或许这是把 1860 年以后的政治结构称为绅军政权的原因。但我们不同意这种分法。我们认为如果用一体化组织三个层次的形变来分析这一问题，可以澄清很多含混的概念。镇压太

〔1〕 陈志让：《军绅政权》，第 166 页。

平军的武装虽由绅士领导,但它本属于传统一体化结构,因此把晚清政治结构称为绅军政权并不合适。军绅政权的核心是军人和绅士相结合,它只出现在一个很短的时期内。辛亥革命后,一体化结构上层组织解体,最初城市化绅士是政治主角,政治结构仍不是军绅政权。只有城市化绅士(文化程度较高,也接受了相当多的西方影响)被军人取代,军阀和乡间地主结合,才出现了军绅政权。军绅政权是军人和绅士的结合并主导的政治结构。"绅"有两重含义,一是指他们在乡间有势力,是地主和地方领袖,另一个含义是他们有相当文化素养,大多有传统功名。如果严格套用绅士定义,中国从未有过军人与绅士之结合。但如果我们把"绅士"的含义稍加扩大,把在乡间有影响有势力的地主、领袖都包括进去,那么可以说,其上层文化程度较高,1895 年后接受新式教育的较多;中下层文化程度偏低,接受西化影响和接受新式教育较少。当一体化上层没有瓦解或刚瓦解,政治结构是官绅结合或以城市化绅士为领导。只有当城市化绅士退出历史舞台,军人才与下层绅士(地主)结合,1916 ~ 1928 年这段时间中国可以说存在过某种军绅政权。1928 年中国社会重新整合,其政治形态也不是军绅政权。

注十八　我们把社会整合定义为政治、经济、文化三个子系统进行良好耦合。中国传统社会中,这三个子系统是互相耦合的(图 1.2)。传统一体化解构,正是这三个子系统耦合的解体。我们在第二、第三章讨论的意识形态认同危机与政治改革之互动,正是分析意识形态结构与政治结构耦合是怎样解体的。绅士城市化、通商口岸成长,民族资本主义发展则是经济结构和政治、意识形态耦合之解体,它标志着国家对现代企业干预之放松。本章讨论的规范认同障碍、行政现代化困难和军队国家化失败则是指在旧整合方式解体时,一种将政治、文化、经济三个子系统重新整合起来的新结构不能建立,社会秩序必定随着传统一体化结构解体日益混乱。到三个子系统耦合完全破坏时,社会危机就会由一系列恶性循环引起:意识形态认同危机引发的政治混乱,政治上的脱序伴随着日益扩大之社会经济危机,三个子系统的混乱在互动中加剧,这正是1916 年后中国的状况。不少学者在分析军阀时代社会危机的起因时,都发现了这种互动式的恶性循环。军阀势力的扩张会要求地方政府拿出更多的钱来养兵,结果省库入不敷出,不得不预征田赋、增加捐税和滥发公债,加上绅士地主残酷剥削,引起农民破产。农业无可挽救地衰落了。它反过来使财政收入减少,又不得不加重对农民之剥夺,结果出现农村经济雪崩一般的瓦解。〔1〕 薛立敦(Sheridan)和齐锡生则指出,军阀数目与农民破产之间也存在一种恶性循环。农民破产为军阀提供了大量兵源,而军阀混战则引起农民破产,结果造成更多的军阀。他们以此来解释为何北方军阀多于南方。〔2〕 总之,一旦社会结构三个子系统耦合完全被破坏,就具有三个子系统互相加剧社会脱序之性质,它表明这个社会再也不能照原来的样子存在下去了。

注十九　经过 19 世纪中叶以太平天国为代表的农民大起义,中国农村土地问题本已得到相当程度的解决。辛亥革命前后,孙中山提出平均地权,主张耕者有其田,但革命党中很多人不以为然,认为应改作“平均人权”。这反映了排满反清的绅士地主的立场,同时也表明当时农村土地兼并并不严重。一体化上层解体,中下层组织转化为军绅政权后,历来土地兼并中的罪魁祸首——官僚地主,则以手里拿着枪杆子的军阀面貌出现,而社会上没有其他力量遏制他们对农民的掠夺。他们迅速取代了原来农村中占主导地位的缙绅地主,成为最大的兼并者。表 4.6 为部分军阀所掠夺

〔1〕 唐苏妍:“1920 至 1926 年湖南农业经济状况与农民运动的兴起”,载《湖南师范大学社会科学学报》1986 年第 4 期。

〔2〕 J. E. Sheridan: Chinese warlord: The Career of Feng Yu – hsiang, p. 17 (Stanford calif: Stanford University Press, 1966); Hsi – sheng Ch'i: Warlord Politics in China: 1976 – 1928, pp. 82 – 83, 90 (Stanford Calif: Stanford University Press, 1976).

的土地，占地数千亩已是小数，有的甚至占全省土地的三分之一。表4.7为四川山麓地主的统计，其中军阀地主在短短的几年中已占田数的80%以上。江苏、安徽经过太平天国大起义扫荡后，土地问题解决得相当好，19世纪下半叶，荒地很多，农民负担较轻，经济恢复很快。但从表4.8可见，1914年后的十年中，农民地租普遍增加了一倍。军绅政权在十年中积累之无组织力量相当于一体化结构在上百年才能造成之后果。总之，新文化运动后期，中国农村再次出现了类似历史上王朝末期那种农民陷于赤贫境地的局面。到1927年，无地农民达55%，再加上占地极少不足以维生的贫农，共有75%的农民濒于贫困死亡线上（表4.9）。[1] 农业生产急速萎缩。据统计，全国小麦产量1918年为43,140余万石，到1923年降到27,360万石。[2] 到20年代中期，中国有史以来首次成为主要的粮食进口国，被某些外国人称为"饥饿之邦"了。[3]

表4.6　部分军阀占有土地资财

军阀名	拥有土地(或资财)	所在省区	备注
李厚基	200顷	福建	曾在福建任镇守使、督军、省长等职
张敬尧	700～800顷	安徽	皖系军阀，曾任湖南督军
倪嗣冲	700～800顷	安徽	皖系军阀，曾任安徽督军
袁世凯	约400顷	河南	北洋军阀始祖
赵恒惕	100顷以上	湖南	湖南军阀，曾任湘军总司令
陆荣廷	全省的三分之一	广西	桂系军阀，曾任广西督军

〔1〕 王全营等：《中国现代农民运动史》，第15、25页。

〔2〕 同上。

〔3〕 [美]吉尔伯特·罗兹曼主编：《中国的现代化》，第417页。

续表

军阀名	拥有土地(或资财)	所在省区	备注
谭浩明	全省的三分之一	广西	桂系军阀,曾任广西督军
张作霖	350顷	东北	奉天督军
阎锡山	(有资财6,000,000元以上)	山西	山西督军
吴俊升	土地极多	黑龙江	黑龙江督军
曹锳	土地极多	直隶	直系军阀,曾任蓟榆镇守使

摘自张玉法:《中国现代史》,东华出版社,第179~180页。

表4.7 四川山麓地带地主分布情形

地区	地主	地主总户数(%)	占田数(%)
川北区	新地主(豪劣、团阀、高利贷地主)	73	87
	旧小地主	26	3
川东区	新地主(军阀占多数)	46	88
	旧地主	51.2	10
川南区	新地主(豪劣) 旧小地主 存在于边远区	42.6	86.8

摘自陈志让:《军绅政权》,第137页。

表4.8 昆山等地地租增长指数(1905~1924)

地区/地租形态/年份	江苏					安徽		
	昆山	南通			奉贤	宿县		来安
	折租	钱租	折租	分租	钱租	钱租	分租	钱租
1905	100	100	100	100	100	100	100	100
1914	157	207	155	155	145	81	158	150
1924	296	316	272	272	261	153	246	250

摘自李文治:《中国近代农业史资料》(第2辑),三联书店1957年版,第329页。

表 4.9　1927 年的中国农村阶级结构及土地占有状况

农民分类	人数(百万)	占总人口(%)	占全国耕地(%)
佃农	136	55	0
雇农	30		
无业游民	20		
贫农	66	20	6
中农	36	11	13
富农	27	8	19
中小地主	13.5	4	19
大地主	7.5	2	43
合　计	336	100	100

摘自王全营等:《中国现代农民运动史》,河南中原农民出版社 1989 年版,第 25 页。

注二十　一项有关中国农民生活的长程研究为我们的观点提供了证据。有人探讨了自同治九年(1870 年)到民国十三年(1924 年)四川省物价、田租、银价的变动,发现自同治九年(1870 年)至民国四年(1915 年),田租变化不大,银价也没有大幅度涨落,米价很稳定。例如自 1835 ~ 1910 年,75 年间各物价之总平均上涨为 122.5%,仅一倍多一点。但民国四年(1915 年)后它开始呈指数增长(图 4.1)。在军绅政权出现前,近代四川省农民生活多半安定、自足而且自得其乐。洪宪帝制失败后,中央政府衰落,战争频繁,军阀大量扩军,横征暴敛。物价、田租、银价大幅度上升,农村社会迅速解体。[1]

---

〔1〕 吕实强:"近代四川的农民生活",载《近史所集刊》1978 年第 7 期。

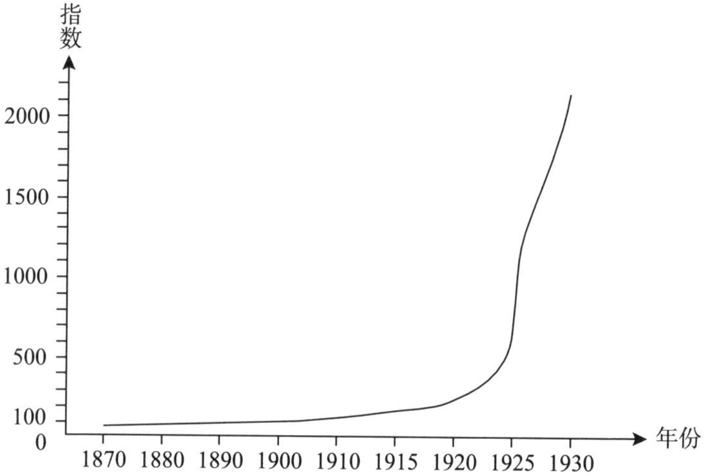

摘自吕实强:“近代四川的农民生活”,载《近史所集刊》1978 年第 7 期。

图 4.1　中国近代物价增长曲线图(以四川为例)

注二十一　据贺跃夫估计,自 19 世纪末以来,尤其是废科举之后,士绅群体中约有五分之一左右的人,也就是 30 万人通过各种途径,受到程度不等的近代教育。如清末广东士绅总数为 11 万人,其中受过近代教育的有 25,000 余人,占广东总士绅数的 22.8%,湖北士绅中接受过近代教育的占 26%。[1] 因此我们可以说,士绅阶层中有五分之一具有较高的文化或受到西方文化的影响,他们当然大多是城市化绅士。随着城市化绅士退出政治舞台,也就是这五分之一的人从绅士阶层的领导地位中被排挤出来。而军绅政权的出现,则是军人和绅士中落后部分的结合,绅士阶层的意识形态一定会出现大倒退。

〔1〕 贺跃夫:《晚清士绅与近代中国的社会变迁——兼与日本幕末、明治士族比较》,第 67 ~ 68 页。

第五章　意识形态更替机制

最能激励人的发现莫过于去发现观念的来源。

——艾克顿

5.1　新文化运动的三个前提

1915年以后，中国出现了一股很奇怪的潮流，那些热衷于政治的领袖人物纷纷放下原有工作，专心去从事文化的思考。职业革命家孙中山闭门读书写作，重新思索中国的改革方案。在反对袁世凯称帝斗争中起了关键作用的梁启超抛开政治生涯，再次出国考察，声称不再从政，投入办报纸、组织研究社团、进行文化论战等种种事业。甚至连一些占据政治舞台的军阀也迫于潮流，装模作样地研究起宪法来。至于广大新知识分子，则普遍厌恶政治。当时成立的许多社团都有反对与政党接近，甚至不谈政治的规定。人们以“不党”、不涉及“政界”为荣，开始对中国文化进行全面反思。史学家把1915年后出现的思想观念的大变革称为新文化运动。根据超稳定系统对外开放条件下的演变逻辑，它乃是全面意识形态认同危机大爆发的征象！

我们在第二章已阐明,1895 年由洋务运动失败引起局部意识形态认同危机,1900 年庚子事变加剧局部意识形态认同危机的结果是推动了清王朝新政。第三章说明清王朝政治改革的结果却是加速一体化上层组织的解体,以致清王朝自身的覆灭。第四章着重描述辛亥后出现的日益严重的社会整合危机,又成为引发意识形态变迁的巨大动力,中国遂出现全面意识形态认同危机。

我们把全面意识形态认同危机和局部认同危机进行比较,发现它们有着不同的性质。首先,其猛烈程度远大于局部认同危机。如果把陈独秀 1915 年办《青年》杂志作为新文化运动之开始,把 1924 年国民党改组、社会再次出现参政热潮而文化热冷却作为新文化运动的结束,那么这一时期约为十年。(注一)在第 2.7 节,我们曾用知识分子及士大夫创办学会的数目来度量认同危机之强度,如果仍沿用这个指标,我们看到在这一时期中,知识分子团体呈指数增长,报刊言论如火山爆发。(注二)全面认同危机的最大特点是它导致了局部认同危机不可能有的后果,这就是意识形态整体性的更替。《新青年》杂志内容演变可以明显分为两个阶段,1919 年五四运动前,它以批判儒家伦理的反传统为主,执行抛弃旧意识形态的功能;1919 年后它迅速演变为一个宣扬新意识形态——马列主义的刊物。(注三)

在新文化运动中,新知识分子抛弃儒家意识形态、接受新意识形态,是不争的事实。但为什么恰恰是在这一时期实现意识形态更替?已有的解释并不令人满意。在大陆历史教科书中,新文化运动被定为中国现代史的开端,而洋务运动、戊戌维新、晚清新政甚至辛亥革命则属于近代史,在近代和现代史之间有一条断代鸿沟,这些大的历史事件间的内在联系往往被忽略。以往历史学家大多仅从文化思想角度来研究新文化运动。知识分子的全盘反传统、对新意识形态趋之若鹜,他们多将其归之于外来影响,或从文化心理找原因。事实上,新文化运动发轫于甲午战败后二十年、清廷全面改革后十年,这都不是偶然的。应该说,二十年恰是历史变迁中可以显示出那些长程动力的时间尺度。用超稳定系统史观来看,新文化运动的意识形态更替只不过是甲午后开始的局部意识形态认同危机不断加剧的后果,是意识形态和政治结构二十年互动过程的最后阶段。

意识形态更替包括抛弃旧意识形态、接受新意识形态两个环节。我们可以从一体化结构中意识形态与社会组织三层次的耦合关系(图2.3),来分析意识形态更替的条件。意识形态更替的第一个前提是爆发意识形态全面认同危机,社会批判意识指向儒家伦理。它只有在大一统王权解体、绅士要为严重的社会整合危机负责时才会出现。第二,正因为在一体化结构中,意识形态三个子系统和社会组织三个层次存在着耦合,即意识形态内容和三层次组织者所担当的角色有着一种对应关系。抛弃某部分意识形态内容等于否定对应层次角色的合法性。儒家意识形态的哲学观和社会观是王权和一体化上层组织——官僚机构的合法性基础。对于广大儒生缙绅来说,抛弃它们比较容易。因为在150万绅士中,进入官僚机构的毕竟只占百分之几,而且,清王朝是少数民族政权,士大夫反清的民族主义有助于他们和王权划清界限。而抛弃儒家伦理,无疑等于否定儒生绅士充当社会领袖精英之合法性。因此,只要意识形态的反思者仍处于一体化结构内,并担当着中下层组织领导者之角色,靠他们抛弃作为自己合法性基础的意识形态内容几乎是不可能的。全面意识形态认同危机引发抛弃儒家伦理的意识形态更替,还必须有赖于出现不属于传统绅士的新知识分子群体。第三,由于意识形态是整体性思想体系,意识形态更替,就意味着社会思想在社会观、价值观、哲学观三方面同时出现整体性变化。

新文化运动前,中国知识分子的思想变化不是整体性的。甲午战败后,进化论被引进哲学观;1901年左右,资本主义政治经济模式、地方主义进入社会观。整个意识形态构架虽仍是传统的,但随着哲学观和社会观不断增加新内容,已破坏了旧意识形态的整体性。新文化运动中,意识形态三个子系统的变化结果又恢复了整体性。新知识分子高举“打倒孔家店”大旗,一下子改变了意识形态之核心——伦理价值系统。人们抛弃儒家伦理、认同科学与民主这些新价值之时,社会观和哲学观也同时发生巨变。进化论不再时兴,知识分子普遍认同唯物主义哲学,称霸二三十年的社会达尔文主义被经济决定论和唯物史观取代。在社会观方面,西方资本主义、地方主义不再有天经地义的合法性。不论新知识分子分多少派,大家差不多都赞成社会主义为最终理想。可以明显看到,新文化运动中伴随价值观改变的同时,出现了意识形态三个子系统的全面质变。两种整体性的新思想体系——三民主义和马列主义正是新文化运动的产儿。新意识形态取代旧意识形态要求三个子系统保持相互协调的一致性,必须以知识分子实现伦理中心主义的突破为前提。

所谓伦理中心主义,是指把伦理道德看作高于知识价值之心态。中国自孔子开始,一直主张伦理道德的价值优先,知识系统也是适应儒家伦理的。在伦理中心主义心态下,意识形态信仰者可以把主要源于知识系统的哲学观、社会观与价值观划开,即使意识形态在知识系统方面出现混乱,也不会构成对伦理价值系统的损害。在受到西方冲击以前,作为一个整体性思想体系的儒家学说,其哲学观、社会观和价值观是相互和谐的。但是当外来冲击导致意识形态认同危机时,伦理中心主义便构成了一个强大的保护带,使得局部意识形态认同危机只停留在哲学观和社会观两个子系统之中,难以波及伦理价值系统。(注四)如果不破除伦理中心主义,那么抛弃儒家伦理、用新意识形态取而代之也是不可能的。

综上所述,意识形态认同危机发展到抛弃旧意识形态,应满足三个条件。第一,一体化上层组织王权官僚体系解体后,中下层组织核心的绅士阶层成为社会整合危机责任之承担者，社会批判意识才能够触及其意识形态基础；第二，意识形态的反思者已不再属于传统一体化结构，他们已摆脱一体化组织中的各种角色；第三，意识形态反思者实现了伦理中心主义突破。这三个条件经过近二十年的酝酿，以社会政治经济结构巨变为基础，它们恰好在1915年前后成熟，形成轰轰烈烈的新文化运动的内在动力。

在前几章概述意识形态与社会组织互动中，我们已谈到这些促成新文化运动的历史动因。本章中，为了理解意识形态更替，特别是为什么知识分子在抛弃旧意识形态之后会接受马列主义和三民主义，我们就必须从分析促成新文化运动的三个前提开始。

5.2　批判绅权

众所周知，反对儒家伦理的导火线是1916年8月国会对尊孔的讨论。1913年袁世凯把尊孔和进行跪拜礼的条文写进《天坛宪法草案》。袁世凯倒台后，议员们对应否取消这些条文进行了辩论。康有为在报上发表了《致总统总理书》，声言尊孔尚且不足，应该进一步"以孔子为大教，编入宪法"，否则就是自甘为生番野人。[1] 同年11月，参众两院中一百多名议员组成国教维持会，全国绅士也掀起国教请愿运动，一时尊孔声势轰轰烈烈。这种现象表明，辛亥革命导致王权崩溃后，绅士成为政治舞台上的主要角色，他们不但无力解决王权崩溃后的社会危机，很多人还是袁世凯复辟帝制的支持者，并且念念不忘儒家伦理，想用它作为建立政治组织和实行社会整合的理论依据。正在这一关头，陈独秀在《新青年》上发表了针锋相对的《驳康有为致总统总理书》、《宪法与孔

〔1〕 康有为："康南海致北京政府书"，载《时报》1916年9月20日。

教》、《孔子之道与现代生活》、《再论孔教问题》等一系列文章，掀开了新文化运动反对“为吾国伦理政治之根本”的孔教之序幕。[1]新文化运动兴起的过程显示了它的实质是批判绅权的文化基础。

批判绅权的意识形态基础发生在王权瓦解之后，特别是在城市化绅士建立宪政失败、传统绅士不得不为日益严重的社会整合危机负责时。这一现象反映出中国普遍的社会批判意识的指向，并不是完全基于文化观念本身的理路和社会功能，而主要取决于这些文化观念符号(合法性来源)所代表的社会阶层的状况。当社会对该阶层普遍反感时，才会扫荡其意识形态基础。甲午战败后，大一统王权和中央政府成为批评对象，它们要为防卫现代化失败负责。因此，这时出现的局部意识形态认同危机主要表现在抛弃儒家的大一统学说和万古不变的天道。只有在王权垮台之后，才轮到绅权要为社会危机负责，社会批判意识才指向绅权，反传统的锋芒才最后触及绅权的意识形态基础——儒家伦理。从意识形态局部认同危机到一体化王权、官僚体系解体，差不多用了整整十五年，因此批判绅权比反对王权也差不多晚了十五年。分析新文化运动时期知识分子思想变化的脉络，可以明显看到这一点。

新文化运动的风云人物钱玄同曾说：“自洪宪纪元，始如一个响霹雳震醒迷梦，始知国粹之万不可保存。”[2]李大钊也说过类似的话：“我总觉得中国圣人与皇帝有些关系。洪宪皇帝出现以前，先有尊孔祭天的事；南海圣人与辫子大帅同时来京，就发生皇帝回任的事。”[3]今天，我们如果从字面上理解钱玄同和李大钊反传统之理由，会觉得十分奇怪。本来，意识形态是一个整体性思想体

---

〔1〕 陈独秀：“宪法与孔教”，载《陈独秀文章选编》(上)，三联书店1984年版，第144页。

〔2〕 钱玄同：“保护眼珠与换回人眼”，载《新青年》1918年第5卷第6号。

〔3〕 李大钊：“圣人与皇帝”，载《李大钊文集》(下)，人民出版社1984年版，第95页。

系,儒家伦理和皇帝制度间的内在联系,应该是知识分子人尽皆知的事,为什么这么简单的事实,要到1915年以后才被社会普遍意识到,并有“始如一个响霹雳震醒迷梦”之感呢?

这正好表明抛弃意识形态的某一部分内容,绝不能由意识形态内容本身来定,而取决于人们是否反对相应的一体化组织。辛亥革命时,反对的是王权,当时被批判的也只是王权直接根植的意识形态基础。王权是靠革命党和绅士的联合推翻的。儒家伦理则是绅权的合法性基础。绅权在反王权时,只可能直接攻击作为王权合法基础的儒学哲学观和社会观,但不会触及自身意识形态基础(虽然它和王权也有关系)。由于扩张中的绅权和不断衰落的王权的冲突,使得意识形态上不同内容本来十分明显的逻辑关联被表面的冲突所掩盖,这时,新知识分子也很容易忽略支持绅权和支持王权的文化基础的内在联系。只有在王权解体之后,军绅政权带来的灾难才使人省悟。(注五)大家意识到:中国的政治不良是“当局不良”,但不良当局并非上帝派来荼毒中国的魔鬼,他们也是中国人。为什么中国的掌权者可以放纵专恣,法律有名无实,而外国的当权者却不得不受法律的约束?于是,很多人把问题进一步归结于当权者的文化和国民性上,[1]并进一步把落后的国民性归为儒家的家庭伦理。吴虞就一针见血地指出,“家族制度与专制政治,遂胶固而不可以分析”,“家庭之专制既解,君主之压力亦散”[2]。这里,批判锋芒直指缙绅阶级统治合法性之意识形态基础。

---

〔1〕 李良玉:《动荡时代的知识分子》,浙江人民出版社1990年版,第158页。

〔2〕 吴虞:“家庭制度为专制主义之根据论”,载《新青年》1917年第2卷第6号。

5.3 走出传统角色的新知识分子群体

在陈独秀等新文化运动领袖痛击康有为和孔教请愿运动时，我们可以明显看到两个阵线、两种社会角色完全不同的营垒。一方是国会议员、地方领袖，另一方是新知识分子。两军对垒的局面揭示了新文化运动的第二个前提：新知识分子群体业已兴起并向传统绅士争夺文化领导权。新知识分子与传统绅士的角色冲突，在《狂人日记》里表达得最形象：一个家族兄弟两人，哥哥是族长，旧文人；弟弟是接受城市教育的新知识分子，回到乡间家庭去，但再也不能回到传统角色中去了。他处处怀疑别人要吃他，晚上睡不着，反复思考别人要吃他的理由，就把古书拿出来读，终于在"仁义道德"字后发现满篇都写着——"吃人"。鲁迅写的是一个精神病患者的感觉，这种感觉却一下子获得普遍共鸣，这是因为新知识分子发现自己和诞生他们的那个社会系统格格不入，被它敌视，有被吞没之危险。我们必须注意的另一个事实是，新文化运动正好是在清王朝废科举十年以后出现的，十年恰好是办新式教育培养一代新知识分子所必需的时间，它使得新知识分子不仅在绝对数量上超过了传统绅士，而且他们的社会角色和行为模式也有别于传统绅士。

1909 年新学堂的学生数已达 164 万人，超过了传统绅士的总数。从表 5.1 可以看到，辛亥革命后，新学堂的学生数更以惊人的速度增长。[1] 而 1912 ~ 1916 年间，传统绅士的人数只减不增，到

〔1〕"第一回中国年鉴"，第 1863 ~ 1864 页，转引自李良玉：《动荡时代的知识分子》，第 132 页。

1915年前后，新旧绅士只剩下七八十万人。[1] 传统绅士人数虽少，但仍占据着中国政治、思想舞台的中心位置。他们的社会角色仍是国家机器中的官僚，农村中的地方领袖，宗法家长制中的族长、家长；也是新政的推行者和受益者，是绅商、商会会长和省（县）谘议局议员。新知识分子基本上不能获得这些身份。他们受教育成长所在地是城镇，毕业后的活动中心也在城镇，很难返回农村，去继承父辈的土地和作为地方领袖、宗法家长的社会地位。但在城市，他们又很难进入政治、经济的中心位置。民初，政府机构的位置，早已被留用人员和新学堂早期毕业生、留学生占满。

当时，新知识分子中的最上层——留学生，尚还能在政府机构中谋取一官半职。据对1916年1655名回国留学生职业的调查，在政界的有1024人，在学界的有132人，报界的有16人，军界的有56人，而在家赋闲的也达399人。[2] 留学生尚且大量失业，一般新知识分子就业之难，可想而知。大量的新知识分子从事什么职业呢？从表5.1中可见，新学校教职员的人数由1912年的二十余万增加到1916年的三十余万。新学堂是吸纳毕业生的最大就业部门，它也更多地培养出新的毕业生。新知识分子大多从事教师和各种自由职业如报刊编辑、记者，或赋闲在家撰稿翻译卖文为生。他们已不属于传统一体化结构，不再愿意生活在大家庭中，根据父母之命、媒妁之言选取配偶，对乡村生活不再有老一代那种感情。他们犹如《狂人日记》中的主人公，与传统生活方式格格不入。因此，一旦新知识分子作为独立群体兴起，就立即把这种反抗指向儒家伦理，成为新文化运动的推动者。

---

〔1〕 苏云峰："民初之知识分子（1912—1928）"，载《第一届历史与中国社会变迁研讨会论文集》（下），中研院三民主义研究所丛刊1982年。

〔2〕 "青年会与留学生之关系"，载《东方杂志》1917年第14卷第9号。

表5.1　1912~1916年全国各类学校统计

年　份	1912	1913	1914	1915	1916
学校数	87,272	108,448	122,286	129,739	121,119
学生数	2,933,387	3,643,206	4,075,338	4,294,251	3,974,454
毕业学业数	173,207	232,221	257,889	335,372	334,519
教员数	129,297	164,607	189,853	198,976	182,583
职员数	89,929	22,174	122,116	130,799	129,221
年收入(元)	29,647,098	34,170,082	37,824,104	35,653,156	34,988,539
年支出(元)	29,667,803	35,151,361	39,092,045	37,406,212	35,588,298
资产(元)	84,041,199	98,087,158	102,680,195	128,824,807	102,179,878

摘自李良玉:《动荡时代的知识分子》,浙江人民出版社1990年版,第132页。

新知识分子成为不同于传统绅士的新社会阶层,两者互相对立,争夺文化思想领导权,这一点对我们理解新文化运动十分重要。一方面两个营垒的对立,更反衬出旧意识形态的过时,使得新思想势如破竹地传播,另一方面两个营垒文化符号的鲜明对照也使文化反思流于简单化、符号化。这就使得文化反思容易仅停留在意识形态的内容层面,而忽略了对意识形态与政治结构一体化这种组织方式的反思。正因为缺乏这种深层次的反思,新知识分子在抛弃旧意识形态时就会渴望寻找新意识形态。

总之,1915年后,绅权扩张而又不能克服社会整合危机,当时已存在一个在社会角色上完全不同于绅士的新知识分子阶层,这两个因素叠加在一起,才构成抛弃儒家伦理的社会条件。陈万雄的研究为这个观点提供了有力的证据。他不同意史学界将辛亥革命和新文化运动的领导人划为两个世代。[1] 他认为,“在辛亥革命勃兴的同时,则出现了反传统的思潮,而且正达到全盘地反省和检讨传统文化的程度”;如蔡元培早在1904年就有好几篇文章批判孔学和儒教;陈独秀1903年反传统的论调也异常激烈;吴虞“在清末已有激烈非儒文字”。[2] 在新知识分子阶层出现以前,就已经有激烈的反传统思想和言论出现于报刊,但为什么新文化运动没有在那时出现呢?可见,抛弃儒家意识形态价值系统的时机,并不取决于少数前卫人物的意识,而有待于社会结构性条件的成熟。

5.4　突破伦理中心主义

以上讲的两个前提只是抛弃旧意识形态的条件,意识形态更替还包括接受新意识形态。它要求新知识分子突破伦理中心主义。因为在伦理中心主义者的心态中,伦理既然先于知识,那么一种伦理制度无论导致什么样的失败,都不足以使人抛弃它。它阻碍新的社会观、哲学观与价值系统整合起来成为整体性思想体系。梁钜川于1918年10月新文化运动中自杀殉清,充分体现了伦理中心主义对传统知识分子的禁锢。他虽为满清官员,却支持辛亥革命,反对张勋复辟和现实政治的黑暗,表明他在伦理中心主义前提下,尚可以接受社会观和哲学观的变革。但新文化运动冲击到儒家伦理时,梁钜川就宁可以死殉道,他在临死前留下的《敬告世人书》中说,“吾因身值清朝之末,故云殉清,其实非以清朝为本位,而

---

〔1〕 陈万雄:“革命家和启蒙者的双重身份——五四时期的安徽知识分子”,载《二十一世纪》1991年总第5期。

〔2〕 陈万雄:“五四新文化运动的源流”,载中国社会科学院科研局等编:《五四运动与中国文化建设》(上),社会科学文献出版社1989年版,第189~190页。

以幼年所学为本位”,[1]因此他的死可以说是殉“幼年所学”。

这种“幼年所学”就是文化养成。传统文人一生下来就被束缚于家庭伦常的等级秩序中,从他幼年开始在家或在私塾学习识字起,儒家经典便是主要学习内容。因此,在一个人形成其价值观的青少年时期,传统的教育和家庭生活环境,已将其塑造为伦理道德优先的价值取向了,以后一辈子就基本定型。而一旦教育方式和内容发生巨大改变,就为突破伦理中心主义准备了历史条件。

我们在第 3.2 节讲过,早在 20 世纪初年,就已开始了新式学堂取代旧式私塾和书院的过程。清廷 1905 年废科举,1906 年宣布预备立宪时也进一步申言建立新教育体系。因此,在 19、20 世纪之交的前后十年间(1890 ~ 1909 年)接受教育的青少年,所学内容已是新旧参半了。这是历史上从未有过的新事物,对青少年价值观的形成产生着极大影响。(注六)

胡适在自传中讲的一件事就相当典型。15 岁那年(1906 年)他在上海澄衷学堂读书,“正读英文的《格致读本》(The Science Readers),懂得了一点点最浅近的科学知识”,他便用这点知识做了一次批驳孟子性善说的公开演讲。他写道:“孟子曾说:人性之善也,犹水之就下也。人无不善,水无有不下。我说:孟子不懂得科学……不知道水有保持水平的道理,又不知道地心吸力的道理……水无上无下,只保持他的水平,却又可上可下,正像人性本无善无恶,却又可善可恶。”这个演说“很受同学的欢迎,我也很得意”。[2] 可见,当时学校中像胡适那样十五六岁的青少年,在知识与道德关系上已采取了知识优先的立场,并力图用知识来检讨儒家伦理。这个例子生动地显示出,当儒家经典在教育中一旦失去

---

〔1〕 梁济:“敬告世人书”,载梁焕鼎编:《桂林梁(济)先生遗书》,见沈云龙主编:《近代中国史料丛刊》(第 34 辑),文海出版社 1973 年版,第 82 页。

〔2〕 胡适:“四十自述”,载《胡适作品集》(第 1 集),远流出版公司 1986 年版,第 59 ~ 60 页。

其一家独霸的中心位置,并有西学知识同时教授时,西学新知识的生气勃勃和儒家说教的暮气沉沉便形成鲜明的对照,使儒学处于守势。在这种新旧内容参半的教学中,知识优先的价值取向已使受教育者潜移默化地受到影响。

比胡适大十余岁的陈独秀,虽然从小受传统教育,并以第一名考取秀才,但在他20岁左右时,已受到一些鼓吹新思想的报刊如《时务报》的影响,他说这是他"由选学妖孽转变到康梁派之最大动机"。[1] 他还到新式学堂(杭州求是书院)读书,并四次东渡日本广泛接受各种新知识。20世纪初,他就有激烈的反传统言论。新文化运动前一年,他在剖析中国人"爱国"的价值观时,已经采取了明显的知识优先的立场。他认为:"爱国心,情之属也;自觉心,智之属也……过昵感情,侈言爱国,而其智识首不足理解国家为何物者,其爱之也愈殷,其愚也益甚。由斯以谭,爱国心虽为立国之要素,而用适其度,智识尚焉。"[2] 这里,他把对国家的认识(知识)看作决定道德感情的前提。他所说的"自觉心"、"觉悟",都是以"智"(知识)为中心来审视道德是否合理的新精神。(注七)鲁迅毕业于南京矿路学堂,又留日学医。他一边吃辣椒,一边看《天演论》的故事,常为人所津津乐道。一般说来,陈独秀(生于1879年)和鲁迅(生于1881年)那一代人,以及比他们年轻十岁左右的胡适(生于1891年),其青少年的学习和读书所受环境(包括他们所读的书刊)的影响,已使他们之中相当一部分能够突破伦理中心主义的束缚。

比上述人物更年轻的一批人,即在19、20世纪之交或以后出生的,他们自幼所受的教育就以新学为主了。到新文化运动兴起时,他们正值青少年,就读于大学、中学,往往被称为"五四青年"。伦

---

〔1〕 陈独秀:《实庵自传》,传记文学出版社1967年版,第43页。

〔2〕 陈独秀:"爱国心与自觉心",载《陈独秀文章撰编》(上),第68页。

理中心主义的突破在他们身上已是势不可当的普遍潮流。李欧梵曾经很生动地为这一代人做过一个集体素描:“他(或她)生于上世纪末或本世纪初的南方某省(譬如浙江、湖南),幼年受过私塾教育,一知半解地念过四书五经。少年时候,新式学堂在省城成立了,于是他(她)奋而离乡背井,甚至不顾父母之命所订下的旧式未婚妻(夫),到省城去受新式教育。在这些新式中学里,他(她)开始念英文、学几何、算数、矿冶,但课余却看严译的《天演论》,林译《茶花女》和梁启超的《新民丛报》,未几国民革命,他(她)也在私生活上‘革命’起来,剪了辫子闹学潮,写情书,她的第一个恋爱对象往往是中学时代新派的国文教师。《新青年》发行后,当然大家人手一册,‘五四运动’一起,全国响应。”〔1〕

苏云峰曾对民初知识分子进行了年龄代际考察。他把知识分子按出生年代分为表5.2所示的五组:每组人物由于处于相同历史时期,因而有相似的机会经历、生命史上有重要意义的事件。他考察了废科举的1905年,五四运动的1919年,北伐时期的1927年三个年代中五组人物的情况。〔2〕从这项研究中我们得到一个有趣的发现:新文化运动的发动者和拥护者均居于三、四两组之中,即他们在1905年废科举时的年龄处于童年少年(6~15岁)和青年(16~25岁)时期;五四运动时则正当青年成熟期(20~39岁)。而积极投入北伐的知识分子年龄则更小。

---

〔1〕 李欧梵:“五四文人的浪漫精神”,载周策纵等:《五四与中国》,第296~297页。

〔2〕 苏云峰:“民初之知识分子(1912—1928)”,载《第一届历史与中国社会变迁研讨会论文集》(下)。

表 5.2　民初知识分子的年龄结构

组别	出生年代	1905 年时岁数	1919 年时岁数	1927 年时岁数
1	1860	36～45	50～59	58～67
2	1870	26～35	40～49	48～57
3	1880	16～25	30～39	38～47
4	1890	6～15	20～29	28～37
5	1900	0～5	10～19	18～27

摘自苏云峰:“民初之知识分子(1912—1928)”,载《第一届历史与中国社会变迁研讨会论文集》(下),三民主义研究所。

由此可见,新文化运动的兴起,恰恰是1905 年废科举后尚处青少年时期的一代知识分子成长为社会中最活跃的一代人所带来的结果。这一代人的受教育环境和社会环境,使他们不可能再进入传统士大夫的社会角色,他们也突破了传统的伦理中心主义的价值取向。而当时40 岁以上的人则基本保持了伦理中心主义心态,40 岁成了是否突破伦理中心主义的某种天然分界线。无怪乎钱玄同曾说过一句相当过激的话:“人到四十就该死,不死也该枪毙。”[1](注八)正是这40 岁以下的新知识分子群体,成为抛弃旧意识形态、寻找新意识形态的主力军。

5.5　“整体性反传统主义”

综上所述,我们可以得到一个结论,新文化运动的爆发恰好是三种历史演变的综合:辛亥后绅权扩张及社会整合之失败,游离于传统社会结构之外的新知识分子阶层出现,以及他们特殊的成长

〔1〕 黎锦熙:“钱玄同先生传”,载吴奔星编著:《钱玄同研究》,江苏古籍出版社 1991 年版,第 183 页。

经历使得突破伦理中心主义成为可能。既然这三个前提是新文化运动产生的原因,那么它们也就内在地制约了这场运动的本质是一场弃旧图新的意识形态更替运动。因为这三个前提只造成新知识分子反对儒家意识形态的具体内容,而并没有使他们意识到意识形态与政治结构一体化这种社会组织方式也应该抛弃。正是中国传统社会组织方式这种深层结构尚在制约新知识分子的思想,使得他们在抛弃旧意识形态时,急于寻找整合社会的新意识形态。它表现为两个方面:一方面是抛弃旧意识形态时采取一种不触动意识形态和政治结构一体化组织方式的"整体性反传统主义";另一方面抛弃旧意识形态的逆反心理左右了人们对新意识形态的选择和缔造。

中国新知识分子的"整体性反传统主义"是由林毓生提出来的,[1]它可以归纳为如下三个特征。第一,新知识分子反传统时很难把他们憎恶的政治规范和传统文化内容加以区别。如反对儒家伦理制度应该指向宗法家族制度,而不是否定家庭关系。但五四青年很少对两者作明确区分。当时就有青年写信给父亲说:"从某月某日起,我不再认你为我父亲。我们都是朋友,互相平等。"有的青年干脆不用原名,自称为"你我他"。像著名的无政府主义者师复那样宣布取消姓氏的人,并不罕见。[2] 本来姓氏、父子关系与家庭伦理和宗法组织这样的基层结构是不同的东西,但反传统知识分子并没有将两者区别开来。

第二,五四知识分子虽然也承认传统中有好的东西,但却不加分析地认为它们非中国文化所特有。林毓生通过对陈独秀、胡适和鲁迅的案例分析,指出这些新文化运动的主将在反孔教时并不排除在普遍意义上承认孔教中有积极价值。不过,他们未加研究

---

〔1〕 林毓生:《中国意识的危机——"五四"时期激烈的反传统主义》(增订再版本),穆善培译,贵州人民出版社1988年版。

〔2〕 周策纵:"新文化运动的扩展",载《五四与中国》,第160页。

就认为“这些价值是世界所有文化都具有的，人类普遍的理想”，因此不能从这些角度来捍卫中国传统。[1] 既然这样，传统是可以整体性符号般抛弃的。而这种自以为可以将旧意识形态符号般的整体性抛弃，缺乏对传统文化深层结构分析的后果，只能触及传统文化的一些具体内容，而传统文化思维模式却原封不动地保存下来。

第三个特点，是人们普遍认为，只要抛弃旧伦理，建立新伦理文化，就能克服中国社会的弊病。林毓生将这种把文化伦理价值看作高于社会、政治、经济的心态称为“藉思想文化以解决社会根本问题”的思想方式。[2] （注九）

整体性反传统主义的这三个特点，恰好可以从规定新文化运动的三个前提得到说明。前面我们已阐明，新知识分子的批判意识并没有触及意识形态与政治结构一体化的组织方式。在一体化结构中，儒家伦理是乡绅自治、家族统治（即绅权）的权威合法性来源，文化符号与政治规范本来就是混为一体的。新知识分子不能把绅士阶层的社会规范与传统文化内容加以区别，在他们反对绅士所代表的封建家族统治时，就连同其文化符号也抛弃了。这表明在新知识分子心目中文化符号与政治规范也是一致的。那么在他们追求新观念时，也不可能把新文化与作为政治权力基础的意识形态相区别。相反，他们是主动将新文化转化为新意识形态的。

至于新知识分子认为传统可以整体性符号般的抛弃，则与他们突破了伦理中心主义有关。在伦理中心主义被破除、新知识分子普遍追求整体性思想体系的条件下，人们自然反过来把新知识当作伦理之基础，在这种思想模式中，一方面可以推出必须抛弃与新知识不适应之旧伦理，另一方面又要承认许多知识是人类所共有的，因此，中国传统中应该继承的那些部分，在新知识分子看来

---

〔1〕 林毓生：《中国意识的危机》，第130页。

〔2〕 林毓生：《中国意识的危机》，第45～51页。

显然属于人类共同的价值,没有必要厘清之,它们并不会因为对传统的批判而被抛弃。这种不加分析的心态,使新知识分子保留了传统思维模式。正是这种思维模式在把新观念整合成新意识形态上,起到了意想不到的重要作用。

"藉思想文化以解决社会根本问题"的思想方式则表明,在意识形态与政治结构一体化的传统组织方式影响下,新知识分子仅仅意识到传统意识形态不能解决社会危机,因此渴望变更其内容,追求用新意识形态整合社会。

整体反传统主义这种批判传统的方式,意味着新文化运动不可能冲破意识形态与政治结构一体化的牢笼。这样,对旧意识形态批判越有力,用新意识形态取而代之的渴望就越强烈。那么,什么样的新意识形态会取而代之呢?在传统深层结构(观念整合机制)尚未破坏的情况下,最容易被人们接受的是深层结构不变、但表面上却和旧意识形态内容相反的思想体系。抛弃儒家文化的内在动力,会把新知识分子的追求吸进一种逆反心理的引力场,这种逆反心理将左右未来意识形态的面貌。

5.6 在"科学"、"民主"、"白话文"运动背后

在讨论新知识分子会接受什么样的意识形态之前,我们先考察一下他们在抛弃儒家伦理后会接受什么样的新价值。通常,受批判的旧价值和被接受的新价值之间,不一定有逻辑关联。但是,在新文化运动中却有这样一种机制:新知识分子对传统绅士文化和角色之反叛,以及突破伦理中心主义之过程,导致强烈社会逆反心理。人们在认定传统文化要对中国的贫穷落后负责,从而全面否定它的同时,也逻辑地肯定与其相反的价值。这种机制可称为价值逆反。价值逆反有助于理解为什么科学、民主、白话文会迅速

兴起，并成为不可阻挡的潮流。

伦理中心主义的儒家文化，一直把伦理道德视为优于知识，因而对知识的尊重和纯粹求知热情在中国文化中一直受压抑，基于知识论的大胆怀疑和批判伦理的超越意识也难以发展。现在，新知识分子实现了伦理中心主义的突破，根据价值逆反逻辑，从伦理优先转化为知识优先，中国文化因而被推到一个新起点上：科学的价值被凸显出来，成为新文化运动的第一面旗帜。在伦理中心主义没有突破之前，洋务派知识分子重视科学，那不过是"制器之理"。甲午战争后，科学在哲学观中获得自己的地位，它最多也只是社会进化的"道"。而到五四时代，由于伦理中心主义突破带来的价值逆反的推动，科学获得至高无上的地位，成为"建立人生观的基础"。

那么，对传统伦理秩序的逆反，又会指向哪些新价值呢？首先，儒家伦理规定了绅士的社会身份是伦常关系中的尊者长辈，是家长、族长，是地方组织的天然领袖，处于支配、教育他人的尊崇等级。对这种尊卑关系的逆反，自然意味着应消除等级尊卑的约束，它恰好指向"平等"！虽然，儒家文化不像其他许多文化那样以血统、种族、出身等先天的因素来规定人的尊卑等级，但在实际生活中，人一生下来就处于不平等的伦常关系中，于是，儿子服从父亲，妻子服从丈夫，臣子服从君王，成为天经地义。对这种尊卑分明的伦常等级秩序的反叛，意味着将人从伦理关系所规定的等级结构中解放出来。陈独秀就十分明确地揭示出纲常名教的对立面是平等，他说："三纲之根本义，阶级制度是也。所谓名教，所谓礼教，皆以拥护此别尊卑、明贵贱制度者也。近世西洋之道德政治，乃以自由、平等、独立之说为大原，与阶级制度极端相反。"[1]于是，对"平

---

〔1〕 陈独秀："吾人最后之觉悟"（1916 年 2 月 15 日），载《陈独秀文章选编》（上），第 105～108 页。

等"价值的追求在文化变迁的背景上凸显出来,成为新文化运动的口号。

传统绅士身份认同的另一个标志是,他们都是文化精英分子。文化精英身份的获得,不是靠伦常关系,而是靠从小饱读诗书,靠道德修养而得来。虽然儒家宣称"人皆可以为尧舜",实际上却要通过科举制度来确定绅士阶层的文化精英身份,也只有君子才能达到高尚的道德境界。这是儒家伦理中心主义中的精英主义特点。绅士阶层则代表文化知识和道德风范高水准的精英团体,这种身份使他们拥有政治参与的特权。只有他们才能入朝做官,或充当地方自治的管理者。对绅士精英身份的反叛,就意味着平民主义的伸张,它推崇与精英的政治特权相对立的大众参与。由此,对"平等"、"平民主义"和"大众参与"价值的追求综合在一起,形成了新文化运动中的另一面旗帜——"民主"。

由此,我们可以理解:为何当时在中国出现的"民主"与西方民主政治中的民主观念有极大差别。在中国,"民主"是反对专制(即主张大众参与)、争取人权(即追求平等)的工具;反对父母包办婚姻、主张男女平等都可以被视为"民主";更多的人则视"民主"为"人民当家做主"。因此,五四时期的"民主",其实是一种"唯民主义"。〔1〕

传统绅士阶层文化认同的第三个标志——也是最符号化的标志——是文言文。文言文不仅是儒家经典的符号,也是绅士身份和生活方式的象征。因此,对传统绅士文化的叛逆,最终一定会抛弃这种符号。既然新文化运动的本质是新知识分子抛弃旧意识形态,并且确立自己文化领导地位的运动,那么就一定要寻找一种既能代表自己,又与传统文人不同的文化符号。这种符号最恰当的自然是白话文。(注十)

---

〔1〕 郭颖颐:"塞先生、德先生的转型",载《二十一世纪》1991年总第4期。

白话文的兴起是与对科学、民主和反对精英主义等多重价值的追求密切相关的。1917 年 1 月胡适在《新青年》上发表《文学改良刍议》，吹响了文学革命的号角。他提出文学革命有两个十分鲜明的出发点：一个是科学进步观，他指出“一时代有一时代之文学”，因而建立起“历史的文学进化观念”。〔1〕另一个出发点是与“为少数文人之私产”的精英主义相决裂，他指出维护文言的做法，无非是想“将社会分成两个等级：一边，是‘我们’这些绅士；另一边，就是‘他们’那些普通百姓”。〔2〕主张废除汉字的钱玄同，更把白话文当作铲除文化暴政的工具。他认为，为了使中国变为 20 世纪的文明之国，“先决条件就是毁灭作为儒家道德和道教迷信之根源的古代文言”。〔3〕而陈独秀则干脆把白话文视为“反对一切不平等的阶级特权”的“文学的德谟克拉西”。〔4〕

在提倡白话文之前，《新青年》的销量仅一千多本，“文学革命”大旗一举，杂志发行量猛增十倍，达一万余本，新文化运动由此推向高潮，震惊全国知识界。

必须指出，科学、民主被推崇和白话文的流行是中国文化的一个巨大进步。因为它们本身并不是独断性的意识形态，而是一个社会走向现代必不可少的文化建设。推动它们迅速普及的价值逆反机制也功不可没。一个相对封闭的文化系统对外开放出现思想大解放时，价值逆反逻辑往往发挥了弃旧图新的巨大威力。因为它诉诸人们很容易理解的方式，使民族文化中长期被忽略和压抑的文化要素受到重视，外来文化受到热烈欢迎，新文化的创造获得

---

〔1〕胡适：“历史的文学观念论”，载《胡适文存》第 1 集第 1 卷，远东图书 1953 年版。

〔2〕胡适：“五十年来之中国文学”，载《胡适文存》第 2 集。

〔3〕格里德（Jerome B. Grieder）：《胡适与中国的文艺复兴》，曹奇译，江苏人民出版社 1989 年版，第 88 ~ 90 页。

〔4〕陈独秀：“我们为什么要做白话文”，载《陈独秀文章选编》（上），第 493 页。

了丰富资源。直到今天,科学、民主依然是中国知识分子追求的价值。但价值逆反的逻辑使人们很容易采取中西对立的看问题方式,从而对西方文化和科学、民主的价值没有真正理解。陈独秀说,中西文化的“根本性质极端相反”,[1]说相反尚嫌不足,还要加上“极端”二字;汪叔潜更将新旧的含义直接指称为:“所谓新者无他,即外来之西洋文化也。所谓旧者无他,即中国固有之文化也。”[2]对科学、民主的理解,也有这种简单化倾向,人们反对中国传统文化,就把与其相反的新价值自然而然地投射到对科学、民主的理解中。这就使得真正的科学精神和民主意识至今在中国尚未形成和普及。

由价值逆反机制推动的新文化创造一定会分为两个阶段:第一阶段为旧意识形态尚未抛弃之时,价值逆反逻辑使各种新观念得到普及,在破除旧观念上大显神威,产生了轰轰烈烈的启蒙。当旧意识形态被抛弃后,价值逆反所造成的对新观念新价值的误解便日益明显,它们被融入新意识形态,而思想解放和启蒙运动也随之中断了。

5.7 启蒙的异化

不少学者都把新文化运动分为两个阶段。从1915年《青年杂志》创刊到1919年五四运动为第一阶段。这一阶段的特色在于激烈地批判传统和以开放的胸襟推动启蒙。1919年以后,云集北京大学的新文化运动领袖们开始严重分裂,《新青年》变为介绍马克思主义的刊物。思想文化理论界论战频频,社会上学生运动、工人

〔1〕 陈独秀:“吾人最后之觉悟”(1916年2月15日),载《陈独秀文章选编》(上),第108页。

〔2〕 汪叔潜:“新旧问题”,载《青年杂志》1915年第1卷第1号。

运动风起云涌,知识分子由文化反思转向认同新意识形态。新文化运动的后一阶段,是启蒙中断、缔造新意识形态的时期。

为什么这样轰轰烈烈的启蒙运动在短短数年内就会中断?这是学术界至今仍在研究的热门话题。事实上,导致中国启蒙运动的批判意识既然是寄生在抛弃旧意识形态之上的,那么,它也势必随着抛弃过程之完成而终结。(注十一)如果想要跳出意识形态的牢笼,就必须首先实现由价值一元论的心态向多元合理之转化。也就是说,当人们从沉醉于一种价值中惊醒并挣脱出来时,只有建立起超越具体价值之上的理性批判意识,才能免予进入另一种一元论的价值独断系统。而这种超越性理性批判意识的建立,则不可能由情感式的价值逆反来实现。(注十二)

康德把启蒙定义为人有勇气在一切生活领域中运用理性。理性是一种大无畏的怀疑和批判精神,它应超越特定价值判断。新文化运动的前期,道德伦理——这一两千余年来中国知识分子批判精神的盲区——第一次全面暴露于批判精神之下,这是一种何等激动人心的解放和进步!但是,正因为在对儒家伦理批判意识的背后缺乏真正的超越性理性精神,其动力只不过是突破伦理中心主义的价值逆反,这种批判和怀疑便不能超越反对儒家伦理而独立存在,相反却产生了新的盲区,新知识分子不能把这种批判精神投射到与旧价值相反的新价值上。尽管作为新文化运动旗手的陈独秀和胡适都认识到中国处于一个"重新评估一切价值"的时代,但在实际上,这种重新评估并不包括当时人们普遍认同的新价值。粉碎旧偶像时的逆反心理,很容易把对科学的追求转变为对外来新知识的迷信,转变为新的价值独断论,这实际上是违背科学精神的。同样,对家长制专制主义的叛逆,是对平等和个性解放的热烈追求,由此带动了史无前例的人的解放和个人感情的解放。

但是,对平等的追求并不能形成有关个人权利和自由的理念。[1]对传统士大夫道德和文化精英主义的反叛,就自然会导向普罗大众主义、民粹主义。个人从伦常关系中解放出来,很快又消失在群体中。绅士偶像粉碎了,大众又成为新偶像被树立起来。在价值逆反的潮流中,感情的洪流最后自然会摆脱理性的驾驭。正如梁实秋在1926年描绘个性解放时说的那样:“情感就如同铁笼里猛虎一般,不但把礼教的桎梏重重的打破,把监视情感的理性也扑倒了。”[2]中国出现了价值逆反与传统相结合,这就为认同新意识形态奠定了基础。

5.8 逆反价值与传统结合

《镜花缘》中有一个“君子国”的故事。那里人人道德高尚,在价值追求上与现实世界相反。如市场交易时,卖方拼命压价,而买主却怕对方吃亏而拼命抬价。在酒店里,越酸的酒被认为越好,结果人人吃醋。作家在描写君子国时,只能把几种价值来个颠倒,至于大量日常生活细节仍需依靠常识,结果这个君子国仍像中国传统社会,是一个人人头戴儒巾的王国,只是人和酒一样有点离奇和酸溜溜而已!这个故事形象地表明,未曾意识到的传统和部分逆反价值的结合,会产生出类似传统结构的怪异结果。五四时期,儒家意识的具体内容被抛弃,但传统思维方式并没有改变,于是一个儒家文化深层结构和逆反价值相结合的过程出现了。(注十三)中国形成了唯物论科学主义、社会主义和乌托邦主义等主流思潮,它

---

〔1〕 甘阳:“自由的理念:‘五四’传统之阙失面”,载林毓生等:《五四:多元的反思》,香港三联书店1989年版,第68页。

〔2〕 梁实秋:“现代中国文学之浪漫的趋势”,载《梁实秋自选集》,黎明文化事业股份有限公司1975年版,第13页。

们成为新知识分子认同的哲学观、社会观和价值观。

本来,儒家意识形态的哲学观是建立在直观理性之上的。所谓直观理性,是指中国文化中认为常识天然合理,不需要怀疑,并用它来推导各种高层次哲学观念的思想方式。新文化运动以后科学获得了不可批评的地位,当时的科学知识迅速取代直观理性中常识的位置,造成科学知识与科学精神相脱离,从而一个以科学常识来建构新哲学观和人生观之过程就势不可当地展开。这里我们看到,价值逆反和直观理性这种传统结构相结合,产生了中国独特的唯物论科学主义思潮,它促使人们信仰辩证唯物主义和历史唯物主义。[1]（注十四）五四运动前,儒家文化的哲学观已在西潮冲击下千疮百孔,知识分子哲学观已出现了多元开放的局面。现在,唯物主义迅速压倒其他流派,甚至连称霸三十年之久的社会达尔文主义都无法和它争雄而迅速衰落。中国文化界又出现了一个建立在新常识之上的哲学观——辩证唯物主义。

意识形态的社会观是关于合理的政治经济模式的思想。中国文化中,一直存在着由道德价值向政治、经济领域投射,以证明某一种社会制度合理与否的深层结构。当道德的内容是“仁”和“家庭伦理”时,代表这种道德价值的政治制度是“礼治”,经济制度是“仁政”,分配原则是根据每个人的伦常等级以决定其经济地位的“等级均衡制”。[2]而现在价值逆反逻辑使得“平等”成为道德内容,这种新道德迅速和传统的道德决定政治、道德决定经济的深层结构相结合,产生了新的社会观,这就是以经济平等为核心的形形色色社会主义思潮。（注十五）陈独秀在论证社会主义为何合理时,曾画过一张图,他把社会主义定义为经济的德谟克拉西,它又

〔1〕刘青峰:“二十世纪中国科学主义的两次兴起”,载《二十一世纪》1991年总第4期。

〔2〕张鸿翼:《儒家经济伦理》,湖南教育出版社1989年版,第113页。

是来自于反对一切不平等的阶级特权。[1] 这里,逆反价值和传统结构互相整合之过程十分明显。在新文化运动前,中国知识分子曾努力学习西方资本主义,社会主义思想虽已介绍到中国,但没有太大影响。新文化运动后期,随着"平等"成为政治制度与经济制度的评价标准,社会主义思潮便来势汹涌。用戴季陶的话讲,它"是一个时代精神",[2]《东方杂志》则称:"社会主义在今日的中国,彷佛有'雄鸡一鸣天下晓'的情景。"[3]

儒家文化的价值系统也有自己的深层结构,它是一种以道德为终极关怀的理想主义。儒家的道德理想主义以家庭为本位,强调个人道德修养,追求成仁成圣。一旦儒家道德具体内容被抛弃,反精英主义的逆反价值和道德理想主义相结合,就产生了五四新知识分子特有的价值观——一种群体的道德理想主义。在中国传统文化中,虽早就有着人人道德高尚的乌托邦社会的构想——大同社会,但它从未成为儒生之终极关怀。当群体的道德理想主义代替个体和家庭道德理想主义时,五四青年的终极关怀也越来越具有了集体主义性质。[4] 他们组织新村,实行"各尽所能、各取所需"的小型乌托邦社会试验,甚至很多人把献身于乌托邦社会当作自己的人生目标和最高理想。(注十六)

---

〔1〕 陈独秀:"我们为什么要做白话文",载《陈独秀文章选编》(上),第493页。

〔2〕 季陶:"世界的时代精神与民族的适应",载《星期评论》第17号,1919年9月28日。

〔3〕 潘公展:"近代社会主义及其批评",载《东方杂志》1921年第18卷第4号。

〔4〕 金观涛:"中国文化的乌托邦精神",载《二十一世纪》1990年总第2期。

5.9 三民主义和马列主义

中国有种脸谱玩具，其正面是一种形象，将其倒转时，又会看到与正面形象相反的另一种形象。逆反价值与传统结合选择新意识形态，很像把传统意识形态的面具倒转。我们可以根据新文化运动后期人们普遍认同的社会观、哲学观和价值观来判断当时最具吸引力的新意识形态是什么。

随着越来越多新知识分子把乌托邦主义作为理想价值，把社会主义作为合理的社会政治经济制度，中国出现了现代化学习榜样的转变。在新文化运动早期，中国现代化的榜样一直是西方，西方资本主义国家被视为实现了“科学”和“民主”这些新价值的典范。但是当巴黎和会拒绝中国合理要求，西方列强用中国利益做了一笔可耻交易之后，陈独秀愤怒地说“啊，现在还是强盗世界”。[1] 新知识分子从此不再把西方国家看作“国民公产”，也认定中国不应再走欧美、日本这条错路。其实，像巴黎和会这种无视中国利益的事，西方列强以前不知做了多少，但在1919年以前，这都不妨碍中国知识分子把西方作为自己的现代化榜样，为何独独1919年的巴黎和会引发了中国知识分子对西方态度的一百八十度大转弯？这其实是乌托邦价值对学习榜样的选择作用的体现：当知识分子普遍向往乌托邦时，巴黎和会粉碎了西方在道德上的先进形象，西方作为乌托邦的对象幻灭了。同时，十月革命的成功则为中国展现了一个来自西方，却又批判资本主义、超越西方现实社会制度的新模式，这就导致了乌托邦寄托对象的转变。（注十七）

---

〔1〕 陈独秀：“为山东问题敬告各方面”（1919年5月18日），载《陈独秀文章选编》（上），第402页。

当时中国盛行的唯物论的科学主义与辩证唯物论和唯物史观一拍即合,社会主义和乌托邦理想叠加起来,正好是一种超越现有西方制度的以共产主义为最高纲领、以取消私有制为现实目标的理想和社会观。我们可以想象,当知识分子正处于一种寻找彻底解决中国社会危机之意识形态饥饿中,一旦发现有一种外来学说居然天衣无缝地迎合了他们在哲学观、社会观和价值观三方面的追求,那将是一种怎样的狂喜啊!于是,1919 年后,马列主义以一种雷霆万钧的力量传入中国,迅速征服了那些思想和情绪激进又渴望着新意识形态的知识分子。

同样,三民主义在中国的演变,也是顺应这几种思想潮流的。早在 1905 年孙中山已在《民报》上提出"三民主义"这一名称。但它成为具备社会观、哲学观和价值观的意识形态,则是在新文化运动后期吸收了社会主义、科学主义和乌托邦主义的结果。三民主义的社会观在经济方面是民生主义,它是新文化运动中社会主义与乌托邦主义结合的产儿。王尔敏就把孙中山的民生主义称为融合了中国的大同理想和西方社会制度的一种创造。[1] 由于五四时期社会主义名目繁多,孙中山尽可能丰富地将其都包括进去,有时把民生主义等同于共产主义,有时则倾向于基尔特社会主义和国家社会主义,从而使它成为三民主义中最令人争议之部分。三民主义社会观在政治方面是民权主义,它基本上包含了五四新文化运动中"大众参政"和"民治主义"这些新价值。

三民主义的哲学观比较含混,特别是 30 年代后经历了结构性的改变。这就使得人们不容易看到五四以后成熟的三民主义哲学观,原是基于科学主义之上的。(注十八)三民主义理论家戴季陶、胡汉民是在中国最早提倡历史唯物论和经济决定论的。在黄埔军

---

〔1〕 王尔敏:《晚清政治思想史论》,华世出版社 1976 年版,第 18~19 页。

校的政治训练班中，他们都以唯物史观讲解三民主义。[1] 甚至1928 年中国知识分子就社会发展史进行大论战时，马克思主义者和三民主义者双方都是基于经济决定论来讨论问题的，分歧仅在于对中国社会的性质与发展阶段认识不一致。[2] 国共合作破裂后，国民党进行清共，为了在意识形态上划清三民主义与马列主义的界限，三民主义理论家才逐步抛弃唯物史观，但仍在科学主义的其他流派中寻找自己的根据。三民主义在新文化运动后期才最后成熟，并获得相当多的知识分子和青年学生的认同。这表明，逆反价值一旦纳入传统深层结构，它也可以自行拼合成某种新意识形态。(注十九)

新文化运动是近代中国伟大的思想解放运动，它冲破了禁锢中国人思想两千年之久的意识形态牢笼。但由于没有树立超越价值判断的真正科学精神，一旦中国人认为找到了能根本解决中国各种问题的新意识形态，新文化运动也就走到了尽头。20 年代以后，中国思想界百花齐放的时代过去了，只有马列主义和三民主义两种意识形态沉重地挂在枝头……(注二十)

伟大的思想运动虽然消逝，但对于超稳定系统来说，完成意识形态更替却意味着一个全新阶段的到来。在此之前，西方的冲击虽使社会生活不断进步和多元，但社会整合只能在解体之中，而现在它又可以整合起来以抗拒西方冲击了。中国开始了两种新意识形态称霸并重新和政治经济耦合，以整合日益脱序社会的新时代。

---

〔1〕 陈能治："黄埔建校初期中共分子的渗透活动"，载《黄埔建校六十周年论文集》(上)，"国防部"史政编译局 1984 年版，第 176 页。

〔2〕 郭颖颐(D. W. Y. Kwok)：《中国现代思想中的唯科学主义》，雷颐译，江苏人民出版社 1989 年版，第 136 ~ 140 页。

第五章 注　解

注一　学术界一般把 1915 年陈独秀办《青年》杂志作为新文化运动的开始,对于其下限,则有不同看法。周策纵认为,就社会思潮转变和学生活动激烈程度而言,它主要集中于 1917 ~ 1921 这五年,但作为新文化运动,最低限度可扩充到 1915 ~ 1924 这十年。他把 1924 年作为新文化运动的下限,理由是这一年开始国共正式合作,党派活动与知识分子活动性质已完全不同。[1] 我们采用周策纵的分期法,把 1915 ~ 1924 这十年称为意识形态更替时期。这十年可以分成两段,1915 ~ 1919 这五年为前期,其中心是抛弃和批判旧意识形态,1919 ~ 1924 这五年为接受新意识形态。1924 年后意识形态政党已代替知识分子成为社会活动的主角,文化热冷却,政治参与高涨,新意识形态开始实现社会整合。近年来,学术界已经开始注意到 1915 ~ 1924 这十年期间,不仅文化思潮,甚至是政党、社会团体的行为方式都和其他时期明显不同,于是有人从革命党的组织变迁或思潮变化,把广义的五四新文化运动时期界定为 1914 ~ 1924 年。[2]

注二　这十年间,成立的学会超过 400 个。1919 ~ 1920 年各学校学生出版的大小刊物,总共达 1000 种以上,广泛流行的至少有 400 种。[3] 从这个对比中可以看出,全面意识形态认同危机远比局部意识形态认同危机更为猛烈。

注三　美国学者苏利文(L. Sullvian)和素罗门(R. H. Solomen)运用统计分析发现,《新青年》杂志的文章明显可以划分

---

〔1〕 周策纵:"以五四超越五四",载《近代中国史研究通讯》1991 年第 12 期。

〔2〕 吕芳上:《革命之再起》,近史所专刊 57,1989 年,第 8 页。

〔3〕 郭正昭:"王光祈与少年中国学会(1918—1936)",载《近史所集刊》1971 年第 2 期。

为完全不同的两个时期,1919年前,它的主要内容是以“科学”、“民主”为旗帜反对儒家伦理,其文章内容均以欧美思想文化为主导。1919年后,文章转变成宣传以马列主义为主。陈国祥的研究也得到类似结论:1919年前,新知识分子是把西方社会和文化作为“科学”与“民主”的典范与中国文化相对立,批判儒家伦理是其主导内容。[1] 1919年后,内容的性质和范围出现了突变。

注四　伦理中心主义是我们在《兴盛与危机》一书中提出来的,但儒家文化主张道德追求在价值上优先于知识,这是一个公认的事实,不少学者都做过论述。它包括如下两个方面:一是在整个意识形态中,求知不如道德修养在价值上重要,属于知识系统的内容远不如属于伦理道德系统内容发达;二是即使在人的道德追求过程中,也更强调意志的纯化,而不是强调对道德之知识即了解“道德的行为”是什么。劳思光先生对中西道德学说进行了比较后指出,“道德哲学在西方的主流,大抵以建立道德理论为主……可以说全部研究工作都属于对道德的知识。至于意志的转化或纯化问题,在西方世界大致都交给宗教了。至于东方情况就大不相同。尤其就中国儒学而论,讲到‘成德之学’,意志的锻炼与纯化正是这种‘学’的主要部分”。[2] 正因为儒学在结构上是把道德价值看作高于知识的伦理中心主义,因而使得社会和自然知识即使有很大变化,也不会冲击儒学核心价值。如汉代儒学(特别是董仲舒的天人感应说)的哲学观和宋明理学是大不一样的,但伦理中心主义构成一个使其价值核心不受冲击的巨大保护带。同样的情况也出现在近代,康有为的伦理中心主义是极为明显的,据梁启超记载,康

---

〔1〕 陈国祥:《新青年与现代中国》,四季出版事业有限公司1979年版,第2～3页。

〔2〕 劳思光:“从‘普遍性’与‘具体性’探究儒家道德哲学之要旨”,载《儒家伦理研讨会论文集》,新加坡东亚哲学研究所1987年版,第19页。

有为主持万木草堂,教育内容德育居十之七,智育居十之三。[1] 章太炎、谭嗣同、严复、梁启超也与之类似,他们所认同的社会观和哲学观大不相同,价值系统中西化程度也不一样,但仍保持着伦理中心主义的情结。

注五 新文化运动反对儒家伦理是发生在袁世凯称帝失败之后,很多研究者认为,正因为袁世凯称帝、祭天等活动的理论根据是儒家伦理,才导致人们对孔教普遍反感。然而近年来,一些学者研究指出,这种直接的逻辑关系并不存在。当时帝制运动的理论根据主要不是基于儒家学说,而是从民主的失败和社会需求出发的。恢复帝制的理由主要有下面三条:(1)君主立宪较民主共和更适合于中国国情;(2)袁世凯对国家有重大贡献;(3)国体决定于民意。这三条中没有一条与儒家伦理直接有关。而且袁世凯虽尊孔,但并不完全支持孔教运动,孔教会的成员也不支持他的帝制运动。[2] 因此,把反儒归结为由批判袁世凯称帝的理论依据而引发的说法不能成立。

那么袁世凯称帝失败后为什么会产生批判儒家伦理的新文化运动呢?实际上这一过程是通过一体化结构中合法性根据之追溯而实现的。袁世凯称帝没有直接诉诸儒家伦理,相反在反对洪宪帝制运动中,很多人从儒家伦理出发来反袁,指责他为窃国大盗。但是这一切并不能改变一个事实,当时政治舞台的主角——新旧绅士社会地位合法性来源均是儒家伦理。因此,新知识分子反对新旧士绅的行为,一定要把儒家伦理作为批判对象。批孔之理由出于第2.6节指出的社会危机破坏意识形态认同之逻辑:反对一体化某一组织层次必须批判相应意识形态内容。袁世凯称帝和批判儒家伦理之内在关联只在于,它作为一个象征性事件,启发新知

---

〔1〕 梁启超:"康南海先生传",载《饮冰室合集》文集之六。

〔2〕 黄克武:"民国初年孔教问题之争论(1912—1917)",载《台师大历史学报》1984年第12期。

识分子去发现儒家意识形态中伦理和帝制的联系。虽然这种联系本来就存在于儒家意识形态的整体性关联之中,但在绅权与王权的冲突时,这种原来意识形态之间的关联被社会忽略。这样我们才可以理解,为何新文化运动出现在袁世凯称帝失败之后,而不是在帝制运动中间,帝制复辟和儒家伦理之关联只是事后反思才能发现的结果。

注六 这方面一个有说服力的证据是:分析《新青年》杂志主要撰稿人,可以发现,他们大多在20岁以前就接受了新式教育。这表明,20岁以前接受西学,有助于伦理中心主义的突破。表5.3为《新青年》作者群接受西学的年龄。

表5.3 《新青年》作者群接受西学的情况

姓 名	就读学校	年 代
陈独秀(1879~1942)	南京新式书院“求是学堂”	1898年(19岁)
高一涵(1885~1968)	日本明治大学	1913年(28岁)
易白沙(1886~1921)	主持永绥师范学校	1902年(16岁)
刘叔雅(1889~1958)	安徽公学	1906年(17岁)
高语罕(1888~1948)	日本早稻田大学	1906年(18岁)
潘赞化(1885~1959)	日本振武学校	1902年(17岁)
谢无量(1884~1964)	上海南洋公学	1901年(17岁)
李大钊(1889~1927)	永平府中学	1905年(16岁)
胡适(1889~1962)	上海梅溪学堂	1902年(13岁)
刘半农(1889~1934)	常州府中学	1906年(17岁)
杨昌济(1871~1920)	长沙城南书院	1890年(19岁)
马君武(1881~1940)	上海震旦学校	1900年(19岁)
苏曼殊(1884~1918)	日本横滨大同学校	1898年(14岁)

续表

姓　名	就读学校	年　代
吴虞(1872～1949)	日本法政大学	1905 年(33 岁)
光升(1876～1963)	南京江南高等学堂	1904 年(28 岁)
吴稚晖(1865～1961)	南菁书院	1890 年(25 岁)
章士钊(1881～1973)	武昌西湖书院	1901 年(20 岁)
钱玄同(1886～1943)	上海南洋公学	1905 年(19 岁)
蔡元培(1868～1941)	绍兴中西学堂监督	1898 年(30 岁)
周作人(1885～1967)	南京江南水师学堂	1901 年(17 岁)
沈尹默(1882～1964)	留学日本	1905 年(23 岁)
沈兼士(1887～1947)	日本东京物理学校	1905 年(18 岁)
陈大齐(1887～1983)	上海广方言馆	1900 年(13 岁)
鲁迅(1881～1936)	江南陆军学堂附设矿务铁路学堂	1899 年(18 岁)
王星拱(1888～1949)	安徽高等学堂	1902 年(14 岁)

摘自陈万雄:《五四新文化的源流》提供材料制表,香港三联书店 1992 年版,第 1～20 页。

注七　陈独秀一生都是一个激烈的民族主义者,但是据陈万雄对陈独秀成长经历的研究,认为新文化运动是他一生中民族主义思想最为收敛的时期。[1] 我们认为,这是因为陈独秀在这段时间虽实现了伦理中心主义突破,但还没有接受新意识形态,因而以科学知识考察一切的心态使得他的民族主义情绪大为减弱。

注八　在新文化运动中,40 岁这个分界确是区别新旧知识分子群体的一个关键性指标,它反映在社会组织的各个层面。例如我们可以看一下当时当权的内阁成员的情况。由于政局动荡,北

[1] 陈万雄:《新文化运动前的陈独秀》,香港中文大学出版社 1979 年版。

京政府先后更换了 24 届内阁,一般说来在动荡年代,老人淘汰比较快,在京城的内阁更是如此,因此在掌权的知识分子中,内阁还是相对年轻的,但他们仍是 40 岁以上的人。张玉法对 153 个阁员进行统计,发现其平均年龄为 46.7 岁。除不详的 17 人外,其余新学堂毕业的占 57.5% ,但仍有 31.4% 是接受传统教育的。[1] 显然这群 40 岁以上的新旧绅士正是新知识分子群体反对的对象。

注九　最近,有人对林毓生在《中国意识的危机》中提出的中国知识分子具有"藉思想、文化以解决问题的途径"的思想模式提出质疑,认为这是混淆了中国近代知识分子的"所言"与"所为"。例如 1906 年胡适在上海公学读书时,就创办了《竞业旬报》,把它看作"向大众灌输新思想"的阵地。而且中国近代自由主义知识分子大多主张"有机式地吸收现代文明精华",绝不只局限于"思想文化"。他们还批评林毓生没有阐明"全盘反传统主义"和"藉思想文化以解决问题的途径"的思想模式的因果联系。[2] 上述批评中存在对林毓生观点的误解。而误解之所以产生,一个原因是"藉思想文化以解决问题"的提法不够清晰。把林毓生所概括出来的"藉思想文化以解决问题的途径"的模式改称为"建构意识形态心态",也许更为确切,它和整体反传统主义的关系就一目了然。整体反传统主义只是抛弃旧意识形态,只要存在意识形态决定一切的心态,旧的抛弃后,立即会出现对建构新意识形态的向往。这种把寻找新意识形态作为解决社会根本问题的倾向,当然只在意识形态更替时期才表现得最明显。在这一时期以前,洋务派更重视器物层面现代化以救国,戊戌时期知识分子对制度变革曾表示更大的关切。只有到意识形态更替时期,思想文化(其实是意识形态)高于制度和器物层面的重要性才被普遍意识到。而且意识形态更换是

---

〔1〕 张玉法:《中国现代政治史论》,第 106 ~ 107 页。

〔2〕 胡伟希、高瑞泉、张利民:《十字街头与塔》,上海人民出版社 1991 年版,第 3 ~ 4 页。

从抛弃旧意识形态价值观引发的,文化道德就被五四知识分子格外看重。

注十　白话文运动发展和意识形态认同危机存在密切的相关性。从图 5.1 可以明显看到,在五四新文化运动中白话文取代文言文之前,中国出现过一个白话文办报刊之高峰,它是自 1895 年开始的,到 1904 年后达到顶峰。这恰恰是第一次意识形态认同危机出现的时期。创办白话文报刊之发展高峰与意识形态认同危机高峰不谋而合,充分反映出文言文是传统意识形态的整体性象征符号,白话文的兴旺程度取决于社会对传统意识形态文化符号的怀疑与反叛程度。

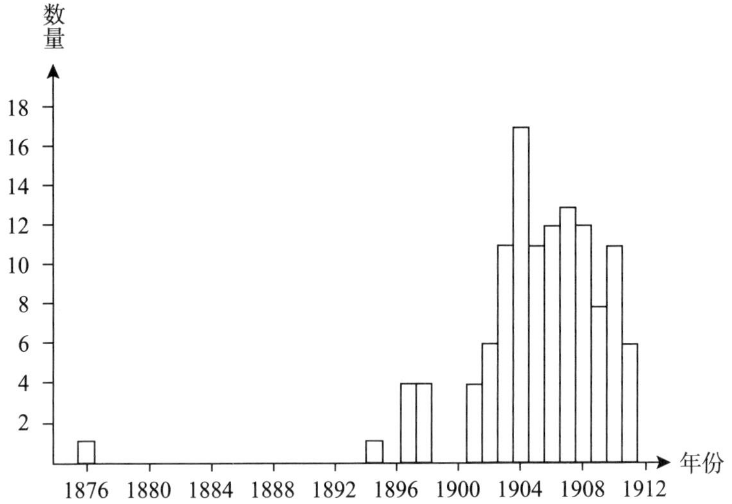

据前引陈万雄提供材料制图,第 134 ~ 153 页。

图 5.1　晚清白话文报刊数量之增长

注十一　舒衡哲(Vera Schwarcz)和李泽厚曾都从启蒙与救亡的角度,来讨论中国现代思想史上启蒙中断的问题。李泽厚明确提出现实紧迫的救亡需要,中断了本应长期持续才能有真正成果的启蒙过程。[1] 由于帝国主义列强瓜分中国的危机，后来又是日本军国主义对中国的侵略，这些接连不断的救亡的燃眉之急，要求把一盘散沙的社会组织起来，因而集体主义便代替了个人主义，专制强权最后淹没了知识分子对人权和自由的追求。如果我们看新文化运动以后的中国现代史，这种说法似乎是不错的。但是，这种解释最大的困难是：从鸦片战争以来就一直存在亡国危险，“救亡”是一百年来中国命运的主题，不能仅仅把这个现象用于1915年前后的中国社会。在20世纪，对军绅政权的不满和批判，以及对社会整合危机之焦虑，正是新文化运动之推动力，亦即五四知识分子反传统、提倡启蒙本身正是出于救亡的需要。救亡压倒启蒙说不得不面临一个二律背反：“救亡”既然导致早期的“启蒙”，为何又会在新文化运动的后期中断“启蒙”？事实上，自1840年以后，面对西方列强的入侵，中国就始终存在“救亡”意识，而洋务运动、戊戌变法以至于辛亥共和革命，都是因“救亡”而作出的反应。新文化运动时期，中国的救亡危机并不见得比其他历史时期更为迫切。为何独独在这时救亡压倒启蒙？这一说法的毛病在于，它忽略了在“救亡”的背景下，思想文化的变迁还有自身的内在演变机制和路向，“救亡”是通过对旧意识形态的抛弃而和“启蒙”联系在一起的。

其实在任何一种带普遍性的社会运动或潮流中，“救亡”都是最具动员力量的，它确实可以推动某些观念兴起，使某些价值具有压倒性优势。但是，仅仅有“救亡”的动员力量，不一定导致价值独断。正如辛亥革命期间，反清排满、共和也是出于“救亡意识”，但民初时并没有因之而出现某种价值独断。在五四前后，救亡之所以先推动启蒙，接着又中断启蒙，是因为当时“救亡”这种社会动员

---

〔1〕［美］微拉·施瓦支（Vera Schwarcz）：《中国的启蒙运动——知识分子与五四遗产》，李国英等译，山西人民出版社1989年版；李泽厚：“启蒙与救亡的双重变奏”，载《走向未来》（第1期），四川人民出版社1986年版。

力量和意识形态更替机制的结合。为“救亡”而推动人们抛弃旧意识形态时,导致了普遍的启蒙。新价值在价值逆反中出现,“救亡意识”就会以它势不可当的动员力量,将这些新价值形成新的意识形态。中国将开始各种主义(意识形态)争雄并力图取得一家独霸地位的新时期。

注十二　张灏最近指出,新文化运动具有一种过去常被忽略的两歧性。这里所谓的“两歧性”是指五四思想中的一些对立发展的趋势,在每一种思潮和文化方向背后,几乎都能发现与其矛盾的歧义潜流。例如五四的理性主义和启蒙精神,是人所共知的,但同时知识分子的浪漫主义激情并不亚于理性意识,甚至充满了非理性因素。五四知识分子具有大无畏的怀疑精神和批判意识,但同时却深怀极强的“新宗教”感,无政府主义、社会主义、人道主义都是他们信仰的新形态。五四知识青年力倡并实践个性之大解放,但很快又陷于对“群体”和“社会不朽”的新崇拜,集体主义迅速取代了个人主义。五四知识分子高扬超越国家和民族界限的人类博爱和世界主义,但民族主义又是潜藏在深层的最广泛、最容易激发的情结。〔1〕这种两歧性恰恰是价值逆反逻辑所具有的特点。抛弃旧意识形态、旧价值,造成了个性解放、批判、理性的一极,与此同时又迅速陷于对某些和旧价值相反的新价值的崇拜、献身,它造成了与批判启蒙相歧义的另一极。在价值逆反的前期,以抛弃旧价值为主时启蒙和批判占主流,一旦抛弃过程表面上差不多时,认同并日益禁锢于新的逆反价值就成为主流。思潮的两歧之消长,正好刻画了中国近现代意识形态的更替。

注十三　意识形态是一个整体性的知识体系和价值系统,形成新意识形态必须把西方传入的新知识和新文化运动中创造的新

〔1〕 张灏:“形象与实质——再认五四思想”,载《自由民主的思想与文化》,台湾自立晚报社文化出版部 1990 年版。

价值进行整合,组成有结构的整体。但是人们用什么方法(原则)对新知识、新观念进行加工、排列以构造整体性系统呢?我们发现,人们虽抛弃了旧意识形态内容,但仍习惯于旧意识形态那种整理知识和价值系统的方式,它下意识地支配了大多数新知识分子接受外来意识形态(或自己塑造意识形态)之过程,这就是我们所说文化深层结构和逆反价值结合之准确含义。

注十四　在中国文化深层结构中,一直存在一种"以常识为基础进行直观外推"的思想方法,它在对知识系统加工形成整体结构方面起着重要作用。我们甚至可以说,儒家意识形态在某种程度上是建立在"常识合理和外推"基础之上的。如孔子以人对父母的天然感情作为"孝道"的基础,以人对兄弟姐妹感情深于其他人来证明"爱有差等"原则之合理;理学中以父子关系不会随世事改变来证明儒家纲常是万古不变的天道。传统哲学观的基本概念"阴"和"阳"也来自于日常生活中的常识。在这种推理方式中,常识(人之常情)首先被认为是天然合理的,是不能怀疑、不必深究的东西,然后用它们来类比、外推产生高层观念。我们在有关论文中将其称为"常识理性"或"直观理性",并指出它一直是建构儒家意识形态的巨大力量。在中国历史上,每当儒家意识形态面临挑战进行重构时,这种建构机制总是特别活跃。[1]　在新文化运动中,儒家意识形态全面解构,这种深层的建构意识形态机制也被高度激活,它和新文化运动中涌现的新价值——科学相融合,导致了中国特有的科学主义思潮,成为知识分子整理知识系统公认的标准。正是它使中国新知识分子接受辩证唯物主义和历史唯物主义。

自从洋务运动中西方科技知识系统传入中国后,知识分子一直是把科学知识当作扩大了的新常识来接受的。但是当儒家意识

---

〔1〕 金观涛:"中国文化的理性精神及其缺陷",载刘青峰编:《历史的反响》,香港中文大学中国文化研究所1990年版。

形态尚未解构时,常识理性建构意识形态功能尚不明显,人们并没有把科学主义看作整理思想、建构意识形态之原则。科学知识的价值仅在技术上有用,它是低于意识形态“道”的“器”。甲午战败,儒家意识形态哲学观和社会观解构,直观理性在这两个领域中重建新意识形态的倾向开始显现。进化论和社会达尔文主义的风行表明科学主义在中国的初步兴起,但是由于儒家意识形态还未彻底解体,科学主义尚未被认为是选择缔造意识形态的基本方法。只是到了新文化运动期间,随着儒家意识形态被抛弃,直观理性这种传统的建构意识形态力量才在每个领域中表现出来,科学的社会功能迅速由器上升为道、再演变为“人生观的基础”。“是否科学?”不仅成为人们的口头禅,而且还是人们鉴别观念和理论体系是否合理的公认标准。科学家热衷于建立一种“在科学常识”之上的新人生观,历史学家也必须用科学来证明某一种社会模式是否合理。正如郭颖颐(D. W. Y. Kwok)所说:“二十年代末及三、四十年代知识分子的活动……关于历史、社会及西化模式的争论……在根本上都是用科学术语展开的。”[1]

这里必须强调的是,中国的科学主义是对科学的推崇和传统常识理性相融合之结果,这就使它不同于西方一般意义上的科学主义。它表现出对唯物主义哲学观特殊的亲和力。首先,“科学”被等同于常识的位置,常识在直观理性中是天然合理不用深究的。这便使得中国的科学主义一开始就把科学看成是不能批评的东西,而且常识理性更多地把科学视为当时的科学知识(新常识),而不是科学方法。19世纪末人们认为一切科学知识基本上是物质的知识,它们综合起来构成一个物质的世界观。在意识形态寻找者看来,物质的宇宙观直接指向物质决定意识的唯物主义哲学,认同科学就简化为认同唯物主义,于是在中国的科学主义者中唯物主

〔1〕 郭颖颐:《中国现代思想中的唯科学主义》,第13页。

义者逐步成为多数。[1]

20世纪20年代后我们确实看到一个唯物论科学主义压倒经验论科学主义的过程。中国的经验论科学主义者有胡适、丁文江和部分科学家，他们的文化倾向是实用主义和自由主义。唯物论科学主义则以陈独秀、李大钊为代表，几乎包含了所有马克思主义者。在新文化运动前期，这两派一起反传统。但到新文化运动后期，两派开始分裂。1923年的科学与人生观大论战中，唯物论派支持马列主义革命人生观，经验论派支持自由主义立场，这时已经出现了唯物论派压倒经验论派的趋势。1923年后，经验论科学主义开始衰落，它的传播一直只限于极少数知识分子和科学家中。而唯物论科学主义却声势浩大，至1928年中国社会性质大论战时，唯物论派已成为主流，几乎所有派别都用历史唯物论来讨论中国社会问题。

中国新知识分子是通过唯物论来接受唯物史观的，这就使得他们在运用唯物史观分析中国社会时，总是下意识地用物质因素来取代经济因素。例如，李大钊的《物质变动与道德变动》是最早运用历史唯物主义的论文，其中所讲的决定道德生活的因素，只是一般的物质存在，而非新生产方式等纯经济动力。[2] 陈独秀和其他早期马列主义者对历史唯物论的诠释差不多也总限于"物质层面"。中国从未出现过像俄国普列汉诺夫那样的马克思主义者，把"物质决定意识"和"经济决定政治"明确地区分开来，也没有类似于《论一元历史观的发展》那样的经济决定论著作。中国最早用历史唯物论解释中国历史的著作是1929年郭沫若的《中国古代社会研究》，在此之前，无论是李大钊还是陈独秀，都否认历史发展有普遍模式，对中国现代史的看法也是高度民族主义的。李大钊只把

---

〔1〕 刘青峰："二十世纪中国科学主义的两次兴起"，载《二十一世纪》1991年总第4期。

〔2〕 李大钊："物质变动与道德变动"，载《新潮》1919年第2卷第2号。

中国社会描绘为“农业经济组织”,而没有接受经济决定论的历史发展五阶段论。[1]

通过唯物论科学主义认同辩证唯物主义,进而再接受历史唯物主义,这是一条十分间接的理论思路,它造成中国早期马列主义者大多只在理论思辨层面认同经济决定论,而在心态上仍抱有从文化和政治上改造中国的立场。从陈独秀、李大钊到毛泽东都高度肯定人在改造社会方面超越经济条件之能动性,他们不用费太大困难,就摆脱了那些强调只有通过经济发展才能改造社会的社会主义学说(如基尔特社会主义、社会改良主义和唯生产力论),迅速地接受了列宁主义。

注十五　在中国文化传统中,直观理性只是加工整理知识观念的架构,建构意识形态还需要一种整合价值系统的模式,这就是由道德价值外推决定其他价值的深层结构。在新文化运动后期,正是它对人们信奉的新价值如“平等”、“民治主义”、“大众参政”进行塑造,形成了一种反对私有产权,否定资本主义市场经济的社会主义经济伦理,这是新知识分子认同新意识形态社会观的第二个基础。

为了说明这种价值外推机制是如何形成社会主义经济伦理的,我们有必要先以少许篇幅讨论一下它在传统社会中是怎样规定儒家经济伦理的。儒家意识形态把道德等同于伦理,政治制度合理性的最后根据就是伦理,它正是道德价值决定政治制度价值之表现。照理说,根据道德价值决定其他价值之模式,经济制度之价值也应来自道德价值之投射。但是儒家意识形态的道德伦理系统是一种主张成仁成圣的道德理想主义,它是不言“利”的。“君子喻于义,小人喻于利”。而经济行为的价值标准恰恰是处理“利”的

---

〔1〕 [美]莫里斯·迈斯纳(Maurice Meisner):《李大钊与中国马克思主义的起源》,中共北京市委党史研究室编译,中共党史资料出版社 1989 年版,第 186 ~ 187 页。

原则,它既不能从伦理道德价值中直接推出,唯一的办法只有间接导出。儒家意识形态利用任何经济制度必须和它维系的政治制度相适应的关系,让经济伦理由道德价值二次投射结构确定。所谓二次投射,是指先将道德价值投射到政治(社会)制度上,再由政治(社会)制度的价值来推导出与其相适应的经济制度(行为)。

用这种二次投射结构可以解释儒家经济伦理为何具有一些表面上互相矛盾的内容,如它一方面主张"均田"、"平均",但又维护私有制等级;一方面重农抑商,但同时又主张藏富于民。这里,关键在于伦常关系成为政治组织原则,于是在经济分配上,儒家主张以伦常尊卑等级来规定经济地位高低。荀子说:"上贤禄天下、次贤禄一国、下贤禄田邑,愿悫之民完衣食。"[1]只有当人们在伦常关系中处于同一等级时,才主张"平均"和"均田"。张鸿翼将其称为一种经济上的等级均衡制。[2] 由于经济行为价值由道德价值二次投射结构规定,经济行为只能通过适应政治制度来达到道德价值,这就造成儒家经济伦理的最基本原则:超越名分的僭越被认为是最不道德的。竞争和商业也不被提倡,因为它们都有可能导致经济地位严重偏离伦常等级秩序。但是儒家主张用家族伦理关系作为社会基层政治制度,没有家族财产就不能维系这种政治结构。为了维系绅士在社会基层的组织功能,儒家经济伦理不仅不否认私有制,而且还包含藏富于民、不与民争利等内容。

显而易见,这种经济伦理既不是资本主义的,也不倾向于社会主义。现在我们设想,当社会出现儒家意识形态认同危机,在这种深层结构制约下,经济伦理会出现什么变化?当道德伦理价值没有被抛弃,改变的仅仅是社会观时,由于伦常关系仍是社会划分等级的根据,在经济上、地位上,人们也必须根据尊卑保持分配不平

---

〔1〕《荀子·正论》。

〔2〕张鸿翼:《儒家经济伦理》,第113页。

等,这样即有效地遏制平均主义和经济平等成为分配原则,绅士仍作为社会基层组织者,经济上私有产权和家族财产仍是合理的,经济伦理中仅有国家级的经济组织方式和分配原则随着意识形态社会观变化而作出调整,如放弃重农抑商等。这一阶段,由二次投射结构决定的经济伦理是明显亲和于资本主义的。当意识形态进一步解构,到儒家伦理被抛弃时,一些相反的价值——“平等”、“大众参政”、“民治主义”作为传统道德伦常价值之取代物,情况就完全不同了。首先,那些作为分配不平均和私有产权合理的根据都因其伦理根据之破坏而烟消云散了。根据经济伦理由道德价值二次投射生成的原则,平等成为一种普遍的社会制度合理性标准,当然包括了经济地位人人平等。这样一来,整个经济伦理就出现了一百八十度转变,从资本主义变为社会主义。

从1895~1920年这25年间,我们确实看到社会经济伦理先由传统变为类似资本主义形态,再由资本主义转变为社会主义。早在戊戌变法时期,西方各种社会主义理论都传到中国,但在1915年前整个社会的经济价值取向仍是资本主义的,社会主义在中国没有什么太大影响。1911年12月孙中山和江亢虎就社会主义交换意见时,就讲到社会主义在中国的传播虽已多年,但“国人知其名者已甚少,解其意者尤稀”。[1] 用江亢虎本人的话讲就是:“究竟能够了解社会主义的有几人?”[2]历史学家公认,社会主义作为一种普遍思潮的出现是在新文化运动后期,1919年五四运动是社会主义压倒资本主义的转折点。它表明,社会主义价值取向的普遍勃兴和新知识分子抛弃儒家伦理是一个同步发生的过程。

是否有进一步的证据说明社会主义经济伦理恰好是传统的价

---

〔1〕 孙中山:“鼓吹社会主义普及全国人心目中”,(民国1年12月30日与社会党本部长江亢虎之谈话)载《国父全集》(第2册),(台湾)中国国民党中央委员会党史委员会1973年版,第794年。

〔2〕 江亢虎:“社会主义之今昔”,载《江亢虎演讲录》,第49页。

值整合机制对取代儒家道德之新价值如“平等”、“大众参与”加工的结果呢？我们只要详细分析当时的推崇者如何看待社会主义经济原则，就会发现，无论是哪一派社会主义者，首先都是把社会主义看作一种“道德”的制度来接受的，他们是根据道德价值来证明社会主义是合理的。冯自由把社会主义心肠等同于大慈大悲心肠，社会主义手段是救苦救难的手段，他说，社会主义就是：“要争世界上万般的事事物物，不平的使之平，不公的使之公的意思”。[1] 胡汉民在《孟子与社会主义》一文中把社会主义经济原则上推到孟子时代，认为孟子主张井田制就是充满社会主义价值的。[2] 在这些议论中我们都可以看到社会主义经济原则背后的道德根源。

只要我们分析一下20年代关于社会主义的论战，就可以看到论战三方的社会主义经济原则都由道德价值的二次投射结构所规定。论战由张东荪发表的“混朴的社会主义”观点引起。社会改良主义者张东荪和梁启超鉴于当时中国没有可能建立强有力的大一统政府，认为要实行社会主义价值原则只有先让绅士资本家发展资本主义，然后通过教育和分配改良贯彻社会主义。[3] 在他们的社会主义经济原则中，改良的“基尔特社会主义”原则明显地从他们认为，中国当时应建立的政治制度导出，经济伦理只是道德价值的二次投射。马列主义者认为中国应建立的政治模式和他们完全相反，是一个俄国式的国家专政机器，其经济伦理也就成了国家计划经济。无政府主义主张取消一切政府和国家，人凭着自由的结合组织社会，在这种社会组织模式中，与其相适应的经济伦理就是

---

〔1〕 冯自由：“中国社会主义之过去及将来”，载《社会主义与中国》，香港社会主义研究会1920年版，第1页。

〔2〕 胡汉民：“孟子与社会主义”，载《建设》1919年第1卷第1期。

〔3〕 蔡国裕：《一九二〇年代初期中国社会主义论战》，台湾商务印书馆1988年版，第168～171页。

共产主义“各尽所能、各取所需”的原则。

有人曾对新文化运动提出过一个发人深省的问题,当科学和民主作为一种启蒙价值出现时,中国为何没有兴起推崇市场和商品经济的潮流?问题的症结正在于中国文化的深层结构。启蒙是抛弃儒家意识形态之结果,它使得“平等”、“大众参政”等与伦常等级制相反的价值占据原来儒家伦理在道德结构中的位置,它们在经济伦理上的表现就是社会主义。这样,道德决定经济伦理之模式规定了一旦人们放弃儒家的伦理,出现的只能是社会主义的价值取向。科学和民主不能与商品经济共存,这正是中国文化深层结构的内在限制。

注十六　只要分析深层结构与逆反价值结合,同样能说明会产生什么样的新价值系统与终极关怀。中国传统文化价值系统中,道德理想主义是一种深层结构,当道德被等同于伦理时,道德理想主义和儒家伦理内容相结合,就构成了传统意识形态的价值观。在这种价值观中,本来就存在一种可能,就是去追求一个人人道德高尚的理想社会。也就是说,个人的道德理想是可以投射到社会群体上,产生类似于人人道德完美的社会等乌托邦理念。确实在儒家传统中,一直包含类似的理想,孔子所说的“大同”、孟子提倡的“井田”、《吕氏春秋》中所说的“公平社会”、陆贾的“圣德”、张载所向往的“均平”社会中都存在道德高尚乌托邦的影子。但是在儒家伦理没有被抛弃之前,道德理想主义主要落实在伦理关系中,乌托邦不能成为终极关怀。儒生追求理想的伦理首先体现在一种典范化的“君君、臣臣、父父、子子”关系中,理想社会是一个实现了“三纲、五常”礼治和“仁政”的社会,而且儒家伦理极强调道德追求中的精英主义。道德理想主义被引向精英个人修身、维系家庭和社会礼治方向。一旦儒家伦理被抛弃,新知识分子实现精英主义之逆反,那么逆反价值和道德理想主义结合,立即会产生新知识分子的价值观——追求一个人人道德高尚的理想社会。群体道德理想主义和乌托邦主义成为普遍的价值取向。[1]

注十七　中国知识分子接受马列主义的过程表明,它正是逆反价值和深层结构对西方形形色色学说进行选择的结果。马列主义虽是外来的,但亲和于它的势力却都是中国文化变构中的产物。在中国知识分子寻找意识形态过程中,我们明显可以发现,乌托邦价值不断改变其寄托对象,最后才落实到马列主义之中。新文化运动初期,乌托邦因儒家伦理解体而被迫游离出来,它只能寄托在那些新价值符号上。如与儒家伦理相反的价值符号"民主"、"个性解放"、"崇尚独立自由的新国民性",等等,知识分子普遍认为,只要人人具备了这些新国民性,中国就能建立一个完美的理想社会。

张灏曾指出,正因为五四知识分子是把乌托邦式的期望寄托在民主制度之上的,这就和西方构成重大差别。在西方,"民主"并不是一种理想的国民性和人格之反映。与其相反,民主制度倒是更多地基于对人性中黑暗面的理解。由于人是自私的、会滥用权力的,因此必须设立一种预防权力集中的制衡机制。民主并非理想制度,在某种意义上倒可以说它是防止政治变成最坏制度的方法。张灏把西方民主政治中对人性的理解称为幽暗意识。[2] 而五四新知识分子对"民主"的看法非但没有一点幽暗意识的影子,相反却充满着乌托邦式浪漫的情怀。李大钊把这种制度下(西方文明)的人看作是"积极的、独立的、创造的、进步的、理智的、科学的"。[3] 陈独秀也认为,"个人之人格高,斯国家之人格亦高;个人之权巩固,斯国家之权亦巩固"。甚至干脆把西方各国之繁荣富强

〔1〕 金观涛:"中国文化的乌托邦精神",载《二十一世纪》1990年总第2期。

〔2〕 张灏:《幽暗意识与民主传统》,联经出版事业公司1989年版,第3~33、145~149页。

〔3〕 李大钊:"东西文明根本之异点",载《李大钊文集》(上),第557~558页。

看作落实了民主这种新伦理、新国民性之结果。[1] 总之,正因为五四知识分子把实现乌托邦式的社会理想寄托在“民主”制度和“个性解放”等新国民性上,而又进一步把西方社会当作这种国民性和新伦理落实的结果,因而他们心目中的西方社会政治是具有乌托邦式新道德的。于是当巴黎和会结果传来,想象与现实之间巨大的落差一下子带来了对西方社会的幻灭。既然西方不再是乌托邦社会的代表,在浓厚的乌托邦心态下,知识分子一定要把社会观中的乌托邦精神寄托到新的对象上。

1919年巴黎和会后,知识分子对西方的崇拜已经幻灭,但在一个短时间内,马列主义尚不太普及,还不能成为乌托邦主义普遍寄托的新对象。于是中国出现了一个奇特的新现象,这就是无政府主义再度繁荣,各种新村和乌托邦式小社会实验盛行一时。当时无政府主义和新村主义者追求的理想,正好是一个非西方资本主义式的道德高尚社会,它是乌托邦精神在找到马列主义前的代替物。1919年8月少年中国学会讨论中国前途时,左舜生提出要组织“一种学术、事业、生活的共同集合体”,以克服人们由于愚昧、生活艰难和缺少修养带来的道德堕落。[2] 王光祈读了左舜生的文章后激动不已,他说:“知道你要创造一个崭新的生活出来,我欢喜得连吃饭都忘了。”他提出一个新村式的乌托邦小社会的具体蓝图,并认为“我们纯洁的青年与纯洁农夫打成一气,要想改造中国是很容易的”。[3] 接着周作人把日本的“新村”实验介绍到中国,中国知识分子把类似的社会蓝图修改成为在城市实行的“工读互助团”。它获得了蔡元培、李大钊、陈独秀、毛泽东、恽代英等人的积极支持。“工读互助团”是一个小型共产主义社会,规定参与者每

---

〔1〕 陈独秀:“一九一六年”,载《新青年》1916年第1卷第5号;陈独秀:“旧思想与国体问题”,载《新青年》1917年第3卷第3号。

〔2〕 “小组织的提倡”,载《少年中国》1919年第1卷第2期。

〔3〕 若愚:“与左舜生书”,载《少年中国》1919年第1卷第2期。

天工作四小时，实行“各尽所能”、“各取所需”，它被知识分子视为“新社会的胎儿，是实行我们理想的第一步”。[1] 当时，毛泽东想在岳麓山设工读同志会，从事“半耕半读”。恽代英和林育南一起设计“以农业为本，兼种果木、兼营畜牧”并“废止金钱”的新生活。[2] 由道德高尚新人组成的小社会试验可说是风靡一时。

乌托邦主义最大的特点是，当它还有新的对象可以寄托时，其实践之失败并不导致乌托邦本身的消失，只是改变寄托对象。新村式的共产主义实践很快因不切实际而破产，但当时马列主义正在迅速普及；大多数参加者把失败的原因归为外部环境的压迫，也就是改造社会规模太小，而不是“各尽所能、各取所需”原则的虚妄。马列主义终于成为乌托邦精神可以长期寄托的下一个对象，相当多的无政府主义者也就变成了共产党人。

注十八　30 年代三民主义的科学主义性质，是一个学术界长期忽略的问题，直到近年来，才有人重新发现这一点。邓元忠指出，30 年代“以党治国”本质上仍是科学主义。三民主义理论家戴季陶一再强调西方文明是以科学为基础的。胡汉民在 1928 年发表的《三民主义的连环性》中指出，三民主义是“进化的重心”，“科学是超越一切的方法”，三民主义信徒，如果不承认这一点，“那根本上就是三民主义的叛道者”。他还指出，“世界主义、无政府主义、共产主义都只是非科学的哲理……”蒋介石 1939 年在中央训练团的演讲中也一再强调要“认识时代”，并论述“何谓科学的群众时代”。他把中国传统也挂上科学主义的牌子，认为“本来现在所谓科学，就是我们中国以前所谓格致之学……可见中国早在二三千年前就有科学了”，中国现代的衰弱不振，是由于现在中国人不能够发扬与运用这自古即有的科学精神方法。因此，号召把“科学”

---

〔1〕 李泽厚：“启蒙与救亡的双重变奏”，载《走向未来》（第 1 期），四川人民出版社 1986 年版。

〔2〕 彭明：《五四运动史》，人民出版社 1984 年版，第 510 页。

落实到修身的人生理想上。[1]

注十九　我们把意识形态分成价值观、哲学观和社会观三个子系统,三民主义的成熟正是这三个子系统自行拼合成新意识形态的结果。民生主义、民权主义是三民主义的社会观,科学主义为三民主义的哲学观,三民主义意识形态的价值观则可以说是民族主义,而民族主义也是在新文化运动中最后成熟的。

通常民族主义的形态取决于人们对民族认同的方式。当人们分别把血缘(人种)、文化价值、共同生活的历史和领土当作民族符号时,就出现了种族民族主义、文化民族主义和地域政治权利民族主义(近代民族主义)等不同形态。而中国文化中民族认同方式深受儒家意识形态的影响。余英时曾指出,和古代西方相比,中国人对“非我族类”的看法是颇为罕见的,中国和非中国的重点不在种族、血统,而在文化和道德。“中国在春秋战国时代已肯定了‘诸夏用夷礼则夷之,夷狄用诸夏礼则诸夏之’的大原则。”[2]当意识形态把道德理想作为终极关怀时,就把道德水平看作高于其他一切价值,这就使中国人比其他民族更早地做到了对血统、语言和某一种特定文化价值之超越,而达到某种世界主义的境界。同时儒家意识形态又把儒家伦理和道德理想等同起来,这样就把中国与非中国的区别归为是否信奉儒家意识形态。我们知道,自董仲舒开始,儒家文化已发展出一些原则,把华夷之辨放到伦常关系之中,而不是看血统、人种、语言以至于其他文化价值。极端地说,一个外国人如果信奉儒家伦理,士大夫会将其视为同类,而一个中国人如果背叛儒家伦理,则被视为禽兽。

简言之,中国文化的民族认同中包含两极,高度的道德理想主

---

〔1〕 邓元忠:“科学主义在中国(民国20年—26年)”,载《台师大历史学报》1989年第10期。

〔2〕 余英时:“国家观念与民族意识”,载《文化评论与中国情怀》,允晨文化实业股份有限公司1980年版。

义和道德价值一元论组成了世界主义这一种;但同时道德又被等同于儒家伦理,它使得中国文化、制度和人伦等级被看作远高于世界各国,是全人类第一的,因而又组成了中国人用儒家意识形态认同代替民族认同的另一极。这种两极统一的民族认同方式导致了中国士大夫独有的民族主义心态:首先任何仅仅是人种上的、语言文字上的、文化习俗上的特征不能作为民族认同之最后根据,它认为有一种世界性统一的道——道德价值——凌驾于一切文化价值之上。而中国的伦常和文化正是这种最高道德价值之体现。因此,中国是世界的中心,其他民族则按照其道德教化程度分成夷和藩,处于天朝帝国——中华的周围。费正清称其为华夏中心主义。这种独特的民族主义带来一个重大结果,这就是它向西方近代意义上的民族主义转化时,必然同时出现世界主义倾向。

所谓近代民族主义是指民族认同符号从传统的人种、语言、特定的文化价值中游离出来,仅以领土完整、主权行使作为其象征。这样,捍卫领土主权的完整不需要排外和反对外来文化。显而易见,对于华夏中心主义,只有当人们的意识形态认同解体,在文化价值等方面出现了多元开放心态,儒家伦理不再是民族认同符号时,民族主义情绪才会从文化上游离出来,寄托到主权和领土意识之中。然而,根据华夏中心主义的结构,儒家意识形态被抛弃并不会改变人们潜在的世界道德价值之一元论心态。既然儒家伦理已不再成为世界上最高价值之体现,道德价值一元论还必须寻找一种新对象来作为自己的寄托,它可以是未来的社会,也可以是西方,这时知识分子中必然出现一种强烈的世界主义倾向。也就是说,中国传统华夏中心主义在解体中会出现一种内在的分裂,一极是世界主义,另一极是近代民族主义。因此中国近代民族主义兴起之过程的同时也是世界主义的显现过程。

1895 年甲午战败前,自强运动中士大夫的民族主义仍属于华夏中心主义,西方近代意义上的民族主义是 1895 年以后才开始一步步出现和加强的。[1] 儒家意识形态的解构,是华夏中心主义转化为近代民族主义之前提。梁启超民族主义思想的演变也证明了这一点,1898年前他的民族主义思想仍在华夏中心主义和排满种族主义之间徘徊。1903年他放弃传统社会观后才成为具有近代民族主义的国家主义者。[2] 儒家的解构一方面使民族认同符号同意识形态开始剥离,同时又使世界主义价值寄托到变法理想上,使世界主义初步显现。汪荣祖曾指出晚清变法思想有双重目标,中国富强与世界大同,他们相信"列国必将合为一和乐融洽之大同世界"。[3] "大同"作为一个世界性的乌托邦,其中蕴涵着乌托邦主义和世界主义两种成分。人们对大同社会的向往表明随着儒家意识形态之解构而导致世界主义初步兴起。但是在新文化运动之前,知识分子对儒家伦理认同尚未破坏,仍把儒家伦理和文化作为民族认同符号,这时近代意义下的民族主义尚未占据主导地位,大多数知识分子仍是信奉国粹的文化民族主义者。只有到五四时代,中国知识分子才普遍具备近代民族主义心态。

众所周知,五四运动是中国历史上第一次捍卫中国主权而不排外的群众运动,它证明,只有等新文化运动中儒家伦理认同破坏,近代民族主义才得以成熟。而在这时我们也才看到了世界主义的勃兴。五四同样是一个知识分子普遍赞同世界主义的时代,当时孙中山就谈到过新知识分子世界主义心态泛滥。他说:"近来讲新文化的学生,也提倡世界主义,以为民族主义不合世界潮

---

〔1〕 李国祁:"中国近代民族思想",载李国祁等:《近代中国思想人物论——民族主义》,时报出版公司1980年版。

〔2〕 杨肃献:"梁启超与中国近代民族主义",载李国祁等:《近近代中国思想人物论——民族主义》。

〔3〕 汪荣祖:"晚清变法思想析论",载《晚清变法思想论丛》,联经出版事业公司1983年版,第25~26页。

流。”〔1〕这里我们看到，传统的华夏中心主义解构后变成两种成分：近代民族主义和世界主义。前者进入三民主义，成为三民主义的价值观，后者进入马列主义。

十分有趣的是，如果世界主义与民族主义同被吸收于一种强势意识形态，就极易转化为新的华夏中心主义，它正好刻画了中国共产党民族主义形态之变迁。根据华夏中心主义的结构，只有当中国的社会文化价值不再被认为是世界最高道德价值之体现时，它才表现出世界主义。知识分子一旦对西方和外国失望，世界最高价值不再落实到外国已有的社会模式而转向未来时，情况就会出现奇妙的变化。既然当前以西方为中心的世界秩序并非合理，它应推翻重新安排，那么落后的中国可以通过对这种未来新社会之追求再次成为世界中心，这时世界主义就转化为一种新华夏中心主义。中国共产党人接受马列主义后，他们的世界主义就很快转化为新华夏中心主义这种民族主义新形态。十月革命刚开始，阿芙乐尔号巡洋舰的炮声并没有引起中国知识分子的注意，只有当中国的世界主义者不再把西方社会当作人类价值之体现后，对俄国革命的兴趣才大大增加。李大钊最初介绍俄国革命时就指出，马克思主义可以使最落后的民族转化为最先进的民族，这里的世界主义中已夹杂着新华夏中心主义的成分。事实上，中国共产党人在信仰马克思主义后，即迅速地从世界主义心态转化为新华夏中心主义——最传统的民族主义。三四十年代后毛泽东思想的形成，五六十年代中苏决裂，“文革”时毛泽东思想成为最高最活的马列主义，中国则重新成为世界革命的中心，这正是一条新华夏中心主义不断强化的道路。〔2〕

---

〔1〕 孙中山：“三民主义：民族主义第三讲”，载《国父全集》（第1册），第33页。

〔2〕 金观涛：“百年来中国民族主义结构的演变”；刘青峰：“文化革命中的新华夏中心主义”，载《二十一世纪》1993年总第15期。

注二十　研究近现代的学者公认，中国近代百家争鸣的多元化社会思潮大多产生于1895年甲午战败之后，在新文化运动前期发展到高潮，又随着新意识形态文化霸权的形成而衰落。我们可以证明，多元化思潮的兴衰是意识形态更替过程中必然出现的现象，只要把握意识形态更替过程的全貌，就能理解会出现哪些思潮，它们又是如何消失的。

我们可以把本章剖析的意识形态更替过程高度简化为图5.2和图5.3。图5.2是1895年前的状态。当时儒家意识形态占主导地位，它和中国文化深层结构互相耦合。这时，外来冲击只是导致儒学经世致用学派的繁荣。在正统意识形态统制下思想多元无从谈起。而在旧意识形态认同破坏时，多元化思潮便开始出现。所谓意识形态更替，是指儒家意识形态内容从深层结构中剥离出来，文化深层结构寻找和塑造新意识形态之过程。随着儒家意识形态被抛弃而产生的逆反心理会将逆反价值注入传统文化深层结构。实际上，多元化思潮大多是逆反价值和传统文化结构结合的产物。图5.3表明，抛弃儒家意识形态后产生的逆反价值如何与中国文化深层结构结合，主导着新思潮的性质和路向。如对"科学"之注重和直观理性相结合，会产生不同的科学主义思潮；平等这种新价值和道德决定了其他价值系统的深层结构之结合，主导着三种不同类型的社会主义思潮等。图5.3企图标出当时中国多元化思潮的主要成分，并指出，它们均和中国文化深层结构有关。多元化思潮在儒家意识形态完全被抛弃、新意识形态尚未产生时发展到高潮。随着图5.3中多元化思潮整合成两种新意识形态，那些不能吸收进新意识形态的成分，在新意识形态文化霸权压迫下，自然成了无本之木，无源之水，它必然衰落。这里我们看到，中国近代多元化思潮之兴衰本是意识形态更替过程中必经的中间环节。

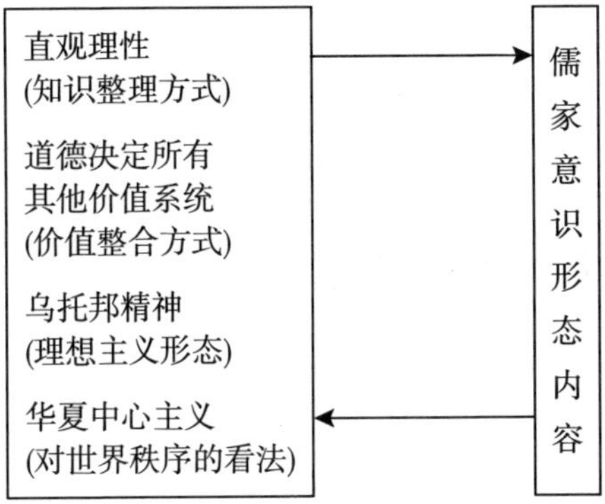

图 5.2　儒家意识形态及其深层结构

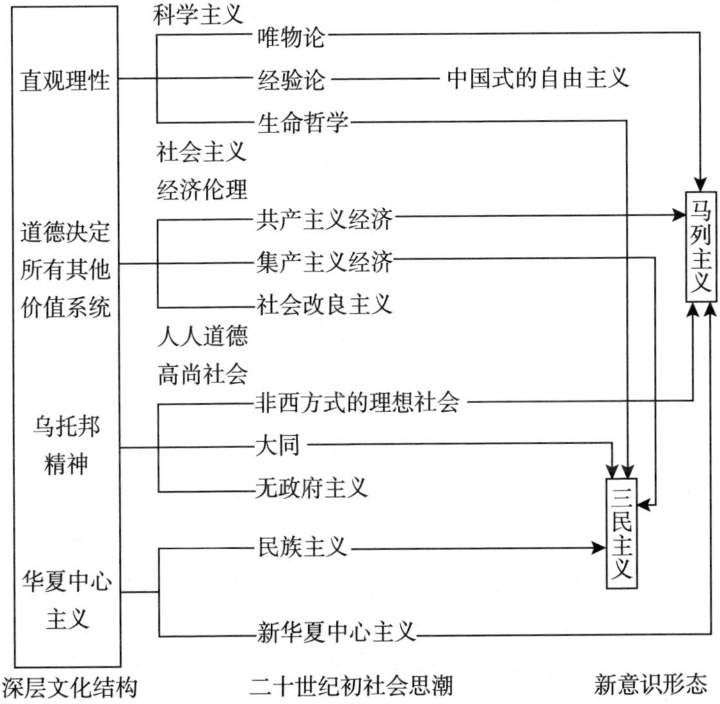

图 5.3　20 世纪初社会思潮变迁

第六章　中国社会的重建

人有意识地为自己活着，但他却是一个完成人类历史普遍目的无意识的工具。

——托尔斯泰

6.1　开放条件下的社会整合

1918年，正当新文化运动轰轰烈烈展开之际，孙中山已经53岁，他发表了举世瞩目的《孙文学说》。今天如果我们去翻阅这位革命家在中国社会危机深重的时刻提出的纲领，就会大吃一惊。全书立论极为奇特，它居然是以讨论认识论为中心的。孙中山力图证明，“中国近两千多年，文明不进步的原因，便是在学术的思想不正当”，[1]他特别非难“知非艰”、“行之惟艰”的哲学传统，认为这是近代改造社会不成功的关键，并大声疾呼将“知易行难”改为“知难行易”。在今天看来，孙中山的思想方法怪诞而不好理解，很少有一个现实的政治家会把社会危机归结为认识论失误。其实，

---

〔1〕 孙中山：“和难行易”（演讲），载《国父全集》（第2册），第469页。

孙中山想讲的并不是哲学意义上的认识论,而是意识形态与社会组织的关系。

在中国传统社会,儒家意识形态认同从未被破坏过,现实社会被要求当作意识形态所规定的理想社会之投射,即“仁政”的实现。中国传统儒生对“仁政”的内容一清二楚,社会改造之困难从不在于对理想社会的认识和统一思想,而在于如何做才能落实“仁政”。在意识形态和社会整合(建立一体化结构)关系上,从来是“知易”“行难”。超稳定系统对外开放,意识形态认同危机爆发,情况就倒了过来。革命党一次又一次地推动政治体制变化,其行动似乎轻而易举,但意识形态认同破坏却使社会面临日益严重的整合危机。孙中山在几十年实践中终于发现,中国只要意识形态不统一,真正改造社会是不可能的。他大力提倡“知难行易”正是深感统一革命党思想之困难。《孙文学说》的发表恰好在新意识形态产生前夕。1919 年以后,随着三民主义和马列主义日益成为社会思想的主流,孙中山所讲的“统一思想之困难”立即迎刃而解。

半个多世纪以来,中国人社会行动上本存在着一个巨大疑难。中国要强大,必须学习西方,但是西方这个先生却又在不断侵略向他学习的学生。学习西方与反对西方列强的思想同时存在,长期来构成了社会动员上的悖论。新意识形态出现后,人们对现代化中社会危机的根源大彻大悟。在社会主义学说看来,西方资本主义制度并非最优,中国应在现代化同时去追求一种超越西方之制度。反帝成为新意识形态进行社会动员的第一面旗帜。意识形态作为一个整体性思想体系,在推出“反帝”的理论根据的同时,立即证明人们反感的军绅政权的不合理。在社会主义和三民主义的新中国蓝图中,再也没有这些地主乡绅道德精英之位置,落后的家族制度以及乡绅控制地方政权被称为“封建”,它们阻碍中国强大。从此,反对军绅政权再也不需要以软弱无力的“护法”为根据了。

国民党提出打倒军阀的理由主要有三条:军阀不顾国家利益

勾结帝国主义;不顾民众利益,破坏民生剥削人民以自肥;不服从国家领导,不知主义和党。[1] 勾结帝国主义是违背民族主义,不顾民众利益是破坏民生主义,而不知国家拥兵自重则是反对民权主义。换言之,军绅政权之所以不合法,就是因为它违背了新的"天道"——三民主义。意识形态再次成为改造社会的巨大动员力量。

在中国,新的"天道"一旦产生,最先接受新意识形态之阶层立即从社会中凸显出来。新文化运动后期,我们可以看到一个从未有过的历史现象,这就是学生一时间突然成为改造中国的主力军。在此以前,中国虽也出现过学潮,但学生运动再活跃,也只是革命党起事和绅商地方独立之配角,从未达到全国性规模。1919年以后,青年学生宣扬新意识形态最为得力。他们的思想比较统一,具有其他阶层所缺乏的组织力与动员力。学生运动汹涌澎湃,社会影响远远超过革命党。据周策纵估计,1922年重大学潮达125次。常道直估计也有106次。[2] 学潮一爆发就具有全国性。五四运动就很典型。5月北京学生发动,6月上海响应,并迅速波及全国各地。学生四处串联,极具动员力,他们推动商人罢市,工人罢工,一下子形成全国性政治运动。这种社会动员力确实是新文化运动之前所不能想象的,当时有人将1919~1920年称为"学生运动(的)中国"。[3] 学生给人的印象如此之深,以致1919年10月张煊给漳州的粤军总司令陈炯明的信中这样写道:"观於北京大学数月来之举动,我西南数十万之雄兵所不能为者,而彼能为之。"[4] 学生比兵还厉害,被冠于"丘九"的称号。1919年6月16日全国学生联合

---

〔1〕 陈训正:"民国十三年之北伐及总理北上",载罗家伦编:《革命文献》第101辑,中国国民党党史史料编纂委员会1963年。

〔2〕 吕芳上:《革命之再起》,第402页。

〔3〕 仲九:"学生运动的过去和将来",载《星期评论》(第46号)1920年4月18日。

〔4〕 吕芳上:《革命之再起》,第414页。

会成立，各省学生组织有方，使戴季陶大为佩服。[1] 李剑农更是表示，“我敢大胆的说一句——此时候已经有了长久历史的国民党的组织和党员间的联络指挥，恐怕还不如这个新成立的全国学生联合会组织的完密，运用的活泼灵敏”。[2]

学生运动造成对旧社会巨大的冲击，这是不是意味着可以利用学生来实现社会整合呢？一体化结构的组织原则是使认同统一意识形态的阶层成为社会组织者。表面上看，五四运动以后，在社会整合上，出现了和传统一体化结构同构的局面：中国传统社会实现社会整合，是靠儒生阶层的意识形态认同以及他们成为社会各层次之组织者，现在，三民主义和马列主义代替了儒家，而新知识分子（以学生为主）又是新意识形态的信服者，他们似乎可以代替传统儒生的位置，并通过意识形态认同，完成社会三个层次的整合。但是，超稳定系统对外开放后，让知识分子来实现新意识形态与政治结构一体化则是不可能的。

首先，整个知识分子阶层已不可能像传统知识分子那样，达到对某一种意识形态信仰的统一。传统知识分子信仰儒家，这是因为他们从小读书受教育，这不单是一个认字学知识的过程，也是学习怎样做人，通过道德修炼成为君子的过程。当超稳定系统处于与世隔绝状态时，可以做到培养知识分子和保持知识分子意识形态认同的天然合一，意识形态一致是不成问题的。而在对外开放条件下，培养新知识分子和知识分子意识形态认同出现结构性的分裂。虽然新意识形态是由新知识分子所引进、推崇和宣传的，但新式学校的功能是传授知识，而不像传统教育那样以对意识形态的教育和灌输为目标。（注一）开放条件下形形色色外来思想的传入，多种意识形态互相竞争，人们有着选择思想和信仰的自由。新

---

〔1〕 吕芳上：《革命之再起》，第 414 页。

〔2〕 李剑农：《中国近百年政治史》（下册），台湾商务印书馆 1974 年版，第 606～607 页。

知识分子虽仍是思想、文化和意识形态之传承者,但作为一个阶层,则已做不到认同某种统一的意识形态。

新文化运动后期,我们可以明显看到学生阶层意识形态不统一,他们因信服不同的“主义”分裂为形形色色的流派。马列主义者、无政府主义者、社会改良主义者、国家主义者开始了日益激烈的争论。少年中国学会刚成立时,大家以宣传新文化为己任,但到新意识形态成熟壮大之时,内部就出现严重分裂。马克思主义者邓中夏和以后成为青年党创始人的左舜生在分道扬镳之时,握手道:“我们以后战场上见吧。”

第二,即使学生阶层可以达到对一种主义的认同,但学生的角色不能使他们转化为社会各层次的组织者。随着学生运动取得越来越大的社会影响,立即出现了学生社会角色的混乱。青年学生不得不在“读书与救国”、“求学与办事”之间抉择。那些主张以救国为主的学生,要求学生自治和取消考试制度,社会上对学生的本分是什么议论纷纷。本来,学生因求学进新学堂,最早接受新文化和新意识形态,如果由他们用新意识形态去实现社会整合,他们就必须先转化为军人、政治家、官员,这就等于是否定了学生身份。因此,在用新意识形态完成社会整合过程中,知识分子阶层已不可能再像传统儒生那样,整体地作为社会组织者。(注二)

第三,用意识形态整合社会,还必须使人民服从它的权威。这一点在传统社会不成问题。儒家意识形态以家庭伦理为本位,把国家看作家庭之扩大,每个人自小生长在服从儒家伦理家长制的家庭中,接受忠孝为核心之纲常教义;而真龙天子以“天命”、“道统”作为自己的合法性根据,就获得社会基层百姓之认同。传统的家庭功能和教化使得民众的意识形态和社会正统意识形态是一致的。用新意识形态整合社会时,这一把民众意识形态与中上层统治者意识形态天然联系之纽带已不复存在了。虽然,新意识形态主张反帝反封建,和农民、工人、城市贫民利益一致,但要人民接受新意识形态，还必须有一个向基层宣传、渗透并与群众革命结合之过程。

总之，超稳定系统在对外开放条件下实现社会整合，仅仅依靠知识分子创造或接受某种具有强大动员力的新意识形态是远远不够的，它必须去克服上述三个历史上从未有过的困难。即需要找到一种组织方式，以保证开放条件下人们对统一意识形态之认同，与此同时能顺利将其成员源源不断地转化为社会各层次组织者。为了让人民接受统治权威，这一组织还要能推动新意识形态自上而下的传播，引导基层群众观念大变革，使他们放弃传统意识形态从而转向接受新意识形态权威。20 年代，新意识形态实现社会整合之潮流不可阻挡，有如洪水冲开闸门那样扫除发展中的障碍。新的组织方式终于被找到了，这就是建立列宁主义政党。

6.2　列宁式政党的功能

影响中国现代发展的最重大的事件，是 1921 年中国共产党的成立和 1924 年中国国民党的改组。今天，人们在讨论中国社会这一巨大转折时，都承认这是十月革命后“以俄为师”的结果。20 年代初的苏联，内战刚平，经济政治实力远不能和西方相比，然而苏联对中国的影响却压倒西方，改变了中国历史的进程。这是因为十月革命正巧发生在新文化运动期间，它在两个环节上迎合了当时超稳定系统对外开放条件下变迁的历史需要。第一个环节我们已在上一章讨论过，这就是它促使马克思主义在中国的传播，为新文化运动后期的知识分子信仰新意识形态提供了外来资源。没有十月革命，新意识形态取代旧意识形态也许不会如此迅速。第二个环节是苏联列宁主义式政党组织模式的引进，它解决了在对外开放条件下达到新意识形态认同的困难，这就是如何在一个思想已日趋多元化的新时代中保持某一个团体对新意识形态的信仰。

1921 年深秋,中国共产党刚刚成立不久,组织部长张国焘就踏上了去莫斯科取经的遥远历程。1923 年,苏联政府和共产国际代表鲍罗廷(Michael Borodin)抵达广州,向孙中山全面传授苏联组党和发动群众革命的经验。孙中山正苦于国民党日益涣散,一听大为折服。他把鲍罗廷比作曾对美国建国有着重大贡献的法国将军拉斐德(La Fayette),并让他立即着手指导国民党改组。1924 年,正值改组后的国民党召开第一次全国代表大会之际,传来了列宁去世的消息,孙中山决定休会三日以表哀悼,并号召全党以俄为师,把国民党改造得如同列宁的党那样稳固坚强。[1] 这种使中国共产党兴起,使孙中山大为折服的组织方式究竟是什么呢?我们将列宁主义政党的组织结构和西方议会政党作一个比较,就会发现列宁主义政党的组织结构有一种特殊的功能,它可以在一个多元开放环境中牢牢维系党员的意识形态认同。

列宁主义政党在组织结构上和西方议会政党的基本差别在于:它有着笼罩每一个党员的基层组织。改组后的国民党与共产党的基层组织虽有严密程度之分,但基本形态类似,共产党称为“支部”,国民党叫“区分部”。它们以党员工作、生活居住地来划分,构成一个能经常活动的团体。每个党员必须是某个基层组织之成员,甚至连党的领袖也不能例外。列宁主义政党不是由独立的个人组成,它是以“支部”、“区分部”为基本细胞。一般政党则没有这种基本细胞,党仅由上层机构和党员组成。国民党改组前,也没有基层细胞,国民党改组时高度强调建立区分部之重要,它指出,“若没有区分部,上级机关等于无领土无人民的国家”,“区分

〔1〕 陈旭麓主编:《五四后三十年》,上海人民出版社 1989 年版,第 72 ~ 73 页。

部”的责任是“使国民党得尽力于民间”。[1]

为什么列宁式的政党必须以“支部”、“区分部”为细胞呢？原因正在于它是开放条件下达到意识形态认同必不可少的组织形态。在社会变革剧烈、思潮变化不定的时代，要保持某一组织成员对哲学观、价值观、社会理想达到整体认同，要比仅仅达成政见一致困难得多。由十几人或数十人组成的基层组织就成为达到和保持意识形态认同不可缺少的结构。有了这种组织形式，党员能够而且必须经常活动，开会、共同行动、沟通思想、相互了解（包括相互监督），每个人都能参与到他人的思想和价值追求中去。这种联系方便、成员固定的基层组织活动，把意识形态所规定的价值落实于每天的实践。它对于维系党员意识形态认同十分重要，所以每个党员必须属于某个支部或区分部。（注三）吸收新党员的过程，更是典型地反映了这种结构之功能。西方议会政党对党员的要求只是拥护党的政治主张，入党很简单，只须经介绍和完成登记手续。意识形态认同团体接受新成员，则要求人们认同意识形态，党如何才能知道参加者已接受党的意识形态呢？唯一可靠的办法是通过基层组织的认真考察。因此，列宁主义政党吸收党员，毫无例外地必须通过基层支部，而不能由中央直接吸收。只有这些基层细胞才有可能掌握、了解新成员的情况，才能用意识形态标准衡量他是否合格。意识形态越强有力，对基层组织要求也越严。马列主义是比三民主义更强大的意识形态，共产党支部的组织性和重要性也大大强于国民党的区分部。共产党吸收新党员除了必须经过支部审查外，还要有相当一段时间的候补期，以考察参加者是否符合意识形态标准。（注四）

我们把列宁主义政党称为意识形态认同团体，而西方议会政

〔1〕“国民党过程中两要点”，载《民国日报》1924 年元旦增刊，“中国国民党改组号”二（上海）。

党只是政见认同团体。(注五)超稳定系统实现意识形态更替前,中国社会处于意识形态认同危机中,众多的政治团体只能基于政见认同,其组织系统必然随政见重叠而交叉,随政见变迁而解体。据张玉法统计,民国初年中国共有312个政治党会。它们都是政见认同团体,其中具有健全或具体政纲的只有35个。而这35个党,平均2.8个党共用一种主张。[1] 政见雷同造成政见认同团体的组织互相交叉,十分混乱。上层人物常常同时属于不同政党。如伍廷芳、黄兴各有11个党籍,黎元洪有9个党籍,唐绍仪、王宠惠、于右任等均属于7个党。[2] 这些政见认同团体经常随着政见的变化而分裂。同盟会以推翻清王朝为统一政纲,清王朝灭亡,同盟会立即瓦解。讨逆军以反对袁世凯称帝为目标,袁世凯一死,就马上出现内讧。章太炎把民国初年政党和革命党团体随政治目标实现而解体,称为"革命军起、革命党消",认为这是政党必然面临的命运。而孙中山对此极为不满,他屡屡奋起,想把国民党变成一个组织严密但又有群众性的大党。1913年二次革命失败后,他在日本将国民党改为中华革命党,为了强化组织性,要求党员把一切献给党的事业,与党共生死,并按指模宣誓服从领袖。这种做法立即引起国民党人的不满。孙中山的亲密战友黄兴、李烈钧、柏文蔚、谭人凤、陈炯明、张继等人,虽与孙中山政治主张一致,但都不同意按手印宣誓这种类似加入黑社会的做法,结果连胡汉民、廖仲恺都"结庐读书,隐居郊坰",对此事具见犹疑,朱执信到1915年才正式入盟,黄兴则流亡美国。由于很多人均持异议,甚至别立门户,各行其是,[3]这就使得中华革命党的规模缩小,远不能和原先国民党相比。

孙中山不知道,政见认同团体是不可能既紧密又有群众性的,

---

〔1〕 张玉法:《民国初年的政党》,近史所专刊49,1985年,第36~38页。

〔2〕 同上。

〔3〕 吕芳上:《革命之再起》,第14页。

一旦它组织紧密，就如同一个帮会，立即失去群众性；如果强调党的群众规模，就只能用党的政见作为内聚力，组织必然松散。随着政治目标的实现，政见的吸引力消失，党也消亡。1923 年国民党改组前夕，虽已是一个拥有 23 万党员的群众性大党，但是，它仍如一般政见认同团体，组织极为松散，党组织并不了解何人入党，何人退党。[1] 孙中山为党组织松垮而烦恼，认为这是国民党的衰落，但又苦于想不出解决办法。正是在这一关头，列宁主义政党组织模式传入，孙中山茅塞顿开，立即着手把国民党改造为一个意识形态认同团体。（注六）

意识形态认同团体以新意识形态认同为凝聚力，并设有支部、区分部这种保持党员意识形态一致的基本细胞，它立即呈现出和政见认同团体不同的组织效果。1924 年国民党改组时，对党员又提出了类似于加入中华革命党的要求，党员必须服从党的领袖和纪律，甚至党员在物质上和精神上均不得自由支配，应把一切献给党。[2] 党员入党也有类似于按指模的宣誓仪式。由于这时国民党已有了新意识形态，参加者接受比政见一致更具有整体性的新意识形态，放弃个人自由只是认同党的意识形态的体现。结果非但没有出现中华革命党成立时的大分裂，反而出现国民党的大发展。（注七）

保持政治团体意识形态认同的新组织方式一旦在中国出现，它就立即成为经历过新文化洗礼的青年学生向往的目标。1923 年全国学生联合会、基督教全国青年联合大会，纷纷移师到革命党根据地广州召开，[3]充分显示了意识形态认同团体对青年知识分子的吸引力。学生既然以救国为己任，而学生组织本身已不足以适应这一功能时，很多学生毅然放弃学业，中国出现了学生向意识形

〔1〕 吕芳上：《革命之再起》，第 536 页。

〔2〕 王功安、毛磊：《国共两党关系史》，武汉出版社 1988 年版，第 67 页。

〔3〕 吕芳上：《革命之再起》，第 483 页。

态政党党员角色转化之潮流。单单五四时代的核心人物进入国民革命阵营的就有 300～400 人之多。[1] 共产党最早的组织核心,也几乎全由五四知识分子组成。(注八)国民党元老邹鲁说过,大量学生因信仰三民主义而投身于国民革命,国民党出现吸收青年入党高潮。[2] 当时在国民党党员中,仅青年学生就占 10.5%,知识分子占一半以上。[3] 接受新意识形态的学生终于找到一种参与社会改造的组织方式。

在加入国共两党的五四知识分子中,以中学生为最多。据统计,1922 年全国学潮,有 67% 发生在中学,大专和小学分别为 23% 和 10%。[4] 中学生不仅比五四运动发动者——大学生人数为多,而且更具意识形态化参政热情,随着他们的加入,国民党和共产党获得大量生力军,迅速崛起,成为政治舞台的主导力量。1924 年,国民党刚刚改组时只有 175,875 人,高级党部 18 处,[5] 到 1926 年,短短两年国民党党员就增至 544,656 人,县市党部 401 处。[6] 共产党党员也迅猛增长,"四大"以前还不足 1000 人;"五大"时则已增加到将近 6 万人。短短两年时间,人数就增加了 60 倍。[7] 两党的发展犹如超新星爆发,使政治舞台上其他力量黯然失色。比较一下孙中山和梁启超在新文化运动后的社会影响,就可以看到这一趋势。孙中山于 1925 年逝世,而梁启超死于 1929 年。在他们生前,梁启超较之孙中山具有同等甚至更大的影响力,梁启超领导

---

〔1〕 孙德中:"五四与新文化运动",载《文星》1962 年第 10 卷第 1 期。

〔2〕 邹鲁:《中国国民党史稿》,《邹鲁全集》(三),三民书局 1976 年版,第 303～304 页。

〔3〕 杨幼炯:《中国政党史》,台湾商务印书馆 1969 年版,第 194 页。

〔4〕 苏云峰:"民初之知识分子(1912—1928)",载《第一届历史与中国社会变迁研讨会论文集》(下)。

〔5〕 杨幼炯:《中国政党史》,第 193 页。

〔6〕 同上。

〔7〕 王功安、毛磊:《国共两党关系史》,第 181 页。

的进步党和国民党的规模也差不多。在反对袁世凯称帝的运动中,进步党的作用比国民党更大。但是梁启超的死意味着他政治影响力的终结,组织结构类似于西方议会政党的进步党和研究系也在新文化运动后期土崩瓦解。而孙中山的死却是他成为中华民国国父的开始,他是国民党崇拜的"圣王"。这一切十分形象地表明,列宁式革命党如何压倒其他政党,成为超稳定系统对外开放条件下的社会组织者。(注九)

6.3　党军和北伐

希腊神话中有一个故事,太阳神的儿子法厄同(Phaethon)希望父亲满足他一生最大的愿望——驾驶太阳车。太阳神无可奈何地答应了,但暴戾的太阳车却不肯服从一个毛孩子的驾驭,结果是法厄同全身烧焦成为一颗陨石从天上掉下来。在人类发明的政治机器中,最暴戾难以驾驭的历来都是军队。自一体化解构以来,中国的军队完全失控,想驾驭军队的各种政治力量无一不碰得头破血流。在新文化运动期间,中国军人目空一切,根本不把新诞生的"主义"放在眼里,军阀中几乎没有人意识到一种重新驾驭军队的巨大力量正在被制造出来,这就是列宁主义政党。

传统一体化结构是靠军事将领的意识形态认同来控制军队的。列宁主义政党既然达到政治团体内部对新意识形态认同,那么类似于传统一体化结构用儒将治军的机制马上复活了。这就是让意识形态政党控制军队,或者说使军队也具有意识形态认同团体类似的性质。国民党称之为党军,共产党则将这一原则叫做"党指挥枪"。由于以党控军、以党建军是中国现代史上的新事物,在讨论党军结构时,以前的研究者很少注意到它和中国传统一体化结控制军队机制的类似性,人们仅仅把党军看作是以党组织控制

(建立)军队。其实“党军”的重要性并不在于让军队属于政党,如果政党不是意识形态认同团体,党是不可能指挥军队、防止军事割据的。国民党改组前试图建立党军的历史就证明了这一点。

众所周知,建立由革命政党控制的武力,一直是孙中山的理想,民国初年,他就有建立党军的想法。他曾在日本东京建立“浩然庐”,作为培养党人的军事学校。[1] 1917年,孙中山南下护法时,终于第一次有可能建立党的武装力量。通过国民党人胡汉民、汪精卫的斡旋,他委曲求全,终于从广东督军陈炳焜那里争取到省长公署的20营警卫军,约5000人。孙中山将这支部队交给老党人、他的部下陈炯明统领。他积极向华侨募款,并迫使桂系将部分关税、盐税拨给陈炯明使用。[2] 除了经济保障外,他还将重要军事人才如邓铿、许崇智、蒋介石等都集中到这支部队中来,并批准全体官兵宣誓入党。[3] 孙中山为建立党军,可谓煞费苦心。

但是,国民党当时还是政见认同团体,而非意识形态政党,以党建军的后果和孙中山意愿相反。陈炯明虽为国民党党员,但他的政见一旦与孙中山的分歧,军队也就和孙中山分道扬镳。联省自治运动兴起后,积极支持、参与联省自治的陈炯明便反对孙中山的北伐计划。1922年,陈炯明公然炮轰总统府,把孙中山赶出广州。而合力将陈炯明军驱出广州的滇桂联军更是跋扈,不听号令,分割地盘,霸占税收,[4]同样无视革命政权之存在,实际上无异于“有一分钱,打一分战”的一般军阀。孙中山曾痛心疾首地对为首的杨希闵、刘震寰说:“你们都戴我的帽子,来蹂躏我的家乡。”[5]

---

〔1〕 李云汉:“中华革命党的组党过程及其组织精神”,载《孙中山先生与近代中国学术讨论会》(论文集)(第2册),台湾1985年,第285~286页。

〔2〕 段云章等:《陈炯明的一生》,河南人民出版社1989年版,第125页。

〔3〕 郭翘然、李浩之:“粤军史实纪要”,载广东省政协文史资料研究委员会编:《粤军史实纪要》,广东人民出版社1990年版,第9页。

〔4〕 吕芳上:《革命之再起》,第455页。

〔5〕 同上。

孙中山苦心经营党军不成,反受其害,证明了靠某种政治主张(政见)组织起来的政党是没有能力控制军队的。西方议会式政党同样也从没有控制军队的能力。在西方现代国家政体中,军队服从宪法权威。而在中国社会超稳定结构中,军队只会服从意识形态权威,因此"党军"之本质并不在于以党组织建军、控军,而在于让军队服从党的意识形态。

军队作为一个具有高度组织性的武装团体,如何才能处于新意识形态控制之下呢?当新意识形态具有强大的凝聚力,并形成了具有紧密细胞之党组织,只要让这样的基本细胞深入军队基层,使广大士兵、军官都服从于新意识形态的权威,就实现了对军队的控制。共产党军队的政治委员制度就是一个例子。各级政委就是党的意识形态代表,政委制强调把"支部建在连上",党员成为士兵之表率。在支部之上有总支、党委,党代表、政治委员主要做思想工作,在特殊情况下可以代替军事长官指挥。除了政治委员制度外,另一个可行的办法是系统地把认同新意识形态的五四青年转化为军官,即让军官培养过程与认同党的意识形态教育合一。这就是意识形态化军校和军官团制度。国民党作为弱势意识形态认同团体,主要用第二种方法建立党军。

大家都知道,国民党党军起源于黄埔军校,黄埔军校正是一个意识形态化的军官培养机构。1924 年 6 月 16 日,孙中山在黄埔军校开学典礼上,就以"革命军的基础在高深的学问"为题训话,强调军队必须服从党的意识形态。新文化运动后期,培养大批认同新意识形态的军官有一个捷径,这就是吸引那些有政治热情,倾向于接受新意识形态的青年为军校学生。黄埔军校成立之际,正是新意识形态成熟,广大五四青年因信仰三民主义纷纷从政投军之时。在青年知识分子参政投军的热潮中,黄埔军校作为实现党军的基地,可以说办得恰逢其时。罗家伦以切身体验说,他认识的很多黄埔军校同学,均因中学时受新文化运动影响而参军。[1] 据统计,黄埔军校前三期2259名学生,来自全国22个省,他们至少是高小及中学文化程度,还有些是大专毕业甚至留学生。[2] 为了打破军阀部队那种同乡地域为主的组合方式,孙中山特别将黄埔军校的名额,根据各省情况分配到各省。黄埔军校培养受三民主义控制的青年军官的进程极为迅速。黄埔军校成立的第一年,仍不得不任用在保定军校或日本军校毕业的党员做教官和骨干,但到1925年黄埔开始有毕业生,其中不少人被任命为该校教官。[3] 同年4月,具有意识形态认同之青年军官已经相当多,国民党遂以军校中设置党代表的教导团为基础,正式宣布建立党军。[4] 在大革命期间,黄埔军校共培养了4981名毕业生,[5]他们是党军的中坚力量。

黄埔军校的功能在于把认同新意识形态的五四青年学生转变为军官,因此当时人们也把党军称为学生军。一开始军阀根本没有把这些无作战经验、装备简陋的学生军放在眼里。滇军范石生曾当面奚落蒋介石:"你在黄埔办什么鸟学校,你那几根'吹火筒',我只派一营人就可完全缴你的械。"[6]但意识形态认同使得党军具有崇高的献身精神和严密的组织性,并立即在军事较量中显示出巨大威力。1924年12月东征中,3000人的学生军击败拥兵万余的洪兆麟主力,把陈炯明赶出广东。次年6月滇军、桂军发动武装

〔1〕 陈春生:《新文化的旗手——罗家伦传》,近代中国出版社1985年版,第43页。

〔2〕 吕芳上:《革命之再起》,第476页。

〔3〕 龚乐群编著:《黄埔简史》,正中书局1976年版。我们根据57—89附录"黄埔创立时其人物志"(钱大均著)统计得到这一结论。

〔4〕 吕芳上:《革命之再起》,第476页。

〔5〕 段云章、邱捷:《孙中山与中国近代军阀》,四川人民出版社1990年版,第522页。

〔6〕 中国人民政治协商会议全国委员会文史资料研究委员会:《第一次国共合作时期的黄埔军校》,文史资料出版社1984年版,第68页。

叛乱，又是黄埔军回师，打得叛军落花流水，缴械投降。[1] 在黄埔军校建立之前，国民党连广东一省都无法统一，黄埔军校建立后不但迅速统一广东全省，而且开始北伐。北伐很像童话中矮子和巨人之战，当时国民革命军仅有 8 个军，不到 10 万人。[2] 而它要打倒的对手——军阀却都是庞然大物。直系的吴佩孚有 25 万军队，五省联军总司令孙传芳的兵力不下 20 万人，另外奉系张作霖、褚玉璞、张宗昌等的兵力，合计约 50 万人。[3] 国民革命军以 10 万人主动出击拥兵百万的军阀，各个击破，以少胜多，大显军威。北伐开始两个月后就攻克武昌，消灭吴佩孚主力，战场重心转至江西。1926 年 11 月 8 日北伐军攻破南昌城，孙传芳主力大部被消灭。1927 年 3 月 23 日，北伐军又击败十几万直鲁联军，进入南京，南部中国基本统一。

6.4　工农大革命：新意识形态的传播

列宁主义政党除了保持政治团体对新意识形态认同，把党员干部转化为官僚、军人外，还具备第三种功能，这就是通过组织群众运动，使广大人民在革命运动中服从于新意识形态权威。

1926 年正当北伐军顺利进军之时，中国大地也被突然兴起的工农大革命所震撼。自太平天国农民大起义后半个多世纪以来，中国从未有过如此规模的社会基层大暴动，西方列强被这种全国性反帝怒潮惊呆了。经历过多次重大历史事件的周恩来，曾深有体会地说："当时是群众革命运动的高潮，是历史上空前的，就是在

---

〔1〕 陈旭麓主编：《五四后三十年》，第 106 ~ 108 页。

〔2〕 张玉法：《中国现代史》，第 220、222 ~ 223 页。

〔3〕 同上。

抗战期间也没有过。"[1]传统社会中,中国基层社会群众大革命的规模,取决于一体化结构中无组织力量的大小。我们在第4.5节中曾论述过:民初一体化中下层组织转化为军绅政权,无组织力量迅速增长。军阀地主贪得无厌,兼并土地,豪强恶霸横行乡里,社会秩序大破坏,这一切无疑是中国出现大动乱之基本前提。但是1925年后出现的群众大革命,以"反帝"、"反封建"为目标,已不同于传统农民起义,而是以新意识形态作为自己的动员口号。(注十)大革命爆发除了因为无组织力量导致民不聊生的局面,还需要新意识形态深入群众。而三民主义和马列主义在短短几年内能走出书斋,指导革命,成为动员群众运动之力量,这恰恰也是意识形态认同团体的功能。

大革命的引发以城市工运为序幕。当时工人自发罢工的规模均不太大,而且时起时落,凡形成规模的罢工都和国共两党的组织有关。由于国共两党均有"支部"和"区分部"这样的基层细胞,就极易深入基层群众,让新意识形态口号为群众接受。"支部"作为一个宣传意识形态、接纳基层人员参加的新组织,立即激发新意识形态传播与群众运动之间互相促进的正反馈。党支部成员是工运积极分子的主心骨,在组织罢工运动时,发展大批积极分子入党,党的基层组织由此而大发展。图6.1描绘出中国1918～1937年工人罢工次数(缺1927～1931年数据)。由此可以很清楚地看到,1924年两种新意识形态成熟后,特别是国共两党发展到一定规模,有组织的城市工运也迅速达到空前水平。(注十一)

国共两党早期均以新知识分子为组织核心,其活动范围也主

---

[1] 周恩来:"关于党的'六大'研究",载《周恩来选集》(上卷),人民出版社1980年版,第169页。

要在城市,革命之组织动员也从城市开始。大革命第一阶段以城市为中心。新意识形态向农村的渗透还需要一个过程,农村发展大量基层和外围组织,要掌握地区政权或新意识形态被当地政府承认合法之后才有可能。农村虽早已成为可以燃烧起农民起义熊熊烈火之干柴,但大规模农民运动兴起要比工运晚。1925 年,国共两党携手合作,在广州建立革命政府。当时共产党主要侧重于工运组织,而国民党基于三民主义中耕者有其田的学说,对农运表示极大热忱,国民党办起农民运动讲习所,培养农民运动干部,派党员下乡组织农会。它导致全国农运在 1926 年出现。

农民运动发展的地带和程度直接取决于国共两党最早获得承认和具有政治势力的范围。表 6.1 统计了 1926 年和 1927 年中国农会会员的人数。[1] 1926 年广东、河南两省农会会员人数居全国之首,均达数十万人。农运规模反映了当时国共两党在各省影响力的大小和被政权承认的程度。农运规模最大、发轫最早的广东省,是国民政府所在地,也是国共两党的根据地。广东海陆丰地区,是共产党员彭湃活动的地方。河南农运发达也和国民革命军的势力范围有关。1924 年 10 月,冯玉祥发动推翻北京政权的政变,联合胡景翼、孙岳把所属部队改为国民军联军。胡景翼所率领的国民二军驱走军阀赵倜,进入河南,直到 1926 年 3 月吴佩孚重占河南之前,河南省一直听命于广州革命政府,是国共两党在北方最有势力的省份。

---

〔1〕 表 6.1 是根据王全营等著《中国现代农民运动史》第 123 页“全国农民协会统计表”和第 176 页“1927 年全国农民协会会员统计”两表所提供的数据,简化合并而成。

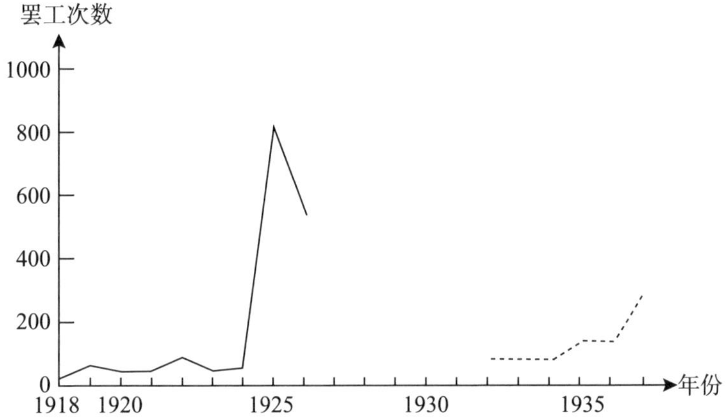

据下列两文提供数据绘制:陈明銶:“民国初年劳工运动的再评估”,载《中华民国初期历史研讨会论文集》(下),近史所 1984 年;赖泽涵:“战前我国的劳工运动”,载《抗战前十年国家建设史讨论会论文集》(上),近史所 1989 年。

图 6.1 中国工运趋势(1918 ~ 1937)

从表 6.1 中 1927 年农会会员人数看,广东、河南两省农会会员人数大体维持在 1926 年水平。但湖北、湖南农会会员却急速膨胀百倍以上,人数均达百万级,成为全国第一、第二位。显然,农运规模和高潮的地点转移,均和国共两党北伐路线及影响范围直接相连。1926 年 10 月国民革命军占领武汉后,同年 12 月建立了武汉国民政府,从此两湖成为全国革命的中心地带。湖北农会会员由一年前的 4000 余人,迅速达到 250 万人。湖南农会会员也由不足 4 万人猛增至 450 余万人。

表 6.1　农民协会会员统计(1926 年 6 月与 1927 年 6 月)

类别 数目 省名	已否成立省农民协会	农会会员人数(1926.6)	农会会员人数(1927.6)
广东	已成立	647,766	700,000
广西	已成立	8144	8144
河南	已成立	270,000	245,500
四川		6683	33,200
湖南	已成立	38,150	4,517,140
湖北	已成立	4120	2,502,600
山东		284	284
直隶		1342	360
江西	已成立	1153	382,617
热河		2200	5423
察哈尔		600	600
陕西		1000	705,160
总　数		981,442	9,101,028

据王全营等:《中国现代农民运动史》提供数据制表,河南中原农民出版社 1989 年版,第 123、176 页。

大革命运动在配合北伐军打倒军绅政权的同时,也迅速建立了新意识形态的统治权威。毛泽东写于 1927 年初的“湖南农民运动考察报告”指出,农民运动干了 14 件大事,其内容包括打击农村基层社会中的绅权和确立新意识形态权威两个方面。农民造反,在政治上、经济上打击地主,解除地主武装,对控制在土豪劣绅手中的基层政权组织——都团(区乡)也予以扫荡,部分县政权受到极大冲击。政权机构以外的维持地方自治的那些权力,如绅权、宗族族权和神权也威风扫地。农运中,新意识形态如何扩张,“报告”

中有生动的描写。过去农村是土豪劣绅的天下,“如今是委员的世界呀,你看,屙尿都碰了委员”,“城里、乡里、工会、农会、国民党、共产党无一不有执行委员,确实是委员世界”。[1] 孙中山遗嘱中的“自由”、“平等”、“三民主义”,农民日常都说,甚至路上碰见不肯让路的地主,农民都会愤然喝道:“土豪劣绅!晓得三民主义么?”[2]三民主义还成为农民反对警察欺压的武器。小孩唱的歌也是“打倒列强……”。

可见,大革命高潮中的农民运动,不仅是对农村基层社会和政权组织的沉重打击,而且当农民接受了新意识形态的宣传以后,他们心目中政权和社会秩序合法性的标准,就无形中完成了由传统向新意识形态的转化。(注十二)上面引述的在城乡无处不是国民党、共产党的“委员世界”,反映了随着组织工运、农运的需要,国共两党的基层组织及活动也来了个大发展。这个发展,反过来又增加了对基层百姓的影响力,即进一步推动群众革命运动。这些基层组织的骨干及培养的活动分子,不仅是组织工运、农运,支持北伐的中坚力量,也是逐步造就未来的基层社会的管理者。

6.5 国共合作破裂的原因

在武侠小说或传奇故事中,经常可以看到这样的情节,一本具有巨大威力的剑谱因某种事变而失散,它的各个部分散存于不同地方,为了让它重新发挥昔日之魔力,故事中的英雄不惜千辛万苦去寻找剑谱的各个部分,将其拼合起来。在中国社会结构中,这一威力无穷的剑谱就是意识形态与政治结构一体化这种社会整合方

---

〔1〕 毛泽东:“湖南农民运动考察报告”,载《毛泽东选集》(一卷本),人民出版社1964年版。

〔2〕 同上。

式,而使剑谱失散的变故就是超稳定系统受西方冲击后的对外开放。在对外开放条件下,知识分子阶层已不能整体达到意识形态认同,成为社会各层次政治结构的组织者。民众认同的意识形态再也不能自然地和社会组织者一致。要让社会整合机制再次起作用,就应如拼合剑谱一样去创造实现新意识形态与政治结构一体化之各个环节。我们在前面已分析过列宁主义政党(包括国共两党)的三大功能:保持党员的意识形态认同;将党员转化为军人和各级干部;组织群众运动在基层确立新意识形态权威。这三项功能恰好是实现中国重新整合的必要条件。国共两党第一次合作,掀起大革命高潮,自此中国社会迅速由分裂走向统一。(注十三)新意识形态与政治结构通过列宁主义政党实现了一体化。我们可以称其为新一体化结构。

将新一体化结构与传统一体化结构作一比较,可以发现它在实现社会内部整合时具有更大的抵抗外来冲击之能力。在意识形态子系统中,国共两党均提出反帝反封建的目标,并用党军、党国、党天下来实现社会上、中、下三个层次的控制,通过群众革命来动员基层力量,从而具有比传统一体化结构更大的社会动员能力。1927 年 2 月 19 日、20 日英国政府迫于北伐军和群众反帝运动的声势,只能在向中国交回汉口、九江英租界的协约上签字。这是超稳定系统对外开放以来,中国在捍卫主权方面取得的巨大胜利。那么,这是不是就意味着 1927 年中国就可以建立强大而稳定的新结构呢？事实并非如此。当时占主导地位的国民党还不是一个严密的列宁主义式政党,(注十四)当革命运动发展到一定程度时,基层群众就和国民党大多数党员的利益发生尖锐冲突,国民党的意识形态不得不进行修改,实现社会整合必需的三种功能也相应急骤减弱。共产党虽具备列宁主义政党用于整合社会的全部功能,但它不占主导地位,力量尚不能和国民党相比。北伐胜利之际,在中国社会似乎有希望实现整合时,国共两党开始分裂对抗,中国出现了国共两党的两种意识形态、两种整合模式的竞争。

在国共合作的早期,反帝反封建的共同目标掩盖了两党的意识形态分歧。五四青年在接受新意识形态时,常常对这两种主义不作明确区分。两种新意识形态在建立政党时,都以俄为师,在组织方式上均模仿列宁主义政党结构,并由苏联与共产国际协调两党关系。因此,在军绅政权被推翻之前,这两个意识形态认同团体携手合作,共同壮大,甚至弱小的共产党基本上也是在国民党内发展起来的。但是,随着大革命高潮的出现,国共两党合作再也不能维持下去了。在涉及群众造反和党员利益问题上,国共两党出现了对抗性的冲突。

国民党改组后,其组织骨干大部分是五四青年。新知识分子虽不属于传统一体化结构,但是,他们却是绅士城市化的产儿。新知识分子阶层和传统一体化结构的统治阶级存在着血缘联系。当时上海在学中学生每年需 150 元,大学生则要 500 ~ 690 元。而工人每年收入不过 100 多元,雇农则更少,每年为 20 ~ 80 元。在华中平原,拥有 30 亩土地的地主,方可供应子弟读初等小学;拥有 50 亩土地的地主才能供一个子弟读高小;须有 200 亩地,才能拿出 50 元支持子女读初中。五四青年中那些留学生大多是资本家、政府官员、商人、教职员子弟,而中小学生大多来自于农村中小地主之家。〔1〕 打倒军绅政权虽是新知识分子共同赞许的,但农运、工运的兴起,特别是群众暴动就会损害大多数新知识分子的家庭利益,它当然立即波及以新知识分子为骨干的意识形态认同团体。黄埔军校前四期学生中有 91% 来自地方各县,〔2〕他们大多是地主子弟。

〔1〕 苏云峰:“民初知识分子(1912—1928)”,载《第一届历史与中国社会变迁研讨会论文集》(下)。

〔2〕 Landis, R. B., Institutional Trends at the Whampoa Military School: 1924 - 1926, Ph. D. Dissertation (Seattle: Univ. of Washingon, 1969).

张国焘就讲过,“所谓国民革命军,士兵多数是农民,军官多数是地主”。[1] 陈独秀当时也分析指出,国民党有一半党员是代表资产阶级的知识分子。[2] 当工人不仅反对外国老板,而且也反对本国资本家;农民把军阀地主(土豪劣绅)打翻在地后,进一步用暴力横扫整个地主阶级时,广大国民党员就纷纷起来谴责农运过火,要求三民主义和马列主义划清界限。

共产党作为马列主义意识形态认同团体,其核心也大多来自于出身地主资本家之新知识分子,他们的家庭利益同样也受到群众革命运动的损害。已查明下落的39名早期党员中,就有14人是自动退党的,几乎占36%,一些党员还脱离共产党转向国民党。但总的说来,马列主义是一种征服力远大于三民主义之意识形态,共产党的入党条件远比国民党更注重党员在信仰上的精英性质,其成员面对工农革命时在心理上有较大承受冲击之能力,能坚持共产党的信仰。张国焘就做过这种对比,大革命中李立三的父亲被农协当作土豪劣绅杀害,但他却强忍痛苦,没有改变对农运的支持。张国焘说,如果类似事件出现在一个国民党员或北伐军军官身上,他与农民协会的仇恨将是不共戴天的。[3] 共产党十分注重在工人中发展党员。到1927年共产党召开五大时,其65,000名党员中,工人出身的已占65%。[4] 大革命后期,共产党实际上已成为一个由少数具有献身精神的职业革命家(来自知识分子)领导,但组织成员却以工农群众或下层穷苦知识分子为主之政党,其利益导向和工农基本一致。

根据上述分析,国共两党实际上代表了两种不同的改造社会

---

〔1〕 张国焘:《我的回忆》,香港明报月刊出版社1973年版,第624页。

〔2〕 陈独秀:“国民党是什么”,载《陈独秀文章选编》(中),第210页。

〔3〕 张国焘:《我的回忆),第620页。

〔4〕 胡华、林代昭:“台港和国外中共党史研究述评”,载《近代史研究》1982年第1期。

模式。国民党只想利用群众大革命打倒军阀,结束割据,但并不希望横扫地主阶级,北伐一胜利,就要求停止革命。共产党则与群众运动中工会、农会干部之利益一致,要彻底消灭资本家和地主。随着群众运动的发展,国共两党的矛盾也越发尖锐,最后达到势不两立的地步。

如果我们宏观地考察国共关系发展趋势,就可以发现两党对立程度直接和群众运动规模成正比。1924年国共合作时,群众大革命基本没有兴起,两党合作良好。1925年,群众革命开始了,国民党右派率先举起反共旗帜,在北京召开西山会议。他们开除共产党员的国民党籍,解除鲍罗廷的顾问职务。〔1〕戴季陶发表了“孙文主义之哲学的基础”和“国民革命与中国国民党”,极力划清三民主义和马列主义的界限。〔2〕但在1925年,群众革命规模尚不大,且主要是城市的工运,打击的是资本家商人,国民党党军骨干的家庭大多是地主,他们还未被农运触动。国民党右派和戴季陶主义并不占主流,广大国民党军人和左派仍和共产党合作良好,计划北伐事业。到了1926年,当农运广泛兴起,并把斗争矛头指向整个地主阶级时,国民党军人才转而倾向反共。他们支持蒋介石1927年春发动清党,镇压农民协会和缴工会的枪。即使如此,武汉革命政府的国民党左派仍和共产党合作。到1927年,农民造反规模在两湖地区比1926年扩大了十倍,这时几乎所有的国民革命军军官都反共了。国民党左派虽和蒋介石矛盾尖锐,仍不得不迫于广大党员和军官的压力,宣布“分共”,(注十五)国共合作彻底破裂。中国开始了国共两党长期对抗、争夺天下之局面。

总之,国共两党在实现社会整合时,一开始都必须通过发动工农革命运动来建立自己的统治权威,新一体化结构建立过程中,在

〔1〕 萧效钦主编:《中国国民党史》,安徽人民出版社1989年版,第146~148页。

〔2〕 同上。

逻辑上就预设了两种模式,(注十六)一种模式是意识形态认同团体利益和基层民众利益不一致,它不能通过群众大革命将新意识形态权威深入到基层农村,不能消除农村的无组织力量,从而不能建立稳固的统治。另一种模式是列宁式政党和群众大革命的有效结合,成为农民革命的领导者,彻底解决土地问题,建立稳固的一体化结构。后一种模式夺取政权所需时间比第一种模式更长。1927 年国共合作破裂后,这两种整合模式的抗争也就成为中国现代社会变迁的主线。

第六章　注　　解

注一　辛亥革命后,1912 年 1 月 1 日,临时大总统孙中山任命蔡元培为第一任教育总长,改学堂为学校,小学废止读经。1912 年 7 月召开中华民国第一次全国临时教育会议,否定清末“忠君、尊孔”的教育宗旨。1912 年 9 月公布《壬子学制》,1913 年又将上述学制结合成《壬子癸丑学制》,基本上把新学校功能定位在传授知识上,而不像传统教育那样同时灌输儒家意识形态。这样,以传授知识为本位的新式学校便不能成为培养学生意识形态认同之机构。这是超稳定系统对外开放带来的不可避免的结果。对比 1949 年到 1979 年期间及以后中国学校之功能,也能发现这一点。中国在对外开放之前,学校尚能做到“红”与“专”教育的统一,保证学生信仰马列主义毛泽东思想,对外开放后,就再也不可能达到这一目标了。

注二　最近,学术界一个颇为热门的话题是中国知识分子的边缘化。余英时提出,20 世纪以后中国知识分子从社会中心位置退到了边缘,而一些边缘人物却占据了社会舞台之中心。[1] 毫无

〔1〕 余英时:“中国知识分子的边缘化”,载《二十一世纪》1991 年总第 6 期。

疑问,余英时抓住了中国近现代史上一个重大的历史现象,但是他没有提到为什么会出现知识分子边缘化。其实,只要研究意识形态认同与社会组织角色的关系,知识分子的边缘化就能得到透彻的理解。如果把社会组织者称为社会的中心,那么在传统社会结构中,整个知识分子阶层是一体化结构之组织力量,它自然处于社会中心位置。但是在一体化组织方式中,知识分子成为社会组织者的前提是他们能保持意识形态认同。新文化运动以后,新知识分子因做不到这一点,不得不退出中心位置,因此,知识分子边缘化发生在新文化运动之后,而不是20世纪初。把知识分子挤出中心位置的,正是在新的历史条件下仍可以保持意识形态认同之人群。实际上余英时所说的近现代占据中心位置之边缘人,均是意识形态政党的领袖、干部和党员。知识分子边缘化恰恰证明了超稳定系统的一个重大特点:只有统一意识形态之社会阶层或团体才能成为社会组织者,并且身处社会中心位置。分析新知识分子和意识形态认同团体的关系,可以进一步说明知识分子边缘化如何发生,哪些知识分子一定会边缘化,而哪一部分知识分子很容易进入新意识形态认同团体,没有边缘化。

注三　莫里斯(Maurice Duverger)通过西方各种政党组织比较研究后指出,“党分部制是社会主义者的发现,而党支部制则是共产主义者的发明”。他认为“党支部”这种组织方式只有共产主义政党才能采用,“资产阶级政党是难以运用支部制架构的,它们无法在企业支部的基础上将商人、工业家、医生、地主等组合起来”。[1] 莫里斯没有进一步阐述为何资产阶级政党没法采用支部作为基本活动细胞,用开放条件下实行意识形态认同的需要来分析,这是很好解释的。显然所谓“资产阶级政党”即是议会政党,它

---

〔1〕［法］莫里斯·迪韦尔热(Maurice Duverger):《政党概论》,雷竞璇译,香港青文文化事业有限公司1991年版,第31～32页。

不是达到某种意识形态认同的组织，而只是支持某一种政治主张或因利益结合之团体。而“支部”是为了达到意识形态认同所必需之组织形态，如果党没有强有力的意识形态，支部是不可能（也是没有必要）设立的。

莫里斯的研究还表明，在议会政党中，欧洲社会主义者的政党比美国资产阶级政党组织要严密一些。如德国国家社会党内，最核心的党员是突击队，它的人数大约是全党党员的三分之一，1932年，120万名党员中，突击队队员约占35万名。这些民兵组织是一个十分严密的金字塔结构，初级单位是班（schar），由四至十二人组成；三至六个班为排（trupp），四个排为一连（sturm），二个连为一营（sturmbann），三个营组成一个团，人数可达一千至三千人。团以上是旅，旅以上为师，每一个师所蕴涵的范围正好是一个地区（德国分为二十一个地区）。民兵组织俨然是一支军队。[1] 民兵也是实行党的意识形态之先锋队。这里我们看到意识形态认同团体组织方式和意识形态的内容类别存在着内在联系。

注四　列宁主义式政党另一个有别于西方议会政党的特点是所谓民主集中制。这一制度恰恰也和党是建立在意识形态认同基础之上有关。任何一个政党必须有统一的政见并为政见实现而奋斗，政见和意识形态不同，它必须随形势作经常的调整，意识形态认同团体需要建立从意识形态导出统一政见的机制。这正是列宁主义政党必须实行民主集中制的原因。

我们可以从理论上构想一下，当意识形态认同团体所有成员达到意识形态认同后，如何根据意识形态标准形成大家都接受的统一政见。一种逻辑上合理又可行的方法是，让每一个党员自由发表意见（在意识形态认同的前提下），然后用少数服从多数的办法形成统一政见，一旦作出决议，少数具有不同政见的党员必须放

---

〔1〕［法］莫里斯·迪韦尔热：《政党概论》，第3～4、35～37页。

弃(或保留)个人政见,服从党的政见。这正是列宁主义政党的民主集中制原则。“民主”是在意识形态认同前提下参与和发表政见之权利,“集中”则是接受统一政见并放弃个人政见。必须指出,只有意识形态认同团体才能实行“民主集中制”,对于一般政党,当部分党员对党的某一时期路线或政见持不同看法时,政见认同机制马上破坏,它往往意味着党的分裂或不同政见者退党。只有意识形态认同团体才能要求不同意党的政见的党员接受并去实行集体决议,因为这些党员仍认同党的意识形态,对意识形态之忠诚使他们克制个人意见服从党的决定。意识形态认同团体中,当意识形态向心力足够大时,即使出现严重的派系或路线斗争,也不会出现党的分裂。

然而让全国所有党员一起来讨论产生多数政见在技术上无法做到,于是从合法性上讲,政见的统一只能从基层组织开始,一级级地逐步统一。一种实际上可行的办法是:让每个意识形态认同基本单位派出代表,组成地区性代表大会,决定本地区性具体政见的统一。再由这些地区代表中选出全国代表,召开全国性代表大会,对党的纲领和某一阶段之奋斗目标进行讨论,用少数服从多数的办法选出执行机构,将决议用文件方式发放到各个基本认同单位,要求全体党员服从。众所周知,这正是列宁主义政党中普遍运作的代表大会制度。它是列宁主义政党的政见和一切制度获得党内合法性的决定程序。这里,我们看到,列宁主义政党的所有特点均可以从意识形态认同的功能和需求来说明。

注五　在政治学中,通常只将政党分为革命党与议会(普通)政党两大类,但这种分类是很难说明 1924 年国民党改组本质的。根据这种分法,议会(普通)政党“是在国家权力之下获得相应的政权,凭借现行法律规定之选举方法,以求实现其主张”。而革命政党则“用其绝对的权力,采取超出於现行法律之革命方法,以求达到革命的目的,实现其主张”。1924 年国民党改组显然是从议会政党转化为革命政党。[1] 但是这种说法是无法解释1924年国民党改组后为何可以做到组织严密的。革命政党和组织严密以及具有动员力之间没有本质关联。国民党在1924年前,已有近三十年历史,它也曾经几次是革命政党。如同盟会以推翻满清为纲领,是革命政党。二次革命失败后,国民党改组为中华革命党,也是由议会政党转为革命政党。但这一切并不能改变国民党那种既松散又缺乏组织性之实质。

根据我们的分类,政党首先应分为意识形态认同团体与政见认同团体,而它们可以再进一步分为革命党与议会政党。如政见认同团体包括两类,以革命为政见的是革命政党,以议会选举为取得政权方法的才是议会政党。1924年以前国民党虽几次由议会政党向革命政党转化,但都是政见认同团体。1924年改组之本质是由政见认同团体转化为意识形态认同团体。意识形态认同团体在执政后也可以放弃革命目标,不再是革命政党,但仍以意识形态认同作为凝聚力,即意识形态认同团体也是可以分为革命党和执政党两类的。

注六　吕芳上曾指出,孙中山在他一生的革命历程中,曾多次企图改组国民党。二次革命失败后,中山先生身肩党的改组重任,希望能重起三次革命,但"因为没有办法","虽想改组未能成功"。1916年,袁世凯死后,中华革命党本部迁回上海,孙中山也在寻找组党的"新方法",[2] 但也以失败而告终。只是在孙中山生命的最后十几个月中才获得真正改组国民党之成功。以此可见,1924年改组成功绝非偶然,它依赖于某种社会结构性条件的成熟,这就是只有传入了新意识形态和列宁主义政党的模式,国民党才可能变成一个意识形态认同团体。

---

〔1〕 杨幼炯:《中国政党史》,第6、9页。

〔2〕 吕芳上:《革命之再起》,第471、513页。

注七　今天学术界一致认为中国共产党的组织模式完全来自苏联,而对国民党改组后的组织结构中,苏联模式和中国传统各占多少比重是有争论的。国民党党史不太强调苏联模式的影响,而认为国民党基层组织模式来自同盟会。朱德也讲过,国共两党都在相当程度上继承了中国传统社会的秘密结社。有人把中国共产党的统治方式称为"黑社会主义",也是强调它有类似于帮会之处。实际上,过分注重国共两党组织模式来自何方,或许并无太大的意义。当党的组织规模很小时,组织基因是从俄国学来(或通过列宁主义政党启发得到)还是来自中国传统,这本身无关紧要,因为党组织对社会的影响并不大。当党成为群众性组织时,超稳定系统的基本结构决定了只有它变为意识形态认同团体,才能起到社会整合之功能。功能对结构存在着很强的限制。要达到社会整合,保持党内意识形态认同,只能发展出列宁主义政党结构。国共两党的结构是顺应其功能的需要而发展起来的,当然,我们并不是说,向苏联学习在国共两党建党过程中不重要,而只是认为,从形态形成机制而言,国共两党结构实际上是一个综合外来影响和传统之创造过程。我们强调列宁主义政党模式的引进,只是想说明它在中国意识形态认同团体发展中的示范作用,并不是否定国共两党组织形成中吸收了传统因素和进行了新的创造。

注八　1921 年中国共产党给共产国际的报告中指出:"我们党到现在为止,几乎完全是由知识分子组成的。"现在有据可考的第一批党员 44 人中,大学教授 7 人,编辑、翻译、记者 7 人,律师 1 人,国民党左派 1 人,中小学教师 6 人,留学生 6 人,大学生 10 人,中学生 5 人,工人只有 1 人。平均年龄不到 26 岁,可以说基本上都是五四青年。[1]

---

〔1〕 王来棣:"关于中国共产党早期组织的几个问题",载《浙江学刊》1981 年第 3 期。

注九　无论对外开放还是相对孤立，一体化结构的组织原理均是意识形态认同，只要把社会上认同统一意识形态之人群（阶层）统称为意识形态认同团体，那么意识形态认同团体在任何条件下均是超稳定系统之组织者。中国传统社会的组织者——儒生阶层——实际上也可以算作儒家意识形态认同团体，它在社会组织功能上与列宁主义政党相似。但是将儒生阶层与列宁主义政党都当作意识形态认同团体，虽在定义上无矛盾，但在感觉上却会有一种荒谬感。中国传统儒生、儒将忠于皇帝，但却奉行“君子不党”的原则。而列宁主义政党组织极为严密，每个党员必须绝对服从党的纪律，要求把一切献给党，成为党的巨大组织机器中的螺丝钉，两者实不可同日而语。这两种意识形态认同团体在组织形态上的巨大差异表明，当意识形态内容不同时，相应认同团体的组织方式也是不同的。

意识形态不同于一般思想体系，认同（信仰）某一种意识形态不仅要求人们在理论上信服，还需要在现实生活中去追求和实现意识形态规定的价值和目标。实现这些价值和目标之方式也就决定了意识形态认同团体的组织形态。儒家意识形态以家庭伦理为本位，把个人道德修养（成圣）作为终极关怀，家族主义和道德个人主义价值取向使得儒生在组织上是松散的。儒家把道德落实到家庭伦理之中，那么“修身”在社会行动方面最直接的对象就是“齐家”。当然，儒生进一步实现道德目标，还须把社会行动越出家庭之外，去“治国、平天下”。但“齐家”作为儒家重要实践领域再加上他们道德追求上的个体主义性质，使“君子不党”原则风行，整个意识形态认同团体也就不会有紧密的组织。

与儒家意识形态不同，马列主义和三民主义均为群体主义意识形态。社会理想高于个人道德完善，“追求民族的最大利益”代替了“成圣”，“共产主义”上升为意识形态认同团体的终极关怀和目标。那么当意识形态要求其信仰者去实现新意识形态规定的价值和目标时,就十分强调群体性和组织性。列宁主义干脆把共产党定义为“无产阶级先锋队”,是由特殊材料组成的最具纪律性的组织。把这种理念付之于行动而成立的意识形态认同团体,当然具有极严密的组织。实际上,即使在意识形态内容上未曾规定意识形态认同团体组织方式,一种靠群体主义的意识形态形成之认同团体也必定有着比儒家意识形态认同团体更紧密的组织。

把列宁主义政党的基本细胞——支部和儒家意识形态认同中家庭之功能作一对比是富有启发性的。儒生作为意识形态认同团体,没有什么团体组织,但它也有保持其认同的基本细胞,这就是家庭。当然家庭并不是为意识形态认同人为创造的组织,儒学是利用家庭担当基本细胞之功能。马列主义、三民主义意识形态和儒家不同,其意识形态认同团体在形态上和儒生阶层差别极大,保持认同的基本细胞“支部”、“区分部”也是人为设计的。在如此巨大的差别中,同作为意识形态认同团体,却有着形式的类似——两者均有达到和维系意识形态认同之基本细胞。正因为“支部”和“家庭”有着某种形式上的同构性,它使得 1949 年后中共的基层组织在相当程度上代替了传统家族的种种职能。这里我们看到,意识形态认同团体组织形态是由意识形态认同目标所规定的。一旦理解到这一点,我们就能透过错综复杂的历史表象看到列宁主义政党实现社会整合和儒生成为中国传统社会组织者在结构上的类似性。意识形态和政治结构耦合,需要意识形态认同团体作为载体,在封闭条件下,儒家意识形态和政治耦合必须靠“君子不党”的儒生;而在对外开放条件下,集体主义的新意识形态和政治耦合的载体则为列宁主义式结构的政党。新文化运动后,国共两党引进苏联列宁主义政党组织模式之所以成功,是因为它们恰恰符合了超稳定系统在对外开放条件下建立一体化结构所必需的新前提而已!

注十　在中国封建社会中,每当农民受到过重的压迫和剥削时,往往会铤而走险,参加造反起义。人们在讨论基层农民暴动时,一直相当重视经济和政治因素(如土地兼并、吏治腐败和国家赋税劳役过重),实际上农民大起义爆发的条件是由政治、经济和意识形态三个系统综合决定的。意识形态是一个有关什么样的社会行为是合理的观念系统,在不同的合理性标准下,相同的政治经济条件,基层人民暴动倾向是不同的。儒家意识形态中有关均田、政府是否有道、地主绅士行为是否合理等一系列观念规定了农民对剥削与压迫忍耐之限度。在中国传统社会中,这些合理性标准是不变的,因此农民起义往往由农民政治经济压迫加重而引发。超稳定系统实现意识形态更替后,这些标准发生了改变。新意识形态在农村的传播有一种降低农民起义爆发阈值的作用。共产党广东区党委在《广宁农民减租运动之经过》中就记录过一个生动的故事,说明社会主义思潮是如何影响农运的。彭湃在海丰地区号召农民要求地主减租,但年纪老一点的农民对此不赞同,他们说"租田主的田,应当完田主的租,我们提出减租,恐怕不公道吧"。彭湃马上讲述地主不劳而获,农民终岁劳苦,不得一饱的道理。[1] 1924年《晨光》上一篇介绍农运经验的文章这样写道:"农村的纯无产阶级对田主资本家的敌视,是很深的,不过没有人来唤醒和挑拨。"[2]因此,大革命发生的同时也是一个新意识形态合法性被基层人民接受之过程。

注十一　这方面的一个典型例子是1925年的五卅运动。有的学者考察了五卅运动爆发的经过,发现它与新意识形态传播直接有关。例如顾正红死于5月15日,但到半个月后才爆发震动全国的五卅惨案,这是因为工人在5月下旬向学生求援。[3] 学生和工

〔1〕《第一次国内革命战争时期的农民运动资料》,人民出版社1983年版,第225页。

〔2〕中国大学校园:《晨光》第2卷第1号,1924年1月30日。

〔3〕李健民:"五卅惨案后的反英宣传",载《近史所集刊》1981年第10期。

人运动结合正是新意识形态和人民革命相结合,而在工人运动发展过程中,列宁主义政党的作用尤为重要。顾鸿庭的研究指出,在五卅运动中"正如中国当时的许多群众运动一样,工人阶级似乎只起到半被动的作用。……真正起作用的是'干部团体'"。[1] 所谓干部团体,是国民党改组后为控制群众而派遣的"大量群众运动干部"。共产党支部在五卅运动中的扩张显示出存在列宁主义政党与群众运动互相推动的正反馈链。法国学者 J. 吉尔耶马(Guillermaz Jacques)在《1921 年至 1949 年中共党史》一书中就考察过这一趋势。"四大"时中国共产党党员只有 980 人,一年半后迅速发展到了 3 万人,这种大飞跃显然与五卅运动分不开。邓中夏曾把五卅运动称为 1925 年至 1927 年大革命的开端。他说运动使"迄今陌生的'帝国主义'一词在中国家喻户晓"。[2] 邓中夏所讲的正是群众通过大革命接受新意识形态的权威。

自意识形态政党出现后,新意识形态传播的重要途径是靠意识形态政党领导的群众运动。李健民曾把五卅运动的宣传和五四学生运动的宣传作了一个对比。他发现,五卅运动的宣传遍及全国,甚至达到世界的主要国家,进入立体宣传之境界。这是中国历史上从未有过的。鸦片战争时,中国几乎没有宣传,甲午战争时期,民间视宣传为政府事业,声势也不大。五四运动时,宣传大为进步,但其活动地区、宣传内容、声势远不及五卅运动。[3] 这里我们可以看到,五卅运动还是新意识形态通过列宁主义政党组织的群众运动广泛传播之开始。

注十二　新意识形态自上而下传播,成为人民接受新一体化

---

〔1〕 顾鸿庭:"都市群众运动:上海的五卅运动",载《第十届国际亚洲历史学家大会论文》,香港 1991 年。

〔2〕 董进泉等:"国外对五卅运动的研究",载《国外中国近代史研究》(第 16 辑),中国社会科学出版社 1990 年版。

〔3〕 李健民:"五卅惨案后的反英宣传",载《近史所集刊》1981 年第 10 期。

结构统治之根据,它不仅仅是一个人们对统治权威合法性观念之转变,还包括新意识形态对"小传统"之冲击。在传统一体化结构中,儒家意识形态是大传统,而广大农村中人民所相信的各种观念大多属于小传统。当社会处于整合状态时,小传统总是和大传统互相适应的。超稳定系统实现意识形态更替,用新意识形态整合社会使大传统变了,那么只要新意识形态深入基层,立即造成对小传统之巨大冲击。人们接受新意识形态权威也是抛弃与其不相合的小传统之过程。它表现在各个方面,如新意识形态的科学主义与小传统中人们信仰自然神之间存在着冲突。新文化运动后,新意识形态深入农村最彻底之地区,传统的各种"自然神"消失也越普遍。张玉法对山东省各州县自然神坛庙作了统计,明显可以看到上述变迁。1860 年前建立的有 140 座,建于 1860 ~ 1916 年之间的只有 2 座,建于 1916 年后的是零。而在 1860 年前荒废的庙只有 2 座,废于 1860 ~ 1916 年间的有 3 座,而废于新文化运动以后者达 35 座。[1] 同样的情况也适合于佛教和道教。这里可以看出新意识形态自上而下传播对基层社会巨大的影响。

注十三　将列宁主义政党领导北伐推翻军绅政权与传统改朝换代作一宏观对比,即可以看到列宁主义政党把原来已失灵的整合机制重新并合起来。中国历史上,每当一体化结构释放出来的无组织力量造成民不聊生的局面时,立即会激发超稳定系统第二重调节机制:农民大起义和王朝更替。整个社会在极度痛苦中出现大动乱,消除无组织力量,并重新用儒家意识形态来整合社会,产生一个清廉的政府以取代腐朽的旧王朝。传统的王朝更替机制由农民大起义和儒生重建一体化结构互相结合而成,超稳定系统在工业文明冲击下对外开放,社会尚没有实现意识形态更替之前,

---

〔1〕 张玉法:"清末民初的山东社会——宗教信仰与人物崇拜的变迁",载《近史所集刊》1980 年第 7 期。

第二重调节机制就处于失灵状态。农民起义、贫民暴动只是推翻旧社会腐朽组织之盲目的动力,它不能同社会整合结合起来。甲午以后五四以前,无论基层社会如何动乱,它已经不能起到除旧布新建立社会秩序的功能。1913年,在国民党反对袁世凯独裁而举行二次革命之际,河南就有一支声势颇为浩大的农民起义军,史称白朗起义。它曾穿过京汉铁路,打到安徽境内,攻克唐县、禹州,一时"声威大震"。但是当时已走投无路的国民党宁可孤军奋战,也无意与白朗起义军联合反袁世凯。陈其美在讨袁宣言中,竟把"白狼骚扰河南"作为讨袁的理由。这一事例表明,一旦社会上不存在知识分子和农民共同认同之"天道"(意识形态),知识分子即会视农民起义为流寇,他们不能互相结合以实现社会整合。

新意识形态出现后,特别是意识形态认同团体具有组织群众革命之功能,用新意识形态重新整合社会时,就出现了意识形态政党与农民大起义结合之形势。这正是北伐能打倒军绅政权的原因。正如郭廷以所说:"北伐的胜利实赖革命的武力与民众运动的结合。"[1]这里我们看到,在对外开放条件下,列宁主义政党是如何把社会整合各个环节结合起来的。

注十四　三民主义理论体系远没有马列主义结构严谨,它只能算是弱意识形态。在意识形态认同机制的发挥上,三民主义也不如马列主义有力,国民党只能算是一个准列宁主义政党,它不可能持久地具备列宁主义政党的所有功能。根据意识形态认同组织力弱的特点,我们可以理解,为何国民党的基层组织区分部,不如共产党的支部严密;为何民主集中制功能的发挥,以及以党内路线斗争为标志的权力之争,国共两党具有不完全相同的形式。表6.2显示出国共两党的差别,它们都和意识形态认同组织力的大小有关。

---

〔1〕 郭廷以:《近代中国史纲》(下册),第558页。

表 6.2　国共两党意识形态组织力的差别

意识形态名称	意识形态认同的组织力	基层组织紧密程度	党军形态	党内路线斗争和党内派系之争的方式	民主集中制的作用
马列主义(结构严密、约束力强)	极强	基层组织极严密	政治委员制(支部建在连上)	党内政见不同时,不易分裂,但出现极为尖锐的内部路线斗争。党内派系不固定	强(特别是在党的意识形态领袖去世时,民主集中制起作用)
三民主义(结构松散)	较弱	不严密	意识形态化的军校制度(党部)	党内政见不同时,明显形成派系,有时会分裂。派系斗争不以路线斗争形态而出现	较弱,往往是军事集团领袖成为党的领袖

注十五　山田辰雄曾考察过汪精卫所主持的武汉革命政府的权力基础。他认为,汪精卫一直靠调和他所依赖的两支力量之间的冲突来保持其权力,一支是共产党领导的民众运动,另一支是唐生智的军队。到 1927 年,民众运动迅速发展,唐生智的部下与农民协会发生了不可调和的矛盾,武汉派的权力基础即开始崩溃。[1]

注十六　传统社会出现王朝更替时,由于意识形态不变,不存在一个群众在暴动中接受新意识形态之过程。这时,农民大起义杀伤无组织力量在前,社会结构修复在后。在开放条件下社会整合时,必须让新意识形态深入群众,类似于农民大起义的人民大革

〔1〕 肯尼思·J. 粤林尼克(Olenik John Kenneth):"邓演达与国民党理论体系中的民众革命思想",载《国外中国近代史研究》(第 16 辑),中国社会科学出版社 1990 年版。

命是新意识形态动员和意识形态认同团体组织所促成。意识形态认同团体进行社会上层整合先于(或同时于)人民大革命扫荡无组织力量,两者顺序是不同的。这种顺序的差别立即使受西方文明冲击后开放条件下社会整合比封闭条件下复杂。传统的改朝换代过程中,通常不存在消灭无组织力量功能和儒生进行社会整合功能之冲突。农民大起义的目标是“均贫富”和均田。“真龙天子”和儒臣的社会理想是“仁政”,包括重建地主—自耕农经济,保护缙绅地主乡自治。它与农民大起义目标虽不完全一致,但正因为全国性农民大起义在前,这种不一致不会妨碍对无组织力量之清除。当不同儒臣集团起来逐鹿中原、争夺天下时,旧王朝大多已被推翻,农村中土地兼并者已被扫荡,出现大量无主荒地,农民的土地问题差不多得到解决。新的儒臣集团重建新王朝,强调保护地主财产,恢复缙绅乡自治,并不和农民利益构成尖锐冲突。新意识形态进行社会整合,就不那么简单了。新意识形态一开始还未为基层百姓所接受。意识形态群众运动是新意识形态深入群众的结果,这时,就可能出现意识形态认同团体利益与群众革命利益目标不一致。意识形态认同团体对待群众革命的态度是叶公好龙式的,大革命发动前,它积极组织,以确立新意识形态在群众中的权威,但一旦大革命起来了,又反过来镇压革命,以防止自己利益被侵犯。开放条件下社会整合可以分成两种模式:一种整合模式是意识形态认同团体先发动革命,后又反过来镇压革命,这时用下层暴动消除无组织力量的功能不能充分发挥。另一种整合模式是让群众暴动扫荡无组织力量的功能尽量发挥,并在群众运动中发展和群众暴动利益一致的意识形态认同团体,进行社会整合。

第七章　国民党及其脆弱的统一

历史学家对社会所能作出的最有益的贡献，莫过于对一直在迷惑人类的错误或恶意的历史概括进行揭露。

——蓝达尔

7.1　三民主义向传统的回归

1927年后，国民党一方面清党反共，镇压工人农民运动，另一方面继续北伐，完成统一大业，表面上看，社会整合进程极为迅速。1928年，蒋介石军队破张宗昌军队，收复济南。接着国民革命军占领北京，并改名为北平。同年8月8日，国民党二届五中全会召开，宣布军政时期结束，训政时期开始，力图建立一个三民主义的新中国。几个月后，张学良在东北升起青天白日旗，遵循三民主义，服从南京政府领导。这一切都标志着国民党基本完成削平军阀割据和镇压人民革命双重任务，终于实现社会整合。

分析一下1928年后南京政府建立的社会结构就可以发现，这是和传统组织方式同构的意识形态与政治一体化系统。在一体化组织方式中，意识形态是权力合法性来源。为了使人民接受统治权威,必须把一党的意识形态作为整个社会的统治思想。和中国封建社会独尊儒术一样,国民党一掌权,就不准人民怀疑三民主义,三民主义成为官方意识形态。(注一)既然三民主义作为凌驾于宪法、法律之上的绝对真理,那么国民党因手里掌握着这绝对真理便获得一党独大的特权。《训政时期党政府人民行使政权治权之分际及方略》规定,"中国人民须服从并拥护中国国民党……始得享受中华民国国民之权利",这也就意味着"凡不服从或不拥护中国国民党的中国人,是没有国民权利的,因此亦无集会结社的自由,当然不能公开组党。另一方面,凡是享有国民权利的人,即都服从并拥护国民党……也就不会去另行组党"。[1] (注二)

1928年9月公布的《训政大纲提案说明书》宣称,"本党始终以政权之保姆自任",毫不隐讳国民党对政治权力的全面垄断。三民主义通过以党统军、以党控政、以党的意识形态号令天下,建立了大一统官僚政治体制。南京国民政府更是不断地将党的官僚机构逐步发展,令其深入社会组织各个层次,以便更全面更彻底地控制整个社会。

国民党那么快就能建立新的一体化结构并不值得奇怪。北伐前它的组织规模就是共产党的十几倍,又比共产党更注重党军建设,在扫荡军绅政权的北伐和大革命潮流中,国民党始终占主导地位。但是1928年后,仅仅依靠三民主义和国民党,是否能够顺利而稳定地实现社会上中下三层次整合呢?我们先来分析社会上层组织。这一层次之整合是要建立一个有效而统一的中央政府,组织基础是要求政府官员和军人认同三民主义。国民党宣布反共,镇压人民革命,虽然维护了军官和党员的利益,保持了反军阀之统一战线,但它却不得不面对清共和镇压工农运动所造成的巨大反作用,这就是三民主义对社会动员力的丧失。

新文化运动后,中国新知识分子抛弃旧意识形态,普遍认同民

---

〔1〕 赵穗生:"中国民主悲剧探源",载《知识分子》1990年冬季号(纽约)。

主(大众参政),科学主义、社会主义、乌托邦主义和民族主义成为不可阻挡的潮流。三民主义和马列主义涵盖了这些思潮,才具备对知识分子的吸引力,并在大革命期间产生极大的社会动员作用。但是,自1927年国民党清共后,为了使三民主义和马列主义划清界限,三民主义的基本结构发生了重大改变。

最先改变的是“民生主义”。本来孙中山把民生主义说成一个大口袋,包括了形形色色的社会主义学说,甚至把共产主义、大同理想都吸收进去。国民党清党后,即对总理遗教进行重新解释。由于民生主义和马列主义互相交叉,他们就尽量避开民生主义。国民党元老胡汉民画了一张表,认为三民主义的哲学基础、革命对象、动力均和马克思主义不同(表7.1)。根据新的解释,从民族主义和民权主义虽然可以推出打倒帝国主义及其走狗(军绅政权)的革命目标,但人民造地主资本家的反的阶级革命则不合理,这样三民主义便丧失了新文化运动后最具社会动员力的内容。在黄埔军校中,清党前是用唯物史观讲解民生主义,现在改为用生的史观,这也偏离了当时人们信奉的科学主义之主流,三民主义意识形态说服力大大减弱。

表7.1　三民主义与马克思主义的相异之处

意识形态／内容	孙中山(三民主义)	马克思(主义)
革命哲学	生的史观	唯物史观
革命群众	全民	无产阶级
革命对象	帝国主义 军阀政客(封建势力) 土豪劣绅	资产阶级
革命性质	国民革命	社会革命
革命手段	(1)民族独立 (2)民权普遍	(1)阶级斗争 (2)工农夺权

摘自胡汉民:“三民主义的心物观”,载《胡汉民先生文集》(第2册),国民党党史委员会1978年版,第533页。

1929年国民党实行训政，三民主义中“民权主义”的魅力也随之消失。本来，民权主义符合知识分子和民众要求大众参政的呼声，用孙中山的话讲，国民革命的目的是建立一个全民政治的民国。但国民党在1928年以后实行的是国民党一党专政，(注三)这是一种和传统一体化结构同构的体制，(注四)它本身就破坏了民权主义的理想。

三民主义中唯一还有点号召力的就只剩下“民族主义”了。民族主义的主要内容是民族独立，但它和马列主义的“反帝”口号互相包容。为了把民族主义和马列主义的反帝口号相区别，国民党民族主义的立足点也必须修改。在这种情况下，民族主义不得不以中国文化为自己的符号，它开始和儒家伦理相结合，演变成一种新传统主义，我们称为三民主义儒家化。它完全背离了新文化运动时期批判传统的思想主流。早在国共合作期间，戴季陶在《孙文主义之哲学的基础》中，就已经把孙中山的思想说成是中国正统的继承：“中山先生是二千年以来中绝的中国道德文化的复活。”他还把《大学》和《中庸》等儒家经典当作三民主义之基础。在三民主义儒家化的过程中，戴季陶的解释迅速为国民党所普遍接受。[1]

30年代初，国民党通过新生活运动，把三民主义儒家化推向高峰。蒋介石把民族主义定义为一个国家的立国精神——民族精神，并把中国民族精神与道德伦理划了等号。中国的民族道德是“四维八德”，于是又有“四维不彰，国乃灭亡”之说。[2] 蒋介石还说，三民主义的根本精神，就是孙中山所讲的“忠孝仁爱信义和平”八德，按照八德去做，才能实现三民主义。[3] 于是，新文化运动被

---

〔1〕 陆宝千：“中国国民党对总理遗教解释之确定”，载《抗战前十年国家建设史研讨会论文集》，中研院近代史研究所1984年。

〔2〕 邓元忠：“新生活运动之政治意义阐释”，载《抗战前十年国家建设史研讨会论文集》。

〔3〕 蒋介石：“军事教育之要旨(五)”，载《先总统蒋公思想言论总集》(第12集)，国民党党史委员会1984年，第441页。

否定,中国官方意识形态出现了儒家的借尸还魂,整个社会充斥着对新文化运动各项成果的反动。三民主义儒家化使得它又成为一个类似于传统的伦理中心主义的意识形态,但由于它不强调家庭本位,是一个强调党的意志的集体主义思想体系,这就导致儒家化三民主义出现了类似于法西斯主义的倾向。(注五)

新一体化结构的组织力和社会动员能力有很大一部分依赖于意识形态。当意识形态具有魅力,为广大知识分子和民众所接受时,党成为吸引理想主义者的精英组织。三民主义儒家化使得意识形态认同的组织力迅速减弱,社会动员力丧失大半,知识分子和政府出现了严重的离心倾向。[1] 甚至在1927年支持国民党反共的各式各样知识分子团体,也都对国民党的复古和独裁产生了强烈反感,国民党党内的凝聚力因此大大降低。

由于对三民主义理解不同,国民党分裂成不同的派系。邓演达不同意共产党的无产阶级革命,但也反对镇压农民运动,他提出"中国农民是革命主导力量",建立起第三党。汪精卫的反共和以党治国立场与蒋介石一致,却不同意蒋介石把三民主义变为复古的封建主义,他以反腐败为旗号指责三民主义向传统回归违反了"十三年改组精神"。国民党改组派运动风起云涌,一时对蒋介石的正统地位构成威胁。甚至连胡汉民都不甚同意把"孙中山孔子化"。他认为这是抹杀了孙中山思想体系之"伟大卓绝",把三民主义马克思化、释迦化、术士化、流氓化通通是不可宽恕的错误。[2] 蒋介石因握有党军实权而成为国民党领袖,但他在党内的资格和影响力本不如汪精卫和胡汉民。国民党意识形态凝聚力减弱,党内争权夺利的派系斗争变得公开化,并难以控制。迫于压力,蒋介石不得不两次下野,然后伺机在国民党因严重分裂而陷于危机之

---

〔1〕 张玉法:《中国现代史》,第573页。

〔2〕 史全生主编:《中华民国文化史》(中),吉林文史出版社1990年版,第154~464页。

时再次复出。以蒋、汪、胡三人为代表的三个派系不断明争暗斗,中央政府经常处于分裂状态,政治结构动荡不稳。

一体化上层组织能否保持稳定,基本前提是军队服从中央政府。本来,列宁主义政党通过党军建立了和传统一体化结构类似的控制军队之机制。北伐期间,广大五四青年入党投军,三民主义借新思潮之风在军内有巨大号召力。国民党清共后,三民主义魅力消减,它很难像以前那样源源不断地把有热忱之青年转化为党军干部。在北伐进程中,由于军阀部队投诚,出现军队大膨胀,以党控军的结构也受到干扰。1925 年 7 月隶属国民革命军的陆军,多达 220 万众。在两百余万军队中,只有蒋介石的黄埔系嫡系部队才是真正的党军。他们的人数并不是很多,如由以黄埔军校为骨干的第一军发展成的第一集团军,只有 50 万人。[1] 新投诚的部队,很多是集体加入国民党,有的仅变了名号。原有黄埔军校毕业生数量远不足以应付急速扩张的部队。国民党军队虽然也有基层组织和党代表制,但其基层组织不严密,党代表在部队仅有“客卿”地位,一旦打倒军阀、实现统一,国民革命军中的派系就出现严重分裂倾向。

1928 年北京和天津先后被国民革命军攻克后,蒋介石为了控制军队,开始神化孙中山,以强化军人对中央政府的认同。蒋介石以中央政治会议名义,在北平举行了一次孙中山祭灵典礼。他特地从南京绕道汉口与桂系李宗仁同行,又到郑州邀上冯玉祥,阎锡山本来就在北京。蒋、李、冯、阎四巨头于 7 月 6 日齐集北平西山碧云寺,向孙中山灵柩施大礼。但是丧失魅力的三民主义并不足以抑制国民党军队内讧。鲁迅当时就作过一首诗,形象地刻画了李宗仁、阎锡山、冯玉祥与中央军的貌合神离:“大家去谒灵,强盗装

---

〔1〕 刘凤翰:“战前的陆军整编”,载《抗战前十年国家建设史研讨会论文集》。

正经;默哀三分钟,各自想拳经。"[1]果然,谒灵后不久,蒋介石想以"主义"为名进行削藩,触发了拥有实力的军事将领反对中央的战争。先是1929年的中央军和桂系之战,接着是唐生智在河南反蒋,最大的冲突是1930年阎锡山、冯玉祥和蒋介石之间的中原大战。双方投入上百万兵力,战线绵延数千里,旷时七个月,死伤三十多万人。最后因张学良支持蒋介石,中央军取胜。经过两年的内战,蒋介石虽压服桂系、阎锡山、冯玉祥等诸侯,但是仍无法统一国民党所有的军队。一些史学家认为,国民党南京政府只是名义上统一中国,真正在中央政府控制之下的只是东南沿海、大城市和中原地区,至于边远地点和幅员辽阔的农村,南京国民政府只能挟"主义"以令诸侯,很多地方仍在一些军阀把持之下。也就是说,国民党只建立了一个弱中央政府。

7.2　金字塔的倒砌:国民党政治结构

国民党整合模式中一体化上层组织松散不甚有力,那么中下层社会整合得又怎样呢?如果说,三民主义组织力的减弱使上层组织不能紧密整合,那么镇压工农运动则带来另一个后果,这就是国民党一直缺乏中下层社会组织者。

南京国民政府是打倒军绅政权后确立的,为了实现社会中下层整合,它必须用自己的组织实体代替已经崩溃的传统一体化中下层组织。传统一体化结构是一个上小下大的金字塔,上层为数万名官员,中层是由几百万缙绅(连同其家族)组成的农村自治网,基层则是把每个人都组织进去的宗法家族。经历了19、20世纪的社会结构巨变,传统绅士已退出历史舞台,中下层社会组织也不能

[1] 陈旭麓主编:《五四后三十年》,第192页。

再依靠家庭,而要用中央直统到基层的官僚机构来整合社会各层次。本来传统一体化结构中,只有上层属于官僚机构,中下层均为民间社会,现在只能建立一个金字塔式的巨型官僚机构才能代替原有三个层次的组织。一体化组织原则要求官僚来自意识形态认同团体,新一体化结构能否形成如此庞大的组织,则要看意识形态政党有无足够的官僚来源。南京国民政府的公务员达70万众,(注六)已是传统社会官僚数目的十几倍,但这70万人至多只填充了原来一体化结构的上层和中层,而无法进入基层。国民党的官僚网的末端达到县以下的区一级,它比传统一体化结构的末端——县稍为深入,但仍无法达到乡和每一个自然村。原因十分简单,国民党在基层一直缺少其组织成员。

国民党要完成对社会基层的统治,有两个办法:一个是利用国民党员为基层干部;另一个是让农村青年知识分子接受三民主义培训转化为基层干部,但在国民党整合模式中,这两种办法均难以实行。表7.2为抗战前国民党党员数。100多万党员中有三分之二为军人,非军事人员只有40万~60万,它只是传统一体化结构中缙绅人数的三分之一,而且这些人大多都在城里。上海等大城市,平均200个人中有1名国民党员,而在农村人口占89%的山东省每5000人中才有1名党员。[1] 这种分布无法为县以下农村提供足够的干部。南京国民政府官僚机构的末梢是县以下的区政府,国民党的基层组织是区分部。照理说,区分部应如树根一样深入到县以下的农村,但是,国民党在农村党员的稀少,使得区分部在农村中形同虚设,以党治国在农村根本没有实行者。

---

〔1〕[美]吉尔伯特·罗兹曼主编:《中国的现代化》,第396页。

表 7.2 抗战前国民党人数

时间	党员总人数	军人党员数	非军人党员数
1932	1,132,462	670,622	461,840
1933	1,271,707	784,195	487,512
1934	1,418,259	871,619	546,640
1935	1,611,151	1,015,581	595,570

摘自杨幼炯:《中国政党史》,台湾商务印书馆 1969 年版,第 200 页。

政党成员的社会分布,是由它的性质所决定的。国民党是以资本家、商人、城市知识分子为骨干,党员基本来源于城市,也居住在城市。大革命中,新意识形态开始深入农村,引发农民运动,但国民党镇压农民革命,自然不能利用农民作为自己的干部来源。国民党组织无法深入乡村与基层。

建立一体化基层组织的另一个办法是对青年知识分子进行三民主义培训,然后派他们去充当区长、镇长和保甲长。这一计划能否有效实施呢?且不说三民主义在清党后丧失了对知识分子的吸引力,单单看看 20 世纪以后知识分子的城市化趋势,就使这一计划难以落实。新文化运动后,中国新式教育发展迅速,但小学基本上都设在乡镇以上,而中学则在县城里。原来普遍扎根于乡村的私塾早已退化,甚至消亡了。农村中知识分子(尤其是知识青年)同国民党员一样稀少。在国民政府的文官结构中,大学生和留学生多在省城当官,担任厅长和高级办事人员,中学文化程度的则集中在市县一级。在县以下,几乎很难找到有文化的人来充当管理人员。费孝通在《江村经济》一书中考察了 30 年代一个典型的江南乡村社会,发现担任乡长的是一个前清秀才,他退休后推荐的后继者也只是一个快绝种的旧学出身的读书人。[1]

---

〔1〕 费孝通:《江村经济》,江苏人民出版社 1986 年版,第 75 ~ 76 页。

总之,国民党清共镇压农运虽使它捷足先登,率先实现社会整合,但也同时注定了它不能深入农村基层的命运。本来在大革命中,农民已经组织起来,农会和农民干部有可能成为农村基层的管理者,现在这一过程中断。国民党作为一个在城市中发展起来的意识形态认同团体,它实现一体化,只能建立一个上大下小的倒砌金字塔式的官僚系统(图7.1)。立足大城市的中央和省级机构,人员较充足,控制力也强;到县级,控制力已经减弱,越往乡村延伸,控制网就越弱。(注七)为了实现对农村的统治,国民党只有尽可能利用原有的基层组织,如地主在乡村的统治和宗法家族。但是我们在第三章中已指出,自甲午战争后,乡村中宗法组织也渐趋解体,到20世纪30年代,农村中宗法家族已不能担当基层组织之功能。这样,国民党势必碰到社会动员上的困难。在对外开放条件下,国家是否具备对农村的动员能力是十分重要的。只有把农业收入转为工业投资以及集中人力物力以对付外来侵略,国家才能有效抵抗工业文明之冲击。但倒砌金字塔结构的组织不具备动员农村之能力,国民党只有两个选择:要么放弃对乡村的管理,使得地方行政紊乱,各自为政,各种政令均不能下达民众;另一个选择则是放弃一体化组织原则,硬性强化对农村的控制,在农村征兵加税,而这样就只能依靠当地的地痞、流氓、恶霸作为办事员,其结果必然是引发基层无组织力量大膨胀。

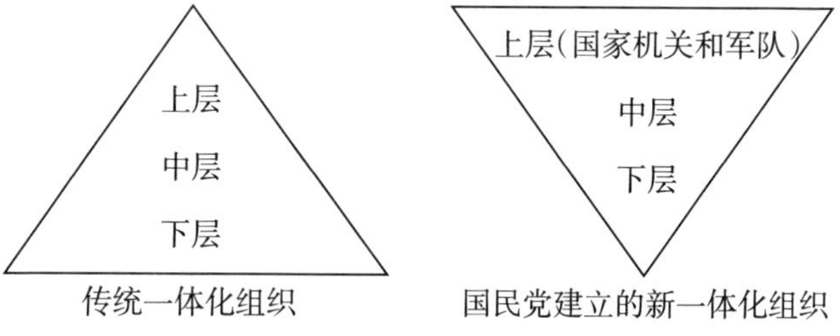

图7.1　国民党新一体化结构与传统结构比较

7.3 内忧外患下的“黄金十年”

30年代,中国曾发生过一件轰动全国的诈骗案。山东一位名叫梁作友的人,自称拥有六七千万元的财产,愿意捐一半给国家。其中十分之二为“抗日剿匪”之用,十分之二救济各省灾民,其余用于修铁路。山东省主席韩复榘急忙上报中央,宋子文获悉十分高兴,接见了这位财神爷,蒋介石随即也亲自接见。后来陈希曾发现这是个大骗局。梁作友见骗术被揭穿,便向南京政府进言道,自己虽不能直接拿出3000万元,但国家只要依他所说也能得到2亿元。这条妙计是“让全国四万万人每个都备朴满子一只,每年存五角钱作为爱国捐款,一年就可得二万万”,[1]把南京政府气得哭笑不得。这个例子颇为形象地说明了南京国民政府在社会动员上的困境。本来3000万元对于一个大国并不算一回事,如果国家动员能力深入到农村,四万万人每人出点钱,中央政府就能得到巨大的经济收入。但是,这对于国民党却是十分困难的。

在传统一体化结构中,县以下是乡绅自治和家族组织,它们本身就是农村组织的一部分,依靠农村经济作为自己生存的基础。而官僚机构作为金字塔之顶,并不需要太多资源来供养。现在,国民党统治结构是一个倒立金字塔,不可能大量吸取广大农村的人力物力资源,这样一个政治系统如何存活呢?如果20世纪30年代中国社会经济结构仍和传统社会一样,是纯粹农业型的地主经济的话,国民党实现社会中上层的弱整合也是不可能的。任何一种政治组织实体必须有供养它的经济基础。国民政府的建立是因为中国经济结构在20世纪初至新文化运动期间发生了某种变化。

---

〔1〕 陶菊隐:《记者生活三十年》,中华书局1984年版,第198~202页。

我们在第 3.5 节讨论到 20 世纪初开始的通商口岸急骤膨胀,这一趋势到 20 年代仍未停止。五四运动爆发时,北京才有 60 万人,不到十年便增至 110 万人。[1] 上海、天津、广州、武汉四个主要通商口岸成为中国最发达的地区。城市是大军阀势力盘踞之中心,秩序相对安定,军阀和绅士从农村中搜刮来的财富都往这里集中,或投资于工商,或挥霍享受。新文化运动期间,城市与农村凋敝的情形相反,成为中国资本主义大发展的基地。商人和民族资本家已明显和新政时期的绅绅划开了界限,成为中国民办工业之领头人。1914 ~ 1926 年期间,中国 15 种主要工业产品的产值由两亿元增至近六亿元,[2] 12 年间增长近三倍。军阀政府对社会的控制和管理能力很弱,国家对城市经济的干预大为减少,官商习气和官僚组织对经济发展之束缚在这一阶段几乎消失了,迅速成长起来的现代经济成分,大多属民间资产阶级的自由经济。(注八)到 30 年代,中国的经济结构已变成一种地主经济和自由资本主义的混合形态,城市经济相当发达,已经可以为供养国民党官僚结构提供经济资源。

1927 年蒋介石在北伐过程中占领上海时,上海资本家就拿出 300 万元短期贷款,希望蒋介石镇压工人运动。接着又拿出 700 万元作为第二笔贷款,供国民党用作北伐军费。[3] 当时上海是通商口岸中最现代化的地区,占领上海就意味着控制了全国依附型资本主义经济之中心,据此,国民党才具备压服军阀、建立统一政府的实力。(注九)

国民党在城市是有动员能力的,其人力和经济资源基本上都

---

〔1〕 周策纵等:《五四与中国》,第 30 页。

〔2〕 张长治:"解放前中国工业的发展:量的分析",转引自[美]帕克斯·M.小科布尔:《江浙财阀与国民政府:1927—1937》,第 193 页。

〔3〕 [美]帕克斯·M.小科布尔:《江浙财阀与国民政府:1927—1937》,第 14 ~ 15 页。

来源于城市。30年代,中央政府用于养活庞大官僚机构和军队的财政支出,主要靠城市税收,其中关税、盐税和统税在政府的岁入中占有极重的比例,到1936年,三税就占到财政总收入的64.6%。[1] 而来自地主经济之收入,只是弱小地方政府之财源。田赋是省政府的财政来源,县政府则靠田赋附加养活,政治结构与经济结构形成如图7.2所示的关系。它表明,南京国民政府尽管没法深入乡村,但可利用在城市的动员能力,去统一货币,通过征收关税、盐税和统税等来供养自己。城市中发展起来的资本主义经济成分是软弱中央政府的基础。(注十)

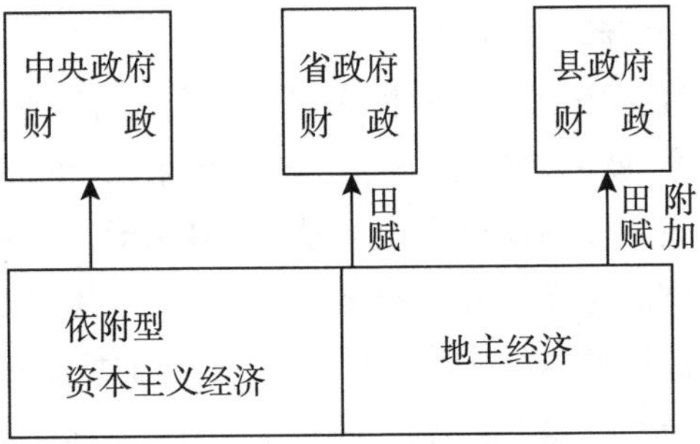

图7.2　南京国民政府的税收来源

总之,国民党清共后,囿于意识形态的性质,其组织成员和经济来源主要来自于城市,因此它只能建立一个弱中央政府。但是,无论这种结构多么软弱,中国社会毕竟还是摆脱了军阀混战之灾难,初步实现了国家的统一,社会秩序基本恢复,30年代中国出现了自1915年以来没有见过的新气象。中国在民族独立自主方面取得了一系列成就。1929年,中国与比利时签约收回天津的租界;1930年,又收回英国在威海卫的租借地(唯刘公岛续租十年)和厦门的租界。中国的司法机构也获得了在上海租界行使职能的权

[1] 史全生:《中华民国经济史》,第236页。

利。南京国民政府在现代史上第一次做到关税自主。关税总收入由1913年的1697万元,上升到1929年的27,555万元和1931年的36,413万元;在财政总收入中的比重,也由1913年的21%上升到1929年和1931年的51%。〔1〕关税自主既成为政府稳定财政的重要手段,又可对中国民族工业实行保护。那些只有政府才有能力推行的现代化事业,如国防工业、修建铁路、教育、科学研究等,也取得了军阀时代不可能有的成就。魏德迈(Albert Coady Wedemeyer)因此把1927~1937这十年称为"黄金十年"。〔2〕台湾的一些近代史学者也认为,如果这种局面能保持下去,中国会从此走上现代化经济起飞的道路。

但是,我们把国民党弱一体化整合模式放到当时国际国内大环境中去考察,就可以看到它必然会碰到愈来愈严峻的内外挑战。"黄金十年"充满了内忧与外患,它是不能持久的。在内部,它虽得到了城市经济的支持,但中国传统社会已经解体,城市的发展是和农村社会日趋深重的危机并存的。知识分子的城市化,农村资金流向城市以及经营地主的兴起,固然意味着城市大发展以及农村可以向城市提供更多的商品粮,这是30年代城市经济繁荣之前提,但农村的人才和财富流向城市也是农村失血虚脱的过程。农村社会失去基层组织者,土地兼并加剧,社会秩序崩坏。国民党建立的新一体化结构根本不能深入农村,不但"耕者有其田"是一句空话,就连传统一体化结构劝农、救荒的功能也不具备。军阀时代农村基层早已残破不堪,现在城市愈是繁荣,乡村情况就愈加恶化。农村正在变成叛乱和革命的发源地。

30年代,蒋介石为了剿共,不得不加紧对农村基层进行控制,广泛推行保甲制。但是,由于政府不能直接深入广大乡村,国民党

---

〔1〕 史全生:《中华民国经济史》,第234页。

〔2〕 张玉法:《中国现代史》,第572页。

只能大量利用农村的地痞流氓和恶霸作为基层管理人员，这些人狐假虎威，作恶乡里，加剧了农村的危机。黄宗智考察30年代华北农村时发现，随着国民党县级政权向农村渗透，基层普遍兴起一个滥用权力的地方恶霸阶层，他称为村级恶棍。[1] 法国学者毕仰高(Lucien Bianco)在研究农民抗烟税的暴动中揭示出，国民党县党部和区长是如何在征税过程中依靠这些地方恶霸的，这些恶霸被称为"土劣派"，[2]他们甚至逼得地主都无法生活下去了。沈松侨考察了河南地方基层组织后指出，保甲长大多都是地方社会渣滓，而"乡党自好者多不肯充，不肖者则因缘为奸，以遂私图"，保甲长"有不识之无者，有七、八十岁者，有吸食毒品者……其间对于法令规约毫无认识者，盖居绝大多数"。这些人往往借国家征税征兵之名，鱼肉百姓，横行乡里，农村基层迅速兴起一个依附于国民党官僚机构的恶霸地主阶层。1933年，河南数县44个区长中，拥有100亩田产以上的占72.7%。很多区长，到任时只有田地十余亩，卸任时则增至二三顷。[3] 1935年对四川10个县新旧地主的调查表明，新兴地主大多是官僚，占土地90%。而无锡518个村长中的104个经过调查，其中91.3%是地主。1933年无锡6个区的乡镇长中，地主占90%。[4] (注十一)传统一体化结构中，农村地主经济的稳定有赖于中央政府的调节，现在，国民党政府对农村的渗透调节却促使其解体。

与内忧同时存在的是外患。南京国民政府建立后，正好赶上30年代世界经济危机的爆发，中国处于一个空前严峻的国际环境

---

〔1〕 黄宗智：《华北的小农经济与社会变迁》，第298页。

〔2〕 毕仰高："安徽宿县、灵璧县农民抗烟税斗争(1932)"，载张宪文、陈兴唐、郑会欣编：《民国档案与民国史学术讨论会论文集》，档案出版社1988年版。

〔3〕 沈松侨："从自治到保甲：近代河南地方基层政治的演变，1908—1935"，载《近史所集刊》1989年第18期。

〔4〕 杨振亚："试析国民政府十年内战时期的土地法"，载《南京大学学报》1984年第3期。

中。蒋介石中央军刚结束与阎锡山、冯玉祥的中原大战,就发生震惊中外的“九·一八”事变。1931年日本出兵侵占中国东三省,1932年又进攻上海。在所谓“黄金十年”之中,日本帝国主义全面入侵的阴影正在步步逼近。

那么,南京国民政府抗击外来侵略的能力又如何呢?蒋介石依靠党军和城市经济的支持勉强削平群雄,统一了中国,但三民主义动员力的减弱,使得政府权力难以深入基层,在这种情况下对付外国入侵是十分困难的。30年代中国经济结构虽是一种资本主义与地主经济的混合形态,但地主经济成分仍占主导地位,当时的中国仍是一个农业国家。1933年的国民总产值中,农业占65%,工业为10.5%,贸易占9.4%。[1] 整个国民收入中,现代经济成分只占12.6%。[2] 因此,国民党即使具备了对城市经济之动员能力,城市经济本身可提供的资源也十分有限。国民总产值中只有很少部分才能为中央政府所用,如1933年国民政府的全部支出,只占国民生产总值的2.4%,[3]这在现代政府中是极低的水平。由于内战和剿共所需军费浩大,南京政府一开始就出现巨大的财政赤字。1929年财政赤字为1亿元,1937年增长到2.97亿元,为总收入的34%。当城市经济所提供的关税、盐税及其他税收不足以应付政府开支时,国家先是向资本家借款,借款越来越经常,不得不发行公债和直接向外借款。据统计,从1927~1937年,南京政府发行了数十种公债,金额达26亿元;公开举借的外债有14起,总计达到4亿美元左右。[4] 宋子文甚至建立了一个债券市场,让资本家因持有债券而更依赖于政府。这表明南京政府的经济、政治实力对于

---

〔1〕 张玉法:《中国现代史》,第498页。

〔2〕 [美]帕克斯·M.小科布尔:《江浙财阀与国民政府:1927—1937》序言,第5页。

〔3〕 同上,第7页。

〔4〕 史全生:《中华民国经济史》,第236~237页。

实现内部危机已十分勉强，一旦遇到强大的外来入侵，就立即陷入内外交困的境地。

7.4　八年抗战和过度动员

1937 年 7 月 7 日，日本侵略军对驻守北平的二十九军发动进攻。同年 8 月 13 日又以 20 万大军入侵上海，日本侵华战争全面爆发。这是中国对外开放以来所面临的一次最严峻、最大规模的外族入侵，它给中国社会带来近现代史上从未有过的大破坏。半个世纪积累起来的现代工业大约有一半被摧毁，中国伤亡人口达 2000 万，一亿以上人民流离失所，经济损失达 4880 亿美元。[1] 抗战开始之际，日本政府看到国民党军队派系重重，内部动乱不已，以为战胜中国轻而易举，便狂妄地宣称三个月内灭亡中国。但是 30 年代的中国已非半个世纪前的满清帝国，国民政府毕竟有着比传统一体化结构更大的抵抗外来入侵的能力。中国虽蒙受巨大的损失和苦难，但却有效地抵抗了日本的侵略。国民党既然率先实现中国社会整合，它也就担负起抗战的主要责任，承受了正面战场的巨大压力，成为抗日战争的主要组织力量。

在八年抗战中，国民党军队与日本军队先后进行了大会战 22 次，重要战斗 1117 次，小战斗达 28,931 次：陆军阵亡、负伤、失踪者达 320 多万人，空军消耗战机 2468 架。[2] 中国军队一直牵制着日本军事力量的主力。美国军事观察家卡尔逊（Evans Fordyce Carlson）上校在抗战一开始就对中国军队的作战能力感到意外，他在评论淞沪之战中国军队的英勇作战时这样写道：日本自 1905 年

---

〔1〕 郭廷以：《近代中国史纲》（下册），第 715 页。

〔2〕 张玉法：《中国现代史》，第 665 页。

日俄战争后,被世人视为可怕的军队,经中国一打,降到第三等的地位。[1] 国民党军队打死、打伤日军 859,600 余人,[2]共产党领导的抗日武装消灭日军 52 万余人,[3]共 138 万。1945 年 8 月,日本宣布投降,中国终于一反近代史上屡战屡败挨打受辱的局面,第一次取得抵抗现代化强国入侵的伟大胜利。

但是,30 年代的中国毕竟还是一个现代化后进的农业国,抵抗现代化工业国家的侵略,有赖于全面动员全国的人力物力,而国民党只能依靠倒砌金字塔式官僚组织来进行动员。抗战就如一把双面刃的利剑,当南京政府竭尽自己的组织力和动员力,把经济上贫穷、军事组织上落后的中国人力和物力集中起来,有效抵抗日本侵略者的同时,剑的另一面即对准了自己:国民党因过度动员而出现无组织力量大膨胀。原有结构中隐藏的各种缺陷立即暴露出来,它们不断恶化,成为致命的病症。

现代化后进的农业国家面临发达资本主义强国的全面入侵时,无可选择的战略是放弃城市和发达地区,立足于农村和广大后方进行抵抗和反攻。毛泽东称为打持久战,蒋介石将其叫作用空间换取时间。这一过程本身立即对那些建立在城市的组织结构造成了极大的破坏。国民党成员主要分布在城市,动员系统在城市,经济支持也是城市。抗战一开始,随着撤出沿海大城市,南京国民政府的最主要的经济来源也随之阻断;当它退到农村和不发达地区,企图动员农村和城市经济以抗战时,动员的后果往往是无组织力量进一步吞没其组织体系。过分动员对组织系统造成了极大破坏,它犹如飞蛾扑火,以自己躯体的瓦解为代价来抗拒侵略者的

〔1〕 陈旭麓主编:《五四后三十年》,第 332 页。

〔2〕 蒋纬国总编著:《抗日御侮》(第 10 卷),黎明文化事业股份有限公司 1978 年版,第 45 页。

〔3〕 李新:“论抗日战争”,载《中国抗日战争与世界反法西斯战争》,中共党史资料出版社 1988 年版,第 4 页。

火焰。

1937年,抗战全面爆发后短短几个月中,华北和东南沿海大城市如北平、天津、保定、石家庄、太原、济南、青岛、上海、无锡、南京先后沦陷,国民政府迁往武汉。1938年蚌埠、新乡、徐州、开封、武汉、广州又相继被日军攻占。整个抗战期间,国民政府的势力范围是以重庆为中心的西北十个省份和广大农村。而在1937年以前,这十个省份有记录的工厂只有182家,占全国工厂的4.6%,总资本的2.8%。[1] 可以说国民政府完全丧失了它原来所依靠的依附型资本主义经济结构,各种收入随之大减。1941年,当来自城市的关税、盐税和统税下降到国库收入的5%以下时,国民党不得不把税收来源从城市移向农村,立即宣布农业税归中央政府支配,并对田赋进行征实。[2] 随着国民党对农村的征兵加税,农村无组织力量亦迅速增长。

据一些学者推算,抗战时,将国民党征收田赋征买征购等负担和各种杂派合在一起,至少要占农民全部收入的60%以上,[3] 农民负担普遍比抗战前增加四倍至二十倍不等。[4] 而在1935年农村所受到压力远没有这么大时,全国1000余个县中,农民离村总人数就已在2000万以上。[5] 据中央农业实验站调查,56%的农户每年必须借贷,48%的农户要靠借粮才能维持生计。[6] 现在农民承

---

〔1〕 黄逸峰等:《旧中国民族资产阶级》,江苏古籍出版社1990年版,第472页。

〔2〕 陈克俭:"试论国民党政府时期工商税收的特点、性质和作用",载《厦门大学学报》1984年第4期。

〔3〕 朱玉湘:"抗日战争时期国民党政府的田赋征买与粮食征购",载《山东大学学报》1963年第1期。

〔4〕 林德金:"解放战争时期国统区经济危机的特点及其根源",载《湘潭大学学报》1985年第2期。

〔5〕 章有义:《中国近代农业史资料》(第3辑),三联书店1957年版,第615、882页。

〔6〕 何炳棣:《1368—1953中国人口研究》,第220页。

受的压力增大了十倍,而且国民党在农村依靠的是一个借征兵征粮为名以兼并剥夺农民为实的恶霸地主阶级。在保长抓壮丁、摊税款的过程中农村进一步解体。抗战胜利前夕,农村中土地兼并已严重到引起国民党上层的注意,国民党"六大"不得不把土改作为一个重要决议提到议事日程,并在马歇尔(George Catlett Marshall)的示意下提出《农地改革方案》。但是基层干部和保甲长本身就是兼并者,国民党对于自身的腐败无能为力,只能眼看着农村成为动乱的温床。(注十二)

农村过度动员造成土地兼并,城市经济过度动员的后果则是官僚资本的兴起和腐败。抗战的前期和中期,国民党放弃东南沿海和大城市向西南退却,犹如希腊神话中靠大地作为力量来源的巨人泰坦被举了起来,失去了自己力量的源泉。但是和神话中巨人因此被杀不同,国民党虽然面临重重困难,但它毕竟是一场全民族与敌人殊死搏斗中的主要组织者。民族主义产生了巨大的动员力量。在战略退却中,人民与政府共甘苦,大量企业家、知识分子跟着中央军迁移到西南落后地区。本来,中国的现代工业都集中在东南沿海,工业化是以通商口岸为中心展开的,西南和广大腹地一直是落后地区,30年代发展水平与20世纪初的水平差不多。随着沿海资金、企业家、工程师云集内地,大西南的工业化过程在抗战中亦蓬勃发展。中国内陆的城市经济与工业的兴起,支持了抗战,但在国家干预下建立的城市经济只能是国家资本主义,它已不可能具备30年代初的自由资本主义活力。中国的城市经济结构中也出现了无组织力量的巨大增长。

国家资本主义的增长,是和一体化结构对城市经济干预同步的过程。早在全面抗战爆发前,国家对经济干预即已开始。1932年,蒋介石宣布成立国防设计委员会,后改名为资源委员会,它以二亿七千万元作为资本,发展中国的燃料、冶金、石油和重工业,作为军事工业基础。[1] 资源委员会立即成为官办企业的大本营。这表明,新一体化结构一建立,就具备干预城市经济组织方式之能力,国家资本和国营企业应运而生。(注十三)但是,抗战前民间资本仍占优势。1935年年底全国工矿企业资本中,国营企业只占11%。[2] 整个城市经济结构仍可以算作为依附型自由资本主义,具有相当的活力。抗战前,尽管国民党用于内战的军费浩大,但城市仍很繁荣,物价平稳,人民生活水平不算太差。这一切均和城市自由资本主义经济发达有关。1937年国民党失去大城市后,西南西北企业如雨后春笋般出现,但抗战时建厂大多需国家支持,国家资本超过民间资本,迅速占主导地位。1940年,国家资本已占全国资本总额的50%,1942年又进一步上升到70%以上。[3] 1945年抗战胜利,国民政府接收了大约60亿美元的日本在华资产。[4] 国家资本主义进一步大扩张。据统计,1947年隶属于国民政府行政院的资源委员会所控制的产值十分庞大,它达到电力行业的83.3%,煤炭行业的38.8%,钢铁的90%,水泥的51%,石油、铁矿石、锑、锡、铜等有色金属矿产品和食糖的95%以上;而国家的纺织建设公司生产的棉纱与棉布,也分别占全国的36%和70%。[5] 城市经济俨然呈现出国家资本主义的形态,城市经济也和农村一样出现无组织力量大增长。

本来,中国资本主义好不容易摆脱了传统一体化结构的桎梏,

---

〔1〕［美］帕克斯·M.小科布尔:《江浙财阀与国民政府:1927—1937》,第168页。

〔2〕黄逸峰等:《旧中国民族资产阶级》,第412页。

〔3〕胡德坤:《中日战争史(1931—1945)》,武汉大学出版社1988年版,第399页。

〔4〕丁日初:"关于'官僚资本'与'官僚资产阶级'问题",载《民国档案与民国史学术讨论会论文集》,第447页。

〔5〕陆仰渊、方庆秋主编:《民国社会经济史》,中国经济出版社1991年版,第766、772页。

在新文化运动后的十几年间来了一个大发展,现在,类似于中国历史上官营手工业、官商,洋务时期官办企业和官督商办的经济成分再次出现了。在国家资本主义中,衙门作风严重,当它吸取越来越多资源,渐渐成为城市经济的主导成分时,资本主义的活力便消失,经济发展又陷于停滞。(注十四)在经济结构中存在私营和官营两种成分情况下,很容易成为官僚机构系统腐败的根源。官营企业中官员可借助手中控制物资货币的权力牟取私利,变相地把国家资本转化为官僚私人的财产。国家资本主义实际上是一种国营企业和官僚私人企业的混合形态,它可以称为官僚资本主义。(注十五)

用通货膨胀作为指标,可以看出国民党抗战过分动员的危害。本来,扩大发行货币是经济动员的一种手段,当城市经济繁荣,国家有能力组织生产、集中农产品时,这种手段和组织生产共同使用,才不会导致通货膨胀。而抗战必须集中大量人力与物力,城市经济的生产力已大大减少,政府又不具备动员广大农村人力和物资的能力,它只能依靠发行货币来调动经济资源,从而造成巨大的通货膨胀。不可控制的通货膨胀是过分动员的指标,它使人民生活水平急剧下降,干部腐败。但是明明知道其危害,国民党也只能饮鸩止渴,因为除此手段外,几乎没有其他更有效的办法来筹集军费。

1939 年至 1944 年的财政赤字最低都在总收入的 65% 以上,最高达 85%,这些赤字均靠印票子解决。[1] 国民党十分庆幸它在 1935 年获得了货币发行权。蒋纬国说:“如果全面战争爆发而中国停留在银块或纸硬币时期,则战争将难以维持半年以上……军费

---

〔1〕 姜铎:“略论抗战时期国民党经济的作用”,载《江海学刊》1988 年第 1 期。

筹措只有通过通货膨胀而大量发行纸钞。"[1]只需下面一个例子,就可看出印钞票机制在抗战经济动员中的重要性:抗战期间,国民政府从美国得到的5亿美元贷款中,不得不拿出其中5500万美元作为在英美印钞票的印刷费用;1942年7月到1943年2月,运输法币竟占由印度至重庆空运量的9%。[2] 表7.3为货币发行膨胀引起的物价指数增长和购买力指数的锐减。

1945年货币发行量是1937年的七百多倍,与此同时是农业的破坏、城市经济的变质,社会生产的物资大大减少,物价上涨两千多倍。它表明,抗战失去城市和过分动员已经从内部摧毁了国民党30年代建立的社会结构。

表7.3 抗战期间的通货膨胀

年	月	发行指数	物价指数	购买力指数
1937	6	100	98.8	101.21
	12	117	98.3	101.72
1938	6	123	128.2	78.00
	12	164	164.0	60.97
1939	6	215	290.3	47.77
	12	305	355.4	28.13
1940	6	431	596.6	16.75
	12	560	1267.2	7.85
1941	6	763	1566.6	6.42
	12	1076	2736.6	3.65

[1] 蒋纬国:"中日战争之战略评析",载《中华民国建国史讨论集》(第4册),《抗战建国史》,中央党史会1981年,第10页。

[2] 胡德坤:《中日战争史(1931—1945)》,第401页。

续表

年	月	发行指数	物价指数	购买力指数
1942	6	1773	4844. 0	2. 06
	12	2422	7766. 5	1. 28
1943	6	3544	13,013. 0	0. 75
	12	5357	20,930. 0	0. 47
1944	6	8725	42,840. 0	0. 23
	12	13,464	58,744. 0	0. 17
1945	6	28,289	213,320. 0	0. 04
	12	73,845	212,690. 0	0. 04

摘自孙文学等:《中国近代财政史》,东北财经大学出版社 1990 年版,第 341 页。

7. 5　泥足巨人的末路

1945 年日本宣布无条件投降。消息传来,全国一片欢腾,但蒋介石的“文胆”陈布雷却忧心忡忡,他对家人说,这并没有什么可庆祝的,更大的苦难就在眼前。陈布雷已敏感地意识到,八年抗战是国民党由盛转衰的转折点。国民党在美国的帮助下迅速收复沦陷地区,但它已是一个泥足巨人。如果只看这个组织实体的上部,它拥有近 430 万人的军队,又有美援和先进的装备,似乎十分强大,但是支撑着这个全副武装身体的两条腿却是泥塑的。一条腿是经济,农村已经衰败不堪,国民党虽再次恢复对大城市和沿海发达地区的控制,但城市经济结构已经变为以国家和官僚资本为主,成了一只不会下蛋的母鸡。另一条腿是党政军组织,它在抗战后期出现严重腐败。一旦失去民族主义号召力,国民党就再也没有抗战时的组织力和战斗力了。

早在抗战胜利前夕，无组织力量就差不多已经蛀空了国民党组织，社会处于大崩溃的边缘。抗战一结束，当国民党再次企图消灭共产党时，两条泥足再也不可能支撑巨大的战争机器，它迅速地被战争动员压垮，整个国统区雪崩般地瓦解，国民党政权大崩溃不可避免地来临了。1947 年 10 月，国民政府的黄金、美元储备只剩下三亿美元，预计到 1948 年年底将全部耗罄，此时只得重新启动印货币机制来解决庞大的军费开支。[1] 当时公库收入只占预算的 5%，赤字全靠发行货币，其中 80% 是军费。[2] 抗战中的通货膨胀立即变本加厉，物价如天文数字般增长：1947 年纸币发行量达 33 万亿元，比 1936 年增加了 23,500 多倍，同期上海物价指数上涨 85,000 倍。从 1948 年开始，1 月至 3 月纸币发行量是每三个月增加一倍，4 月至 5 月是每两个月增加一倍，6 月是一个月增加一倍。[3] 到 1949 年 5 月，抗战前可以购买两头黄牛的 100 元纸币只能买到一粒大米的千万分之 2.45。与通货膨胀并行的是腐败大行其道。1949 年，美国银行界向国会议员指出，宋子文和孔祥熙两家在曼哈顿的积蓄高达 20 亿美元。全国风传中国所有财富都迅速地集中在以四大家族为首的少数官僚手中。城市经济终于彻底解体。国民党的战争机器不仅压垮了城市，农村也在动员中出现了同样的结局。1946 年国民党征兵 60 万人，1947 年又征兵 150 万人，所有这些均依靠基层保甲抓捕壮丁。1946 年度为了内战需要，国民党宣布对 40 个省田赋征实，加上征借和地方公粮，农民须上

---

〔1〕 苏智良、朱华：“民国史上最丑恶的一章——金圆券币制改革与‘打虎运动’”，载《档案与历史》1986 年第 4 期。

〔2〕 林德金：“解放战争时期国统区经济危机的特点及其根源”，载《湘潭大学学报》1985 年第 2 期。

〔3〕 薛暮桥、吴凯泰：“新中国成立前后稳定物价的斗争”，载《经济研究》1985 年第 2 期。

缴的粮食高达 11,100 万石,当时就有人惊呼这是史无前例的苛政。[1] 本来已在解体中的农村,终于因国家和基层恶霸地主的压迫而雪崩般地瓦解。据不完全统计,各地因饥饿而死者达 1000 万人,1947 年饥民增加到 1 亿。仅上海一地,失业者即达 200 万人。中国社会结构大崩溃开始了。国民党政权出现了兵败如山倒的局面。

回顾国民党从 1927 年率先实现中国社会整合到 1949 年失去大陆的历史,我们可以看到一个无可辩驳的事实,这就是在对外开放条件下弱一体化结构不能稳定地实现社会整合。当超稳定系统处于相对孤立的状态时,受到的冲击至多来自农业文明或游牧民族,一体化结构的建立,主要取决于内部因素。而在对外开放条件下,用新一体化结构实现社会整合时,还必须去应付外来工业文明的冲击。这时,社会整合模式能否稳定,同时取决于内部和外部两个方面。当中国遭受严重外来入侵威胁之时,外来挑战构成了一种对新一体化结构组织形态的选择机制,只有能进行广泛社会动员,集中中国广大人力、物力以抵抗外来入侵的结构,才能生存下来,并占主导地位。这种新一体化组织必须具备强势意识形态,有更坚强和紧密的党组织,它的组织也不能只集中在社会上层,还必须深入到农村基层,形成一个基层干部远远大于中层和上层的巨型金字塔系统。在抗日战争中日益壮大的中国共产党,正具有这样一种组织结构。

第七章　注　　解

注一　意识形态文化霸权确立最典型的表现是它对教育的干

---

〔1〕 林德金:“解放战争时期国统区经济危机的特点及其根源”,载《湘潭大学学报》1985 年第 2 期。

预。在现代社会中(或一体化解构时期),教育大多是不带意识形态色彩的。1927 年年前,中国的教育制度是非意识形态化的,学校的任务是传授知识,而不是意识形态灌输。1927 年国民党建立新一体化结构,立即对教育制度实行干预。学校除了教学生知识外,还增加了三民主义的课程。我们可以看到,中国教育独立于意识形态只在传统一体化组织解体(1911 年)到新一体化结构建立之前(1927 年)这段时间。蔡元培教育主张的兴衰是这方面一个象征性的例子。在新文化运动期间,蔡元培已意识到教育独立于意识形态的重要。他于 1922 年发表《教育独立议》,认为只有教育独立,才有学术自由。他身为国民党重要干部,在党内一直主张教育独立。在国民党统一中国前,他就提出大学区制和创设大学院,使中国教育不受意识形态干扰。1926 ~ 1929 年,大学区制试行,企图将政党干涉教育减少到最低限度。但北伐成功后,国民党中央不再支持蔡元培的试验。陈果夫坚持党化教育,蔡元培只得辞职。[1]通过这个事例,我们可以看到建立新一体化结构,一定要把党的意识形态凌驾于教育之上,正如传统一体化结构中儒家经典是所有知识分子必读书一样。

注二　意识形态与政治结构一体化组织方式中,参政权利和权力来源均出于意识形态。在传统一体化结构中,整个知识分子阶层认同儒家意识形态。他们是官方意识形态认同的精英,这使得士大夫享有百姓所没有的参政特权。在新一体化结构中,只有列宁主义政党是意识形态认同团体,具有意识形态确认的精英性质。[它成为列宁主义政党一党专政和一党独大的理论根据,这里我们看,就参政权利而言,新一体化结构和传统一体化结构是同构的。当意识形态政党成为政治权力的当然享有者时,即使实行所谓一党领导下的多党合作制,实际上也无异于一党专政。因为只

〔1〕 陶英惠:“蔡元培与大学院”,载《近史所集刊》1972 年第 3 期。

有意识形态才代表真理,是法律和政治统治的权威和合法性来源。因此,其他政党即使被执政党认为是合法(不反对执政党的意识形态),它也是没有权威的,只能依附于意识形态政党而存在,从它那里获得权威和合法性支持,因而也谈不上通过竞选取而代之。40年代后期国民党羽翼下的青年党、社会党,都难逃离这一普遍模式。]

注三　列宁主义政党执政后,实行的一党专政除了党掌握全部政治权力和资源外,还包括党的领袖,各级党的干部在自己管理范围内的专断。实际上这也是意识形态与政治结构一体化这种组织方式所决定的。从理论上讲,党的专政是对反对"主义"、不服从"主义"的人和政治团体进行专政(因他们已不属于"人民"的范围),但对于服从主义,特别是意识形态认同团体内部(也就是说对于"人民内部")理论上讲必须遵循民主集中制。人人有参政与发表政见的权利,政治决定和领导集团必须由代表大会选出。这似乎实现了某种程度的民主。然而,新一体化结构实行的后果却是:民主集中制中的"民主"总是流于走过场的形式,也越来越不重要;即使在意识形态认同团体内部,最后也总是以党的领袖实行家长制般的专断而告终。只要权威必须来源于意识形态,那么一体化结构中的专断就是不可避免的。

表面上看,民主集中制规定意识形态认同团体内部享有发表不同意见之自由和参与执政之权利,使得专政和专断似乎只是针对意识形态认同团体之外而言(当意识形态获得大多数人认同时,人们常说这是多数人对少数人的专政)。但是政治权力来源于意识形态就使得民主集中制程序本身并无牢不可破的权威。某种党的统一政见、决议虽由民主集中制程序作出,但这种政见合理性和权威性的最后根据并不是党章规定的程序本身,也不是它代表大多数党员的意见,而在于它是否具有意识形态所肯定的真理性。但是,意识形态认同团体又如何能确认某种政见具有"真理性"呢?

显然当某种政见可以唯一而且显而易见地是从意识形态导出时，它自然会得到大多数党员的认同,这时所谓党的民主讨论和投票只是一种走过场的形式。当政见不能由意识形态显而易见地推出时,那些对党的意识形态作出重大贡献的人物的意见就会被认为是符合党的意识形态的。民主和程序会变得越来越不重要,最后一定会出现一种局面,即那些新意识形态的创始人,或被公认对新意识形态发展作出重大贡献者,就成为当然领袖。他的权威和政见会君临全党。在他的意见导致党的重大失败以致在全党动摇他的意识形态权威之前,民主程序是无法遏制他的个人独断的。而一旦他的政见被实践证明错误(往往是以党的惨重失败为代价),出现的是意识形态权威人物(他代表意识形态中推出另一种政见的方法)的更替,党只是改变了领袖。

新意识形态的伦理中心主义结构(或者是以某种无产阶级立场为中心的非理性主义)越明显,民主集中制程序也就越虚假。党员拥有"民主"权利和自由发表意见的权利有一个前提,这就是认同党的意识形态。当意识形态具有伦理中心主义或立场中心主义结构时,立场和伦理道德之纯洁是党员有权发表不同意见之前提。当党的领袖是伦理道德之完人,或"无产阶级利益的代表"时,任何发表不同意见、批评领袖都难以和反对党的意识形态作出区分。"反党"、反对"主义"构成一种巨大的道义压力使大多数党员怀疑(至少是不敢讲出)自己的真正意见,所谓民主集中制也就变成"政治剧场"式地通过来自领袖权威性指示的虚假程序。

把新一体化政治结构中产生个人专断之机制和传统一体化结构中皇帝拥有无限权力作一个比较,我们就可以看到,事物的性质与其说取决于它的名称,还不如说更多地由结构决定。新一体化结构和传统一体化结构同构的部分(权威来自意识形态、绝对权力来自意识形态不可讨论与批评的部分)在政治权力结构中都制造了个人专断。就意识形态如何把权威集中在个人身上而言,新一体化结构与传统一体化结构有所相同。儒家意识形态是通过天命和伦常关系,把权威寄托到皇帝和家长个人身上的。在这种专断政治中,老皇帝驾崩,儿子取而代之,新皇帝新家长的权威仍得到伦常关系的支持,专制者个人的去世通常不会带来权威危机和权力真空。但在新一体化结构中,党的领袖之权威来自于他是意识形态的创始人、重大发展者,或者是中国魂的代表、道德伦理上的完人。他们去世时,意识形态往往不能把权威立即聚集到另一个个人身上,这时会出现权威真空。一般说来,党内的民主集中制在这种时刻会起到某种作用,这就是所谓的集体领导;如起不到作用时,党会出现某种混乱。但是,只要意识形态合法继承人一旦出现,混乱马上克服,民主集中制马上又退回到舞台剧场中去了。无论从孙中山去世到蒋介石地位的确立,还是共产党领袖更替过程中,都存在着上述现象。

注四　新一体化结构与传统一体化结构同构的典型表现是官僚机构组织形态的类似,如果把国共两党建立的官僚机构、西方现代国家官僚机构以及中国传统社会官僚机构三者进行比较,可以发现新一体化结构的官僚组织虽说是20世纪二三十年代后建立的,但它距离西方现代文官组织甚远,但和中国传统官僚系统十分相像。

西方文官系统是近代出现的,社会学家称其为科层组织。据金耀基概括,它有如下几个组织上的特征:第一,科层组织建立在工具理性之上,每一机构的组织结构都尽量根据其功能需要来设计,整个官僚机构着重专业分工。第二,科层组织中的官员必须具有专业知识和专业精神,他们以某种特定的专业职能部门的专业为终身职业,通过专业的文官考试,整个科层组织是专才型的。第三,科层组织和政治的斗争与权力之争互不相关,他服从所谓技术性的超政治型模。不仅文官组织如此,连同里面的官员也都不属于某一党派,具有“超政治”的职业角色。[1] 这三个基本特点在新一体化结构的官僚组织中都不存在,它具有与韦伯所讲的现代科层组织不同的特征。我们可以称为非韦伯型官僚机构。

首先,支配国共两党官僚组织的都不是工具理性。党的意识形态作为选官标准和官僚运作最高原则笼罩在专业分工和客观理性之上,这一点和中国传统社会官僚组织倒是相近的。

当选拔官员的首要标准是意识形态忠诚,其次才考虑专业时,现代科层组织的专才型结构必然在不同程度上遭到破坏。党在组织政府时把意识形态内容(忠诚)作为文官考核升迁的第一标准,或者干脆把不具有专才的党的干部派到各个不同专业部门去,采用外行领导内行的办法。这时,整个官僚机构已不是专才型的,其组织构架是通才型(专业往往只是这些外行在领导中慢慢熟悉的东西和业余爱好)。在科层组织中,不同专业的官员是不能调来调去的。但新一体化结构的官僚机构中真正的专才处于最下层,是被组织者,而在组织机构中流动成为骨干的则为专业水平不高的通才或意识形态干部。

官僚机构的骨架依靠意识形态干部支撑起来时,行政组织自然和政党血肉相连,它不能与政党和权力相分离。当执政党更替时,原有行政系统不能整个地转过来为新执政党服务,它往往必须重新组合,甚至是打碎。北伐以后,南京国民政府初建时,还可以大规模接纳北洋政府的行政系统,将其整个地纳入国民政府结构,以至于有“军队北上、政治南下”的说法。[2] 这是因为北洋政府的官僚机构还不是一体化官僚组织,文官没有什么意识形态色彩,可以整个地被国民党新一体化官僚组织吸收。可是1949年共产党取

〔1〕 金耀基:“中共‘反科层的组织型模’:历史的与比较的分析”,载《香港中文大学学报》1977年第2卷第1期。

〔2〕 缪全吉:“抗战前十年行政系统的变革”,载《抗战前十年国家建设史研讨会论文集》,1972年。

代国民党在大陆的统治,情况就完全不同了。共产党在政策上就规定了必须把国民党全部官僚机构(警察、市政、税收)打烂,那些和国民党政治关系密切的官僚不是被开除就是被逮捕。处理事务必不可少的纯技术性人员则被集中训练,进学习班和军政学校后,再调到新的部门使用,[1]他们至多只是作为技术性元素重新编织进共产党意识形态干部管理系统中。而且,即使是这些纯技术性旧职员,后来也还是大多被政治纯洁的新干部取代了。

新一体化官僚机构之所以不具备韦伯科层组织的特点,这是因为它的组织机制是意识形态认同。正如我们在第四章所指出的,现代科层组织的组织机制是规范认同,它的种种组织特点均可由规范认同推出。现代社会政治结构的权威来自宪法和规范,它必定以服从规范的工具理性为运作原则,其组织结构的设计一定根据职能分工和法律类别来设计,官员的选择标准是熟悉本专业(法律和有关业务知识)程度之考核。新一体化结构中的官僚机构以意识形态认同为组织力。意识形态越强有力,官僚机构组织方式就越偏离工具理性,那些非韦伯型组织特点也就越明显。

我们若将国民党和共产党两个官僚组织作一宏观对比,就能证明这一点。虽然国共两党的官僚机构均建立在意识形态认同之上,都属于非韦伯型官僚机构,但二者偏离现代科层组织的程度是不同的。三民主义意识形态整合力远比马列主义毛泽东思想来得弱,国民党官僚机构在形式上还或多或少地带有某种现代科层组织之特点。而在共产党 1949 年后建立的官僚机构中,意识形态取代工具理性、专才处于意识形态干部的绝对支配之下等非韦伯型机构特点已发展到极端的程度。国民党以党治国的方式是让行政隶属于党的中央执行委员会的政治委员会,行政院、省主席和高级

[1] 林代昭主编:《中国近现代人事制度》,劳动人事出版社 1989 年版,第 525 页。

政府官员由党中央执行委员会政治会议任命，各级政府机构处于党部的监督之下。这里意识形态凌驾于工具理性之上，专才型文官服从意识形态型党官已十分明显。但是由于三民主义是弱意识形态，国民党政府中仍实现了某种党政分开。省及省以下政府并不隶属于相应党部的领导。地方党部如想改变当地政府之决定，必须通过中央执行委员会的政治会议才能做到。政府虽在党的控制之中，但每一级机构并不和党组织融为一体。在共产党中，意识形态认同组织力远比国民党紧密和强大，它对政府的控制能力大到如此地步，以至于每一级政府机构均在相应的党组织领导之下，政府组织和党组织实际上是融为一体的。意识形态已经彻底取代了工具理性。

共产党官僚机构中，通才型干部统治专业文官的程度也远远大于国民党。国民政府的文官来源在理论上必须通过考试，即使是邮政这些远离政治和权力的纯技术性部门也不例外，考试内容除了专业外，也还都把意识形态内容放在首位。三民主义、国民党一大宣言是必考的。在选拔文官的考试中加进意识形态内容，当然有助于官僚机构的意识形态认同，但考试本身却使文官成为某种专业人才或技术官僚。因此国民政府省厅级官员中有相当一部分是大学生和留学生，县级官员中很多是来自中等文化程度的知识分子。虽然文官考试制度在30年代并未得到很好的贯彻，而且在文官选拔条件中都有为党工作多少年就可以相当于某种学历的规定，使得大量通才干部进入文官系统。据统计，国民党文官政府的七十多万公务员中，真正考试合格选入的只占3%。[1] 但是，国民党官僚机构中专才毕竟还是占了相当比例。共产党官僚组织对意识形态认同的要求比国民党更为严格，对马列主义和毛泽东思想之忠诚远非考试所能鉴别，它只有从意识形态认同团体中进行

〔1〕林代昭主编:《中国近现代人事制度》，第225页。

选拔,因此,共产党的官僚机构干脆取消了文官考试。一切干部的选择、提拔、考察均由党组织决定。直到20世纪80年代,共产党执政40年,系统的考试制度仍没有建立,整个官僚机构仍是通才型的。

国共两党缔造的官僚系统离现代科层组织的结构虽很遥远,但和中国传统社会的官僚政治却很近。支配中国传统官僚政治的也不是工具理性,而是儒家意识形态认同,因此它成为人类历史上最庞大、存在时间最长的非韦伯型官僚机构。它不是专才型组织,作为技术人员的吏处于“君子不器”的通才——儒臣领导之下。整个官僚组织与宫廷政治密切相关,正如金耀基所说:“中国传统的官吏,不论是伟大的还是卑劣的,无不自觉与不自觉地扮演了西方政治家或政客的角色。”[1]表7.4列举了现代科层组织、新一体化结构的官僚组织和中国传统社会官僚的差别,从中可见,国共两党建立的官僚机构只是中国传统官僚组织的某种现代变种。

表7.4 一体化结构和现代科层组织官僚形态比较

类型 性质	现代科层组织 (据金耀基概括)	一体化结构中非韦伯型官僚组织	
		新一体化结构	传统一体化结构
组织原理	规范认同。文官由非政治性专业人员组成,实行专业考试制度选拔官员。	意识形态凌驾于任何规范与工具理性之上,在开放条件下为了保证意识形态认同,官僚机构在党的控制之下,官僚机构主要成员来自意识形态政党。	儒家意识形态认同,由于儒家文化的主导地位,只需要实行“举孝廉”或“科举制”。

〔1〕 金耀基:“中共‘反科层的组织型模’:历史的与比较的分析”,载《香港中文大学学报》1977年第2卷第1期。

续表

类型 性质	现代科层组织 （据金耀基概括）	一体化结构中非韦伯型官僚组织	
		新一体化结构	传统一体化结构
组织机构	组织结构由管理功能需要决定，不同部门存在着明确分工，机构是高度专业化的。官员的职责是由专业分为“科”，不同专业部门和不同层之间不能逾越。“层”的制定亦由管理层次的需要而定，所有文官均为专才。	官僚机构分成两个不同部分，一部分为组织系统，它是建立在意识形态认同而非专业之上的机构，如党委、党部，和“组织部”、“宣传部”、“统战部”、“海外工作部”；另一部分为专业机构，办理管理业务，但专业机构和人员在意识形态机构和人员的领导或监督之下。“层”除了科层中为管理需要而设外，还要达到意识形态干部控制专业人员之目的。官僚机构为通才型。	官僚机构由官和吏两个不同的“层”组成。官是属于“君子不器”的通才，他们是全国流动的，用意识形态认同组织起来；吏为办事人员，不流动，在官的领导之下，官为通才型。
组织运作方式	组织运作照一套抽象规章而行，行政尽可能作为标准化和一致性。普遍性的规范和法律是组织运作原则。	意识形态高于行政规章制度，行政规章经常受意识形态制定的政策而改变。	广泛运用儒家国家学说，在意识形态的指导下灵活地执行法律，做到合情合理。
组织文化	工具理性。组织中的人在执行职务时，应该有一种铁面无私的“超人情”的精神。不发怒不动情，此所以求取效率和公正。	只有在意识形态认同前提下，服从原则才是正确的，并受到奖励。当意识形态和工具理性及行政规章冲突时，意识形态可以破坏机构服从之原则。那些服从规章而违背意识形态的官员被认为路线斗争觉悟低。	泛道德主义普遍用意识形态肯定的道德价值来代替职业规范，用个人道德约束来形成规范和“礼”。

续表

类型性质	现代科层组织(据金耀基概括)	一体化结构中非韦伯型官僚组织	
		新一体化结构	传统一体化结构
人员升迁原则	被组织雇用者纯靠技术资格,有不受任意解职的保障,其升迁标准依资历与成就,职员以其工作为终身之职业。	意识形态忠诚和路线斗争觉悟(即在意识形态认同团体内意识形态争论中的立场)在官员升迁时高于技术资格。	道德和对皇帝的忠诚是升迁标准,在宦途中,道德名誉和对皇帝的忠诚比才能与贡献更重要。

注五　蒋介石把"礼、义、廉、耻"的道德实质归为"牺牲小我、舍己利群、尽忠国家、尽孝民族",用国家和民族代替了儒家尽忠孝的对象——"君"和"父亲"。这种强调"民族"、"国家"至上的意识形态在某些方面和30年代法西斯主义的主张一致。三民主义儒家化的后果是变成一个在某些方面类似传统但又带有法西斯主义倾向的新意识形态。蒋介石曾私下赞同"三民主义法西斯化",只是在公开提倡时,将其改为"以三民主义为体,法西斯主义为用"。[1] 意识形态内容的变化立即影响意识形态认同团体组织方式。30年代后,遗老遗少、传统江湖帮会,甚至那些残存的留长辫子穿马褂的绅士都成为国民党的发展对象。国民党基层组织也变得更为松散,较大地偏离了列宁主义政党模式。另一方面,三民主义儒家化更加接近法西斯主义,国民党内部出现了类似法西斯组织,比如CC和复兴社。蒋介石开始了法西斯特务统治。它也是国民党进行社会动员时无组织力量大增长的原因。

注六　国民党的官僚机构有多大?这是一个众说纷纭、一直

---

〔1〕 刘健清:"国民党法西斯主义的泛起与蒋介石独裁统治的建立",载《南开学报》1983年第5期。

没有解决的问题。本书采用的数据来自林代昭编的著作。[1] 70多万人主要是指南京国民政府的公务员。1945年曾对公职人员进行五次检核,其中甲种公职候选人及格人数为155,727人,乙种公职候选人及格人数为489,066人,两者相加64万余人。在中国传统一体化结构中,只有官僚拿国家薪俸,因此吃皇粮拿薪俸的人数大致就是官僚机构的人数。而在新一体化结构中,拿国家薪水的统称为公教人员,其中除了作为官僚的文官外,还包括军人、技术人员、教师,等等。这个数目很大,1941年11月2日延安《解放日报》曾载文估计"当时全国军警公务员为1500万人",我们认为,其中真正属公务员(文官)的,即使数目无法准确计算,也总在几十万左右。我们称其为70万只是为了说明,它大约是传统社会官僚数目的十倍。

注七　30年代,两个省份由于其特殊的条件,可以把部分农村知识分子转化为干部,其基层社会也组织得较别的省份为好。这两个省份是山西和广西。山西省的特殊性在于,它受小学教育的人数是全国最高的。1923年,山西省受过小学教育的人达784,935人,占总人口10,891,878人的7.2%。而其他省份如山东为2.5%,直隶为2.4%,陕西为2.3%,东三省为2.2%。[2] 山西小学生比例在相当长时间里比其他各省高几倍,阎锡山利用山西农村知识分子作为其管理基层的干部相对容易一些。阎锡山将他们培训成为区级长官,他们和中国封建社会官僚一样,遵循不在家乡工作的回避制度。虽然干部仍没有深入到每一个自然村,但基层干部相对较多,山西基层社会管理相对好一些,成为模范省。

另一个例子是广西。从1930年开始,李宗仁等在广西实行"三位一体"教育管理制度。当时广西广泛建立国民基础学校,国民基础学校不是一般的小学。普通小学生只是少年儿童,而国民

---

〔1〕 林代昭主编:《中国近现代人事制度》,第225页。

〔2〕 张玉法:《中国现代政治史论》,第164页。

基础学校的学生包括儿童和成人。全省584,977名小学生中有相当多的人可以经过训练直接转化为干部。据统计,广西当局在30年代培养了三万名以上的干部。1933～1935年,调训镇长万人左右,其中高、初中毕业生为县级干部主要来源。县以下主要靠国民基础学校学生。每个村都规定要办一个国民基础学校。广西的“三位一体”正是一种依靠中小学生建立一体化结构的机制(图7.3)。民团干部学校毕业生同时担任民团队长、乡镇村长,以及国民基础学校校长和教员。[1]

层级	行政	民团(军)	教育
省政府	省主席	(第四集团军总司令)	民国干部学校校长
区	↓区行政监督	↓区指挥官	↓国民基础师范学校校长
县政府	↓县长	↓司令	↓干部训练队队长
区公所	↓区长	↓联队长	│
乡(镇)公所	↓乡(镇)长	↓大队长	↓中心学校校长
村(街)公所	↓村(街)长	↓队长	↓国民基础学校校长
甲	↓甲长		

摘自宋浤源:“1930年代广西的动员与重建”,载《近史所集刊》1988年第17期(下)。

图7.3　广西省“政—团—教”关系图(1936年前后)

山西、广西两省虽然是30年代国民党政权基层建设搞得最好的省份,但它也没有可能把官僚机构伸入到农村最基层——自然村。农村中的土地问题不可能得到彻底解决。政府对农村的劝农、救荒仍不够有力,甚至不足以阻止传统农村的进一步解体。正如黛安娜·拉里(Diana Lary)所说的,广西“民团”的作用,只是当年凭借以重建八桂的“基本组织结构”,并无意推翻既成土地所有

〔1〕 朱浤源:“1930年代广西的动员与重建”,载《近史所集刊》1988年第17期(下)。

制,不能削减高利贷,地方政府在实现三民主义改革方面,仅限于表面文章。[1]

注八　张仲礼曾对"一次大战时期为中国资本主义黄金时代"这一几乎被视为定论的观点提出质疑。他从各种经济史资料研究中发现,中国民族资本在20年代有着重大发展,直到30年代才出现停滞。例如,棉纺业1910～1919年建厂为13家,而1920～1929年则为45家。丝织业20年代增长几乎与1910～1919年相差不多。卷烟业20年代中职工人数增长213%之多,橡胶业到20年代后期才达"全盛时代"。火柴业、机器工业、针织业、水泥业、煤球业都存在类似情况。[2] 张仲礼的研究为我们的观点提供了证据,中国城市经济在意识形态更替时期(即传统一体化解构但新一体化结构未建立)也就是1911～1928年间获得了长足进展,中国经济结构就是在这段时间内成长为由地主经济与依附型资本主义经济之混合形态。

注九　在军阀时代的后期,已日益显示出以通商口岸为基地的城市经济之重要。哪一个军阀部队能更多地获得城市经济的支持,它就能压倒其他军阀,在割据中占压倒群雄的首脑地位。张玉法指出,军阀争夺天下大多是围绕着津浦、平汉与陇海铁路组成的A字形地区(图7.4)展开的。北京军阀控制这A字形地带就占据了中心位置。为了巩固A字形地带,又必须争夺陕西、四川、湖南、浙江等省的控制权。这些省份常成为中央军阀与地方军阀之交战地带。[3] A字形铁路恰好是当时中国最大城市之间的主要交通干线。这里,已经反映出20世纪新兴通商口岸经济对统治中国具有

---

〔1〕 Diana Lary: Region and Nation: The Kwangsi Clique in Chinese Politics 1925－1937(London: Cambridge University Press, 1974).

〔2〕 张仲礼:"关于中国民族资本在二十年代的发展问题",载《社会科学》1983年第10期。

〔3〕 张玉法:《中国现代政治史论》,第152～153页。

越来越明显的重要性。蒋介石占据中国当时最现代化的地区,无疑是国民党统一中国的基础。

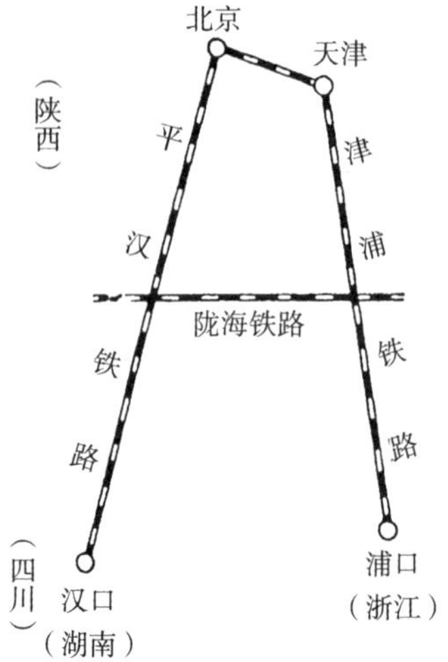

摘自张玉法:《中国现代政治史论》,东华出版社 1988 年版,第 152 ~ 153 页。

图 7.4　军阀争天下所围绕的 A 字形地区

注十　必须注意,军阀虽然也在城市里建立政府,但不能系统地动员城市经济资源。只有建立新一体化结构才能做到军阀政府不可能做到的事:如使地方各级财政税收脱离军人的控制,军、政、财三类组织统统在党的领导之下。我们可以用政府财政收入的变化来说明新一体化结构建立与国家具备动员城市经济能力之关系。

图 7.5 为 1911 年至 1926 年广东省的财政收入曲线图。从图可见,自民国元年传统一体化解构以来,省库收入一直在下降之中,到 1924 年下降到最低水平——不及 1912 年的四分之一。1925 年广州国民政府刚刚成立,国民党中央就任命宋子文创立并领导中央银行,通过党的力量建立银行信用,掌握了广东金融。廖仲恺主管财政组织整顿,他依靠党组织坚决和地方强行截留税款作斗

争,建立了统一税收的财政管理。财政收入立即大幅度增长,1926年达84,822,000元,其中有81,863,000元来自税收,它几乎达到民国元年的四倍。[1] 它证明,1925年后,政治结构已逐步和经济结构建立互相调节的耦合关系,政治实体已可利用经济系统的资源支持,军绅政权中政治结构与经济结构不能良好耦合的弊病被克服。也正是这一条件保证了国民政府的北伐,能以一省弱小的实力和全国军阀相抗衡,并且取得了胜利。

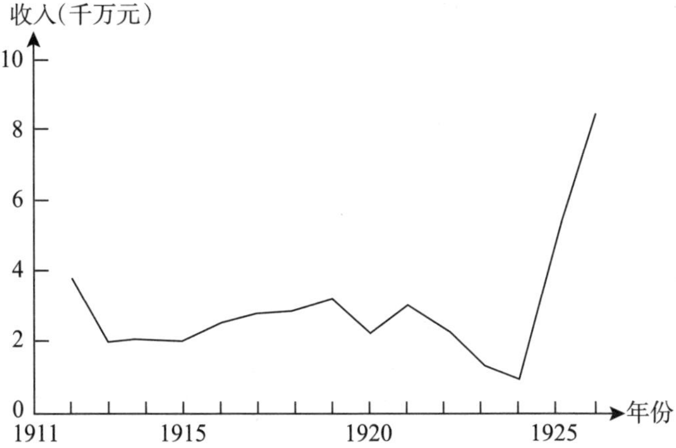

根据王正华:《国民政府之建立与初期成就》提供数据绘制,台湾商务印书馆1986年版,第197、202页。

图7.5　广东省财政收入的变化(1911～1926)

但是国民党建立的新一体化结构却是以城市为基地,它不可能把力量渗透到广大农村,从农民中获得税源。因此,资本家、商人、城市居民成了主要税源。

表7.5为1925～1926年度广州国民政府的收入结构。从中可以看到公债收入占了30%以上,商业税(厘金,加上盐税、印花税和

---

〔1〕 李国祁:"宋子文对广东财政的革新(1924—1926)",载《近代中国区域史研讨会论文集》(下册),中研院近代史研究所1986年。

其他与商业活动有关税收)为35%以上。公债和商业税基本上都由城市商人和民族资产阶级提供,农业税只占3.76%。它表明,为了政治结构能得到经济结构有效的支持,两者保持良好耦合,就一定要保护城市商人资产阶级的利益不受群众运动侵犯。正因为如此,国民党一向主张城市工运应缓慢进行,在大革命期间,中央全会决定应全力推行的只是农民运动。

表7.5 1925～1926年度广州国民政府的收入

项目	全年收入总数(元)	平均每月收入(元)	占整个财政收入(%)
厘捐	11,895,000	991,250	14.83
筹饷(赌税)	11,550,000	962,500	11.40
盐税	8,915,000	742,917	11.12
杂税	4,016,000	334,667	5.01
禁烟(鸦片税)	3,450,000	287,500	4.30
印花税	3,042,000	253,500	3.79
田赋	3,018,000	251,500	3.76
杂项	2,773,000	231,083	3.46
烟酒税	2,443,000	203,583	3.05
煤油	1,798,000	149,833	2.24
税外	1,619,000	134,917	2.02
沙田税收	664,000	55,000	0.83
爆烈品	458,000	38,167	0.57
关税	275,000	22,917	0.34
公债	24,283,000	2,023,583	30.28
总计	80,199,000	6,683,250	100

摘自李国祁:“宋子文对广东财政的革新(1924—1926)”,载《近代中国区域史研讨会论文集》(下),近史所1986年。

注十一 据王业键估计，1934 年中国农村，土地兼并已相当严重。地主仅占全体农户数的 3%，却拥有 26% 的耕地，富农占全部户数的 7%，也占有 27% 的耕地。中农占总户数的 22%，占地 25%。而户数是 68% 的贫农，只占有 22% 的耕地。当时农村地租大约是农产量的 40% ~50%。[1]

注十二 我们可以形象地看一下国民党六大有关土改决议贯彻的结果。根据《农地改革方案》，国民政府通过国家征购土地的办法向地主买回土地，以扶植自耕农，但直到 1948 年，国民政府扶植的自耕农也不过才有 30,786 户，农地面积为 863,063 亩，加上整个抗战时期扶植的自耕农 48,525 户，农地面积 1,176,186 亩，这个数目是这样的微不足道，它还不如共产党在一个县实行土改所取得的成果。[2]

注十三 1928 年新一体化结构刚确立，政府就设立全国建设委员会，控制首都附近几家发电厂及煤矿，并着手建设淮南煤矿，修筑淮南铁路。1932 年成立国防设计委员会。1933 年全国经济委员会实施“经济统制”，设立棉业、粮食、煤业、蚕丝等统制委员会，并开始建立各省公路。1934 年设中国建设银行，投资川黔铁路。1936 年，实业部联合南方六省组成中国植物油料厂股份有限公司，垄断桐油出口。1935 年国防设计委员会改名为资源委员会，隶属军委会，其干预经济行政权不断扩大，成为官办企业的大本营。抗战前，它已控制 80% 以上的钨、锑的生产和运输，并拟订了重工业建设的五年计划。从这个过程可以看到，一体化结构的建立会不可避免地促使官办企业的发展。一方面一体化结构需要官办企业，另一方面它又有能力干预经济，在集中人力物力方面具有优

---

〔1〕 王业键：“近代中国农业的成长及其危机”，载《近史所集刊》1978 年第 7 期。

〔2〕 崔红星：“简析抗战胜利后国共两党的土地政策”，载《史学月刊》1986 年第 4 期。

势,可以在经济结构中缔造国家资本与官营工业。这进一步证明新一体化结构与传统一体化结构同构,差别仅在于在传统一体化结构中,官办手工业占经济比重很小;而在新一体化结构中,官办企业有无限膨胀的可能性。

注十四　抗战时期国营企业比私人企业生产力要低,一个有代表性的数据是官营企业的实际生产能力和它拥有的资本极不相称。表7.6是1939~1942年大后方主要工矿产品产量。我们可以看到,其中绝大多数产品的80%以上产量居然均由资本远比国家资本小的私营企业提供。

表7.6　1939~1942年国民党统治区重要工矿产品产量

产品	1939年			1940年			1941年			1942年		
	总产量	其中民营工业产量	百分比(%)	总产量	其中民营工业产量	百分比(%)	总产量	其中民营工业产量	百分比(%)	总产量	其中民营工业产量	百分比(%)
电力(千度)	9149	81,885	89.5	111,931	100,814	90.1	123,302	110,156	89.3	136,850	112,834	82.5
煤(千吨)	5500	5308	96.5	5700	5394	94.6	6000	5483	91.4	6314	5567	88.2
生铁(吨)	62,730	62,730	100.0	45,000	42,506	94.5	63,637	59,200	93.0	96,000	82,532	86.0
钢(吨)	1200	1200	100.0	1500	1500	100.0	25,429	1895	94.2	3000	1494	49.8
工具机(台)	639	639	100.0	1024	1024	100.0	1221	1148	94.0	1147	1011	88.1
水泥(桶)	48,794	48,794	100.0	50,479	57,479	100.0	25,429	25,429	100.0	39,843	39,693	99.6
硫酸(吨)	124	124	100.0	428	428	100.0	453	453	100.0	689	666	96.7
盐酸(吨)	72	72	100.0	151	151	100.0	130	130	100.0	300	300	100.0
碱(吨)	940	940	100.0	1486	1486	100.0	2079	1960	94.3	2263	2112	93.3
酒精(千加仑)	812	532	65.5	4590	3921	85.4	5408	4110	76.0	7885	5489	69.6
机制纸(吨)	526	526	100.0	660	660	100.0	4200	4200	100.0	4250	4250	100.0
面粉(千袋)	1926	1926	100.0	3239	3239	100.0	4510	4510	100.0	4880	4880	100.0
棉纱(千包)	27	27	100.0	30	30	100.0	112	112	100.0	114	114	100.0

摘自黄逸峰等:《旧中国民族资产阶级》,江苏古籍出版社1990年版,第527页。

注十五　在一体化组织中当国家资本与私营资本共存时,就存在着国家官员借手中权力将国家资本转化为私人资本的可能性。显然,这种转化是与官僚机构腐败连在一起的。据易劳逸

(Ltoyd E. Eastman)研究,1932 年上海汇丰银行有 21 个储户拥有至少 2000 万元的存款,他们中间的绝大多数是官吏和官吏的亲属。1931 年到 1937 年监察院处理的案件中涉及贪污官吏达 69,500 人,而该院仅收到 1800 人的起诉书,在这 1800 个案件中,只有 268 人被法院或其他纪律机构判定有罪,268 人中有 214 人根本未受任何惩戒,41 人仅受到很轻的处罚,如减少其十分之一的工资等;只有 13 人是真正被罢了官的。〔1〕 目前没有充足的数据表明在三四十年代,南京国民政府所掌握的国家资本有多少转化为官员的私人资本。原先有些学者认为国民政府所有国家资本都属于四大家族私产,这显然是不正确的。一般说来,抗战前,国民党还不太腐败,化公为私的财产不算多。但到抗战后期,特别是在抗战胜利接受日伪资产时,有相当多的国家资本转化为官僚私人资本,国民党的腐败这时已相当严重。据统计,四大家族控制的中、中、交、农四大银行和中央信托局、邮政储金汇业局(即四行二局)所控制的外汇与黄金, 1940 年只占全国总数的 1%,1942 年增加到 16%,到 1945 年 6 月竟高达 75%。〔2〕

〔1〕 [美]易劳逸(Lloyd E. Eastman):《流产的革命:1927—1937 年国民党统治下的中国》,陈谦平、陈红民等译,中国青年出版社 1992 年版,第 28 ~ 30 页。

〔2〕 胡德坤:《中日战争史(1931—1945)》,第 399 页。

第八章　中国共产党的兴起

诗人曾说,写诗是为了让岁月显形。我们所作的理论分析,无非是让那些导致这个古老伟大民族走向官僚社会的组织基因显现出来。

8.1　共产革命怎样与中国农村关联

中国共产党的不断壮大并最后取得政权,是人类近现代史上最富传奇性的故事。早在 1928 年秋天,毛泽东住在井冈山一座简陋的八角楼上时,就开始提出共产党立足的理论根据。当时中国共产党正值生死存亡之秋。国民党"宁可错杀三千,不可放过一个"残酷的大屠杀,使共产党员损失 90% 以上,共产党在城市的活动被迫转入地下。它控制的少数军队发动了南昌起义和广州起义,想重新占领广东革命根据地,恢复大革命的大好形势,但被国民党优势兵力击溃。残余部队和毛泽东领导的农民武装在井冈山会合。在实现会合之前,毛泽东联合了当地绿林好汉袁文才和王佐,只有一千多人,几百条枪,开始了被国民党视为流寇、实际上却类似于农民起义军的生涯。[1] 当时，中国几乎没有人能够估计到，仅仅过了20年，共产党居然会拥有几百万军队，迅速建立一个庞大的现代政权。就在1928年共产党处于被消灭边缘的重重黑暗中，毛泽东却充满信心，他在《中国的红色政权为什么能够存在?》这篇后来被认为是中国式革命道路起源的文章中，把农民武装称为红色割据。他一眼看出国民党统治有两个不可克服的缺陷：一是不能建立铁板一块的强大中央政府，二是不能控制广大农村。共产党只要深入农村，举起土地革命大旗，巧妙地利用国民党内部派系斗争，革命根据地就可以在国民党控制力薄弱的地区生存，在派系斗争裂缝中壮大。

毛泽东确实独具慧眼，红色根据地的出现和发展，恰恰是基于国民党是弱一体化整合模式。1929年和1930年，国民党内部严重分裂，北伐中收编的军阀部队再次和蒋介石争天下。李宗仁、冯玉祥、唐生智、阎锡山的部队与蒋介石的中央军杀得难分难解，天昏地暗。正是利用蒋介石无力分身对付共产党的机会，红色根据地在湖南、广东、江西、湖北农村中大发展。到1930年，全国红军已有10万人，建立大小根据地15块。这时蒋介石依靠手中握有党军实力压服了群雄，从内争中腾出手来，立即对红色根据地发动进攻。蒋介石共组织了五次围剿，规模大的是第三次和第五次。在第三次围剿中蒋介石亲临南昌，调动13万军队，但因汪精卫、李宗仁等反蒋势力已聚集于广州，另立国民政府，国民党中央军不得不再度回师，把主要精力用于对付内部整合。1933年，蒋介石平息内部纷争，又动员80万兵力，对中央苏区发动第五次围剿。[2] 红军虽无法正面抵挡国民党进攻，但却可以进行战略大转移，到更为偏远的

---

〔1〕 施拉姆(Stuar Schram)："毛泽东在大革命时期"，载宋季华编：《毛泽东和这个世界》，花城出版社1989年版，第27页。

〔2〕 关于国民党军队围剿红军的人数，大陆和台湾地区的学者有不同的说法，我们这里采用的是张玉法在《中国现代史》中的数字，见该书第425～427页。

地区去开辟新根据地。在第五次围剿中红军损失了90%以上的力量,不得不放弃中央苏区,开始长征,但仍完成了革命根据地从南方转移到西北的任务。共产党曾用“东方不亮西方亮,丢了南方有北方”来概括当时的形势。而名为统一中国的国民党政府,其有效控制的地区只限于东南沿海省份、通商口岸等大城市,对于西北、西南,只能靠收编当地军阀来维持形式上的统一,控制力其实并不强。以中国之大,在南京政府鞭长莫及的边远地带建立革命根据地,逻辑上总是可能的。(注一)只要国民党的压力一减轻,共产党就会依靠农民革命作为动力,武装规模亦日益增大。因此,国民党虽然率先实现统一,却并不能消灭共产党,共产党作为潜在竞争对手一直存在着。

然而,国民党没法消灭共产党并不能简单地等同于共产党可以取代国民党。30年代的中国存在着多种政治力量。西北、西南还是军阀的天下,地方政府本来就好像独立王国。即使在农村中,也不是只有共产党一种组织。华北农民自己组织的红枪会就曾发展到数十万人的规模。国民党不可能消灭形形色色的反对派,但是这并不意味着这些反对力量能取而代之,成为中国社会的整合者。

任何一种反对势力要取代国民党,必须要建立比国民党整合模式更具动员力的社会结构。有人根据国民政府机构的编制,计算了一下它真正深入管理农村一共需要多少干部,其结论是:全国共需甲长640余万人,保长77万余人,副保长及保干事300余万人……总计所需人员1118.7万余人。[1] 也就是说,用官僚机构来实现社会上、中、下三个层次的整合,总共需要上千万的干部。共产党虽在意识形态上比国民党强而有力,但要建立一个如此庞大

[1] 张厚安、白益华主编:《中国农村基层建制的历史演变》,四川人民出版社1992年版,第156页。

的官僚机构，就要面对国民党同样的困难：到哪里去寻找人数如此众多的社会组织者？国民党30年代统一中国可谓不遗余力，但到头来只能建立一个倒金字塔形的一体化结构，这个事实本身已反映出中国社会整合结构性的困难。日益严重的城乡对立局面意味着农村的脱序。表面上看，似乎可以成为社会组织者的阶层基本上都跑到城里去了：新知识分子居住在城里，资本家、商人、大地主也生活在城里，以他们为对象所建立的党派，也只能立足于城市。作为工人阶级先锋队的共产党虽可以训练工人作为干部，但工人也生活在城里。中国产业工人如同知识分子一样稀少，即使完全将其转化为干部，能否形成一个广泛深入农村之金字塔组织，也是大可怀疑的。

共产党要实现广大农业社会的整合，只有一种选择，这就是把农民转化为农业社会的管理者。但是，这又怎么可能呢？几千年来，农民只是被组织者，传统社会是靠地主乡绅自治和宗法家族来整合农村基层，一旦失去了儒生和宗法家庭，农民似乎是不可能建立基层组织的。众所周知，传统社会的农民起义军很少建立根据地，即使形成某种割据局面，也很难在农村建立稳定的基层政权。太平天国就是最典型的例子。虽然它定都南京，建立了农民政权，但太平军得不到儒生认同，基层缺乏绅士的支持，这样，它一直无法确立稳固的农村秩序，军队也难以得到可靠的赋税来源。（注二）可见，在传统社会中，农民起义军要得天下，也不能依靠农民建立农村基层组织，只能用儒生恢复一体化结构。

中国传统小农之所以不具备组织性，是因为他们长期生活在宗族家庭结构中，这种生活方式使他们缺乏独立参与社会活动的热忱。以家庭为单位的生产方式无疑和传统一体化结构以宗法家庭为农村最基层的组织互相维系。近代传统一体化的解构，同时也是农村失去组织的过程。30年代，乡村无组织状态带来的危机已引起社会普遍关注，形成了发轫于民间的乡村建设运动。平民教育派代表人物晏阳初用“愚”、“穷”、“弱”、“私”四个字来概括农民的“不能团结、不能合作”。乡村建设派的代表人物梁漱溟提出的文化失调论也是企图论证:中国农民一旦失去以家庭伦理为纽带之组织,就会陷于无组织的混乱状态。以陶行知为代表的乡村生活改造派试图把乡村农人分成若干团体,从事军事、生产、科学、识字、民权、生育六大训练,以期做到以农人的团体力量保护农人的生命。当时的中国社会确如一棵病树,作为树干之城市还有活力,农村基层组织本是大树的无数细根,但在传统一体化解体后,这些细根已处于无可救药的腐烂状态。共产党如果要把红色割据转化为中国社会的整合力量,就必须具有一种化腐朽为神奇的魔力。这就是把农民转化为基层社会的管理者,以解决传统一体化解构带来的农村基层社会整合之难题。

用农民为干部实现社会整合,有两个前提:第一,农民必须突破家庭的框架,接受不同于家族的基层组织形态,并具有某种社会管理之参与热情。只有农民素质发生变化之后,才可能依靠农民干部来组织乡村。第二,社会整合必须使上、中、下三个组织层次的管理者均来自于意识形态认同团体。共产党管理社会上层和中层可以依靠从知识分子和工人中发展的党员,为了建立庞大的农村基层党组织,就必须吸收大量农民入党。除了农村中出现一个类似于无产阶级那样的阶层之外,还需要献身于共产主义革命的知识分子再次走向农村,使马列主义变成农民喜闻乐见易于接受的形态,特别是中国共产党要把在农村建党作为有意识的行动。这一切都需要一系列经济、政治和文化变迁。本章将依次讨论用农民为干部实现社会整合的经济、政治和文化条件。中国共产党的发展壮大,终于取代国民党在大陆的统治,正是这些前提被历史创造、积累和综合的结果。

8.2　贫农经济与农村建党

毛泽东早期在帮助国民党创办农民运动讲习所的生涯中，已经觉察到中国农民并不是那么缺乏对社会管理的参与热情的。农民中正在产生一种新成分，他们可以成为管理农村的基层干部。事实上，近一百多年来的历史变迁，特别是传统一体化的解构本身就是一种动力，使中国传统自耕农的生产方式和生活方式都有所改变，农村中正在产生一个类似于城市无产阶级的阶层。这一切都造成传统小农素质的基本变化，问题在于能否发现和利用这种变化。

最先冲击传统小农组织上封闭性的是人口爆炸。在相当长的时间中中国传统社会人口都在一亿以下（也有学者指出明代的人口峰值已接近两亿），但在清朝出现了史无前例的大增长。（注三）1794 年人口达 31,300 万，1850 年前后进一步上升为 43,000 万人。在 19 世纪后期和 20 世纪上半叶，中国人口一直保持在四亿水平。[1] 人口爆炸的长期效应是农村劳动力过剩。帕金斯（Dwight H. Perkins）估计，从明初到 20 世纪 40 年代，中国人口增加了七至九倍，而耕地面积扩大不到四倍。[2] 本来中国人均耕地面积就远比西方少，到 19 世纪，人均耕地面积差不多已达到不能再减的极限状态。清初每人平均约有十亩耕地，到乾隆三十一年（1766 年）就下降到两亩多。[3] （注四）

劳动力没有大量剩余时，农民的社会活动很难越出家庭框架。无论是自耕农还是佃农，均以一家一户为基本生产单位。农民通

---

〔1〕 何炳棣：《1368—1953 中国人口研究》，第 275 页。

〔2〕 黄宗智：《华北的小农经济与社会变迁》，第 8 页。

〔3〕 蔡少卿：《中国秘密社会》，浙江人民出版社 1989 年版，第 5 页。

过族长、绅士和国家官僚机构打交道,本身很少产生横向联系。社会产生大量剩余劳动力,就为农民越出家族组织框架提供了条件。显然,剩余劳动力的一个重要出路是手工业品生产。随着农村剩余人口增多,很多家庭变成半农半工,大量剩余人口从事副业,农村家庭成为手工业品的主要生产者,甚至导致手工作坊无法和家庭手工业竞争而衰落。(注五)大量农村家庭半农半工,以及农村成为手工业品主要供给者这一事实,使自耕农生产方式和生活方式发生重要变化。他们虽然在农业生产中仍自给自足,但家庭手工业迫使他们和市场发生关系,他们的行为有点像以家庭为单位的工人。施坚雅于 1949 年在成都东南 25 公里集市高店子所作的调查表明,当地一个小农到 50 岁时,在基层集市赶集已达 3000 次,他与该共同体每一户男子平均至少在同一街道上碰面 1000 次。[1] 这种状态自人口大膨胀以来早已经形成,它表明人口压力迫使农民社会活动跃出家庭框架。它们不仅能接受传统宗法家族作为基层组织,也可能接受以村干部为管理者的地域性基层组织模式。

人口压力的第二个结果是自耕农向身兼小农和类似于半无产者的临时短工双重角色转化。农村中有大量剩余劳动力时,土地兼并就开辟了另一种可能性。过剩劳动力愈多,雇工愈便宜,(注六)当劳动力便宜到一定程度,利用雇佣劳动组织商品粮和经济作物生产可以比出租土地的收益更多,甚至某些精明的佃户只要从地主手中转租大量土地,亲自管理雇工耕作,他就能从中获利。一种基于雇工和半雇工的农业在农村中崛起。

如果仅仅有大量可供雇佣的廉价劳动力,而不存在着劳动力雇主,那么土地兼并只会造成流民和无业游民,非传统的农业生产方式仍不会出现。甲午战败之前传统一体化没有解构,农村中的

---

〔1〕 G. William Skinner(施坚雅):"Marketing and Structure Rural China, Part", The Journal of Studies, Vol. 24(November 1964).

缙绅地主顽固地保持着租佃地主之生活方式，人口过剩和土地兼并并没有把大量农民转化为出卖劳动力者。[1] 中国广大农村充斥着无业游民，他们成为太平天国农民大起义的后备军，也是晚清秘密结社空前发达的原因。[2] 甲午战败后，一体化结构逐步解体，绅士城市化使得租佃地主的势力在农村衰退，而经营地主和富农趁势兴起。（注七）宗族关系的松弛使得宗族已不是把有地和无地农民联系在一起的经济实体，它不再对农民外出当长工和短工构成束缚。中国农村生产方式出现了偏离传统的变化，一种具有租佃地主、二地主、经营地主、富农、雇农、半出卖劳动力的佃农和自耕农多种成分混合之农业经济结构应运而生。它和传统地主—自耕农经济最大的不同是：这种经济结构比地主—自耕农经济能提供更多的商品粮，出卖劳动力使自耕农、半佃农转化为一种和中国传统社会小农具有不同心态及生活方式的社会阶层。雇工在地主家干活，他们大多没有家庭，从宗法家族中游离出来。而靠半出卖劳动力为生的半自耕农虽有家庭，但耕作的土地不足以维持生活，不得不在白天和农忙时外出找工作做，并不时地变换雇主，晚上或剩余时间在家耕作。这种生产和生活方式十分类似于城市的无产者。当人均耕地少到自耕农也不足以养家糊口时，半自耕农和佃农急切想恢复到自耕农地位的愿望也会受到挫伤，他们生活在没有出头机会的贫困中，发家致富或憧憬男耕女织的小康之梦也粉碎了。不断外出打短工使他们一反传统农民不善于社会交往的心态，农村中出现了一个生活状态和生产状态类似于城市无产者、半无产者的阶层。

不少研究者注意到甲午战争以后中国农业结构的变化。人们

[1] 何炳棣：《1368—1953 中国人口研究》，第 268～272 页。

[2] 蔡少卿：《中国秘密社会》，第 4～5 页。

常谈到1895年后各种类型的经营地主和富农经济日趋繁荣。[1] 1930年代,河北保定富农占总农户的8%,但占地达27.9%;河南辉县富农占总人口的8.08%,占地20.6%;江苏无锡及广东全省等南方农村富农较少,分别只占5.6%与4%,但占地也达17%和13%。[2] 据王业键估计,1934年富农大约占全国农户的7%,但拥有总耕地的27%。[3] 经营地主不同于传统的绅士地主,这些人大多没有文化,在农村只有经济力量(占地一二百亩),而无政治势力。他们亲自经营,雇佣农民耕作土地,和富农一样不断促使农村中雇佣劳动力成分增长。本来中国农村中雇农一直较少,但到30年代雇农已成为农业经济中不可缺少的成分。

表8.1为各个地区雇农所占的百分比,他们差不多占农业人口的10%。况且,雇农只是农村中庞大的雇佣劳动力的冰山一角,大多数临时雇佣劳动力来自于自耕农和半自耕农。一份调查报告指出,在南方农村中对雇工的需求大多来自富裕中农和富农,他们不能像经营地主那样请长工到自己家中,而只有在农忙时雇临时帮工,中农雇佣的临时工比富农多,富农用临时工比地主多。[4] 山东省的大多数短工都是自耕农与半自耕农。[5] 黄宗智曾以河北、山东农村30年代实例调查为根据,指出当时中国农村实际上已进入一种小农身兼农业工人、自耕农(佃农)和各种佣工多重角色的经济状态,他称之为"贫农经济"。据他研究,河北和山东总耕地面积约16%是靠雇佣劳动力耕作的,12.5%的农户家中有人出外当

---

〔1〕 刘克祥:"试论近代北方地区的分益雇役制",载《中国经济史研究》1987年第2期;景苏、罗仑:《清代山东经营地主底社会性质》,山东人民出版社1959年版。

〔2〕 何均:"旧中国农村中的几种经济关系",载《近代史研究》1983年第2期。

〔3〕 王业键:"近代中国农业的成长及其危机",载《近史所集刊》1978年第7期。

〔4〕 陈荷夫:《土地与农民》,辽宁人民出版社1988年版,第23~24页。

〔5〕 景苏、罗仑:《清代山东经营地主底社会性质》,第127~128页。

长工,36.2%的农户有人出外打短工。[1] 他不仅论证了经营地主和雇佣农业劳动相当普遍,还从社会经济学角度证明这种贫农经济具有蔓延性,即随着土地兼并和商品经济渗透,出现的不是传统社会之自耕农转化为佃农和流民,也不是自耕农、佃农完全转化为雇佣劳动,而是愈来愈多的小农被卷入身兼半自耕农(佃农)和佣工的双重角色。黄宗智将其称为"内卷化",即"贫农被困于同时依赖家庭式农作和佣工来求生,无法摆脱其一,又不得不忍受两者所赋予的低于维持生活所需的收入。他们的廉价劳动,又转过来支撑着一个寄生性的地主制,和一个停滞的经营式农业"。[2] (注八)黄宗智试图用"内卷化"来证明为何土地兼并和商品经济发展不能引发中国农业向资本主义过渡。我们则认为,贫农经济中愈来愈多的小农卷入身兼自耕农(半自耕农)和无产者双重角色无疑提供了一个证据,这就是中国农业结构的变化已在某种程度上产生了社会学家所说的"马克思主义情景"。愈来愈多的自耕农转化为类似于城市无产者的地位,生活不断贫困化。只要在理论上把他们等同于城市工人无产阶级,共产党就可以在农村中大发展。

表 8.1　30 年代雇农所占的比例

1933 年调查地区	调查处数	调查人口	雇农数	占农业人口百分比(%)
长江流域	112	91,214	8455	9.27
珠江流域	5	74,820	6082	8.13
黄河流域	192	228,361	25,070	11.41
总　　计	354	394,395	40,607	10.29

摘自陈廷煊:"近代中国农业雇佣关系的封建性",载《中国经济史研究》1987 年第 3 期。

---

〔1〕 黄宗智:《华北的小农经济与社会变迁》,第 81、83、210～211 页。
〔2〕 同上。

这种变化可以表示为图 8.1,如果把土地兼并程度简化为大、小两个状态,一体化控制能力也分成强弱两种状态,它们的组合就代表了人口压力下四种农业经济结构。A 是一体化未曾解体,土地兼并程度不高条件下的农业经济,它相当于 18 世纪中叶的典型传统农业结构:地主一自耕农经济。B 为一体化未曾解构,土地兼并程度高的情况下之结构,它相当于太平天国农民大起义前夕的农村状态。由于农村中没有足够的劳动力雇主,自耕农失去土地后就不能被农村吸收,大量无业游民出现,农村极不稳定。(注九)D 为一体化解构,但是土地兼并程度不高的状态。这时经营地主出现,租佃地主仍占主导地位,农村中存在自耕农、经营地主、租佃地主等多种成分,农业提供的商品粮数量大增加。而 C 代表土地兼并严重,一体化解构条件下之经济结构,这就是贫农经济。1860 年到 1920 年这 60 年间,中国农村经济结构出现了从 A 到 D 再到 C 之转化。(注十)它是人口压力条件下土地兼并和一体化解构这些因素综合推动的结果。因此,当 20 世纪二三十年代,共产党进入农村时,历史已经为共产党准备了历代农民起义军都未曾碰到过的局面,人口压力已使农户可以接受一种不同于宗族的基层组

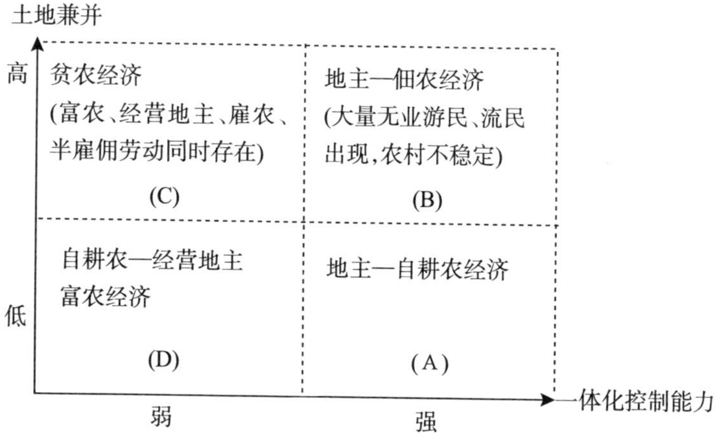

图 8.1　贫农经济的形成

织,而且农民中相当一部分已不是传统小农,有可能成为社会组织者。共产党只要认识到这一点,有意识地在这一阶层中吸收党员,一个庞大的以农民为对象的意识形态认同团体就能形成。共产党也可以实现对一个辽阔农业社会的整合。

8.3　马列主义儒家化

1930 年代中国农村逐步向贫农经济转化并不是秘密,乡村建设派知道,国民党也知道,但没有人将其视为一种新组织形成的基础。就连当时在农村搞武装斗争的共产党也是这样。1927 年共产党刚进入农村时,它的指导思想是新文化运动中知识分子认同的马列主义。马列主义是适合在城市知识分子和贫困无产阶级中传播的意识形态,无论是它的建党理论,还是夺取政权建立理想社会的模式,都不重视农民和农村。显然,外来的马列主义不适合中国贫农和农村知识分子的思想方式,也不能把在农村建党以夺取政权作为自觉行动。因此,要以贫农为对象建立强大的意识形态认同团体,除了农民变得有点像无产者之外,马列主义本身也要作重大修改。(注十一)

首先,要把贫农当作建党的基本砖块,马列主义就必须修改无产阶级的定义。在马克思那里,无产阶级的先进性和革命性并不在于他们最穷,甚至也完全不是他们出卖劳动力,而在于他们是最先进生产方式的代表;相反,农民却代表了一种落后的生产力和生产关系。列宁主义又把共产党定义为无产阶级先锋队,而无产阶级的定义已从本质上规定党应以哪些人作为发展对象。根据这一定义,农民必须被改造,他们和其他小资产阶级一样是无产阶级的同盟军。1927 年前,中国共产党是按正统马列主义发展自己组织的。他们主要从事工运,在城市工人中发展党员;相反,倒是国民党更重视农民运动。

因此,马列主义要以贫农为干部建立庞大基层组织,第一步就是:把农民中具有小农和雇佣劳动力双重角色的阶层从理论上划为无产、半无产阶级。最早认识到这一点的是毛泽东。他在大革命后期的作品《中国社会各阶级的分析》中,避开生产方式是否先进问题,把划分无产阶级和非无产阶级的标准落实到是否出卖劳动力这一点上。根据这一标准,雇农是农村中的无产阶级,具双重角色的贫农则为半无产阶级,〔1〕不出卖劳动力之自耕农则被当作小资产阶级。毛泽东在井冈山时期写的第一个有关指示党如何划分农村阶级的文件中,十分强调出卖劳动力和无产阶级之间的等同性。他认为无地佃农只要不出卖劳动力也不算贫农(半无产阶级)。〔2〕

毛泽东把出卖劳动(双重角色扮演者)看作无产阶级区别资产阶级的本质界定,是来自对20世纪二三十年代中国农村的实感:自耕农和不出卖劳动之佃农(即使生活十分贫困)仍是传统小农,具有小农的封闭性和狭窄性,他们不关心政治和集体活动,不适合成为农村社会组织者;而那些出卖劳动力之小农无论在心态上与组织性上都和传统小农不同,他们可以成为共产党发展的对象。据此我们可以理解,为何毛泽东对农民持一种奇特的二分法,他把那些有着社会交往的出卖劳动力者(有些是农村中的流氓),当作"中国革命的主力军",〔3〕认为他们中间蕴涵着一股极大的革命性;而传统自耕农和佃农,一直是毛泽东尖锐批评的对象,他们是小资产者,渴望过"老婆、孩子、热炕头"的小康生活,在革命紧要关

〔1〕 毛泽东:"中国社会各阶级的分析",载《毛泽东选集》(一卷本),第6~7页。

〔2〕 毛泽东:"怎样分析农村阶级",载《毛泽东选集》(一卷本),第113~115页。

〔3〕 毛泽东:"中国革命和中国共产党",载《毛泽东选集》(一卷本),第606~609页。

头动摇。毛泽东作出这种区分对共产党在农村中建立基层政权极为重要,它实际上是指:农民中那些倾向于组织和社会交往的阶层是干部来源。(注十二)

马列主义另一个必须修改的部分是夺取政权的理论。根据列宁主义和苏联经验,无产阶级在全国革命高潮中先占领城市,夺取政权后再管理农村,它和中国共产党在农村建立根据地的战略正好相反。共产党要在农村立足,让农民政权不断壮大,必须发展贫农入党,成为基层社会管理者,同时打击土地兼并,实现均田,只有这样,农民的生产积极性才得以发挥。但是,正统马克思主义主张农村土地国有化,它和农民起义所要求的均田是风马牛不相及的。中国共产党如果不在意识形态上确立“均田”和“在农村建立政权”的合理性,即使被迫放弃城市进入农村,也不可能自觉地通过建立农村根据地来达到夺取政权的目的。1931 年以前,共产党虽然在农村广泛打击地主,把田地分给农民,但鉴于意识形态教条,农村中实行的仍是土地国有化,农民分得地主土地,只有使用权而无所有权,[1]农民支持共产党的积极性仍得不到充分发挥。(注十三)当时共产党虽然实际上已经走上先占领农村再攻打城市的道路,但党中央一直设在上海,指挥机构总是力图立足于大城市,只是在城里无法生存时才转移到农村根据地。1931 年党中央被迫撤离上海,转移到中央苏区,但意识形态上仍把城市看得比农村重要。他们急切地等待城市革命高潮出现,只要一出现城市暴动机会,就立即采取行动。显然,只有把均田和先在农村建立政权这两个思想正式纳入意识形态范畴,共产党整合农村以夺取天下的过程才能从无意识转化为有意识的行动。众所周知,这正是中国式革命道路——以农村包围城市理论之形成。

---

〔1〕 郭德宏:“民主革命时期我党对土地所有权的政策”,载《近代史研究》1983 年第 1 期。

目前,中国大陆史学界就“农村包围城市”理论何时形成有种种不同意见。有人将1930年代毛泽东写的《星星之火,可以燎原》、《反对本本主义》和《中国革命战争的战略问题》当作农村包围城市理论出现的标志。有人则将其归为共产党领袖集体创造,指出早在1927年12月,李立三写的《向中央的报告》中,已主张把发动暴动的地区转向农村,提出“农村割据”和“包围广州”的战略思想。[1] 事实上,关于中国式革命道路,关键不在于要不要在农村打游击(只要无法在城市立足,就很容易认识到必须先占领农村),而在于在农村建党,即把贫农等同于无产阶级,主张列宁主义政党是可以以贫农为基本组织成分,以及在土地革命中用传统的均田代替土地国有化。这些重要内容和马列主义的原有理论基础存在着基本冲突,它要进入共产党意识形态,必须从基础上改变马列主义。周恩来曾讲过:“1940年我到共产国际去,共产国际的领导同志都还担心我们离工人阶级太远了。我说我们在农村里经过长期斗争的锻炼……完全可以无产阶级化,共产国际的一些同志听了之后大哗,不以为然。”[2]可见,如果马列主义观念不发生重大改变,把农民当作无产者,依靠农民建党是不可思议的。中国共产党意识形态这一重大变构就是马列主义的中国化,它的象征便是毛泽东思想的成熟。

8.4 毛泽东思想与当代“圣王”

在中国共产党发展史上,有两个关键时刻:一个是1935年遵义

---

〔1〕 戴绪恭、谭克绳主编:《中国现代史研究概览》,华中师范大学出版社1990年版,第203~209页。

〔2〕 周恩来:“关于党的‘六大’的研究”,载《周恩来选集》(上卷),第178~179页。

会议，毛泽东获得共产党实际上的最高权力；另一个是1942年延安整风，毛泽东思想从此登上意识形态权威宝座。这两个转折恰恰和马列主义实现结构性改变过程相一致。马列主义作为一种外来意识形态，经典作家早已作了详细论证，最早接受它、宣传它的又是新文化运动中生活在城市的新知识分子。因此，它的理论权威不是洋人就是新文化运动领袖或共产国际的代言人。由他们对马列主义作一种适合中国农民革命需要的结构性改变，几乎是不可能的。

马列主义的中国化必须通过一个复杂的过程才能完成。第一步是一连串残酷的失败对共产党早期意识形态权威和共产国际代言人进行淘汰，只有那些了解农村，懂得如何组织农民之领导成员才得以生存，并逐步获得党的领导权。但此时他们虽掌握权力，但其政治主张只在经验上被承认，还不能成为全党意识形态的一部分。共产党声称在第二次国内革命战争时期犯过三次“左”倾路线错误。第一次是瞿秋白的“左”倾盲动主义，它要求党员在“主要省份”实现总暴动。惨重的失败结束了瞿秋白的意识形态权威的地位。第二次是李立三根据共产国际指导提出城市武装起义，实现一省、数省胜利，结果李立三随着城市革命破产结束了在党内的领导地位。第三次路线错误的替罪羊则是共产国际的代言人王明和博古，他们必须为丧失农村革命根据地负责。这三次路线错误表明，虽然中国共产党实际上已成为农民革命的领导者，但并没有在意识形态上确认在农村建党和农村包围城市的重要性，它导致惨重失败，甚至把共产党推到濒于毁灭的边缘。最后，长征途中召开遵义会议，毛泽东出来挽救困局。这一过程本身极有象征性，从中可以明显看到一种选择机制：那些根据马列经典来指导中国革命的理论家一个个被淘汰，成为左右倾机会主义者，而熟悉农村、主张用类似农民起义方式搞共产主义革命的领导人则适者生存，并取而代之。

列宁主义政党的权威来源是意识形态,党领袖不具备意识形态号召力时,权威的地位是不稳固的。遵义会议中凯丰就批评毛泽东说:“你懂得什么马列主义?你顶多是看了些《孙子兵法》。”[1]熟悉农村和农民的领袖虽获得实际领导权,但每当某些精通马列经典的人物依靠其理论上的说服力或共产国际的支持成为党的意识形态权威时,其领袖地位马上就受到挑战。1937 年 11 月,王明从莫斯科回到延安,立即凭自己代表正统意识形态的地位影响党中央,在差不多半年多时间内,在遵义会议凭实力上来的毛泽东立即有失去权力的危险。[2] 为此,毛泽东曾十分感慨地说过:“不搞一个主义,即使当上了领袖,在其活着时候就有可能被打倒。”[3]于是,毛泽东在掌握党的实际权力之后,便开始用政治力量左右意识形态斗争,迫使马列主义改变其结构。在权力干预下,中国农民革命的经验和传统文化进一步融入共产党意识形态,中国共产党对马列主义的理解发生了极大的改变。

在讨论中国共产党党内实际政治斗争如何促使意识形态变化之前,先考察一下马列主义基本结构必须实现哪些转变才能系统地把农民革命经验纳入意识形态。我们在第五章指出,尽管新知识分子选择马列主义是基于逆反价值与传统深层结构之结合,但马列主义在中国的立足却是基于整体反传统思潮的。因此,将中国农民文化以及农民革命经验纳入中国共产党意识形态,是和五四整体反传统主义有结构性冲突的。因此,当逆反价值仍占主导地位时,传统内容明目张胆地进入意识形态仍是不可能的。当时,基于科学主义和整体反传统主义,共产党内知识分子对马列主义

---

〔1〕《聂荣臻回忆录》,战士出版社 1983 年版,第 248 页。

〔2〕杨中美:《遵义会议与延安整风》,香港奔马出版公司 1989 年版,第 88 页。

〔3〕《王明回想录》,1973 年,第 24 ~ 27 页,转引自《遵义会议与延安整风》第 137 页。

之理解，一直抱着知识主义之心态，即认为马列主义是一种外来知识真理。党内意识形态权威首先要有知识，读过许多马列著作，才能算精通理论。当革命理论不能从马列体系中寻出，或它本身不具备知识上的系统性和说服力，就不承认它是马列主义的发展，至多视为某种操作经验而已。在正统理论家心目中，农民革命的经验和策略再有效，都只是狭隘经验论，登不上理论的大雅之堂。因此，马列主义实现结构性改变必须包括两方面内容：一是“放弃知识中心主义”，重新回到类似于传统意识形态的伦理中心主义；二是改变整体反传统主义心态，否则农民革命正确的策略、中国传统文化中用来组织各级政权的泛道德主义等内容，都会视为和马列主义相对立而不能成为党的指导思想。例如，1932 年临时中央到达根据地时，许多人在《革命与战争》刊物上就批评毛泽东把孙子兵法运用到指导无产阶级斗争，认为马列主义和中国传统不可能结合。他们论证道：“这些不合时代的东西——《孙子兵法》、《曾、胡、左治兵格言》，只有让我们的敌人——蒋介石专有。”〔1〕

其实，到 30 年代末，放弃马列主义的知识中心论和整体反传统主义的条件差不多已经具备。在长达十几年的革命战争中，特别是在二万五千里长征中，中国共产党的无产阶级立场中心主义渐渐占了主导地位。五四反传统的知识分子党员不是被严酷的战争淘汰，就是被无情的政治斗争所改造，人们原有那种对马列主义的知识真理中心心态慢慢消失，越来越多的党员认为，无产阶级意识形态只有具备无产阶级立场后才能掌握。随着党的干部中知识分子比例日益减少，文化程度不断下降，轻视经典和书本知识，以及重视经验、直观感觉的倾向就越来越明显。农民革命家已可以否定五四的逆反价值，把马列主义变成一个以道德伦理为中心的

〔1〕　汪澍白：《毛泽东思想的中国基因》，香港商务印书馆 1990 年版，第 76～77 页。

意识形态。从1937年前后毛泽东、刘少奇等在抗大一系列演讲和相应的文章中,我们已明显看到,他们力图把道德理想主义作为对马列主义解释的基础。刘少奇基于共产党人的立场中心主义,系统地提出如何才能成为马列主义者的逻辑。根据他的立场决定论,一个人只有纯化无产阶级立场,才能理解马列主义。他巧妙地把无产阶级立场和个人道德品质画了等号。他在《论共产党员的修养》一书中明确指出,共产党人必须成为马、恩、列、斯这些伟大革命导师的小学生,学习他们崇高的品质。但经典作家的道德品质是什么?这是马列主义中很少谈及,甚至根本不相干的东西,刘少奇就把中国人谙熟的儒家道德修炼引了进来,提出成为合格的共产党人最重要的条件是去实行道德纯化之修身。[1] 马列主义由知识中心论再次返回儒家的道德理想主义。这就是我们所谓的马列主义的儒家化。[2]

在道德伦理与知识的关系上否定新文化运动成果之同时,书本知识与直观经验的关系上也出现了对新文化运动的否定。在科学主义心态中,中国知识分子把当时科学知识等同于直观理性之常识位置,虽在深层结构上仍是传统的,但五四知识分子普遍重视书本和西方引进的知识,人们不可能把经验常识看得比书本上的科学知识更重要。毛泽东在30年代末一系列哲学著作中开始反对这一新文化运动之成果。在《实践论》中,他再次把个人的直接经验看作知识的基础,视之为鉴别书本真理的唯一标准。在《矛盾论》中,他利用常识和军事斗争的例子,对黑格尔式晦涩的辩证法作出中国古代哲学中类似于“阴”、“阳”那样的表达,以使得广大中国人喜闻乐见,容易理解。抽象的西方哲学被说成是“无的放矢”,

---

〔1〕 刘少奇:“论共产党员的修养”(1939年7月),载《刘少奇选集》(上卷),人民出版社1981年版,第97~167页。

〔2〕 金观涛:“儒家文化的深层结构对马克思主义中国化的影响”,载《新启蒙》(二),湖南教育出版社1988年版。

尊重知识理论被批评为“言必称希腊”与幼稚的“本本主义”。

40年代初,马列主义实行结构性改造的各种条件都已成熟,1942年中国共产党开始延安整风。(注十四)毛泽东在政治上打击从苏联回国的国际派的同时,实现了全党对马列主义态度之转化。毛泽东、刘少奇等人的著作被列为干部学习的必读文献。从此,儒家伦理、农民文化和各种有关农民革命和建立基层政权之经验可以毫不困难地融进中国的马列主义,而集大成者毛泽东由是而成为中国共产党意识形态的权威。1943年7月王稼祥在《中国共产党与中国民族解放的道路》一文中第一次把中国化的马列主义称为毛泽东思想。[1] 1945年在中国共产党第七次代表大会上,刘少奇在建党原则中提出:“学习毛泽东思想,宣传毛泽东思想,遵循毛泽东思想的指示去进行工作,乃是每一个党员的职责。”[2]根据共产党官方的说法,毛泽东思想是马列主义的中国化。而在我们看来,马列主义中国化实际上是儒家化和农民化,儒家化实现了由知识中心向道德中心之转化和破除反传统心态,农民化则是在儒家化的同时,把农民视为无产者,农民战争经验和农民文化系统纳入马列主义。一种适合中国国情,特别是能够打动亿万农民心坎的新意识形态终于被创造出来,并开始了自己势不可当地整合中国社会之历程。(注十五)陕北民歌《东方红》表明,在中国共产党人和边区民众心中,毛泽东已被推上了“人民大救星”的“圣王”地位。(注十六)

8.5　干部队伍大扩张

以农民为干部整合广大农村,除了贫农经济和马列主义结构

〔1〕 陈君聪:《刘少奇的思想理论研究》,华夏出版社1988年版,第65页。

〔2〕 刘少奇:“论党”,载《刘少奇选集》(上卷),第337页。

发生变化外,还有一个前提:这就是要有一定数量的知识分子入党。广大来自贫农的干部充当基层管理人员(乡和乡以下)是毫无问题的,但形成全国性干部组织,中层以上的官员必须要有点文化。共产党必须把一批知识分子(不一定要大学生)转化为党的中上层干部,而数目更庞大的农村干部要深入农村基层,这样,上中下三层统一的干部组织才能形成。抗战和第二次国共合作正好促进了这一过程。知识分子本来集中在城市,当城市沦陷,知识分子怀着抗日救国的使命再次离家出走之时,就为知识分子从城市流向农村准备了历史条件。(注十七)当时有志青年有两个目标可选择:一个是退居西南的国民党统治区,另一个则是意识形态上富有理想主义的共产党西北边区。显而易见,共产党比国民党更具备对激进青年的吸引力,正如五四青年投奔黄埔军校一样,延安的抗大一下子成为有志青年向往的目标。在抗大的早期毕业生中有不少大学生和留学生,中小学程度的则更多。1939 年中共中央作出大量吸收知识分子的决定。[1] 到 1940 年年底,共产党中层干部中已有 85% 是知识分子。[2]

40 年代初毛泽东思想的成熟意味着整合农村社会所必需的各种条件都汇聚在一起。毛泽东思想是马列主义的儒家化和农民化,它对农民和知识分子都有征服力。贫农通过参加土改变成党的干部,而知识分子则因参加抗日接触到毛泽东思想。毛泽东思想是马列主义和儒家道德理想主义的有机结合,对经受过新文化运动洗礼(但深层思维方式尚未脱离传统的)的知识分子产生了巨大震撼,他们心悦诚服地被改造成为党的组织骨干,中国共产党组织开始了空前扩张。表 8.2 为 1921 到 1977 年共产党组织和控制人口的变化,它表明 40 年代初是一个转折点,此后中国共产党组

---

〔1〕 毛泽东:"大量吸收知识分子",载《毛泽东选集》(一卷本),第 581 页。

〔2〕 陈云:"关于干部工作的若干问题"(1940 年 11 月 29 日),载《陈云文选(1926—1949)》,人民出版社 1984 年版,第 145 页。

织一下子超出了在井冈山时期的规模,开始了一个不断膨胀的历程。共产党可以从农民中吸收党员并将他们变为基层干部,和国民党相比,就不再发生缺少基层干部管理农村的问题;相反,由农民协会会员、贫农团积极分子入党当干部,再上升为乡、区一级官员,是一条没有阻力的坦途,共产党组织反倒经常为机构膨胀过快、干部过多(特别是基层脱产干部)而苦恼。为了避免干部过多造成农村经济负担过重,共产党差不多每隔一段时间就要搞一次精兵简政。

表 8.2　共产党组织的增长

年份	党员	正规军(中共单位)	共青团员	共产党控制地区人口	中国人口(大陆)	5/6(×100)	2/5(×100)	2/3(×100)	党的规模(以1950年为100)
1921	.057	0	—	0	522000	0	—	—	0
1927	58	c. 0	50	c. 0	537000	0	—	—	1
1930	122	—	75 +	—	544000	0	—	—	2
1934	300	350	—	c. 90000	552000	2	3.3	86	5
1936	30	50	—	600	553000	0	5.0	60	1
1937	40	92	20	c. 2000	553000	0	2.0	43	1
1943	790	465	1193	81000	555000	15	1.0	170	14
1945	1211	880	1500	91000	555000	16	1.3	138	21
1950	5822	5000	3000	547000	556000	98	1.1	116	100
1953	6612	3500	9000	583000	583000	100	1.1	189	114
1957	12720	2500	23000	640000	640000	100	2.0	509	218
1959	13960	2600	25000	669000	669000	100	2.1	537	240
1961	17000	—	—	694000	694000	100	2.4	—	292
1964	19000	2800	22000	+ 7340000	734000	100	2.6	679	326
1973	28000	3200	30000	899000	899000	100	3.1	875	481
1977	35000	3500 +	—	966000	966000	100	3.6	—	601

摘自罗兹曼:《中国的现代化》,江苏人民出版社 1988 年版,第 533 页。

第一次精兵简政运动出现在40年代初,它正是毛泽东思想成熟、知识分子向延安云集、共产党组织出现空前大扩张时所采取的必要政策。1937年陕甘宁边区政府成立时,党政军脱产干部仅14,000人,1938年也只有16,000人,到1939年干部数目猛增为49,000人。1940年后发展更快,1941年达73,000人。中央曾规定,党政军脱产人员不能超过人口总数的3%,但当时实际已达5.4%。[1] 这样边区扩大远跟不上党的脱产干部增长。1941年只有150万人口的陕甘宁边区要养10万名左右脱产人员,共产党不得不宣布区以下干部一律不脱产。由此可见,精兵简政的主要目的是减少自农村基层脱产而提拔上来的干部,使他们重返生产岗位。共产党自1940年以后,每隔十几年就要搞一次精兵简政,这正好表明,共产党有着比传统一体化组织和国民党不可能拥有的取之不尽的官僚来源——农民干部。这个干部资源是如此丰富,以至于把过多来自基层之干部送回农村必须成为经常性政策。(注十八)

在中国,一旦农民可以成为一体化结构组织者,缺乏基层干部、政府管理难以深入广大农村的困难立即克服,使得拥有近五亿人口的农业大国可以有效地组织起来。抗战胜利以后,在共产党统治的解放区所采用的意识形态和政治一体化方式,已表明它是一种可以实现中国社会上、中、下三个层次整合的新模式。这时,由这种新模式取代国民党弱整合模式的时机成熟了。

8.6 逐鹿中原　城乡决战

1946年7月,国民党和共产党争夺天下的全面战争拉开序幕

---

〔1〕 李唯汉:《回忆与研究》,中共党史资料出版社1986年版,第500~501页。

之时,蒋介石犯了一个最大的错误。他仍以为自己的对手还是30年代红色割据的流寇,只不过在抗战中坐大而已。他不知道,共产党的意识形态、组织方式都已发生了结构性的改变,它正在把贫农转化为农业社会管理者,具备了实现社会上、中、下三层次整合之功能,拥有巨大社会动员潜力。而国民党仅仅只能在城市立足,并且在抗战胜利之际迅速腐败不堪。表面上看,它暂时比共产党强大,但其动员已施展到极限。40年代国共之战是不可避免的,它是新文化运动后出现的两种新一体化结构之竞争。共产党组织是一个实现了基层农业社会整合并迅速成长中的巨人,它代表强势意识形态整合模式。而国民党是一个摇摇欲坠的倒金字塔,它是弱势意识形态整合模式。因此,这场竞争实际上是组织的上下有序的农村政权与国民党动荡残破的城市政权之对抗,也可以称为城乡之战。

一开始共产党处于守势。它的军队不到国民党的三分之一,解放区总面积为228.6万平方公里,人口13,607万,城市464座,只占全国总面积的24%,总人口数的30%,城市数的23%。[1] 共产党十分明确地意识到,这种力量对比和劣势是暂时性的,因为国民党军队不能在农村中生根,共产党只要暂时撤出从日本人手中收复的部分大城市,以整个农村为基地,和国民党军队打运动战,就能以自己的优势对付国民党的劣势。只要战争继续下去,共产党就能因保持有生力量而不断壮大,而国民党的战争动员却只会带来自身日益虚弱直至最后瓦解。一年后,这种战略防卫立即显示出明显的效果。在国民党全面进攻面前,解放区的面积虽下降为220万平方公里,人口变成13,106万,城市只有417座。但真正重要的是:国民党在农村作战处处被动,熟悉农村的解放军在运动战中消灭了国民党军队112万人,使解放军和国军比例变成1:1.9。

---

〔1〕 张廷贵:“解放战争概述”,载《党史资料与研究》1987年第4期。

国民党政府种种过度动员之迹象已经显露。毛泽东认为反攻时机已到,决定从防御转变为战略进攻。

进攻的方式十分巧妙,它不是去攻打城市和国民党主力,而仍是基于国民党不能深入农村的弱点,防御和进攻之差别仅在于打仗的地区不同。战略防御阶段的仗多是在解放区打的,现在战场开辟在国民党占领区的广大农村。其代表性转机就是刘邓大军离开解放区,挺进大别山,解放军在武汉和南京之间建立新根据地,以国统区农村作为和国军交火之战场。与此同时,各个解放区都突破原有边界,开始对国统区农村大渗透。陈毅的军队挺进豫皖区,许世友、谭震林部在山东出击,占领大片农村。晋察冀野战军使原来分裂的解放区连成一片。徐向前、滕代远、薄一波的部队则在山西占领了太原等大城市以外的广大农村……这种战术使蒋介石狼狈不堪,而共产党在所到农村立即开展土改,发展干部,动员翻身农民参军,越战越强。国民党不能消灭共产党主力,日渐龟缩在大城市。而大城市里,由于国民党战争动员破坏了社会结构,危机越来越严重,不可控制的通货膨胀和官僚腐败在蔓延,经常发生人民群众示威游行,国民党完全失去民心。战略进攻一年后,共产党的解放区发展到 235. 5 万平方公里,人口 16,811 人,城市 579 座,军队人数和国民党相差不多,国共武力大决战的时机到了。

今天,一提起辽沈、淮海、平津这著名的三大战役时,大家常常慨叹其结果。在中国近代史上,这是规模最大的一次内战,但它结束得很快。半年间国民党 197 万军队被歼灭,兵败如山倒,不到一年国民党就失去大陆。解放军军事指挥官的战略智慧、战术之灵活备受赞扬,被描写得近于神话。实际上,任何大规模的军事决战都是一场组织力和社会动员力的比赛。表面上看,大决战时,国共兵力相当,但从社会组织与动员能力进行比较,谁胜谁负早由一体化结构动员能力决定了。共产党本是一个具有理想主义献身精神的意识形态认同团体,现在已具有几百万人的规模,且仍随着土改运动不断扩张。每当解放军占领农村,就立即把它变成自己人力和物力之基地。土地改革不仅提高了农民的生产积极性和对共产党的拥护,而且造就无数农村干部。由于有广大农民支持,又有庞大的农民干部把农民组织起来,三大战役背后实际上是人类历史上罕见的人海动员奇迹。华北解放区参军农民近百万人,东北有160万人,仅1946年7月到1948年9月山东省就动员了580余万名民工支援前线。[1] 我们可以看到由上千万农民自愿组成的运输队、担架队,随着解放军长途跋涉上万里,把后方和前线连接起来。完成这一组织动员工作的正是一个从中央直统到农村基层的巨大干部网。随着解放军占领越来越多的农村,这一巨型干部网越大,解放军就能动员更多的人力和物力。而国民党却正好相反,意识形态吸引力完全丧失,清廉的干部对国民党日益失望,军队厌战,征公粮、抓壮丁引起农村骚乱,天文数字的通货膨胀,公务员的月薪一个月不到一美元,百姓和士兵都处在饥饿之中。

比较一下国共两党发行货币的不同结果,可以对两种一体化结构的社会动员能力的差别形成明确印象。我们在第7.5节谈及国民党用印货币解决军费时,讨论过国家无法同时在粮食、物资上提供相应的供给,结果是动员过度,引发起天文数字的通货膨胀,它导致城市经济的崩溃。1948年共产党也占领了很多大城市,开始发行人民币,由于军费开支巨大,也使用了印货币的动员方式。从1948年12月到1949年12月,人民币发行额从185亿元提高到30,000亿元,增长160倍。一时通货过多,物资供应不足,城市出现四次物价大波动。如果共产党没有动员广大农村粮食物资的能力,这样巨大的通货发行增长也会引起城市经济结构的瓦解。但是共产党和国民党不同,它立即动员了农村的干部系统,把大批粮食从东北及其他农村地区运到北京、上海、天津,物价上涨不久就

---

〔1〕 陈旭麓主编:《五四后三十年》,第544页。

得到控制。当时上海工人、公教人员、学生生活已极为贫困,即使基本控制住物价,受薪阶层也已在死亡边缘,稍微有一点粮价波动,都无法负担。政府对工人、公教人员、学生实行平价粮食配给,每人每月平价供粮30斤。上海一地一个月要供应70万人。[1] 北京、天津大城市也有类似情况。就拿实行配给管理而言,这样巨大的社会组织能力,只有一个巨型金字塔式官僚机构才能做到。共产党取代蒋家王朝,是符合逻辑的结果。

1949年,蒋介石放弃大陆,退守台湾,中国出现共产党巨人统治大陆和国民党小朝廷偏安台湾的局面。这里我们确实可以看到某种历史的意志。1949年恰好是五四运动三十周年。五四以后中国出现马列主义强势意识形态与三民主义弱势意识形态,两种意识形态都企图建立一体化结构以实现社会整合。一开始马列主义进行社会整合的条件尚未成熟,国民党率先实现社会整合。就在国民党统治中国的二十多年中,马列主义变构为毛泽东思想,共产党成为一个农民成分占绝大多数的党,找到了建立新一体化结构之方式。这时,国共两党在中国的统治地位和范围大小也发生了颠倒。历史似乎恢复了平衡:强一体化结构占据了主导地位,弱一体化结构占次要位置。但是两种一体化结构竞争之历史并没有终结,国民党退守台湾后,大崩溃也极大地消除了组织系统内的无组织力量,军队干部的腐败有了明显好转,蒋介石第一次真正控制住了国民党。上百万的军政人员集中台湾一地,原先干部缺乏,不能深入基层之弱点自然克服。国民党也开始了不同于大陆时期的发展历程,整个中国进入了一个新时代。

---

〔1〕 薛暮桥、吴凯泰:“新中国成立前后稳定物价的斗争”,载《经济研究》1985年第2期。

第八章　注　　解

注一　红军在长征中之所以能顺利摆脱国民党中央军的追杀,在北方建立新根据地,一个重要的前提是国民党地方实力派和中央政府之间存在着巨大的矛盾。蒋介石为了削平军阀,实现统一,竭尽各种办法来打击国民党地方实力派。蒋介石在追击红军之际,就想乘势结束广东、广西、云南、四川等省地方实力派的半割据状态。早在30年代初,国民党地方实力派中很多人就已意识到他们保持自身权力一定程度上有赖于红军的存在。1934年,广东地方实力派陈济棠为了保存实力,不愿与红军打得两败俱伤,使蒋介石坐收渔人之利,曾主动电约中共举行秘密谈判。所签协议,有助于红军长征时顺利从南线突破国民党军队的包围。桂系因看出蒋介石想让红军来削弱他们的实力,与红军作战时,一直采取避开正面、驱逐为上之方针,这也是红军主力得以轻而易举地越过湘桂边境直趋贵州的原因。〔1〕

红军壮大的正确战略包括两项基本原则:一是充分利用蒋介石和地方实力派的矛盾,即南京国民政府不具备对全国之控制能力。二是国民党不能深入农村。在中国共产党党史官方解释中,曾将红军第五次反围剿失败归为犯了两个方面的错误。第一个是"左"倾机会主义者排斥毛泽东的正确军事路线,放弃游击战,和国民党军队打起"拒敌于国门之外"的阵地战,他们认为正确的战略应是保存有生力量和国民党周旋,甚至到另外地方开辟新革命根据地。实际上,这正是诉诸国民党军队不能长期深入广大农村的第一个弱点。在第五次反围剿中犯的第二个错误是没有利用当时

〔1〕　顾关林:"简述地方实力派与中共的早期关系",载《中共党史研究》1988年第1期。

十九路军在福建反蒋的形势,以至于蒋介石消灭十九路军在福建建立的人民政府后再回过来对付中央苏区,“左倾机会主义者”把十九路军看作与蒋介石一样,是革命的对象。这里讲的恰好是没有利用国民党内部的派系矛盾。这两个基本原则后被吸收成为毛泽东思想的重要组成部分。

注二　太平天国是中国历史上出现过的典型的农民政权。它的意识形态不同于儒家,在建立政权时,明显地排斥县以下传统的儒生和缙绅乡自治,太平天国依靠的是一种类似于军队编制的乡官制度。这些作为乡官的基层管理者,大多来自于旧胥吏、无赖、土棍,役隶。〔1〕 太平天国一开始在农村不是实行传统的“均田”,而是贯彻“天朝田亩制度”,规定“天下农民米谷、高贾资本,皆天父所有,全应解归圣库”。这是一种小农平均主义式的公有制。《天朝田亩制度》因和小农传统不合,再加上乡官腐败,根本无法贯彻,后只能派石达开去解决这个问题,采用传统分田地,农民“照旧交粮纳税”的老办法。〔2〕 但是由于太平军意识形态——中国式基督教和儒生信仰的冲突,在太平天国统治地区,农村基层政权一直得不到儒生阶层的支持,太平军的征粮收税一直是个大问题。这一现象突出地反映在太平军占领区的租赋政策上。本来清代苏浙地区地租、田赋、佃农所得的比例大约是3∶2∶5。在太平天国占领区,基层缙绅地主利益得不到保护,地租、田赋、佃农所获之比变为0.5∶2∶7.5。表面上农民和政府得利,但其结果却是田赋根本征收不上来。太平军不得不靠“打先锋”、“征派苛捐杂税”,甚至抢劫过活,粮饷危机日益严重。〔3〕

---

〔1〕 张厚安、白益华:《中国农村基层建制的历史演变》,四川人民出版社1992年版,第88~89页。

〔2〕 王宏志:“农民战争和封建主义”,载《中国农民战争史论集》(第3辑),河南人民出版社1981年版,第231~232页。

〔3〕 杨天宏:“太平天国的租赋关系”,载《历史研究》1987年第5期。

注三　用人口爆炸来说明中国农村生产方式以及农民素质的变化,似乎是把社会结构变迁追溯到与社会制度文化无关的因素中去。事实上,对于超稳定系统,人口和社会组织方式存在着密切的联系。中国传统社会人口多于欧洲可以用社会结构来说明,人口爆炸也是由于社会结构出现某种变化。这样人口大增长反作用于社会经济、政治文化是超稳定系统内在逻辑的有机组成部分。中国传统社会单位土地面积所供养之人口远远大于欧洲和其他农业社会,可以用中国传统社会经济结构和文化结构来说明。为了理解超稳定系统社会结构和人口膨胀机制的关系,我们先来分析赵冈(Kang Chao)提出的模型。

图 8.2 的横坐标为土地总面积为固定不变时投入农业生产之劳动力数量,纵坐标为农业总产出。图中直线为维持这些劳动力生命必须之口粮,图中曲线是生产函数,揭示投入劳动量和产出之函数关系。当技术不变时,根据边际生产率递减原则,曲线是凸的。曲线上 F 点斜率正好和直线相同,它表明这是劳动力的增长导致产量增力(边际生产率)正好等于劳动力的粮食消耗。在 F 点的左边,增加劳动力导致粮食生产量之增加大于劳动力的粮食消耗。显而易见,当所有土地都集中在地主或领主手中时,农业人口不会超过 F 点相应的 L 值(记为 L_2)。原因很简单,地主(或领主)雇用劳动力或用农奴生产,必须有利可图。当农业人口接近 L_2 点时,增加劳动力所得到的收益刚好能养活这些增加的劳动人口,而地主 (领主)无利可图。这时,他们不会再雇用这些劳动力投入土地耕作。赵冈指出,在工业革命前欧洲社会一直存在着一个有力的传统:当一个人不具有可靠收入时是不能结婚成家的。确实,在领主制经济结构中,当农业生产人口接近 L_2 点时,增加之农业人口无以为生,这就成为一个强有力的遏制人口增加之机制。

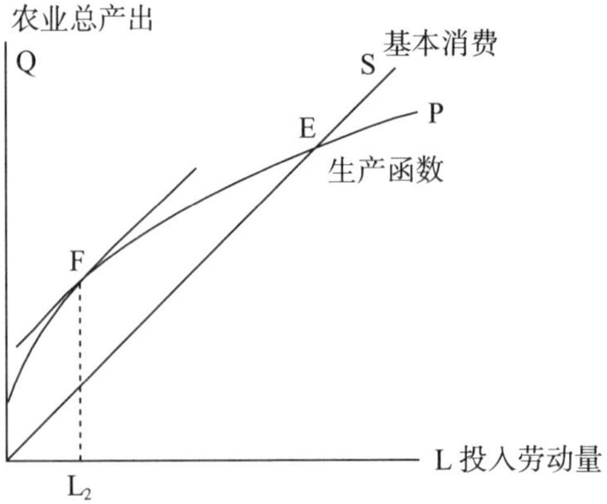

摘自 Kang Chao:*Man and Land in Chinese History*,p. 7。

图 8.2　中国传统社会农业劳动力投入及产出

而中国传统经济结构和欧洲以及其他农业社会不同,存在着大量自耕农。自耕农拥有土地,一家一户地从事耕作,领主经济中遏制农业人口不超过 L_2 点的机制不再存在。中国的自耕农深受儒家文化影响,“多子多福”,“不孝有三,无后为大”也是农民的价值观念。这样中国农业人口可以超过 F 点,一直增长。在达到 E 点之前,虽然这时农业劳动力的边际生产率已经很低,劳动力增加导致粮食生产之增长本身已不足以养活增加的人口,但家庭组织内部拥有的余粮却可以容纳越来越多的人口。因此,以家庭为组织单位的自耕农经济构成中国社会人不断增长之持久动力。[1]

赵冈的模型表明,中国传统社会的自耕农经济和儒家文化会导致它拥有较多的农业人口。但这个模型不能说明为何清朝会出现人口大爆炸。实际上,社会结构由经济、政治、文化三个子系统耦合而成。我们只要把图 8.2 所示的模型细化,综合政治、经济和意识形态结构三个子系统,并把无组织力量增长的因素也考虑进

〔1〕 Kang Chao: Man and Land in Chinese History: An Economic Analysis, pp. 6 – 30(The Board of Trustees of the Leland Stanford Junior University,1986).

去,就可以解释中国为何在清朝以后会出现人口大膨胀。中国农业人口虽然存在着超过 F 点不断增长之动力,但它通常受到两个因素的遏制。第一个因素是土地兼并。和西欧以及其他传统农业社会类似,当自耕农日益失去土地变为佃农和为地主耕种之田客、雇农之际,中国农村也就开始丧失容纳过剩农业人口之能力。地主拥有土地能容纳多少农业劳动力无疑也受边际生产率的限制。当所有土地均集中在地主手中时,农业劳动力也不会超过 L_2。因此,当人口超过 F 点后,如果所有土地均由自耕农掌握,那么人口会不断增长,但是随着土地兼并的加剧,人口增长的势头也会受到遏制。

第二个控制人口加速发展之刹车阀是国家征收的人头税和劳役。在中国传统社会中,每个人必须向国家缴口赋,壮丁要服劳役。在国家强大的控制下,人头税和劳役同农民维持生存的口粮一样,限制着人口增长。在图 8.2 中,E 点代表着农业人口增长之最后极限,因为在 E 点右边,粮食总产出不足以维持农业人口的生存,故农业人口不可能超过 E 点。实际上在超稳定结构中,当一个自耕农家庭无法交人头税和服劳役时,自耕农会转化为流民,它往往也失去容纳剩余人口之能力。因而类似于 E 点这样的人口增长之上限是由维生口粮加人头税和劳役共同决定的。我们可以把图 8.2 加以推广,得到图 8.3。其中直线 OS 为农民维持生存所需的口粮和人口之间的关系,而 OK 为加上人头税和劳役后代表农民实际维持生存之直线。OK 和生产曲线的交点记为 P_1,它相应的 L_1 是超稳定系统实际可容纳人口之上限。在明中叶之前,中国封建王朝一直向农户征收很高的人头税,因此,中国传统社会的农业人口一直没有超过 P_1 所规定的 L_1 值。但是自清朝以后,上述两个遏制人口增长之因素都先后消失了,中国人口出现了史无前例的大膨胀。

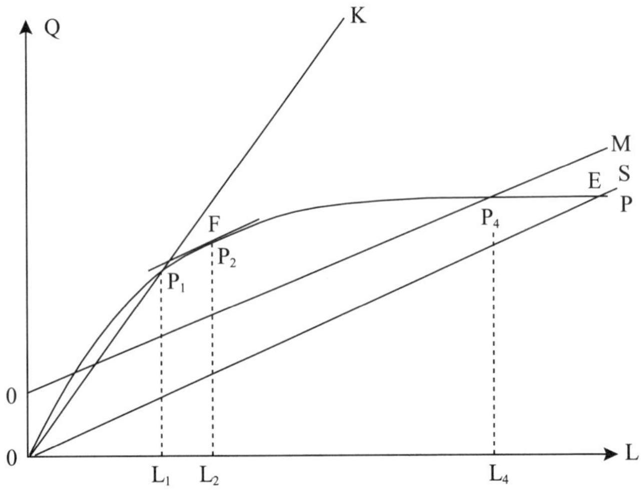

图 8.3　清以后中国人口爆炸原因

明末清初中国曾出现赋税制度的大改革,它使得控制人口增长的第一个因素先被取消。在明末一条鞭法中,已经把人头税和田赋统一起来。清初实行“摊丁入亩”,则进一步贯彻这一精神,把人头税和劳役折合成钱两放到田赋征收之中。这样决定超稳定系统人口总上限的不再是 OK 和生产曲线的交点 P_1,而是 O’M 直线和生产曲线交点 P_1。O’M 和 OS 平行,它由农业人口维生必需的口粮直线加上一个与人口无关的田赋值所决定。当田赋不甚高的条件下,P_4 相应之 L 值 L_4 远远大于 P_1 相应的 L_1。这样我们就可以理解,为何在清朝中国会出现人口大膨胀,这是因为政府不再征收人头税,劳役等也由固定不变的田赋征收取代,控制人口增长的第二个阀突然消失,它使得农业人口增长可以较快地超过 F 点。

为了便于理解,我们把人头税和劳役折合成田赋以前的农民负担,与清朝实行摊丁入亩后农民负担作一个形象性比较。一般来说,在历史上每一个盛大王朝建立之初,农民的负担都不重。如西汉初年,每亩田赋按十五税一计算只有 6.6 升,而人头税折合粮食只有 2.4 升,到文帝时,折合粮食也只有 8 升,农民负担很轻。明朝建立之初，田赋负担约为产量的3.45%，赋役负担比田赋多，但也只有6%。[1] 在各个王朝发展过程中，田赋征收大多是前后不变的，人头税则是人口的函数，至于国家的劳役往往随着人口增加而大增。一般来说，到一个王朝后期，农民负担的劳役和人头税不断加大，田赋以外的各种附加剥夺随着吏治腐败变得越来越重。这种农民负担结构使得农民实际负担是随人口增加而急增之函数。它们和生产函数的交点 p_1 相应 L 值较少，即农业社会可容纳人口上限不太高。而清初实行摊丁入亩，人头税、劳役统统根据清初人口数固定，摊入田赋中，它们只占农业产出的5%。就清初农民负担绝对数而言，它虽和历史上其他盛大王朝建立之初相差不大，但摊丁入亩改变了税收结构。毫无疑问，田赋不变之传统大大限制了贪官污吏借征收人头税和劳役过程中向农民之剥夺，即从此政府税入变得与人口无关。O′M 直线和生产曲线交点的 L 值远远大于 L_1。它表明，农业社会可容纳人口数大大增加。表8.3表示实行摊丁入亩后，清朝人口迅速增长，达到四亿左右。

表8.3　顺、康、雍、乾四朝人口统计

年　代	公元	人口数	人口增殖指数	人口增殖指数
顺治十八年	1661	21,068,609	100	—
康熙二十四年	1685	23,411,448	111	100
雍正二年	1724	25,284,818	120	108
乾隆十八年	1753	102,750,000	488	439
乾隆三十一年	1766	208,095,796	988	889

摘自《中国农民负担史》（第1卷），中国财政经济出版社1991年版，第757页。

---

〔1〕 中华人民共和国财政部《中国农民负担史》编辑委员会编著：《中国农民负担史》（第一卷），中国财政经济出版社1991年版，第65、654页。

然而,必须指出的是,直到20世纪50年代之前,控制农业人口增长的第一个阀仍然在起作用。当“土地兼并”日益严重时,农业人口由自耕农数目变少而失去增长之推动力。土地兼并越严重,农业经济可容纳之总人口越接近F点,F点虽大于L_1,但远离O′M和生产函数交点P_4。我们认为,从清后期到20世纪50年代,一百多年间中国人口一直保持在4亿上下,土地兼并对农村造成的破坏是遏制人口的重要因素。20世纪50年代,共产党统治大陆,在农村先实行土改,建立一个没有地主的纯自耕农农业经济,接着又搞农业合作化,彻底消除了土地兼并这一传统的人口控制阀。与此同时,中国农村基层组织得以确立,社会相当安定。从此中国农村人口开始进一步膨胀,迅速突破一百年来没有越过的5亿关口,增加到11亿,至今仍未达到平衡状态。当然,50年代后中国人口爆炸的原因,还必须考虑到生产函数改变、农村死亡率降低等诸因素。但是,就小农经济和人口之关系而言,50年代后人民公社生产队按人口分口粮无疑是传统家族支持过剩人口机制之变种。

注四　据王业键估计,中国自15世纪后人均耕地面积一直在下降(表8.4),到1930年代达到十分严重的地步。

表8.4　人均耕地面积的下降(1400~1930)

年　代	耕地(百万亩)	人口(百万人)	每人平均耕地(亩/人)
1400	600	80~100	6.0~7.5
1600	1000+	200	5.0
1930	1800	500	3.6

摘自王业键:“战后研究明清时代人口与耕地之检讨”,载《民国以来国史研究的回顾与展望研讨会论文集》,台湾1989年。

赵冈对人均耕地面积的估计比王业键还要少(表8.5),他认为1848年,人均耕地已降到2.70亩。

表 8.5　人均耕地面积(公元 2～1887)

年　代	耕地 (百万亩)	年代	人口 (百万人)	每人平均耕地 (亩/人)
2	571	2	59	967
105	535	105	53	10.09
146	507	146	47	10.78
976	255	961	32	7.96
1072	666	1109	121	5.50
1393	522	1391	60	8.70
1581	793	1592	200	3.96
1662	570	1657	72	7.92
1784	886	1776	268	3.30
1812	943	1800	295	3.19
1887	1,1154	1848	426	2.70

摘自 kang Chao：man and Land in Chinese. p. 89, 5. 1 (Stanford University Press, 1986)。

李国祁以浙江和福建两省为例说明清末民初中国人均土地差不多已到不能减少的极限。这两省经过太平天国大起义，人口在 19 世纪 50 年代有所减少，但到 20 世纪初，浙江人均耕地只有 1.94 亩，福建只有 0.85 亩。[1] 沈松侨指出，河南省的人均耕地，自 1893 年到 1935 年，仍处于不断减少之中(表 8.6)。

〔1〕 李国祁："清季的栽培经济作物与改善农村经济减轻人口压力"，载《台师大学报》1984 年第 12 期。

表 8.6　近代河南耕地面积与平均每人耕地面积估计(1873～1935)

年　代	耕地面积(市亩)	变动指数(1873＝100)	平均每人耕地面积(市亩)
1873(同治十二年)	98,244,000	100	4.1
1893(光绪十九年)	97,262,000	99.0	4.4
1913(民国二年)	114,945,000	117	4.03
1931(民国二十年)	108,786,871	110.7	3.31
1932(民国二十一年)	112,981,000	115	3.62
1935(民国二十四年)	107,882,347	109.8	3.15

摘自沈松侨:“经济作物与近代河南农村经济:1906—1937”,载《近代中国农村经济史论文集》,近史所 1989 年。

注五　当农村家庭中拥有大量过剩劳力时,农民制造的手工业产品将排斥传统社会的手工业工场和作坊,使得农村家庭手工业成为中国手工业产品的主要供给者。赵冈曾用如下模型来说明这种机制。图 8.4 的 S_1 曲线代表手工作坊产品价格和生产数量之间的函数关系。P_0 为手工作坊所能接受的最低产品价格,在 P_0 以下,手工工场将无利可图。D_1 为这一产品数量的社会需求和价格之关系。当 D_1 和 S_1 有交点时,表明社会手工业品由工场作坊提供。D_1 和 S_1 的交点规定了产品价格和生产量(供给等于需求),如 P_1 为手工业品的价格,B 为生产数量。农村中拥有大量剩余劳动力时,这些剩余劳动力本由农村家庭余量养活,他们从事手工业商品制造时,只要有收入改善生计就会生产,并不要价格高于 P_0。它们能生产多少产品和产品价格无关,即弹性为零。这时这一商品价格和供给数量曲线变为 S_2-C_0,它由两段组成,一条是和 S_1 相似的曲线 S_2,另一条垂直线 C_0 垂直线表明农村家庭剩余劳动提供的产品数量和价格无关,即在价格 P_0 以下,商品全由农村家庭提供。只有价格到 P_0 以上,手工作坊才有利可图。S_0 表示价格大于

P_0 时有手工作坊存在时商品供给曲线。我们来看看这种条件下供求曲线之交点。人口的增加会促使社会对手工业商品需求之增加。需求曲线由 D_1 变为 D_2，D_2 和 S_2-C 的交点在 S_2-C 的垂直线上。它表明，全部手工业产品均由农村剩余劳动力提供，手工工场由于商品大廉价无利可图而关闭。[1] 经济史学者公认，农村家庭手工业对手工作坊的排斥在中国近代史上是愈演愈烈的。它带来一个重要的后果是自耕农和半自耕农素质的变化，使他们习惯于亦农亦商或半农半商。传统小农由于自给自足的封闭性在相当程度上遭到破除。

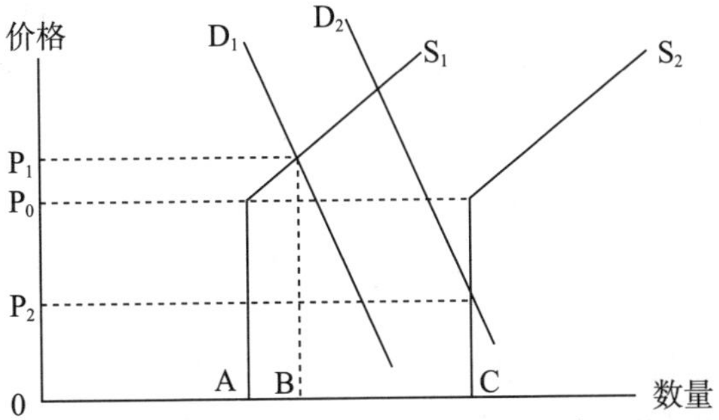

摘自赵冈、陈钟毅：《中国经济制度史论》，联经出版社 1986 年版，第 13～14 页。

图 8.4　手工作坊为何不能同农村家庭手工业竞争

注六　赵冈利用清代刑部档案中各地农业雇工的现金工资，配合同时期的人口数字作了统计。他指出，在耕地与农耕技术几乎不变的条件下，人口的继续不断增加会导致雇农实际工资下降。[2] 据景苏、罗仑对清末山东某些地区雇工工资的调查推算，

---

〔1〕 赵冈、陈钟毅：《中国经济制度史论》，联经出版事业公司 1986 年版，第 13～14 页。

〔2〕 Kang Chao（赵冈）："The Trend of Real Wages of Farm Workers During the Eighteenth and Nineteenth Centuries"，载中研院经济所"第二次中国近代经济史会议"，1989 年。

1908年,长工的年薪只合高粱324斤,短工的日工资只合1.92斤。这一工资已降到维持生存必不可少的口粮水平线之下。[1]

注七　史学界有一个公认的观点,认为在中国传统社会中,经营地主是难以和租佃地主竞争的,因此,中国农村中占统治地位的是租佃地主。[2] 整个清代可以看作是经营地主没落和租佃制日渐盛行的时代。[3] 但是,我们认为在传统社会这个观点是对的,但不适用于近现代中国社会。

我们先来分析为何经营地主会让位于租佃地主之理由。在人口压力下的农业经济可用图8.2所示的模型表示。当可耕地总数固定,农业人口超过L_2值时,农业生产的边际生产率已低于维持增加劳动力之口粮。而经营地主雇佣长工生产,至少要维持这些工人的生存。也就是说,雇工的工资是不能低于图8.2所示生产曲线中F点的斜率。这样当人口密度极大时,雇工变得不如租佃土地合算。[4] 赵冈曾指出“雇工的工食费是地主自营农场成本中最重要的一项。有人比较沈氏《农书》中所说的每名长工工食费用与抗战前普通长工工资饭食费用一样高。也就是说,到了明末经营地主的生产成本已达到无法降低的程度”。这时,地主把土地出租给家中有剩余劳动力的自耕农和半自耕农就合算得多,农民必须上交之田租率可达总收成的一半以上,他们耕作地主土地上得到之收益虽不能养活投入土地之劳动力,但这部分劳动力本是自耕农、半自耕农家中剩余之劳动,租种地主土地仍有助于改善家庭生计。这样,“在人口不断增殖,人口密度不断上升的状况下,地主

---

〔1〕景苏、罗仑:《清代山东经营地主底社会性质》,第63页。

〔2〕Kang Chao(赵冈):Man and Land in Chinese History: An Economic Analysis, pp. 132－160.

〔3〕赵冈:《中国土地制度史》,联经出版事业公司1982年版,第294～306页;赵冈、陈钟毅:《中国经济制度史论》,第162～164页。

〔4〕Kang Chao(赵冈):Man and Land in Chinese History: An Economic Analysis, p. 139.

自己经营农场的相对利得渐渐不如出租土地所得为多，后者便逐渐取代前者”。[1] 我们认为上述分析成立必须有两个前提。

第一，经营地主的生产函数和半自耕农相同，如果经营地主生产率比一般农户高，即使经营地主支付较高的工资，总收益仍可能比租佃地主大。第二，传统农村中自耕农、半自耕农拥有的剩余劳动力除租种地主土地外，不可能有其他出路。我们可以想象如果农民中形成打短工的习惯，这些剩余劳动力出去打短工，仍可以接受低于维生口粮之工资，短工足够多同样可以维持经营地主之生产。事实上，那些家中仍拥有小块耕地之农民，即使去地主家当佣工（但仍回家吃饭），同样是可以接受低于口粮之工资的。维持他们生存仍要靠家庭拥有小块耕地，但低于口粮之工资也有助于改善家庭生计。这时经营地主必须让位于租佃地主的条件不再成立。生产函数和农村剩余劳动力利用方式无疑取决于社会结构，1895 年以前，赵冈对农村中经营地主衰落原因分析基本可以成立，清朝实际上是租佃地主占主导地位的；但是1895 年后，支持赵冈提出的机制的上述两个前提均不再适用。19 世纪末和 20 世纪初，中国农村的经营地主和富农经济有一个重新兴起之过程。

1895 年后，城市人口增加，社会对商品粮需求日益增大，而清末经营地主大多是顺应着社会对商品粮之需求和经济作物生产而发展起来的。他们大多来自农民而非传统绅士。由于经营地主和富农亲自参加农业生产管理、组织，并拥有比一般农户更多的资金，更好的工具，使得经营地主的生产函数和传统半自耕农不同，据景苏、罗仑考察，经营地主土地的平均产量远高于一般自耕农佃农（表 8.7）。黄宗智根据“南满洲铁道株式会社”研究人员在华北平原 33 个自然村的调查资料对经营地主的生产率进行了考察。他发现，虽然经营地主的亩产量并不一定高于一般农户，但是经营

〔1〕 赵冈、陈钟毅：《中国经济制度史论》，第 130～131 页。

地主所使用的单位劳动力的生产率远远高于一般农户。当经营地主的亩产量和一般农户相差不大时,经营地主在土地上投入的劳动力远远少于一般农户。黄宗智还进一步发现,经营地主这种生产优势主要来自于地主亲自参加农业生产管理,在亲自经营中,他可以做到让单位劳动力发挥最大生产能力。正因为地主亲自管理是生产力高的原因,故经营地主经营的土地不能超出地主一个人能管理的规模。当土地一旦超过 200 亩,经营地主不能亲自管理时,生产力优势也就会丧失。[1] 因此,我们可以说,近代经营地主由于亲自参加管理,使得生产能力高于一般农户,即使他们按雇农生存必须之口粮支付工资,所得仍高于一般租佃地主。这是近代经营地主有别于传统社会而能兴起的第一个原因。

表 8.7　太和堂(经营地主)与当地一般农户单位面积产量比较(1904)

(单位:市斤/市亩)

时　间	类　别	麦　子	高　粱	谷　子	苞　米	备　注
光绪三十年(1904年)左右	太和堂单位面积产量	124~165	250~350	300~400	250~320	均系旱田
光绪三十年(1904年)左右	当地一般农户单位面积产量	70~120	110~250	125~250	110~250	均系旱田

摘自景苏、罗仑:《清代山东经营地主底社会性质》,山东人民出版社 1959 年版,第 138 页。

我们可以通过一个实例来分析上述机制。清代孔府放弃经营土地而转向出租是学者们在讨论传统社会经营地主衰落时常举的

---

〔1〕 黄宗智:《华北的小农经济与社会变迁》,第 142~181 页。

例子。孔府的齐王庄、南池庄在顺治年间同时并行三种经营:一是官种(即地主经营),二是分成租,三是定额租。亩产以官种为最高,大约是分成租土地的一倍。但是官种生产成本太高,如齐王庄顺治十一年(1654 年)官种所获粮食 112.8 石,扣除佣工伙食 25.11 石,牛、骡的豆类饲料 37.64 石,加上搭建牛棚的开支,剩余不及一半。这样官种不如分成租有利,顺治十二年(1655 年),齐王庄和南池庄将官种改为土地出租。[1] 这里起关键作用的是官种所付出的管理费用。由于官种的亩产几乎是分成租的一倍,即使官种要付出的成本(雇工工资和其他费用)占总收入的一大半,剩余仍比分成租要多。但在传统社会对于大多数缙绅地主来说,他们是读书人,是知识精英和地方领袖,生产管理不是他们所长,也不是他们主要的兴趣所在。他们必须请人来管理经营,将管理费用加到成本上去,经营土地收益就比出租收益来得低。如果地主亲自参加经营,立即就显示出经营地主对租佃地主之优势。黄宗智曾指出,他所了解的近代经营地主所亲自经营的土地,大多都不超过 200 亩。当地主拥有土地超过 200 亩时,常保留 200 亩上下作为自己的经营土地,其余出租,这正说明经营地主的生产优势在于地主亲自经营。黄宗智指出,华北经营地主之收益明显高于租佃土地的收入。[2] 正因为近代经营地主这一特点,它在农业经济中不能完全压倒租佃地主,只能在农业生产中占一定的比例。

至于自耕农、半自耕农家庭剩余劳动力是否可以转化为雇佣劳动力,这无疑取决于农业的商品化程度和农村基层组织之变化。各种资料表明,近代以后,农村中使用最多的雇佣劳动力不是长工而是短工。短工主要不是靠工资为生,他们的工资往往在生存必需口粮数之下。农村短工大多来自自耕农和半自耕农,他们耕种

---

〔1〕 赖惠敏:"清代山东孔府庄田的研究",载中研院近代史研究所编:《近代中国农村经济史论文集》,1989 年,第 144 ~ 145 页。

〔2〕 黄宗智:《华北的小农经济与社会变迁》,第 180 ~ 181 页。

的一小块土地是能够接受如此低水平工资的原因。因此,我们认为中国传统社会中,租佃制之所以盛行,并成为地主制的主要形态,这不仅仅是人口压力和经济本身原因所造成,而且还是政治、经济、文化各种因素综合作用的结果。近现代随着传统社会结构的解体,经营地主和富农则又可以兴起,成为农业经济中一种重要的成分。

注八　农业的内卷化(agricultural involution)是人类学者克利福德·格尔茨(Clifford Geertz)提出的。他把其称为在人口压力下,小农不得不在狭小的耕地上投入过多的劳动力,以致劳动力集约化的程度达到边际报酬不断递减的程度。〔1〕马克·埃尔文(Mark Elvin)将类似的概念用于中国传统社会。〔2〕但是无论格尔茨还是埃尔文的解释,内卷都只是一个描写人口压力导致土地边际生产率不断减少的概念。黄宗智进一步将这一概念深化,提出"内卷"在政治经济学和社会学上的含义。"内卷"过程之所以可能,主要是因为在人口压力下拥有少量耕地的自耕农和半自耕农可以接受比纯粹雇佣劳动更低的工资,从而具有更大的竞争能力。

注九　我们可以用人口压力下的农业经济模型来证明,在租佃制条件下出现土地兼并,失去土地的农民大多不能转化为佃农,他们因不能被农业吸入而转化为流民,成为社会动荡的根源。假定原来农业人口处于图 8.3L_5 值,所有农业人口均是自耕农,发生土地兼并;总人口 L_4 中有 $\Delta L(\Delta L = L_5 - L_3)$ 变为无地农民,我们来分析一下 ΔL 能否转化为佃农?由于 L_3 仍处于 F 点右边,L_3 点的边际生产率仍低于单位劳动力必需的口粮数,它意味着农业经济结构中尚存在大量的过剩劳动力,地主将土地租给有剩余劳动力的自耕农更为合算。也就是说,地主如果把土地租给佃农,纯佃

〔1〕 Clifford Geertz: Agricultural Involution: The Process Ecological Change inIndonesia(Berkeley and Los Angeles: University California Press, 1963).

〔2〕 Mark Elvin: The Pattern of Chinese Past(Stanford: University Press, 1976).

农是不能接受无法养活劳动人口之苛刻地租的。但家庭有剩余劳动力之自耕农却可接受这么苛刻的条件。因此,被兼并的土地大多租给原来有小块土地之自耕农,使他们变成半自耕农,失去土地的农民无法被农业经济吸收。如果城市经济无法接受这些剩余劳动力,他们只能迁移到偏远地区或成为流民。

近代史研究者承认,清朝的流民狂潮出现在1755年后,它正值清王朝由盛转衰,土地兼并猛烈发展之际。当时出现了人口由密集的中原地带向台湾、广西、四川、贵州、云南大迁移。例如台湾的人口,康熙以前不足十万,康熙初年增至20万,乾隆中期达百万,嘉庆二十年已达200万。与此同时,秘密结社大发展。据统计,中国秘密结社的名目,多至三四百种,其大部分均是清乾隆二十年(1755年)以后出现的。[1]

注十　农业结构沿D—A—B—C链转化的同时意味着总产值的降低。在当技术和其他因素不变的条件下,农业产量主要取决于农民对土地精耕细作的程度。当人口压力很大时,自耕农已在单位土地上投入了最大的劳动量,因此自耕农经济的总产量是最高的。在佃农经济和贫农经济中,农民劳动积极性都不如自耕农经济,因此当自耕农经济向佃农、贫农经济转化时虽提高了粮食的商品率,但总产量却可以是递减的。表8.8是1821~1911年的收成,从中可以看到农业产出在不断减少。表中数字包括直隶、河南、山西、陕西、安徽、江苏、湖南、湖北、福建、浙江十省资料,唯夏季收成中无浙江资料。

---

〔1〕 蔡少卿:《中国秘密社会》,第6~7页。

表 8.8 1821～1911 年的粮食收成

年　代	夏季收成(%)	秋季收成(%)	平均数(%)	指　数
1821～1830	71.0	74.0	72.5	100
1831～1840	66.8	66.6	66.7	92
1841～1850	66.7	66.0	66.4	92
1851～1860	63.0	63.5	63.3	87
1861～1870	58.5	60.0	59.3	82
1871～1880	57.5	58.8	58.2	80
1881～1890	58.8	57.0	57.9	80
1891～1900	57.5	55.0	56.8	78
1901～1911	57.5	55.0	56.8	78

摘自李国祁:"清季的栽培经济作物与改善农村经济减轻人口压力",载《台师大历史学报》1984 年第 12 期。

注十一　费尔南多·加尔比亚梯(Fernando Galbiati)对大革命期间海陆丰农民运动的研究表明,单单运用列宁式的组织技巧,来煽动被动的农民,并不能把由精英主宰的革命团体转化为以群众为基础的地方运动。他发现这种转化,是一种复杂的相互顺应及理念调适的结果。[1] 这种"理念调适"其实可以用更精确的概念来把握,首先是小农半无产阶级化使得他们有别于传统农民,另一方面就是马列主义要调整到适合他们的口味和心理结构。

西方社会科学家在讨论列宁主义政党在亚洲扩张和共产国际策划输出革命时,对生活在不同传统下的东方各国农民本身的差异是不够重视的。例如,中国共产党和印度共产党,两者皆由共产国际策划,都属于布尔什维克革命,甚至印度共产党也争论过应该

〔1〕 Fernando Galbiati: P'eng P'ai and the Hai - lu - feng Soviet (Stanford: Stanford Universtiy Press, 1985).

采取城市革命还是由农村革命包围城市这样的路线问题，模仿过中共在延安时期联合资本家和地主对抗。但两国的共产主义革命出现了完全不同的结局。[1] 因此，中国共产党农民政权的出现在很大程度上取决于中国传统，而不能用统一的共产国际输出革命来解释。传统起的作用则表现在农民是否可能成为基层社会管理者以及新意识形态在他们中间传播需要做什么样的改造之上。

注十二　19 世纪末至 20 世纪上半叶的中国农村，就组织性而言，实际上存在着三种不同成分。一种是传统式的小农（以比较富有的具有自耕农心态的中农为代表），另一种是无业流民，第三种是类似于无产者的贫下中农，只有他们具有小农和劳动力出卖者的双重角色。适合于共产党作为基层干部的，只是第三种农民。佩里（J. Perry）通过对淮北的安徽及江苏两省 19 世纪到 20 世纪农民组织的研究，发现除共产党农村政权外，还有两种形态：一种是保甲和团练，他称为保护性组织，另一种是掠夺性的，包括走私集团、从事抢劫的黑社会等。在 1937～1945 年间，这两种组织对中共的农村革命阻挠高于助益。[2] 这正好表明，团练保甲这类农民组织的成员主要依靠传统小农，而掠夺性农民组织的成员基本上来源于流民，不同类型的农民适应于不同组织的方式。因此，共产党要建立农村政权，必须对农村中几种组织因素作出明确区分，把新意识形态直接对准适合于它传播的那些成分——具有传统小农和雇佣劳动双重角色之贫农。

注十三　在井冈山时期，红色政权实行的土地政策是“土地国有化”。一切土地归苏维埃，农民只有使用权。根据《井冈山土地法》，没收的不单单是地主土地，富农中农的土地所有权也受到损

---

〔1〕 Manoranjan Mohanty：Chinese Revolution and the Indian Communist Movement.

〔2〕 Elizbeth J. Perry：Rebels and Revolutionaries in North China：1845 – 1945（Stanford：Stanford University Press，1980）.

害。这种政策对农村生产力造成很大破坏。毛泽东在1934年所写的《我们的经济政策》中自己承认,红色区域在建立的最初一二年,农业生产往往是下降的。[1] 毛泽东早在1931年《给江西苏维埃政府的信》中就对这种政策提出疑问,但是毛泽东的观点被认为"实际上以中农为中心",甚至是"富农路线"。[2] 一直到1934年,毛泽东的观点仍受到中央批判。中共土地政策的改变是在抗日战争时期。首先,它同毛泽东再次掌握领导权有关,它是熟悉农村的领袖取代第三国际和忠于马列经典领导人的结果。其次,全面抗战爆发后,国共再次合作,共产党的土地政策,不得不接受三民主义而有所改变。因此,自遵义会议后,我们可以看到共产党的土地政策日益现实。1935年12月6日,中共中央颁发《党中央关于改变对富农策略的决定》,1936年7月22日,中共中央发布《中央关于土地政策的指示》,规定"富农的土地及其多余的生产工具均不没收","对于大农业主(主要的不依靠地租剥削而依靠大量雇农经营土地或畜牧的业主)的土地,因其生产方式带有进步的色彩,应按照对待富农的政策办理"。[3]

注十四 延安整风在中共发展过程中的作用是近现代史家公认的。最近,陈永发通过对这一过程之细致分析指出,延安整风以前中共并无有效的方法来整顿干部思想,使其和中央高度一致。延安整风使中共找到统一党员思想之手段。正是在延安整风后,党员的小我活动空间愈益缩小,甚至到了不存在的地步。延安整风中毛泽东清理干部队伍和斯大林整肃不同,是用教育改造来代替开除党籍、逮捕和死刑,形成中共特有的整风运动模式。[4] 我们

〔1〕《毛泽东选集》(一卷本),第117页。

〔2〕"中央为土地问题致中央苏区中央局信",载《中共中央文件选集》(第7集),中共中央党校出版社1991年版,第507、511页。

〔3〕《中共中央文件选集》(第11集),第57~58页。

〔4〕陈永发:《延安的阴影》,近史所专刊60,1990年,第145~146页。

认为,延安整风之所以能达到这一功能,关键在于马列主义的儒家化,这种新的意识形态成熟可以使中国共产党有效地统一思想,保持高度的一致,而用某种具有中国特色新意识形态统一党员思想之过程,最好是用整风的方法。延安整风有两部分内容:一部分是树立毛泽东思想的权威,它属于指导党的意识形态的改变。另一部分为整顿和清理干部队伍,它是用毛泽东思想来考察干部过去和现在的言行,强化他们对毛泽东思想之认同。这两环互相连接,缺一不可。实际上,当党的意识形态发生重大改变,党的领导人企图用改变了的意识形态重新建党之时,一定会出现类似于延安整风这样的运动。众所周知,中国共产党指导思想第二次大变化是在"文革"期间,毛泽东思想变为无产阶级专政下继续革命的理论。为了让毛泽东思想统一全党,中共再次发动对干部的整肃。我们在"文革"中看到和延安整风类似的局面,一方面是大树特树毛泽东思想的绝对权威,另一方面是大整特整干部和知识分子,"文革"只是规模比延安整风更大。很多干部都在"文革"一开始就感觉到"文革"整干方式和延安整风的类似性,它表明,用意识形态统一政党之过程有着自己内在的展开逻辑。

注十五　用某种意识形态来整合社会,必须做到大传统和小传统的互相适应与衔接。在中国传统社会,作为官方意识形态的儒学只是大传统,它和农民文化(小传统)是互相渗透、互相连接的。正因为这样,官方意识形态可以广泛深入基层,在农村中发挥作用。用新意识形态来实现社会整合,同样必须做到大传统与小传统之适应与吻合。马列主义儒家化正好有这个功能。马列主义吸取儒家文化结构,不仅有利于农民文化进入意识形态中,而且可以使作为官方意识形态的毛泽东思想和基层农民干部中各种小传统思想合拍,从而产生巨大的动员力量。

注十六　马列主义儒家化和毛泽东成为圣王之间还存在着一个必不可少的环节,这就是重写党史。马列主义儒家化只是意识形态结构的转换,圣王则要求某一个或几个党的领袖一开始就是这些正确原则的体现和代表。马列主义只有儒家化和农民化才能指导中国革命,这是中共在长期摸索中慢慢明白的,而毛泽东等人并非一开始就有这样的主张,或虽提出类似建议但也并不是对自己的理论有那么大的信心。毛泽东成为圣王的前提除了他的理论被全党接受外,还必须重写党史,把毛泽东描写成一开始就是正确理论的代表,党史是正确路线和错误路线斗争的历史。塞奇(Anthony James Saich)曾指出,正是在延安整风运动中,党史被改写。毛泽东在新的党史中被置于中国共产党革命运动之中心,从而获得了至高无上的领导地位。[1]

注十七　自1895年出现绅士城市化潮流后,近现代史上只有两次知识分子从城市流向农村的潮流。第一次是五四运动后至大革命期间,五四青年下乡搞农运,参加革命运动。第二次就是1937年全面抗战爆发后。当时青年是否下农村,成为是否革命的标准。毛泽东曾在1939年五四二十周年写过一篇著名文章《青年运动的方向》,在这篇文章中他第一次提出了一个区分青年知识分子是否革命的标准,这就是看他愿不愿意和工农相结合。[2] 他认为中国青年知识分子起过两个作用:一个是五四时期的先锋作用,首先接受马列主义,另一个是当时所起的桥梁作用,即把马列主义传播到工农群众中并和工农革命相结合。今天我们可以依据中国社会整合的结构性分析对毛泽东的这些观点进行解读。第一个先锋作用不用多讲,它是五四知识分子在意识形态更替过程中的功能。为什么毛泽东在30年代末要大讲青年知识分子的“桥梁作用”,并把他们是否愿意到农村和农民结合作为革命的标准呢?这无疑反映

---

〔1〕 塞奇(Tony Saich):“正确的党史从哪里来?”,载《二十一世纪》1992年总第12期。

〔2〕 毛泽东:“青年运动的方向”,载《毛泽东选集》(一卷本),第525~533页。

了一个基本事实,本来青年知识分子大多都生活在城市,工作活动范围也在城市。1939 年全面抗战已经开始,沿海大城市大多沦陷,一个青年知识分子从沿海城市流向内地和农村抗日根据地的新潮流出现了。毛泽东写这一文章无疑对准了这一形势。他希望大量青年知识分子进入农村,和贫农干部结合,把农村革命组织起来。

事实上,30 年代末 40 年代初青年知识分子流入农村根据地,确实达到了毛泽东想取得的成果。1943 年的陕甘宁边区,上级领导干部 70% 以上是青年知识分子,县级干部 40% 具有初中或小学毕业程度,而区、乡级干部中则 90% 是土地革命中涌现出来的农民积极分子。[1]

注十八　一些学者认为,精兵简政还有一种促使较有文化的干部向下流动,使基层更有活力之功能,它有利于扩大基层干部的政治参与。显而易见,精兵简政是一种干部向下流动之机制,在这种上下流动中,"群众运动中具有自发性的基层干部联系了中共中央及地方群众……成为中共在内战期间改变传统中国农村面貌的动力来源"。[2]

---

〔1〕 天儿慧:《中国革命和基层干部——内战期的政治动态》,东京研文出版社 1984 年版。

〔2〕 同上。

第九章 从新民主主义到社会主义

新民主主义最大的特点就在于它的结构是不稳定的。新中国40年的历史证明,它犹如夹在弹簧中的弹子,向左偏移就会发展成文化大革命,向右偏移则趋向自由化,导致意识形态的解魅。

9.1 超级官僚社会的确立

1949年10月1日,毛泽东登上天安门城楼,据说,这位身经百战钢铁般的领袖曾扭过头,不让人们看到他那夺眶而出的眼泪。他一定反反复复思索过中华人民共和国成立在中国四千年历史中的含义。对于绝大多数中国人,这一历史意义十分清楚:中华民族摆脱了1840年来屈辱挨打的局面,中国人民从此站起来了。

经过一百多年的奋斗,中国终于找到一种既能实现辽阔农业社会整合,又能抗拒西方列强外来冲击的社会结构。但是,当时很少有人想到,它是以中国变成超级官僚社会为代价的。我们把中国传统社会结构、国民党建立的社会结构以及共产党整合模式作一历史性比较,就可以发现,意识形态与政治一体化组织方式没有改变,但官僚机构却一个比一个庞大。传统社会中,国家正式编制的官僚组织末梢是县一级，县以下一体化组织形态是乡绅自治与宗法组织，它们是民间社会（图 9.1A）。在这种组织方式中，一体化结构主体是乡绅自治和宗法组织，重心是农村，它能实现农业社会内部整合，但并不具备动员农村人力物力以实现工业化和抗拒西方冲击的能力。当儒生乡绅走向城市从事现代化以求抵抗外来冲击之际，就出现了一体化的解构。国民党企图用官僚组织来代替传统一体化结构的三个层次，但在农村缺乏干部，官僚机构只比传统结构深入一个数量级：由县到区（图 9.1B）。它虽然实现了社会组织由农村中心向城市中心的转化，但仍然未具备对农村的广泛动员力，由于整体动员力量已比传统结构大，国民党在抗日战争中第一次有效地抵抗了强大的外来入侵。在共产党组织系统中，有近于无限的干部来源，官僚机构可以涵盖从中央到基层的一切层次，它轻而易举地把国家官僚控制由区再向下延伸一个数量级，到达乡政府，而且还有着进一步扩大的可能，以致每一个自然村都在政府控制之下（只是由于经济上的考虑，乡以下的村干部不属于国家正式官员编制）（图 9.1C）。共产党的官僚机构比国民党大十倍，比传统一体化结构大一百倍。传统社会官僚人数大约是数万人（不算吏员），国民党官员有 70 万人，而共产党的官员则高达几百万人的数量级。1953 年，拿国家薪水的全国干部总数已达 390 万。1957 年，共产党员人数达 1272 万人，到 80 年代初中国拥有 4000 万党员、2500 万国家干部，这是历史上闻所未闻的官僚机构庞然大物。随着国家官僚网达到社会底层，近代以来不断萎缩的民间社会终于消失，50 年代中国社会组织达到彻底的官僚化。

当每一个村庄、每一条街道，甚至每一个人都在无所不包的官僚组织控制之下时，就意味着国家掌握了空前未有的动员与控制力量。特别是官僚相对清廉，意识形态尚有魅力之际，近代史上常被喻为一盘散沙的中国出现了组织革命，六亿人组织成空前的列维坦。50 年代初，共产党就利用这巨大的调节能力解决了历史上

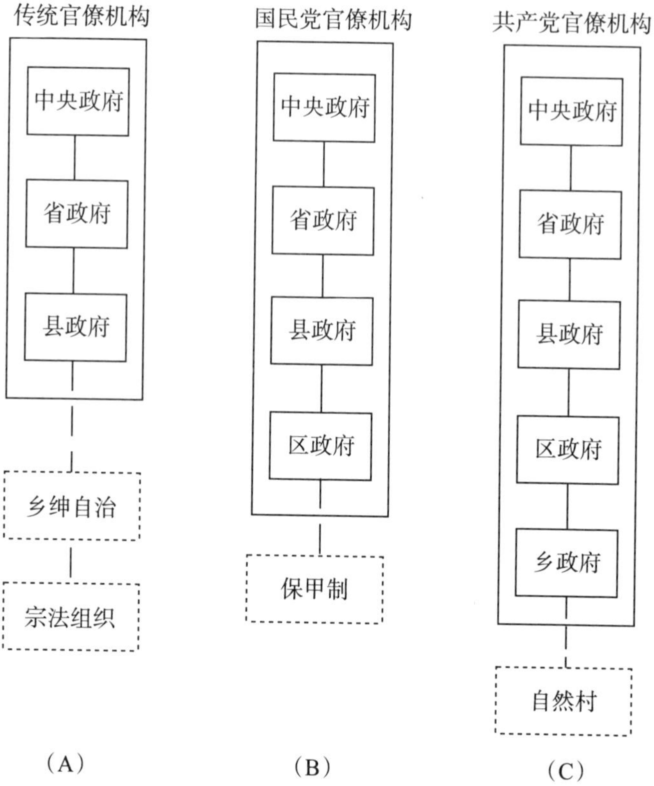

图 9.1　官僚机构的大扩张

从未解决的问题:黑社会绝迹,一夜之间关闭了妓院,政府用粮食征购和配给战胜了十几年来一直无法控制的通货膨胀,并在一次大规模的现代化战争中,挫折了西方最强大的国家——美国。在 50 年代初朝鲜战争中,中国人民志愿军虽然军事装备处于劣势,而且完全缺乏空中作战能力,却能歼敌 70 余万,其中美军 28.5 万,击毁敌机一万多架,毁伤坦克 2000 多辆,敌方战费消耗为 200 亿美元以上,[1]令自本世纪初以来对外战争无往不胜的美国第一次受到抑制。超稳定系统1840年因无法对抗西方工业文明冲击被迫对外开放,50年代初朝鲜战争的胜利却标志着对西方开放的结束,它反映出超稳定系统在对外开放条件下结构变迁的逻辑:新一体化结构顺应着抗拒西方工业文明冲击的历史需要成长,而既可实现内部整合,又能抗拒西方列强的新一体化结构,只能是一个超级官僚社会。

9.2　利用农业积累实现工业化

中国共产党建立一个能够深入农村之庞大官僚机构,无疑有利于动员农村人力和物力,将农业积累转化为工业投资。传统社会工业化的资金大多都来自于农业积累。因此,由一个超级官僚机构来完成中国社会之整合,对于工业化也许是一种符合逻辑的选择。我们只要把30年代南京国民政府致力于工业化与50年代共产党工业化运动作一比较,就能看到这一点。

30年代,中国社会经济积累率极低。1931年至1936年的六年中,只有两年具有正投资,其余四年投资额均是负数。两年正投资中,最高的也只有可支配国民收入的6%。[2] 南京国民政府拿不出现代化投资,主要是无法动员农村资源。国民政府经济发展中拖后腿最大的是农业。1932年至1936年的五年间,中国农业增长

---

〔1〕 关于美军伤亡人数,中国和美国估计数目并不一致,本文采用的是中国公布的数目。详细数据可参见朱建华等编:《中华人民共和国史稿》,黑龙江人民出版社1989年版,第64页;而美国认为,美军在韩战中死亡24,000人,失踪9000人,被俘2675人,受伤10万人。军费为200亿美元。参见Wayne Andrews ed. ,Concise Dictionary of American History (NewYork:Charles Scriber's Son's,1962)。

〔2〕 汪海波:"略论半殖民地半封建中国资本积累和消费在量的方面的若干特征",载《江西社会科学》1983年第4期。

每年不及1%,1936年22个省的总生产与1932年完全相同;1932年到1936年的平均数,比1932年还要低。[1] 而且,整个30年代农业生产量较之20年代呈下降趋势:小麦的平均年产量由49,286万担下降到44,464万担,大米的平均年产量由119,630万担下降到98,430万担,玉米、高粱等杂粮由86,031万担下降到76,564万担。[2] 农业生产停滞和衰退的关键在于地主经济。地主占据农业产值之大头,使国家拿不到足够的农业税收,农民也生活在极度贫苦之中。国民政府既做不到耕者有其田,也不能阻止农村解体。1949年后,共产党迅速在农村实现了土地改革,有100万到200万地主被处死,[3]地主阶级被消灭,中国的农村出现了一个历史上从来没有过的无地主之自耕农经济。农业经济结构的变化使国家税收大幅度上升。

根据1953年1月全国财经会议规定,老解放区的农业税定在20%左右(华北为18.66%,东北为19.66%,山东为21%),新解放区定为15%。这是中国历史上从未有过的高税收,在传统一体化结构和国民党整合模式中,农村经济中一直是地主与自耕农两种经济成分并存。当农民耕地不足,或地主把田赋转加到佃农身上时,高达20%的田赋是农村无法承受的,因为除了田赋,佃农还必须向地主交纳占总收成50%以上的田租。现在农民只要拿出20%收成交给国家,其余自得,生活自然得到极大改善,劳动积极性也增高。国家既得到了较大的税收,农民也实现了休养生息,农村社会生产迅速恢复。最初几年(1949~1952年),农业总产值持续增长(表9.1),并很快超过了30年代农村尚未破坏时达到的最高水

---

〔1〕 张玉法:《中国现代史》,第572页。

〔2〕 许道夫:《中国近代农业生产及贸易统计资料》,上海人民出版社1983年版,第339页。

〔3〕 [美]费正清、麦克法夸尔(J. K. Fairbank & R. Macfarguhar)主编:《剑桥中华人民共和国史:1949—1965》,王健朗等译,上海人民出版社1990年版,第91页。

平(表 9.2)。从 1949～1953 年的短短几年间,粮食生产增加 47.4%,棉花增产 164.6%,这在世界农业发展史上是少见的。[1]

表 9.1　1945～1952 年的农业总产值

时 间	农业总产值(亿元)
1949	326
1950	384
1951	420
1952	484

摘自董志凯:"土地改革与我国社会生产",载《中国经济史研究》1987 年第 3 期。

表 9.2　1952 年农产品的产量

1949 年前主要农产品最高年产量		1952 年农产品产量(以 1949 年前最高年为 100)
粮食(万吨) 1936 年	15,000	109.3
棉花(万吨) 1936 年	84.9	153.6
大牲畜年底头数(万头) 1935 年	7151	106.9
猪(万头) 1934 年	7853	114.3

摘自前引董志凯。

〔1〕 董志凯:"土地改革与我国的社会生产",载《中国经济史研究》1987 年第 3 期。

在农业稳定发展的同时,农业积累开始迅速转化为工业投资。30 年代国民党中央政府拿不到多少农业税,田赋只是省政府的收入。而在共产党整合模式中,所有田赋和农业收入几乎都可达到中央政府,省一级财政只是5%的农业税附加和3%的总预备费,县和乡则无权支配税收。[1] 因此,农业积累转化为工业投资的过程,在国家干预下得以迅速进行。共产党 50 年代城市经济结构和国民党后期一样,是一种国家资本占主导地位的市场经济,但共产党的官僚机构却远比 40 年代末的国民党清廉,国营企业效率较国民党的要高。中国的工业化获得了史无前例的良好发展条件,工业生产开始大幅度增长。1950 年工业总产值比 1949 年增长 36.4%,1951 年又增长了 38.2%,1952 年的增长率是 32.2%,1953 年为 30.3%,到 1954 年工业生产已完全恢复到破坏前的水平,而且增长速度仍很快,年均增长率达 16.3%。[2]

共产党政治结构虽然和国民党类似,但意识形态比国民党更有魅力。当时指导社会改造的政策比较实际,是和孙中山三民主义无太大差异的新民主主义。新民主主义强调无产阶级领导,但对资产阶级却抱着团结改造的态度,并没有提出对资产阶级思想及各个领域进行专政,一时意识形态仍处于相对开明和宽松的状态。总之,50 年代初中国发展的形势远胜过国民党时代的“黄金十年”。这一切表明,虽然中国已变成一个超级官僚社会,但民间社会萎缩所带来的社会问题以及强大意识形态对人的压迫一时还没有表现出来,而中国人在近代史上追求的两个目标“富”和“强”,也似乎可以用这种组织方式实现。50 年代初中国出现的那种百废待兴、欣欣向荣的局面是这样动人,以致今天大多数中国人都认为,

---

〔1〕 薄一波:《若干重大决策与事件的回顾》(上卷),中共中央党校出版社 1991 年版,第 481 页。

〔2〕 马齐彬、陈文斌等:《中国共产党执政四十年(1949—1989)》,中共党史资料出版社 1989 年版,第 26、43、57、72、88 页。

中国只要顺着新民主主义道路走下去,即使发展不到今日日本之洋洋大观,至少也会如台湾那样繁荣。正如一首家喻户晓的歌所唱:“我们伟大的祖国,从今走向繁荣富强。”

但是,历史发展的诡秘在于,当巨大的改造社会力量被释放出来,它就如自然界的洪水、风暴和地震一样,人们不可能把它作用的范围限制在预想目的之中。那种使中国可以去实现“富”、“强”的组织力量立即造成了对社会结构的全面冲击。它们来得那么猛,那么出人意料,就在应付这些冲击的过程中,社会组织构架和发展方向也随之发生了重大改变。新民主主义如过眼烟云,迅速被放弃。中国滑入对现代化会造成巨大障碍的计划经济结构,并重新出现新一轮意识形态变迁与社会组织急速变构的动荡。

9.3　商品粮短缺和“统购统销”

中国共产党50年代初改造社会最大的成就是实现耕者有其田。消灭地主阶级使国家能将农业积累转化为现代化投资,但它却造成了历史上未曾有过的后果,这就是农村向城市提供商品粮机制的破坏。

在地主经济结构中,佃农、半自耕农生活极端贫困,终年耕作不得温饱,他们不能出卖商品粮。自耕农虽有小部分余粮,但男耕女织、自给自足的生产方式却使他们很少把余粮转化为商品粮,因此,地主经济结构中向城市提供商品粮主要是靠地主。在中国封建社会里,每个王朝后期都会出现城市病态繁荣,城市人口急增,这和农村中土地兼并,地主能提供越来越多的商品粮有关。(注一)1895年后传统一体化解构,经营地主和富农兴起,他们和租佃地主一起成为20世纪上半叶中国城市商品粮最大的提供者。[1] 经营地主以生产商品粮为目的,雇工又便宜,因此在单位土地上他们所能提供的商品粮远比租佃地主高。根据对两种商品粮生产方式的实地调查,可得如下公式:假定谷物产量为10,租佃地主出售的谷物量为:

10(总谷物量)-2(地主家庭消费量)-5(佃户保留谷物量)=3

而经营地主出售的谷物量为:

10(总谷物量)-2(地主家庭消费量)-1(雇工食用量)=7

也就是说,经营地主出售谷物量比租佃地主高一倍多。[2] 表9.3为山东某经营地主的案例,在全年粮食总收入(1480~1850百市斤)中高达20%的是向市场提供的商品粮(1002~1380百市斤)。虽然20世纪上半叶中国农村出现大破坏,但富农、经营地主日益兴起,地主经济向城市提供商品粮的机制仍在运作。我们在第3.4节讨论过,1844~1936年中国农业粮食商品率逐步从10%提高到30%。(注二)它是近现代通商口岸和资本主义成长的条件。1949年后,经营地主和租佃地主被消灭,富农经济也受到限制和打击,城市商品粮供给立即呈短缺状态。

---

〔1〕 杨君实:《现代化与中国共产主义》,香港中文大学出版社1989年版,第57~58页。

〔2〕 景苏、罗仑:《清代山东经营地主底社会性质》,第145页。

表 9.3　太和堂全年粮食收入和分配

<table>
<tr><td>全年收入</td><td colspan="4">麦子</td><td colspan="4">高粱</td><td colspan="4">谷子</td><td colspan="4">苞米</td><td colspan="4">其他（豆类、芝麻等）</td><td>共　计</td></tr>
<tr><td rowspan="4">全年分配（百市斤）</td><td colspan="4">260 ~ 345</td><td colspan="4">360 ~ 480</td><td colspan="4">330 ~ 360</td><td colspan="4">500 ~ 630</td><td colspan="4">28 ~ 42</td><td>1480 ~ 1850</td></tr>
<tr><td colspan="20">食用粮食</td><td rowspan="2">商品粮食</td></tr>
<tr><td colspan="5">家内人口</td><td colspan="5">长短工</td><td colspan="5">商店员工</td><td colspan="5">其他</td></tr>
<tr><td colspan="5">172.8</td><td colspan="5">172.8</td><td colspan="5">60.48</td><td colspan="5">72</td><td>1002 ~ 1380</td></tr>
<tr><td>备注</td><td colspan="5">按 48 人每人每月食用 30 斤计算</td><td colspan="5">按长工 14 人、短工（计日）约 3600 个，每人每月食用 60 斤计算</td><td colspan="5">按 14 人每人每月食用 36 斤计算</td><td colspan="5">包括流动人口及牲畜消费等 6 斤计算</td><td>此项粮食在集市变卖后，用于支付雇工工资，购置土地，修建庭院，备置衣物，或直接转为商业和高利贷资本</td></tr>
</table>

摘自景苏、罗仑：《清代山东经营地主底社会性质》，山东人民出版社 1959 年版，第 57 页。

根据土地改革的实施方案，全国农村土改分三批进行，第一批是 1950 年冬至 1951 年春在 1.2 亿多的农业人口地区进行。第二批是 1951 年冬至 1952 年春实施，涉及 1.1 亿农业人口。第三批则在 1952 年冬至 1953 年春实施。1953 年春天，土改已全部完成，而粮食供给短缺则出现于 1953 年秋季。当时国家需要商品粮 700 亿斤，而田赋（农业税）收入只有 275 亿斤，两者相差 431 亿斤。[1] 很

〔1〕 马齐彬、陈文斌等：《中国共产党执政四十年（1949—1989）》，第 70 页。

多人没有意识到这是土地改革必然带来的后果。经过全国土地改革,3亿无地少地的农民获得了7亿亩土地和其他生产资料,免除了每年向地主交纳的大约700亿斤粮食的苛重地租。[1] 本来,这700亿斤作为地租的粮食大部分可以转化为向城市提供的商品粮,供求保持着平衡,但现在这些粮食却大多为自耕农自己消费或存在家中。据统计,1949年农村人均粮食消费370斤,1952年增加到440斤,每个农村人口多耗粮食70斤。[2] 虽然国家全力向农民收购余粮,但差额仍达87~117亿斤。[3] 一时市面上粮食大幅度涨价,人心浮动。由于这次商品粮短缺是因农业结构变化以致破坏商品粮供给机制引起,除非中国农村在短期内迅速分化,由自耕农经济转化为专业化生产的资本主义结构,否则商品粮短缺将会长期存在,而且将随着现代化和城市人口增长日趋严重。共产党靠农村土地革命起家,当然不允许农业演变为资本主义或重新回到两极分化的经营地主、富农经济中。这样,只能去建立新的粮食供给机制来解决商品粮的短缺,这就是利用一体化调节强迫农民把余粮拿出来。(注三)

早在1950、1951和1952年三年中,随着土改展开,农民就越来越多地把粮食留在家中自己消费,农村向城市提供的粮食不断减少。当时政府已经采用临时性农村粮食征购来应付粮价上涨。[4] 1953年则不得不把临时征购作为一种永久性机制固定下来。陈云曾十分形象地讲过1953年秋商品粮危机中,国家处于"剥夺农民"和"城市粮食供给短缺"两者必居其一的选择关头。他说:全国有26万个乡,100万个自然村,逼死人或者打扁担以致暴动的事都可

---

〔1〕 朱建华等编:《中华人民共和国史稿》,第69页;马齐彬、陈文斌等:《中国共产党执政四十年(1949—1989)》,第18页。

〔2〕 薄一波:《若干重大决策与事件的回顾》(上卷),第257页。

〔3〕 朱建华等编:《中华人民共和国史稿》,第118页。

〔4〕 薛暮桥、吴凯泰:"新中国成立前后稳定物价的斗争",载《经济研究》1985年第2期;[美]费正清等主编:《剑桥中华人民共和国史:1949—1965》,第172页。

能发生。农民的粮食不能自由支配了，虽然我们出钱，但他们不能待价而沽，很可能会影响生产情绪。“我现在是挑着一担‘炸药’，前面是‘黑色炸药’，后面是‘黄色炸药’。如果搞不到粮食，整个市场就要波动；如果采取征购的办法，农民又可能反对。两个中间要选择一个，都是危险家伙。”[1]据说，陈云曾反复考虑，提出八种方案；最后不得不下定决心，两害相权取其轻，选择了对农民实行粮食征购、对城镇居民实行粮食配售（计划收购和计划供应）的办法，这就是所谓“统购统销”。他们认为，这种办法和城市缺粮相比，危险性可能少一点，[2]并可以一劳永逸地解决新制度下商品粮短缺问题。

统购统销的商品粮供给机制包含“统购”和“统销”两个环节，两者均须强大的直统到基层的一体化官僚组织。表面上看，“统购”仅仅是国家垄断粮食收购，不允许商人插手。实际上在自耕农倾向于自给自足不愿把粮食拿出来卖的条件下，仅仅靠垄断粮食收购市场是远远不够的，（注四）况且国家不能做到不断提高粮食收购价以刺激农民卖粮，这时“统购”实际上是依靠干部系统去贯彻，“强制性”地让农民把余粮用低价卖给国家。“统销”则意味着建立一个巨大的粮食定量配给系统，它需要严密的户口制度。（注五）因此，统购统销的实行均须建立从中央直统农村和城市基层的干部组织为保证。我们可以看到统购统销机制代替传统商品粮供给机制与共产党强化城市和农村基层组织是密切相关的同步过程。1953 年土改的全部完成意味着农村各级干部权威之确立，1954 年 12 月，全国人大常委会举行第四次会议，通过了《城市居民委员会组织条例》、《城市街道办事处组织条例》和《公安派出所组织条例》。这些都标志着农村和城市基层组织建设已经完成。

---

[1] 陈云：“实行粮食统购统销”，载《陈云文选（1949—1956）》，第 207 页。

[2] 薄一波：《若干重大决策与事件的回顾》（上卷），第 265 页。

1954年(实行统购统销后的第一年),粮食生产虽增加很少,但粮食收购却完成了计划的110%,总产量3399亿斤中有30.5%,即1036亿斤成为向城市提供的商品粮。[1] 一种依靠农村干部强迫农民卖粮,再通过行政系统对城市居民实行粮食定量配给之机制有效地确立起来了。中国农业结构中粮食的商品率再次恢复到1936年水平(表9.4),城市经济又有了发展基础。但是现在商品粮供给机制已不再是市场,而是依靠强化一体化调节。

表9.4 1840~1978年中国粮食的商品率

时　间	粮食的商品率(%)
1840	10
1895	16
1920	22
1936	30
1957	24.6
1959	39.7
1978	20.3

摘自穆光宗:"中国农业剩余劳动力的转移及评价",载《中国人口科学》1989年第5期。

9.4 城乡隔离和农业合作化

统购统销本来是一体化结构对商品粮危机冲击的回应,但它本身立即产生了新的和更大的冲击波。1953年9月18日,北京中南海怀仁堂里空气紧张,梁漱溟和毛泽东发生了公开顶撞。梁漱

〔1〕 马齐彬、陈文斌等:《中国共产党执政四十年(1949—1989)》,第87~88页。

溟极像传统儒臣，提醒共产党在发展经济中要注意农民利益。而毛泽东认为梁漱溟的进言是反对总路线。今天人们在讨论这场现代儒臣和现代圣王争论的缘由之时，很少注意到当时的社会背景，即社会结构暗中正在发生的改变。1953 年秋是商品粮危机之际，统购统销政策正在紧锣密鼓地进行。或许梁漱溟本人都没有意识到，即将实行的统购统销将对农民造成历史上从未有过的影响，而毛泽东是知道共产党农业税收和历代仁政的重大差别的。因此，他反驳梁漱溟道，你讲的只是对农民实行小仁政，而共产党正在实行的是大仁政。（注六）当时无论是统购统销政策的支持者还是反对者，都没能看出这种史无前例的超级"大仁政"将对中国新民主主义社会结构产生一系列冲击。

它的第一个后果是城乡隔离。在中国历史上，城市和乡村人口从来都是互相流动的，人民在身份上从没有出现过城市和乡村这样的差别，唯有参加科举考试时，对有市籍的商人存在限制。现在城市人民是吃商品粮的，商品粮由国家配给，其数量不能自由增加。这样，城乡人口自由流动立即被破坏了，中国变成一个准身份制社会。

如果说，城乡隔离所造成的社会问题一下子还看不出来，那么统购统销对农业结构另一个冲击则是立即表现出来的，这就是它促使农业合作化高潮的到来。我们必须指出，一体化结构对农业经济控制的强化带来的后果必定是农业集体化，不管当时政策的制定者是否意识到这一点。"统购统销"既然是商品粮供给的新机制，那么随着经济的发展，城市和现代化工业的增长，它所担当的抽取农民余粮之功能也随之强化，与此同时，农村基层一体化组织必须加强。基层农村管理之要求会迫使农业生产组织方式的变化。我们在前面讲过，在共产党干部体制中，国家编制内官僚机构只达到乡一级，乡以下的自然村是依靠不算正式编制但认同官方意识形态之农村干部来进行管理。他们不拿工资，作为贫农团和农协负责人,在土改中分得一份土地,耕作是他们的主要职业,帮助国家管理农村只是兼职。当国家管理农民获取农业所得的工作变得日益重要时,无论对国家还是对这些干部来说,松散的自耕农经济都已不再适宜。国家需要强化农村基层组织,让干部组织农民,以便农民作出更多的贡献。而干部的积极性来自意识形态认同,这样强化农村干部对农民之管理一定会导致"左"的意识形态在基层盛行。(注七)对基层农民干部来说,如果自己把主要精力和热忱放在耕作土地、发家致富之上,就和国家对他们的管理要求背道而驰,他们自然会提出自己的口粮由其他农民提供,才有时间管理公众事务,他们成为专门的管理者。(注八)这种利益追求会促使村干部自发地冲击自耕农经济,搞他们领导下的集体经营。因此,来自基层干部的打破自耕农经济之冲动随着统购统销的实行,变得一天比一天强烈。在某种程度上,合作化、集体化实际上是农村管理体制改变带来的对自耕农经济不可避免之冲击。薄一波在回忆录里曾指出,"合作化后,国家不再跟农户发生直接的粮食关系,国家在农村统购统销的户头,就由原来的一亿几千万户简化成了几十万个合作社。这对加快粮食收购进度,简化购销手段,推行合同预购等都带来了便利"。[1] 这说明,除了干部利益,即使为了克服农村统购统销带来的管理困难,合作化都势在必行。(注九)事实正是如此,1953年后农村干部中形成了一股热衷于农业集体化的自发趋势。

今天,研究者常常忽略,随着统购统销的推行,中国农村在土改后再次重新划分成分。这一共产党加紧对基层控制的措施意义重大,土改后有些贫农上升为新中农,共产党再次申明在农村中依靠贫下中农,这无疑给广大贫农干部以一种巨大的示范,告诉他们分到土地后,当自耕农不是一个有前途的出路;为了保持他们在农

---

〔1〕 薄一波:《若干重大决策与事件的回顾》(上卷),第276~277页。

村中掌权的干部身份,唯一可选择的就是搞农业集体化。于是,来自基层的合作化冲动便不可阻挡。(注十)1953 年 3 月,中共中央不得不对农村基层干部在集体化上的冒进倾向作第一次刹车,中央在《关于缩减农业增产和互助合作发展的五年计划数字给各大区的指示》中,严令禁止打击单干农民、强迫编组、侵犯农民私有财产等行为。毛泽东在同年 6 月的政治局扩大会议上也指出,农业走向社会主义需要 15 年。但来自基层的冲动是这样有力,到 10 月中共中央不得不再次批转华北局《关于纠正农业生产互助合作运动中急躁冒进倾向后的情况及当前工作任务》的报告,对基层的合作化冲动第二次刹车。

然而,1954 年 11 月为了贯彻统购统销政策,中共紧急召开农村党的基层组织工作会议,会上确立了农村支部的总纲,提出一切工作都是为了实现农业的社会主义改造,而不是建立新民主主义秩序。作为新民主主义的单干和作为社会主义的加强干部对农民之控制之间存在天然的对立。为了解决统购统销中的各种问题,完善基层控制实施,农民必须组织起来,农村干部反对单干主张搞合作化,已成为一个势不可当的潮流。1953 年 10 月,中共中央农村工作部为了控制合作化发展,规定 1954 年秋以前合作社发展到 32 万多个,要到 1957 年才能达到 70 万个。但是这种限制根本没有作用,到 1954 年 3 月,全国建立合作社已达 7 万多个,到 1954 年年底合作社数已达 60 万个。发展势头是这样猛烈,以致 1955 年 1 月负责农村工作的邓子恢不得不给中央打报告希望中央制定章程,使下面的干部不致乱立法,中央得以控制合作化进程。1 月 13 日中共中央发出《关于整顿和巩固农业生产合作社的通知》,第三次对合作化大刹车。同年 3 月,鉴于 1954 年基层合作化造成了生产的破坏,大量作为生产资料的牛、羊上市,毛泽东认为生产关系发展过快,生产力会起来暴动,他根据各地农业合作化发展的不同情况,提出“停、缩、发”三字方针。[1] 即使如此,基层的合作化运动仍如一辆刹车阀不灵的汽车,高速向前推进。

1955 年秋天,毛泽东终于发现了这种来自农村基层的自发合作化热忱,他认定中国贫农中有巨大的社会主义积极性,并批评中央委员会充当合作化运动刹车阀是一种右倾。毛泽东将其比作小脚女人,并绕开政治局直接在党的七届六中全会上作出合作化运动的动员。短短半年时间,90% 以上的农户加入合作社,整个农村实现了从自耕农经济向集体经济之飞跃。今天人们每当谈起 1955 年下半年的合作化运动高潮,都将其归为毛泽东判断的失误和党的“左”倾,实际上当时“左”和右的路线之争并不是要不要农业集体化,而只是合作化速度应多快。即使是根据被毛泽东批判的右倾路线,中国农业也迟早要走上合作化道路,无非是晚几年而已。图 9. 2 中的虚线是 1954 年党中央计划的合作化发展速度,从中可见毛泽东的动员只是取消了原来起刹车作用的党的控制,加速了合作化进程。1953 年实行统购统销后,一体化控制结构相匹配之农业经济,已不是土改后的自耕农经济,而是由村干部管理和经营之集体经济,中国的农业结构迟早会取消私有制,演变到合作社和人民公社那样的结构中去。(注十一)

从土地改革到商品粮危机,接着是粮食的统购统销,最后是合作化,我们可以看到一体化结构对农业经济冲击展开的逻辑:所有的社会问题均通过强化一体化官僚系统的控制来解决,最后中国农业经济被改造成与新一体化巨型官僚机构相适应的形态。显然同样的过程也适合于工业。正当农业结构发生变化的同时,城市经济也在新一体化冲击下出现了形变,这就是市场的消失与计划经济的膨胀。

---

〔1〕 马齐彬、陈文斌等:《中国共产党执政四十年(1949—1989)》,第 61、65、69、70、74、84、89、90、93 页。

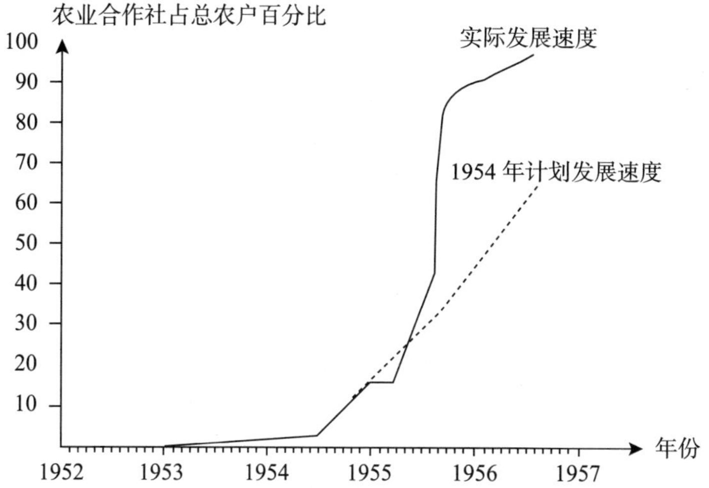

据费正清等主编:《剑桥中华人民共和国史:1949—1965》表 1 提供数据绘制(上海人民出版社 1990 年版),第 119 ~ 120 页。

图 9.2　合作化的发展速度(1953 ~ 1957)

9.5　市场的萎缩

1952 年 2 月 10 日,河北省省会保定召开公审大会,宣判两名共产党高级干部刘青山和张子善死刑。枪毙腐化干部的一声枪响,意味着新一体化结构对城市经济大规模冲击之开始。这两个人被杀的理由是贪污腐败,他们用所谓的“机关生产”和手中权力聚集了 171 亿元(旧币。注:旧币 1 万元合新币 1 元)财富。[1] 本来,贪污和腐败是任何一个社会都有的现象,特别是官办企业和私人企业共存时,经济发展一个不可避免的代价便是官僚机构的腐败。

〔1〕 鲁兵、石玉新、武永召编著:《新中国反腐败第一大案》,法律出版社 1990 年版。

干部接受私人企业的贿赂把国家利益转让给私人,民间企业和官僚都从中得到好处。国民党40年代的腐败正是这一规律的表现,新民主主义城市经济既然是一种结构上类似的国家资本占主导地位的市场经济,它也同样难逃这一法则的支配。50年代初,随着经济大幅度恢复,干部的贪污腐化开始显现,资本家贿赂干部以图牟利日益严重。然而,问题之实质在于用什么方式来防止和打击腐败。新一体化结构的组织基础是意识形态认同,清除腐败必须强化意识形态对社会的控制,共产党既然掌握了巨大的社会动员力量,那么一个自然的反应就是利用意识形态化的群众运动来清除腐败。新中国开始了“三反五反”运动,它立即对正在运行中的双轨制经济产生了巨大的影响。

1952年年初,中央明令严禁利用国家机关办公司工厂的所谓“机关生产”,并在全国干部中开展所谓“三反”。“三反”的内容是“反贪污、反浪费、反对官僚主义”,打击矛头直指官僚机构的腐败部分。据1952年6月华北、华东、东北、西南、西北地区报告,在清理的3,122,437名干部中39%有贪污行为,结果有23万人受行政处分,2%的干部受刑事处分。到1953年6月有32万名党员被清除出党。[1] 由于双轨制经济体制中的贪污腐败的重要原因是私人企业向干部行贿,在腐败的运动必定是由内外两个方面组成。“三反”只是一体化官僚机构内部清理的手段,更重要的是利用一体化组织力量,对私人企业的腐败源进行打击,这就是所谓“五反”。“五反”包括“反对行贿”、“反对偷税漏税”、“反对盗骗国家财产”、“反对偷工减料”和“反对盗窃经济情报”,它是对双轨制条件下私营企业的全面整肃。据“五反”运动结果报道,资本家中守法户只占10%~15%,半守法半违法户占25%~30%,严重违法户约占

〔1〕 马齐彬、陈文斌等:《中国共产党执政四十年(1949—1989)》,第43、46、51页。

4%，完全违法户占1%。[1] 也就是说，资本家中25%～30%受到严重打击，大多数私营企业(85%～90%)都受到“五反”运动的冲击。

“三反五反”运动既然是一体化结构利用自身的调节能力来解决新民主主义城市经济运行中的腐败现象，那么它必然会带来两个结果：一个是干部结构大调整，如淘汰国民党时期留用人员、吸收运动中积极分子(工人和青年学生)入党。另一个结果就是强化一体化结构对私人经济的控制。在相当一部分私人企业中，因资本家把偷税漏税部分退赔给国家而使得国家在这些企业中获得股份，它们成为“公私合营”企业。(注十二)国家在“五反”运动中发动私人企业的职工对老板进行揭发，把控制网延伸到每一个民间企业内部，以致使得这些企业只在资本和生产资料所有权上属于资方，而实际上则与国家控制的国营企业没有太大差别。(注十三)一体化结构防止私人企业偷税、行贿、非法获得暴利的另一种控制方法就是把私人企业的原料和产品的供销均纳入国家系统，他们从国家批发原料，产品纳入国家包销，这样其外部经济活动也整个纳入了一体化控制的范围，处于国家监督之下。1950年，这些由国家供给原料包销其产品的企业(它们被称为国家资本主义企业)只占私营企业总产值的29%，到1951年占43%，通过1952年“五反”运动迅速地增加到56%，公私合营企业已达997家，产值占全国工业总产值的5%。[2] (注十四)

本来，在国家资本主义经济结构中，产品和原材料的供和销都是通过市场机制实现的。现在一体化官僚机构的管理渗透到市场中来，一半以上的产品和原料的供销已通过这个管理系统。它立即带来一个人们没有想到的后果，市场开始萎缩了！1953年秋，粮

---

〔1〕 廖盖隆主编：《新中国编年史》，人民出版社1989年版，第43页。

〔2〕 朱建华等编：《中华人民共和国史稿》，第84页。

食和油料、棉花的统购统销无疑给本来已经在衰退中的市场以致命的一击。因为统购统销,大约占农村征收和收购总额的42%的粮食、油料和棉花基本上脱离了自由市场。国营和合作商业所掌握的农副产品商品量从57%迅速上升到70%。而中国私营工业中大约有三分之二是轻纺工业,它们受统购统销的影响更大。[1] 统购统销全面实行后,市场开始消失了,私人企业活动的内部和外部均变得和官办企业没有任何实质上的差别。表9.5为1950年至1954年私营商业和国营商业的比重变化,从中我们可以看到,当1950年98%的商业为私营时,市场相当活跃。到1952年,私营和国营各占一半,市场仍然存在,但到1953年年底,统购统销开始,国营商业已在批发业中占69%,市场出现萎缩。1954年,批发行业中国营已占90%,私商在零售业中只占25.6%,双轨制经济中市场已经消失了。所有私营经济均处于一体化结构的严格控制之下。(注十五)

表9.5 50年代初市场的萎缩

时 间	私营商业所占百分比	国营和合作社商业所占百分比
1950	98%的商业为私营 70%的批发业为私营 85%的零售业为私营	23.2%的批发业为国营 14.9%的零售业为国营
1952	57.2%的零售业为私营	50%的零售与批发总额为国营
1953		69%的批发业为国营
1954	25.6%的零售业为私营	83.8%的批发业为国营 国营与合作商业在批发业中占89%

据下列两书提供数据制表:朱建华等:《中华人民共和国史稿》,黑龙江人民出版社1989年版,第49、82页;马齐彬:《中国共产党执政四十年(1949—1989)》,中共党史资料出版社1989年版,第57、78、79、88页。

[1] 薄一波:《若干重大决策与事件的回顾》(上卷),第413、415页。

这时，即使新民主主义学说仍承认私人资本，但在现实生活中，私营工商业的存在已变得极不合理和毫无必要。双轨制经济在运行中的另一个特点是私营企业效率比国营高。仅1953年上半年全国私营工业盈余达9.1亿元，比1952年增加147%，全国私营商业盈余达6.8亿元，比1952年增加97%。[1] 私营资本主义发展比国营社会主义企业快，这对于新民主主义国家学说来讲是不能容许的，因为它表明在经济发展中社会主义成分非但没有增加反而在向资本主义转化。这种冲突在1953年秋实行粮食统购统销后表现得更为尖锐。统购统销是国家利用工农业价格的“剪刀差”剥夺农业以促进工业积累，现在相当多的一部分“剪刀差”利润流到私人资本家手中，资本家不劳而获地与国家争利分肥。1953年6月毛泽东尖锐地批评了1952年公布的新税法，认为应对私营企业征收比国营企业更高的税收，将两者一视同仁是鼓励资本主义。[2] 资本主义经济制度的丧钟敲响了。

和农村中自下而上掀起农业集体化高潮类似，1953年统购统销后，城市中私营工商业变得极不稳定，一个自下而上的全国性公私合营运动一触即发。公私合营是一个由私营企业中职工和有关基层管理干部推动，资本家并不反对的运动。虽然资本家失去了企业的所有权，但也为撤掉日益难以承受之重担而松一口气。1954年，在市场急骤萎缩的情况下，私营经济的日子已经不好过了。1955年，很多私营企业得不到国家足够的原料，有的处于关门倒闭的边缘。(注十六)1956年1月，当全国出现公私合营高潮时，私营企业主差不多都举双手欢迎。我们可以理解，为何1956年年初，全国性的企业和商业社会主义改造会如此顺利，它几乎是在一夜之内取得成功的。(注十七)总之，当一体化结构对城市经济调

---

〔1〕 朱建华等编:《中华人民共和国史稿》，第113页。

〔2〕 [美]费正清等主编:《剑桥中华人民共和国史(1949—1965)》，第98页；马齐彬、陈文斌等:《中国共产党执政四十年(1949—1989)》，第59页。

节的后果使得国家控制不断加强并把私营企业纳入国家控制网中时,在企业内部它的表现是管理的官僚化,在外部则导致市场的萎缩。最后的结果一定是新民主主义结构中最有活力的私营经济和通过市场调节之部分的消失,双轨制工业结构变为国营的计划经济。中国跑步进入了社会主义。

9.6 政治经济一体化:放弃新民主主义

1956 年中国突然宣布进入社会主义。社会主义来得实在太快了,它出乎所有人意料之外。几年以前甚至新中国的设计师毛泽泽东、刘少奇等共产党领袖都还认为,中国要推行新民主主义 15 年。全党都为中国以这样少的代价如此迅速进入社会主义而欢欣鼓舞。从我们的理论看来,中国放弃新民主主义进入社会主义是新一体化结构和经济系统耦合不可避免的结果。所谓耦合,就是新意识形态、政治、经济三个子系统处于互相推系、互相调节的状态。一体化本意是指意识形态和政治结构耦合,当它形成具有巨形金字塔式的组织后,就必须和经济结构耦合。耦合包括它从经济结构中吸取资源,以及对经济结构出现的问题进行调节。我们看到,耦合的后果恰恰是产生社会主义经济结构。

今天,在讨论中国共产党为何那么快放弃新民主主义目标时,大家都十分强调毛泽东的"左",认为他没有建立新民主主义制度的诚意。事实上,新民主主义经济结构在运行中所出现的问题,只能依靠一体化国家官僚机构的控制和调节来解决。而调节的方向则取决于意识形态社会观的蓝图,不破坏意识形态认同的调节结果只能是放弃新民主主义。就以商品粮和腐败为例,当时商品粮危机有两种办法可解决:发展资本主义经营农业或用统购统销征购。由于新民主主义强调最终要发展到社会主义中去,它虽然可以容忍资本主义在现阶段存在,却不能鼓励资本主义和私有制的发展超过社会主义经济成分,在意识形态合法性前提下,只能选择统购统销。同样当工业经济中私营资本发展超过国营企业,或私人资本成为官僚机构腐败源时,国家只能采取限制私人资本发展和强化行政控制。因此,新民主主义结构一个必然趋势就是一体化结构和意识形态对各个领域的控制不断加强。国家控制强大到一定程度会造成整个经济结构的突变,也就是说,新民主主义的自耕农农业结构和双轨制工业结构均是不稳定的,它只能转化到与强大意识形态指导下国家控制相适应的新形态中去。

因此,我们可以得到一个结论,50 年代社会主义全面取代资本主义亦即放弃新民主主义是不可避免的结果,与新一体化结构相适应的只能是社会主义结构。社会结构的稳定必须依赖于政治、经济、意识形态三个子系统的互相调节。放弃新民主主义只是三个子系统互相调节的后果,如果人为地禁止这种转变也就是不让社会结构三个子系统固有的调节方式发挥作用,那么结局将是共产党更不愿意看到的,这就是意识形态被市场和自由化冲击,一体化结构被削弱,甚至面临瓦解。而任何一个社会结构尚存在调节能力时,绝不会以放弃自己的生存作为发展代价。因此,在某种意义上说,放弃新民主主义并不仅仅是当时共产党中央在意识形态上的“左”倾,而是某种历史意志所决定的。

1956 年 1 月 1 日,官方宣布从这一天开始报纸从传统的竖排变为横排。这一事件富有象征性,它意味着共产党建立了一种来自于传统但表面上又和传统有很大不同的社会结构。它的意识形态为放弃了新民主主义的毛泽东思想,政治结构是一个从中央直统到县以下每一个村(城市每一个居民区)的庞大官僚机构,而经济结构则是和这种意识形态与政治控制相适应的计划型工业和合作化农业。它是一个对个人控制远比传统一体化结构和国民党整合模式更为紧密的鸟笼社会。

在传统一体化结构和国民党整合模式中,县或区以下的基层是官僚机构难以深入的地方,那里尚存在民间社会的自治组织、共产党模式则用官僚控制一统到底。在传统一体化和国民党建立的社会结构中,加强控制大多限于意识形态和政治两个子系统,经济结构中私营企业和农业的存在使人民尚可占有一定的公共空间。在市场和私营经济被一体化官营系统取代之后,由经济自由所提供的一切公共空间和人的选择自由都消失了。计划经济把各种商店(甚至连夫妻合开的饮食店)统统纳入公私合营的范围,所有物资均由国家分配。托洛茨基(Leon Trostky)在谈到国家成为唯一雇主时说过,此以后不劳动者不得食这一古老原则将被"不服从者不得食"的新原则取代。[1] 由于中国共产党拥有比苏联更为巨大的干部管理网,国家对个人自由之取消、控制之紧密比苏联有过之而无不及。在粮食统购统销制度中,吃商品粮的人口是不能随便增加的,它立即成为共产党社会控制之重要法宝。当国家掌握了每一个城市居民的口粮分配时,无疑它又掌握了一种在法律以外惩罚不服从者的手段——取消他的吃商品粮资格、下放去当农民。因分配口粮强化的户口制使人们失去了选择居住地的自由。

在传统一体化结构中,承担社会福利、控制人行为、监督人言论的是宗法家庭。宗族组织虽然严密,但它毕竟仍属于非官僚组织之民间社会。现在基层单位、居民区承担了社会福利个人保险的功能,每个人的思想、言论也处在单位居民区的控制之下,单位领导变成了家长。毛泽东曾十分自豪地认为,这种制度把一盘散沙的中国人民空前地组织起来,国家可以把政治动员达到每一个个人,从而具备了史无前例的力量。

---

〔1〕 Leon Trostky: The Revolution Betrayed, New York: New York Press, 1937, p. 76.

第九章　注　　解

注一　我们可以用一个数学模型来说明土地兼并和非农业人口的内在联系。图9.3的横坐标为人口(劳动力),纵坐标为粮食总产量。曲线OP为总耕地面积固定不变条件下投入土地劳动力(L)和粮食总产出(Q)之间的函数关系。直线OS为维持农业劳动力生存必需的粮食量。显然,当农业人口处于L_1点时,CD代表养活农业人口后可剩余的粮食量。但是这部分粮食是否转化为商品粮,用来养活非农业人口,则取决于经济结构。假定农业经济为纯自耕农经济,所有土地均由自耕农耕种,自耕农有着强烈的自给自足倾向,那么CD部分大多作为家庭富裕粮食,不一定拿到市场上出售。我们在第八章注三中已指出,它是促使中国传统社会人口持续增长之动力。当农业经济结构为地主经济时,CD中就有相当部分转化为商品粮,总数为L_1的农业人口中亦有部分转化为非农业人口。

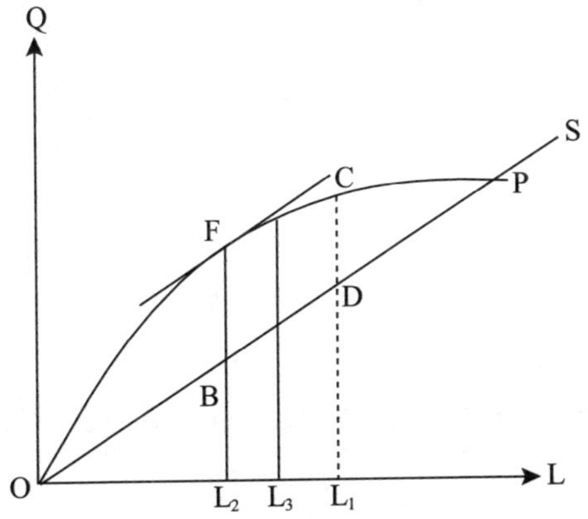

图9.3　传统社会决定非农业人口的机制

为了简化起见,我们先考虑一种极端情况:所有土地均集中在地主手里,这时只有增加劳动力投入后所增加的粮食超过劳动人口本身需要的口粮时,地主才有利可图,这部分劳力才会被运用到农业劳动之中。这样,当所有土地均由地主掌握时,一旦 L 超过某一个临界点 L_2,它就不能被农业吸收。L_2 的位置由如下方程确定:

$\frac{\partial Q}{\partial L}=\frac{\partial P(L)}{\partial L}=K$(L 为 OS 直线的斜率,即为养活单位劳动力必需之口粮)

L_1-L_2 就成为非农业人口,FB 为农业剩余。当 $K(L_1-L_2)<FB$ 时,L_1-L_2 就有可能转化为稳定的非农业人口。显然,在具有人口压力的地主经济中,土地兼并越严重,实际可吸收的农业人口 L_3 越是接近 L_2 点。另一方面,$Q=P(L)$ 函数性质决定了 L_3 越靠近 L_2 点,由 P 减去农村自用口粮的剩余越大,也就是说,农业经济提供的商品粮数目越多。这样,我们就近似地证明,在人口压力下,土地兼并越是严重,城市人口才越能获得较多的商品粮,这时将出现城市的病态繁荣。

注二　关于30年代和40年代中国农业粮食商品率到底有多大,学术界是有争议的。卜凯(J. L. Buck)认为1929~1933年中国22省的粮食总产量有15%在市场上出售。[1] 据国民政府粮食部1943年的资料,1931~1937年后方各省(包括川、滇、贵、湘、桂、粤、闽、浙、赣、鄂、陕、甘、宁、青等15省)所产稻麦,可供市场销售的余粮,占总产量的14.5%;由于抗战的影响,后方各省所产稻麦可供市场销售的余粮已降为12.3%。[2] 这一统计似乎没有考虑到政府的粮食征收。有的学者则认为,20世纪后,农村经济的商品率,

---

〔1〕 薛光前编著:《八年对日抗战中之国民政府》,台湾商务印书馆1978年版,第224页。

〔2〕 中国第二历史档案馆藏:《国民政府粮食部档案》(八三),第183页。

各地一般不低于40%。在专门化种植区内,可达60%～70%。[1]如据安徽、河北、河南、山西、浙江、福建、江苏七省调查,1921～1925年主要农产品的商品率如表9.6所示,小麦和水稻商品率几乎达40%以上。本文则采用吴承明的算法,[2]它似乎处于估计的最高值和最低值之间。

表9.6　安徽等七省17处各种农产品的出售率(1921～1925)

农产品种类	出售率(%)	农产品种类	出售率(%)
小麦	52.5	豌豆	46.0
稻	38.4	黑豆	22.4
高粱	21.9	芝麻	78.6
谷子	26.6	油菜子	99.1
大麦	63.7	山薯	31.1
玉蜀黍	26.4	棉花	30.8
糯稻	95.4	大麻	64.3
大豆	44.0	蔬菜	73.7
绿豆	51.7		

摘自章有义:《中国近代农业史资料》(第2辑),北京三联书店1957年版,第230页。

注三　如果不建立商品粮供给新机制,只有让自耕农经济转化到富农、地主经济结构中,农业才可提供足够的商品粮。其实50年代初,随着城市粮食需求一天天高涨,自耕农经济已经出现向富农地主经济结构转化的迹象。土地买卖、出租,雇工和农民转化为小商人的趋势已经出现。例如,河南省太康县1953年全县买卖土

[1] 马扎亚尔:《中国经济大纲》,神州国光社1933年版,第25～26页。
[2] 吴承明:"中国资本主义发展述略",载《近代中国资产阶级研究》,复旦大学出版社1984年版。

地者达5803户,计14,694亩。囤粮者达1176户,雇工者有856户,出租土地者为2262户。[1] 1954年《人民日报》指出,少数富裕农民积存了一些粮食和其他副业收入后,逐渐开始了传统的囤粮、雇工、放高利贷和兼营商业等活动。广西省容县专区一个县内,有91个坐商是由农民改业的。江苏省一个民兵队长定了个一百字的"五年计划",打算三年作富农,五年当地主。另一个村干部的"五年计划"是:先囤粮放债,再盖房买田,由贫农变成富农。[2]

显而易见,农业经济再次向富农地主经济转化不符合新民主主义的意识形态和政治纲领。共产党根据马列主义意识形态认为地主剥削不合法而消灭地主,在农村推行均田而分田后不到三年,村干部首先转化为富农地主,无疑会导致共产党丧失统治农村之合法性。因此实行统购统销必定是以打击农村资本主义势力为旗号的。也就是说,经济运作中的问题导致"左"的意识形态在全党出现。

这样我们就可以理解,为何统购统销在共产党内几乎没有引起任何争论,甚至当时连最不"左"倾的共产党干部都同意这一政策(一般说来,某种重大决策推行前,都会在共产党高层中引起不同意见之争议,而统购统销却是大家众口一词赞同的)。从目前的文献看来,至多只是极少数省级干部对此提过不同意见,但很快就纠正了认识。例如,中共河北省委组织部长薛迅,是我们所知因统购统销问题被批评处分之最高级干部。但是她的意见并不是反对统购统销,只是希望国家征购不要太多,至多只统购农民70%的余粮,让农民生活可以好一点。即使如此,1955年她还是因此而受到处分,并真诚地认为自己意见错了。[3]

---

〔1〕 方天白:"农村市场的变化",载《人民日报》1955年2月8日。

〔2〕 "粮食计划收购和计划供应是总路线的一个重要组成部分",载《人民日报》社论,1954年3月1日。

〔3〕 顾卓新等:"女中英杰——忆薛迅同志",载《党史博采》1992年第3期。

统购统销不能完全遏制自耕农经济向富农、地主经济转化之趋势，意识形态上的“左”倾不会随实行统购而停止。就以上面讲过的太康县为例，1954 年统购统销后，土地买卖减为 959 户，买卖土地为 2714 亩；囤粮户减少到 48 户，雇工者减为 570 户，出租土地的降到 1965 户。[1] 从这一变化趋势看，统购统销只是有力地遏制了囤粮和土地买卖，至于土地出租和雇工发展趋势则仍然存在。只有实现农村合作化，这些向富农地主经济转化之所有迹象才会最后消除。

注四　中国的自耕农是否倾向于自给自足，学术界是有争议的。例如赵冈认为中国农业经济自汉朝以来就是市场经济。[2] 如果自耕农是市场经济的一部分，那么他们生产的粮食除自己消费以外，余粮必须全部拿到市场上出售。从 50 年代的农村调查看来，自耕农对自己余粮的处理办法，大多是“为买而卖”的，即需要用钱时才卖粮。显然，这不是市场经济。我们有两个重要证据可以表明自耕农对把余粮拿到市场上出售是不热衷的，它有强烈的自给自足倾向。这时，只能用行政手段才能强迫农民卖余粮。

第一个证据是 1953 年前农村供销合作社的职能和经销情况。供销合作社是国家深入农村之商业网点，其目的是对农产品进行收购并卖给农民生产资料和其他商品。政府曾规定，农民参加供销合作社可以在买卖价格上得到优惠。他们把余粮卖给供销合作社，不但价格较高，还可以用低于市场的牌价买到自己所需要的商品。从 1950 年到 1953 年，供销合作社的社员发展极快，从两千万增加到一亿六千多万人。其中 90% 以上是农民，供销社的零售额

---

〔1〕 方天白：“农村市场的变化”，载《人民日报》1955 年 2 月 8 日。

〔2〕 Kang Chao: Man and Land in Chinese History: An Economic Analysis (TheBoard of Trustees of the Leland Stanford Junior University, 1986).

和收购额也都增加了十倍以上。[1] 1952年有2500多个基层供销社与九万多个互助组订了买卖合同,其中最大宗的物资是粮食。[2] 虽然有那么多农户纳入了国家控制的供销网,但国家仍不可能从农民手中收购到足够的余粮,只得在1953年秋天后开始对粮食实行统购统销。实行统购统销后,供销社以优惠价格卖给农民生产资料和商品以促使农民卖粮的功能已不需要,故1955年年初全国供销合作总社发出指示,要求各地合作社在2月15日以前把零售价格调整到国营牌价同一水平,取消了供销合作社社员的优惠价格。[3] 如果自耕农没有自给自足倾向,国家通过供销合作社完全可以将余粮收上来,不会出现商品粮危机,当然也就没有必要搞统购统销。

第二个证据是国家于实行粮食统购统销后的一年中,中国农村市场迅速扩大,甚至比原来更加活跃。如果中国农村本来是市场经济,根据逻辑,国家对粮食进行统购统销是使最大宗商品退出自由市场,从而导致市场的衰落,正如统购统销对城市市场的冲击那样。然而实际出现的却是全国三万六千个集镇中农村市场的繁荣。据统计,1955年农民贸易占全社会商品零售总额20%以上。[4] 商业部1954年在江苏、山东、云南、四川、广东、西康等12个省进行调查,发现农村购买力的增长速度远大于城市。[5] 仅以江苏一省为例,据江苏省财政经济委员会统计,在统购统销前,1953年第四季度农村货币回笼占城乡货币投放总额的38.52%。

---

〔1〕“供销合作社必须贯彻为农业生产服务的方针”,载《新华月报》1954年第11号,第163页。

〔2〕中共中央华北局农村工作部:“积极稳步地推广结合合同是促进农业社会主义改造的有力措施之一”,载《人民日报》1954年6月28日。

〔3〕“供销合作社应该调整零售价格”,载《人民日报》社论,1955年2月6日。

〔4〕阎顾行:“中国农村的农民贸易”,载《大公报》1955年6月3日。

〔5〕“全国农民购买力增长情况”,载《新华月报》1955年第3号,第139页。

实行统购统销后第一年(1954 年)农村货币回笼将达到全省城乡货币投放总额的 60.21%。[1] 甚至连陕西这样本来商业不甚繁荣的省份也出现了类似情况。[2] 由于农村市场迅速繁荣,它使得供销合作社的职能也发生了变化。本来农村供销合作社直接面向农户,不搞批发业务。随着农村市场的兴起,小商贩开始向合作社批发商品,供销合作社不得不搞批发业务。据对全国 80% 的基层供销社的统计,1955 年 1 月批发占营业额的 5.2%,2 月升至 7.1%,3 月继续上升,达 8.5%。[3] 这个局面一直维持到 1956 年实现农业合作化之前。显然只有原来自耕农经济倾向于自给自足条件下,统购统销才会出现促进农村市场繁荣的这一奇特结果。因为统购统销强迫自耕农卖余粮,农民自给自足被行政力量打破,农民手中拥有的货币量增加,农村市场自然也就被激活。

注五　粮食统购统销自 1953 年秋收后开始酝酿,其实施过程长达两年多,到 1956 年全国农村合作化后,它在实施过程中碰到的各种问题才最后克服。在统购统销实施过程中,我们看到一个普遍趋势这就是统购统销带来的各种问题迫使农村和城市基层组织不断完善。一开始,粮油统购统销只是一种强迫农民卖余粮并由国家垄断粮食买卖的制度。就粮食和某些农产品专卖而言,国民党在抗战时期也实施过,并非共产党 1949 年后之独创。照理说,它只意味着国家对粮食贸易之垄断,并不一定需要强大的基层组织。但是,国家粮食专卖制度会出现很多问题,它一定要演变成粮食的定量配给制。不仅强迫自耕农卖余粮需要强化基层组织,就是向农民卖粮也需要建立强有力的基层组织。1954 年后国家如何克服

---

[1] 方天白:“农村市场的变化”,载《人民日报》1955 年 2 月 8 日。

[2] 西北区供销合作社办事处:“陕西农村需求变化情况调查”,载《人民日报》1955 年 2 月 28 日。

[3] “对农村私商的批发业务必须加强”,载《人民日报》社论,1955 年 5 月 22 日。

统购统销带来的问题向我们显示了基层组织强化之过程。

据《人民日报》社论估计,实行统购统销后,国家每年向农民征收的农业税和统购粮食大约只占粮食总产量三分之一弱,但其中有二分之一要再次返销到农村,供应农民中缺粮户,平均每个农民每年可以有粮食500多斤。[1] 按这一估计,当时吃商品粮的大约有两亿人,其中农民和城市居民各占一半。[2] 如果国家仅仅实行对粮食销售之垄断,而不是定量供应,那么农村中缺粮户只要增加买粮数量,城市商品粮供给就会再次出现危机。事实即是如此,统购统销刚开始实行,就立即出现了这类问题。

1955年农村缺粮户大肆向国家买粮,使粮食统销出现了极大的混乱。据统计,由于自然灾害和其他人为因素,在一些省份需国家供应粮食的人口达总农业人口的70%~80%,有的甚至达96%以上。[3] 例如热河省青龙县的粮食统销面达到农村人口的79%。江苏省某些县供应的粮食,按全县人口平均计算,曾经达到每人每日一斤五两到一斤六两。如何在农村实现粮食供给之管理,已成为当时燃眉之急的社会问题。[4] 解决的办法只有实行定量配给。1955年8月25日,周恩来发布《农村粮食统购统销暂行办法》的命令,宣布实行"定产"、"定购"、"定销"的"三定"。"三定"是一种粮食强行收购和定量配给制度,它能否实行,取决于农村基层组织的效率。[5] 我们可以把农村粮食定量配给和城市居民粮食定量配

---

〔1〕"整顿农村粮食统销工作的教训",载《人民日报》社论,1955年6月26日。

〔2〕"粮食统购统销对农民的好处",载《人民日报》社论,1954年11月17日。

〔3〕"抓紧时机整顿农村粮食统销工作",载《人民日报》社论,1955年5月10日。

〔4〕"立即依靠群众,整顿农村粮食统销工作",载《人民日报》社论,1955年4月24日。

〔5〕"粮食'三定'到户的工作必须彻底做好",载《人民日报》社论,1955年9月27日。

给作一个比较。在城市虽一度出现居民抢购粮食，但由于 1954 年实行了居民区建设和强化户口制，城市粮食配给供应完全依靠居民区来执行，[1]结果粮食配给工作十分有效。如武汉市，三天完成登记人口、换发新购粮证的大量烦琐事务。[2] 在农村要做到这一点，就必须建立把每一个农户都组织进去的有效基层组织。而合作化运动在 1955 年年底的全面展开，为最后解决农村统购统销管理中困难提供了条件。

注六　表面上看，1953 年秋梁漱溟和毛泽东的争论与“统购统销”无关，双方都是由于神经过敏而使争论不断升级。但是共产党公开批梁漱溟却是与实施统购统销需要不断强化农村基层组织直接相关的。全国性批判梁漱溟的高潮出现在 1955 年，那正是统购统销碰到各种问题之时。我们可以分析两篇批判梁漱溟的著名文章：一篇的作者是冯友兰，批判的是梁漱溟“村治”理论。冯友兰抓住梁漱溟的农村无阶级一说，指出梁漱溟一贯反对共产党在乡村搞农民运动。[3] 另一篇是千家驹的文章，其中心为批判梁漱溟坚持落后、反对工业化，认为他装出一副“同情”农民的样子，以“农民太苦”为理由反对社会主义工业化。[4] 这两个批判实际上也从侧面证明了统购统销所引起的农村变革，一个是国家用“剪刀差”和农业积累来搞工业化；另一个是农村党组织的不断强化，中央加紧农村基层组织的建设。

注七　新华社于 1954 年 12 月 16 日十分精彩地报道过为了实

---

〔1〕“粮食部负责人就粮食统销问题发表的谈话（摘要）”，新华社 1955 年 4 月 30 日讯。

〔2〕刘文：“武汉市是怎样整顿粮食统销工作的”，载《人民日报》1995 年 6 月 29 日。

〔3〕冯友兰：“批判梁漱溟先生的文化观和‘村治’理论”，载《人民日报》1955 年 5 月 11 日。

〔4〕千家驹：“批判梁漱溟坚持中国落后反对工业化的谬论”，载《人民日报》1955 年 8 月 10 日。

行统购统销,农村干部队伍是如何加强、发展,最后又是如何推动了合作化的。据统计,自1953年11月底在全国范围展开统购统销以来,河北、山西、辽宁、浙江、河南、湖北、广西、江西8个省就有827万党团员的基层干部投入这一运动。有140多万农户在他们推动下加入了合作社。全国农业生产合作社由一万四千多个发展到九万一千多个。[1] 中央实行统购统销所依靠的干部,一部分是上面派下去的工作组,如1955年,由于粮食统购统销出现了很多问题,中央从吉林、山西、湖北、湖南、山东、江苏、浙江等省份抽调大批干部,组成工作队,在抓粮食统购统销的同时,深入农村,整顿农业生产合作社。但仅仅靠少数上面派下去的干部是远远不够的。合作化和基层组织的建立,主要靠农村原有党组织的不断发展。因此当时中央强调,上面派下去的工作队必须依靠农村党支部,不能取而代之。[2]

基层组组织之强化主要依靠农村当地党支部的扩张。据统计,全国有80%以上的农村党员参加了农业生产互助合作组织。[3] 我们可以用大寨乡作案例。大寨乡所属的10个自然村中,有5个很早办了社,常年驻着5个县区专职干部。但这5个合作社人数并不多,只有252户农户。统购统销后,全乡10个村都办了农业合作社,入社的有771户,占总农户的96%,但驻乡工作人员却减少到1个。合作社基本上是依靠农村原有的村干部办起来的,全乡48个党员,13个总支委员成为合作社的领导骨干。[4]

---

〔1〕“我们粮食统购统销工作的成就”,载《新华月报》1955年第2号,第139页。

〔2〕张一樵、高华:“农村工作队必须依靠党的支部进行工作”,载《人民日报》1955年8月24日。

〔3〕“在建社整社工作中经常整顿党的农村支部”,载《人民日报》社论,1955年10月30日。

〔4〕“适应新情况改进党支部的领导——榆社大寨乡党支部领导合作化乡生产的经验”,载《人民日报》1955年8月29日。

农村基层组织骨干虽然几乎全部来自乡村，以不拿工资的农民干部为主，但上级党组织和工作队也十分重要，它起到在农村中发现积极分子，把他们从农民转化为党员，成为合作社干部的作用。否则原有的基层党支部组织人数仍太少，不足以把五亿农民组织起来。从贫苦农民中培养积极分子，将他们转变为农村支部成员和社干部，是县委、乡党委和工作队的主要任务。例如，湖北鄂城县训练的1029个合作社工作人员中，有326个是准备当社长的，其中247个本是贫农，57个新下中农，14个老下中农。副社长中264个是贫农，培养的325个会计中，185个是贫农。而浠水县委还对原来有的1363个党员进行排队，对96个不积极者进行批评，认为原来584个农村支部委员中，有28个不积极，这是因为他们的经济地位已上升到新上中农，或者本来就是老上中农。[1] 工作队进村，对党员进行左中右排队，甚至重新划分成分，这一切立即导致“左”的意识在农村盛行。

注八　今天，学术界在讨论合作化动力时，不太重视农村干部通过合作化成为管理者可以从中获利之经济动机。其实只要去看看当时的各种材料就可以发现，合作社干部脱产，从管理中获得对农村的支配权和各种报酬是合作化运动中的普遍趋势，它无疑是合作化潜在的经济动力。

合作社成立之初，社干部立即出现倚仗职权牟取私利的倾向。搞得冠冕堂皇轰轰烈烈的是讲排场。很多地方认为，“既然成立了全乡的高级社，就得有个开党团员大会的地方”，计划修礼堂。[2] 有的主张一下子废弃旧式农具，使用全新式农具，甚至不愿意接受

---

〔1〕 王任重：“湖北省三个县农业合作化运动的调查”，载《人民日报》1955年10月14日。

〔2〕 李吉平：“健全财务管理制度，实现勤俭办社”，载《人民日报》1956年4月15日。

社员原有的驴,主张外卖换回大骡大马。[1] 很多人以“家大业大,多花几个钱不算什么”,“大社就得讲大方,不然就不像个社会主义的样子”[2]为名,公开从社中牟取私利,如借用公款。还发生干部利用权势,逼死人的事件。[3] 合作社建起来后,合作社脱产半脱产干部如何拿报酬、算工分立即成为必须解决的问题。当时普遍存在的问题是把干部的报酬定得过高,农民意见很大。例如一种反映是“他们坐在屋里,张张嘴,动动笔,工作一天,怎么也不顶咱们一个劳动日”。而国家一面反对农村干部把脱产管理报酬定得过高,一面批评农民,认为他们这种意见是轻视脑力劳动。[4] 当时,人们曾考虑过多种办法来计算合作社脱产干部应得多少报酬才算合理,[5]但是几乎很难找到一种既能鼓励农村干部的积极性又不让他们过多剥夺农民的方案。

我们可以作一个简单的计算,看看农村脱产干部的收入大约是一般农民的多少倍?我们可以从某些例子中估计一下农村脱产干部的比例。如新乡专区共有七十八万三千户,在1955年12月中旬到1956年1月上旬,七十八万户(占总农户的99.5%)参加了1539个高级合作社。据统计,当时共锻炼培养了干部五万七千余人,其中有县、区干部两千余人,乡村主要干部和合作社社长、队长等五万五千人。每一个高级社具有办社经验的干部四十人左右。[6] 根据这一数据可以算出农村基层干部和总农户的比例,它

---

〔1〕 王国藩:“继续坚持勤俭办社”,载《人民日报》1956年4月6日。

〔2〕 “永远要勤俭”,载《人民日报》社论,1956年4月6日。

〔3〕 “江苏省展开民主办社的大讨论”,载《人民日报》1956年8月18日。

〔4〕 常青:“合理规定农业合作社工作人员的报酬”,载《人民日报》1956年5月26日。

〔5〕 金明桥:“农业社干部的补贴怎样计算才合理”,载《人民日报》1956年8月15日。

〔6〕 耿起昌:“新乡专区是怎样实现完全社会主义农业合作化的”,载《学习》1956年4月号。

等于55,000/783,000,近似于100户农民拥有7个干部。我们发现这个数据大致适用于所有乡村。当干部和农户比例超过十分之一时,农民负担过重,它受到中央批评。例如河北南和县郝桥乡农业合作社,有社员1830户,但干部高达206人,干部和户数比为206/1830,每100户中有干部11人。《人民日报》认为这个生产合作社脱产干部过多。[1] 那么生产队干部占据了多少农业收入呢?据某些农业社调查表明,社内管理人员的劳动日开支占全社总劳动日数的4.5%。扣除拿国家工资的乡干部,完全由农民直接供养的社干部收入占全社总劳动日的4%。[2] 如果每户平均按5人计算,那么占农业社7/500的社干部大约拿走了农民收入的4/100,干部个人收入是农民按人口平均收入的2.8倍。撇开管理权对社干部的好处,就拿合法补贴工分收入而言,干部都强于农村壮劳力。这对农村干部是有吸引力的。

注九　我们在注五中已经讨论过,贯彻统购统销必须不断强化基层组织。事实上,统购统销中出现的各种管理问题是到合作化后才真正解决的。1956年《人民日报》承认,自1955年下半年出现合作化高潮后,粮食统购统销各方面措施贯彻顺利,粮食统购统销出现的问题迅速减少,全国粮食供应出现根本上的好转。[3] 到1956年10月2日,国家才最后明确统购统销以农业合作社为基本单位,[4]统购统销各项措施变得配套和定型。这一切都揭示出统购统销带来的管理需求和合作化的内在联系。

---

〔1〕 常青:“合理规定农业合作社工作人员的报酬”,载《人民日报》1956年5月26日。

〔2〕 中共湖南省委农村工作部工作组:“新化县燎原农业生产合作社事务管理情况的调查研究”,载《人民日报》1956年5月28日。

〔3〕 “正确认识我国粮食情况的好转”,载《人民日报》社论,1956年10月14日。

〔4〕 “国务院关于农业生产合作社粮食统购统销的规定”,载《人民日报》1956年10月7日。

另一个证据是合作社一开始就表现出严重的政社不分之倾向,它几乎全部地承担了政府在农村管理的职能。政府把一切工作都推到合作社干部身上去做,一切开支也要合作社包下来。本来征兵、征粮、社会救济、小学教育、修路、户口管理、婚姻登记应是乡政府的工作,但合作社一成立,所有这些职能就都通过合作社贯彻了。理论上讲合作社只是生产单位,但它一诞生就是一种政社不分的一体化管理系统。政社不分竟是如此严重,以至于邓子恢在1956年6月19日第一届全国人大第三次会议上总结合作化运动时,把政社分工作为今后办合作社的重要任务。[1] 实际上,虽然上面一再强调政社分开,但它从未真正做到过,因为乡政府只能通过合作社才能贯彻十分烦琐的农村管理事务。到后来的人民公社制度中,生产队(合作社在人民公社组织中的名称)是人民公社法定基层组织,政社分工连名义上的区别都不存在了。合作社具有政府管理职能本身就证明它是顺应国家管理需要而发展起来的。

注十　由于毛泽东的号召,全国在1955年下半年出现合作化高潮,这很容易造成一种错觉,认为合作化是一项自上而下发动的运动。实际上,合作化动力相当大的一部分来自农村干部。我们可以分析当时各地的案例来证明这一点。例如,河南省信阳专区1955年春办了3711个合作社,其中由上级干部办的有1577个,乡支部办的1537个,群众自办的561个。[2] 山西省1955年夏天,参加农业生产合作社的农户占总户数的41%,它们不是由少数干部"包办"发展起来的,而是由党的13,600多个乡支部发挥了创造性的结果。[3] 种种例子表明,在毛泽东发出合作化号召之前所创办

[1] 邓子恢:"一年来农业合作化运动的情况和今后工作",载《新华半月刊》1956年第14号,第61页。

[2] "农村党组织的工作要以合作化为中心",载《人民日报》社论,1955年11月9日。

[3] "依靠党的农村支部,办好农业生产合作社",载《人民日报》社论,1955年11月2日。

的合作社中,由乡村干部和群众办的合作社为多数。

而且,党组织一般对乡村支部和群众自发办合作社采取一种观望和劝阻的态度,刘澜涛在一篇文章中披露了干部的劝阻如何同乡村党支部及群众自发办社发生冲突的情形。他这样写道:"有些地方的农民这样说:'我们组织合作社是搞生产,和剥削作斗争,不是和共产党作斗争,为什么你们要干涉?'他们又说:'领导上不批准办社,我们就办自立社,不让叫合作社,我们就叫合作组,反正搞社会主义不犯法。'山东省胶县为了收缩和停办合作社,县政府出了布告;贫农们说:'刘县长布告垮社,下次选举的时候,高低也不能再选举他。'荣城县有一个叫新生合作社的被'动员'解放了,但是干部一走,这个社又立即恢复起来,并改名为复兴合作社。据福建省的一个材料,那里 1954 年秋天以来全省有 2200 多个自发社,其中 300 多个被'说服'转了组,300 多个因为无人领导垮了台,但还是有 1600 多个用各种各样方式坚持下来了……农业的合作化是经济发展的必然规律,这个规律是不能违反的,违反了就要使我们的领导处于十分尴尬的地位。"〔1〕这时,刘澜涛明确地把自下而上的农村自发合作化称为不可抗拒的规律,除了他的意识形态价值判断外,无疑也是感到了来自社会基层的自发趋势。这可以证明毛泽东的号召只是起到取消刹车阀的作用。

注十一　根据农业集体化的计划,集体化存在不同阶段,最低级阶段称为"互助组",接着是"初级社",然后才是具备社会主义性质的"高级社"。农业合作化被认为是从互助组变为初级社,最后合并为高级社的过程。我们认为,这种概念化的理解是很有问题的。互助组和合作社(低级社和高级社)在组织形态和形成机制上有着质的不同,虽然互助组也是在国家鼓励下形成的,但它基本上

---

〔1〕 刘澜涛:"正确地执行党在农村中的阶级政策",载《人民日报》1955 年 11 月 20 日。

是适用于中国农村存在着大量剩余劳动力这一国情。当时国家强调的互助组,大多数鼓励富裕农户(有较多的生产资料)和贫困户(但劳动力多)互助。这样既可以使富裕农户的生产资料得到运用,又为贫困农户中的大量剩余劳动力找到出路。所以当时《人民日报》一再强调互助组不仅要干部领导,更重要的是团结富裕中农,因此它在某种程度上是一种富裕农户和劳动力剩余农户之间互利的经济组织。而合作社则不同,它是一种由干部进行行政管理的集体经营。表面上看,初级社和高级社不同,前者土地私有,具有资本主义性质;后者才真正是集体经济。实际上,初级社和高级社的基本差别仅在于一点:这就是农民拥有的土地是否参加年终分红。初级社规定,拥有较多土地的农民可以比土地少的农民得到较多的报酬。高级社取消土地分红,所有农民一概按劳动获得工分。在干部领导的集体农业中,初级社组织是不稳定的。干部大多是贫农,积极分子也是贫农,他们往往不主张土地参加分红。而且土地参加分红和农民多劳多得的思想也有矛盾。因此,初级社极易转化为高级社。

根据上述分析,可以得到两个结论:第一个结论是互助组在组织性质上不同于合作社,即大多数合作社不是由互助组转化而来的,而是由农村干部另行组织起来的。第二个结论为初级社极易转化为高级社。我们发现这两个结论和合作化过程相吻合。表 9.7 为 1950 年至 1955 年农业生产合作社和互助组之发展趋势。从中可以看到 1954 ~ 1955 年,互助组始终占总农户的 50% 以上,而合作社却有了迅速发展。除了少数互助组因干部专办合作社垮了台外(从表中可以看到 1954 年互助组占总农户的比率是 58.4%,到 1955 年降为 50.7%),互助组的发展基本上和合作社不相关。表 9.8 为 1950 年至 1955 年合作社发展数的统计。我们可以看到 1955 年初级社仍占绝大多数,但在年内随着合作化运动的推进,高级社占了绝大多数,占总农户的 61.9%。

表 9.7　农业生产互助合作组织的发展(1950～1955)

(单位:千户)

	绝对数					参加互助合作组织的农户占总农户的百分比(%)				
	1950 年	1952 年	1953 年	1954 年	1955 年	1950 年	1952 年	1953 年	1954 年	1955 年
全国总农户	105,536	113,683	116,325	117,331	119,201	100.0	100.0	100.0	100.0	100.0
参加互助合作组织的农户合计	11,313	45,423	45,912	45,912	73,310	10.7	40.0	39.5	63.3	64.9
农业生产合作社	219(户)	59	275	2297	16.921	…	0.1	0.2	2.0	14.2
高级社	32(户)	1.8	2.1	12	40	…	…	…	…	…
初级社	187(户)	57	273	22,855	16,881	…	0.1	0.2	1.0	14.2
农业生产互助组	11,313	45,364	45,637	68,478	60,389	10.7	39.9	39.3	58.4	50.7
常年性互助组	…	11,448	13,329	30,713	32,843	—	10.1	11.5	26.2	27.6
季节性互助组	…	33,916	32,308	37,765	27,546	—	29.8	27.8	32.2	23.1

摘自“国民经济统计提要”,载《新华半月刊》1956 年第 17 号,第 44 页。

表 9.8　农业生产合作社数量变化(1950～1955)

(单位:个)

	1950 年	1952 年	1953 年	1954 年	1955 年
农业生产合作社	19	3644	15,068	114,366	633,742
高级社	1	10	15	201	529
初级社	18	3634	15,053	114,165	633,213
注:截至 1956 年 5 月底农业生产合作社已发展到 1,003,657 个,入社农户已达 110,134,226 户,占全部农户的 91.2%,其中高级社 302,756 个入社农户 74,720,054,占全部农户的 61.9%。					

摘自前引文,第 45 页。

注十二　表面上看,公私合营企业中存在着公股和私人股份,只有公股占一半以上,国家才能对企业行使决定权。但是国家通过“五反运动”确立了党和工人群众干部的权威后,只要企业中有公股(并不一定要占相当比例),国家干部(公股代表)就已对企业具有决定性的支配权。当时《人民日报》曾严厉地批评了有些干部的传统保守思想,即认为“公股比重至少要占一半才能居领导地位”,“企业中公股比重愈大领导地位愈巩固”,而再三强调干部的领导权。[1]

注十三　国营企业和私营企业的行为模式是不同的。私营企业的目标受市场支配,力求利润最大,国营企业的目标是完成国家计划。表面上看,公私合营企业的行为模式应处于国营企业和私营企业之间,实际上它却基本上等同于国营企业。因为在公私合营企业中,如果国家干部根据市场模式来管理和处理与资方的关系,会被指责为右倾和失去立场。1955 年《人民日报》曾点名批判这些按市场规律行事之公私合营企业的干部,上海民用药厂就是一个著名例子。该厂 1950 年已经公私合营,1952 年国家派代表担任这个药厂的总经理。这个厂的干部是比较倾向于市场规律的。由于资本家股份占 62% 以上,干部认为应按资本家管理方式来经营。他们认为,如果工厂有发展,里面也有国家利益,“公私合营企业的利益,就是国家利益”。但这些干部被指责为严重右倾和“放弃对资产阶级的斗争”。当时批判这个公私合营企业的理由,主要基于两个方面:一个是资本家所得大于国家所得。1950 ~ 1954 年,红利达 120,460 元,资本家得到 84,590 元,公股只分得 35,870 元。另一个是干部主张“经营合法就行”的思想。[2] 在这种指责中,公私合营企业即使公股占少数,它的行为也像国营企业。

注十四　根据国家统计局 1956 年公布的资料,我们可以看到由国家加工、订货、包销、收购的产品占私营工业总产值比重不断

[1] “认真办好公私合营企业”,载《人民日报》社论,1955 年 5 月 25 日。

[2] 王惠平:“一个损公利私的‘公私合营’企业”,载《人民日报》1955 年 10 月 28 日。

增长(表9.9)。1952年“五反运动”后它占50%以上,统购统销后它进一步占80%以上。

表9.9　国家加工、订货、包销、收购的产品占私营工业总产值的比重(1949～1955)

时　间	1949	1952	1953	1954	1955
百分比(%)	12	56	62	79	82

据国家统计局:“几年来私营工业生产的巨大变化”提供数据制表,载《人民日报》1956年3月21日。

注十五　自由市场消失可以分为两个阶段,在1956年全国进入社会主义之前,自由市场萎缩的表现主要是生产资料供给和工业品的销售脱离市场,我们可以称为生产资料市场消失。到公私合营后,自由市场进一步萎缩,冲击波及社会生活各个方面,包括饮食行业和农村商业网点。

我们可以举出不少例子来证明这一点。上海市原有私营批发商五万七千多人,到1954年国家几乎垄断整个批发业务,但国营批发商工作人员有八千人,[1]市场显著缩小。同样的情况出现在北京和其他城市,例如北京东晓市市场的衰落就是典型的例子。北京东晓市市场本是一个手工业的集散地,共有3000户摊商,手工业户2000户,1953年平均每日交易额达六万三千多元,在旺季商贩们甚至用飞机运输。1953年后,私营批发衰落。统购统购后,1955年整个产销关系网遭到破坏。市场衰落到这种程度,连附近的饭摊和看自行车的人都无生意可做。[2]

市场消失不仅表现在国家控制的商业机构效率低,不按经济规律办事,甚至在从事商业的人员变化上,也可以看到商业网点和

〔1〕“国营商业批发工作的新任务”,载《人民日报》社论,1955年6月7日。

〔2〕贾贵发:“让北京东晓市市场更加活跃起来”,载《人民日报》1956年4月6日。

从事商业人员的减少。1950 年私营商业有 402 万户,从业人员达 662 万人,到 1955 年减少到 277.2 万户,从业人员只有 364.2 万人。虽然国营商业机构从 1950 年年末的 5.2 万个发展到 51.5 万个,从业人员从 38.2 万人增至 249 万人,但公私商业机构总数仍减少了 80 万个,从业人员减少了 90 万人。[1]

1955 年年底 1956 年年初开始全面公私合营后,市场进一步萎缩,它构成了对城乡居民生活的巨大冲击。本来小商店占城市商店总户数的 70% 以上,营业额占全部商业营业额的三分之一到二分之一。[2] 但到 1956 年公私合营运动开始以来,约有 28% 的小商贩发生严重困难,他们不能像过去那样获得货源。[3]

由于全国国营和公私合营商店 56% 的机构和 60.5% 的人员均集中在城市,因此自由市场之萎缩对农村的冲击比城市更早也更大。1955 年后一度出现农民买不到想买的东西。国营的供销合作社缺乏市场需求信号,农村出现了严重的供销不对路。农民需要的东西没有或很少,不需要的却来了一大堆,而且上级干部强迫农业生产合作社购买他们并不需要的东西。如安徽郎溪县幸福农业生产合作社就被迫赊购糖果 4800 多斤,折合稻谷 7 万多斤。供销社还强迫农民购买腊肉、自行车、收音机等。[4] 随着自由市场进一步衰落,城市的供求平衡也不再依靠市场调节,而靠国营商业,立即出现了市场供求平衡的破坏。我们发现,几乎可以成为社会主义商品供应典型性案例的北京市大白菜供应问题恰恰发生在 1956 年,它和市场消失密切关联。本来通过自由市场,从蔬菜生产到消费,只有一道环节,两装一卸,从农田收菜到居民买到菜只要一天

---

〔1〕 统计工作通讯资料室:“我国商业网的发展和 1955 年的某本情况”,载《统计工作通讯》1956 年第 18 期。

〔2〕 “慎重地改造城市小商店”,载《人民日报》社论,1956 年 4 月 25 日。

〔3〕 “帮助小商贩克服困难”,载《人民日报》社论,1956 年 7 月 21 日。

〔4〕 “不准强迫推销商品”,载《人民日报》社论,1956 年 7 月 17 日。

左右。1956 年由国营机构来做，从蔬菜采摘到供应到市民手中一般要经过三道环节，装卸三次，过手五次到六次。在不积压的情况下，需要二三天时间，1956 年后北京蔬菜供应不仅质量下降，价格反而贵了。[1]

注十六　在实行公私合营前一年，全国几乎所有私营企业都出现了严重的供销危机，它表现为产品积压，国家供给原料不足，或供销不对路，出现很大混乱。我们发现，这正是市场调节功能消失带来的结果。由于市场萎缩，不再起到供销调节分配功能，而国家的包销、定购又不甚灵活，私营企业在市场信号和动力消失条件下只有两个选择：一是破产，二是纳入计划轨道，否则将对整个经济产生某种破坏作用。我们可以引用当时一篇分析上海市私营企业的文章来说明这一点。这篇文章说，公私合营前一年，上海出现一个奇怪的现象：很多先进的生产设备不能利用，如毛纺业中，全新的现代化机器闲置，但另一方面又不得不让一些设备陈旧残缺不全的小厂开工。本来，资本家总是拼命追逐利润的，但那个时期，资本家行为模式完全变了，大多数资本家似乎失去了追逐利润扩大生产的兴趣。“有些资本主义企业生产组织差不多已到瘫痪的地步。更多的资本主义企业，事实上早已不是依靠资本家。”另一些资本家，由于在市场中得不到利益，就倾向于在国家加工订货中掺假，偷工减料，虚报成本，他们认为，尽管生产不好，反正国家会来维持。文章作者认为这是因为资本主义私有制已严重不适应生产发展的需要，“目前资本主义制度已经差不多失去推进生产的能力了”。[2] 事实上，这篇文章所讲的正好是市场调节信号消失后，私营企业行为发生的改变。由于没有市场需求信息，私营工业产品出现积压。但这些企业的原料又是由国家统一供应的，国家

---

〔1〕 宋光炜：“怎样改进蔬菜供应工作”，载《人民日报》1956 年 7 月 30 日。

〔2〕 何均：“论全业合营——从上海私营工业的七个行业的情况看实行全业合营的作用”，载《学习》1956 年 3 月号。

怎么知道哪些企业设备先进、哪些企业设备落后呢?结果先进的企业原料不够,落后的企业倒有原料。在市场消失条件下,企业不能从市场中获得利润,国家包销、定购立即成为获利来源了。偷工减料掺假反而会盛行在这种情况下,取消私营企业是大势所趋。

注十七　表9.10为1949年到1955年私营工业总产值占全部工业总产值的百分比。表9.11则是公私合营企业占工业总产值的百分比。从这两个表的对比中我们可以看到,即使到1955年,私营工业占工业总产值百分比仍和公私合营企业一样多。而到1956年年初,几乎所有的企业都公私合营了。因此我们可以说,社会主义改造几乎是一种突变。

表9.10　私营工业总产值占全部工业总产值的百分比(1949~1955)

时　间	1949	1952	1954	1955
百分比(%)	63	39	25	16

据前引国家统计局提供数据制表。

表9.11　公私合营企业之增长(1949~1955)

时　间	1949	1952	1953	1954	1955
总产值增长指数(以1949年为100)	100	623	917	2317	3265
占工业总产值的百分比(%)	2	5	6	12	16

据前引国家统计局提供数据制表。

第十章　大历史观

我写下即将灭亡的悲剧，暴露它的缺陷与德性，它沉重的悲哀和混混沌沌的骄傲，以及为重新缔造一个世界、一种新人类而感到的沮丧。——这便是我们过去的历史。

——罗曼·罗兰

10.1　解除魔咒

现在，我们可以从历史细节中摆脱出来，站在高山之巅，对 1840～1956 年这百余年中国社会结构的变迁做总结了。1840 年以前，中国传统社会结构是儒家意识形态与社会（政治）组织一体化，与它耦合的经济结构是地主经济形态。1956 年中国再次完成了意识形态、政治和经济三个子系统的整合，社会组织方式是毛泽东思想与政治结构一体化，和它耦合的经济系统是计划经济（农业集体化）。一百多年来，中国大陆近现代社会演变的主线就是传统社会结构在对外开放条件下向这种新社会结构转化。

尽管社会结构转化的细节错综复杂，但它仍可被视为超稳定系统受到外来冲击时的行为模式。在西方工业文明兴起前，中国超稳定社会结构已存在了两千多年,历史上也多次受到外来文明的冲击。如果我们把以往的冲击与近代的行为作一跨时代的比较,就可以发现行为模式的类似性。众所周知,魏晋南北朝时期由于北方游牧民族大举入侵和佛教的传入,中国一体化组织方式受到极大的干扰,一度失去整合统一的能力。神州大地出现了三百年左右的分裂割据局面。直到民族融合大体完成,儒学消化了外来文明后再次复兴,中国才又按着传统的一体化社会整合方式,建立了强大兴盛的隋唐帝国。数百年间中国的社会变迁经历了一体化组织解体、儒家意识形态衰落然后又复兴、重建一体化中央王权这样三个阶段。我们在本书中论述了中国自1840年以来的社会变迁,从中可以清楚地看到它也是由"传统一体化解体、意识形态更替、新一体化建立"这三部曲组成。古代和近代社会变迁的三部曲虽具体内容完全不同,但存在深层结构的类似:这就是超稳定系统是通过调整意识形态来适应外部世界的变化的。我们可以用生物适应环境来作比方。生物体为了适应生存环境变化的冲击,必须改变自身形态,而生物体形态的改变则有赖于基因的变化。意识形态对超稳定系统,正如基因对生物体形态那样起决定性作用。我们再三论述过,在一体化组织方式中,意识形态不仅是社会组织的蓝图,而且是现实政治和社会组织的基础。正因为它类似于生物体基因,于是像生物体基因变异而改变性状以适应环境那样,超稳定系统必须通过修改意识形态来适应外来冲击。

比较魏晋南北朝和19世纪两次大冲击,我们可以看到,第一次经历了约三百年的转变,其结果只是导致儒家意识形态自身的改进和自我完善;而第二次冲击在短短百余年间则促使意识形态整体性更替,社会结构也发生了两千年所未有的巨变。这些行为模式的差别也许正好表明近代工业文明与农业文明所造成冲击性质的不同。中国超稳定结构作为农业文明最高成就的创造者,受到同等发达或更低形态文明的冲击时,原则上并不要改变社会结构,充其量只要对意识形态加以改善。魏晋时期如果仅仅有游牧民族入侵,是不至于出现三百年分裂局面的。当时对一体化结构最主要的干扰,是佛教传入后和中国内部的玄学相互激荡,动摇了儒家意识形态的文化,自我完善,内部产生抗干扰机制。就能重建一体化。魏晋南北朝后期,儒学慢慢排除了玄学和佛教的干扰并吸收了其营养,重新成为官方意识形态,中国历史也就进入了辉煌的隋唐盛世。宋以后,一体化结构进一步完善,儒学也发展到宋明理学新阶段,虽然在此后也不断受到四周少数民族的冲击,但它已具有很强的抗干扰能力,甚至在汉人丧失政权的情况下,也都再没有出现全面解体和长期分裂的局面。

西方工业文明是一种崭新的文明,其经济生产能力、军事科技和政治组织结合在一起所具有的巨大扩张性,对中国构成了史无前例的挑战。冲击是全面的、残酷的,超出了中国传统社会结构应付能力的极限。为了继续生存发展,中国社会结构的三个子系统都必须出现巨大改变。由于受到一体化组织方式的制约,改变社会的三个子系统必须以意识形态的更替为前提,所以应付西方冲击时,像魏晋南北朝时期那样,保持儒家意识形态主体并同化外来文化的办法再也行不通了。晚清中国社会在西方冲击下的不断解体,直到新文化运动时期实现意识形态更替,中国才能有效地回应西方。如本书第五章所论,在新文化运动时期的意识形态更替,一方面是抛弃儒家意识形态,另一方面也是西方思想和中国深层文化结构相结合缔造新意识形态的过程。接着,中国社会形态也就按照新意识形态设计的蓝图而发生巨变。新一体化结构有比传统一体化结构庞大数十倍的官僚机构,因而也具备了史无前例的社会动员能力。这就有效地保证了中国在对外开放条件下的民族独立,并开始了初步工业化的历程。

如果用单线进化论来看近代中国社会一系列的变化,那么每一阶段的人都认为自己比前一阶段的人更先进。因此,迄今为止每一代人对中国近现代史的解释,都建立在对前人的否定之上。五四青年指责推动清末新政的绅士是封建遗老;自由主义者批评五四运动引入新意识形态为误入歧途;三民主义者认为新文化运动破坏和中断了中国传统,视中国共产党为实现共产国际和苏联阴谋的工具;共产党也痛斥国民党是帝国主义和封建主义的走狗。现在是解除这一系列历史性指责的魔咒的时候了;其实,近代中国社会变迁的每一个环节都是超稳定系统在西方工业文明冲击下的必经阶段。晚清的洋务运动、变法改革以及辛亥革命,为儒家意识形态和社会结构解体作了准备;新文化运动时期,新知识分子因此得以完成意识形态的更替;此后,国共两党分别努力实践各自的意识形态纲领,整合社会、推进经济现代化。在上述变化链中,离开前一个环节,就无法实现下一个环节。只有把所有变迁作为整体理解时每一个阶段的历史意义才能正确定位。既然超稳定结构是中国历史上形成的特有的组织方式,那么它成为中国在近代演变的基础也是很自然的。因此,对清王朝的现代化尝试,辛亥革命、五四青年的激进主义,以及国共两党的社会整合,都应该承认它们有不可取代的历史地位与意义。我们相信,将来回顾这一百多年的历史,它绝非一连串的失败,过去的世纪颇为壮丽地体现出中华文明顽强的生命力和伟大的创造能力。

10.2 一体化结构的束缚

毛泽东把帝国主义、封建主义比喻为压在中国人民头上的两座大山,用愚公移山来形容共产党领导下的人民革命。但是愚公移山的故事没有设想搬掉门口的两座大山后会发生什么新情况。超稳定系统是用更替意识形态来适应开放环境的,它带来的后果却可以在理论上预见,这就是用新意识形态塑造之社会结构会日趋僵化,随着时光流逝,类似于近代史上出现过的落后局面将会再次出现。原因十分清楚,在对外开放条件下,超稳定系统不得不面临不断变化的环境。西方社会的政治、经济、文化三个子系统在一百年后都发生了很大的变化,国际竞争规则和对中国的冲击方式也改变了形态。而超稳定系统今天的意识形态和社会结构本是适应19世纪冲击而建立,它无法适应这些新的变迁。

19世纪国际竞争对政治结构的要求是增强政府动员能力,而20世纪后半叶民主和人权成为关键性指标。19世纪经济实力的较量表现为国家的工业化程度,而今天则更多地强调人民的生活水平。经济先进意味着国民收入持续不断的高速增长。过去是意识形态称霸的时代,现在则面临了一个意识形态被多元文化消解的时期。显而易见,超稳定系统为适应19世纪西方冲击而建立的社会结构再也不能应付今天的世界潮流。一体化结构组织方式要求政治统治权威由意识形态提供,为了维持统治是不能允许多元化思潮对正统意识形态冲击的。新一体化结构的领导核心是列宁主义式政党,党国、党军、党天下自然和民主政治不相容。同样,在经济发展和一体化结构之间也存在冲突。(注一)我们在分析洋务运动时曾指出,一体化组织方式使得现代化只能被限制在器物和外交层面。甲午以后各种改革都突破了传统一体化的限制,现代经济因素增长很快,但却引起了传统社会结构的解体。在共产党建立的新一体化结构中,可以看到类似的现象。中国共产党在50年代固然有能力把农业积累转化为工业投资,但计划经济很快就成为经济进一步发展的障碍。"文革"后,中国宣布改革开放,引进市场机制,但如同甲午以后自由经济快速发展引起传统一体化解构一样,中国目前又面临地方主义的兴起、农村基层组织的日益混乱。(注二)过去数十年辛辛苦苦建立起来的社会整合又面临新的问题。(注三)

每当谈起中国的落后,有人或许会感慨世事反复无常,国际竞争方式的改变似乎在和中国开玩笑,但是问题的本质仍在于超稳定系统适应冲击的模式。一体化组织方式在相对与世隔绝的条件下建立,它本来只是一种维持社会基本形态不变的机制,当遇到不断进步的西方现代文明的挑战时,只能用意识形态更替来追求现代化目标。但是,这种更替意识形态方式建立的新一体化结构仍然是僵化的,不能适应快速进步的世界。这里我们看到的,是一种保持社会稳定(但因此也停滞)整合机制与现代社会不断进步之冲突。

我们可以用两个示意图来表示一体化组织方式和现代社会之间的差别。图10.1以现代经济发展为纵坐标,社会整合程度为横坐标。直线AB表示经济持续增长不影响社会整合,这是现代社会中经济发展和社会整合之间的理想关系。这样的社会结构可以适应不断进步的潮流。图10.2是中国近代超稳定系统中经济增长之过程。超稳定系统用意识形态更替来适应不断进步的环境,这就使得超稳定系统的经济现代化一定是一条如abcdefg所示的反S形曲线。其中,ab代表传统一体化结构所能容纳的经济增长的极限;bc表示越出传统一体化结构局限时,社会整合程度的急骤破坏;cd是在没有一体化束缚情况下经济增长的程度,但它很快又被社会整合危机所中断;de代表意识形态更替后新一体化结构建立,社会整合恢复到高水平,它是对19世纪以来西方冲击的成功回应,但新一体化结构对经济发展仍有相当大的限制;ef表明用计划经济推行工业化,发展到一定水平后,经济陷于停滞,由此世界现代经济却在不断增长,中国再次显得落后。要重新推动经济现代化,后果是如fg所示(而这正是目前在发生的),政治结构受到巨大冲击,新一体化结构必须再次解构才能适应经济成长。

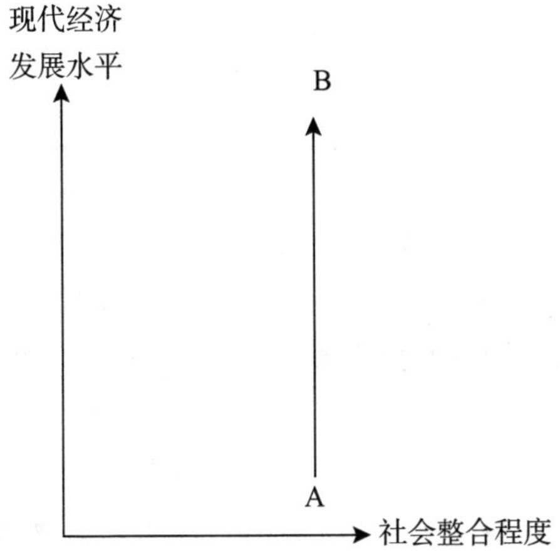

图 10.1　经济现代化与社会整合不互相矛盾

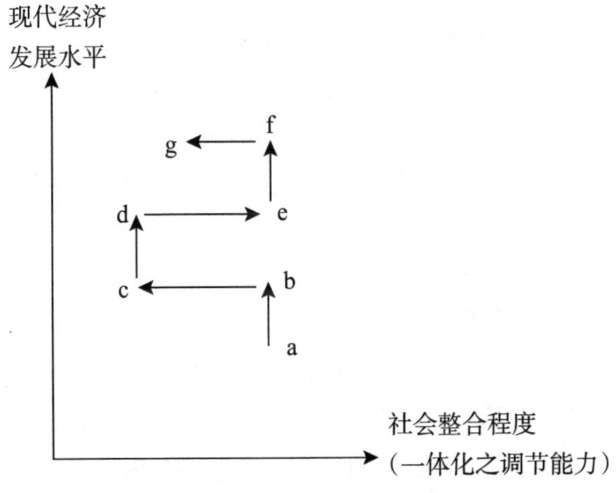

图 10.2　经济现代化与社会整合互相排斥

10.3 超稳定系统应付外来冲击的模型

表面上看,图 10.2 只是一个形象化不甚严格的示意图。但是,超稳定系统社会整合程度是可以用一体化结构调节能力来代替的。这一特点可以使我们把图 10.2 变成一个描述超稳定系统应付各个时期(古代和 19 世纪以及 20 世纪)外来文明之冲击统一模型,只要把图 10.2 具体化,赋予纵坐标和横坐标不同的值,那么中国社会在受冲击时所经历的社会结构变迁各个阶段就能用图 10.2 中轨迹来表示。我们得到一种大历史观。

我们把代表一体化调节能力的横坐标 X 分为弱 X_1、中 X_2、强 X_3 三个等级,用 Y_1、Y_2、Y_3、Y_4 表示经济结构中现代化程度为无、低、中、较高等四种水平,那么,X 和 Y 可以有 12 种不同的组合($3 \times 4 = 12$),我们得到图 10.3。每一种组合为一个格子,图 10.3 中有 12 个格,每一格中社会结构三个子系统状态均可通过分析一体化调节能力大小和现代经济成分多少这两个指标而推出。(注四)超稳定系统在外来冲击的条件下社会结构三个子系统的变化均可以表示在格子上。

现在我们根据图 10.2 中曲线 abcdefg 的顺序考察图 10.3 中的格子,它们是 3、4、5、6、7、8、9 等格子。我们发现这 7 个格子恰好代表了本书所讨论的中国近现代史中社会结构依次经历之状态。

第三格代表了中国封建社会对外开放前的社会结构。第四格是洋务运动时期的社会结构。第五格则刻画了 1895 ~ 1911 年社会政治经济状态。第六格为辛亥革命后的中国社会。第七格则为北伐前的社会阶段。第八格代表南京国民政府时期。第九格为共产党在大陆建立的社会结构。从代表传统社会结构的第三格变到代表社会主义社会的第九格,中间经过六次大飞跃,正好对应着中国

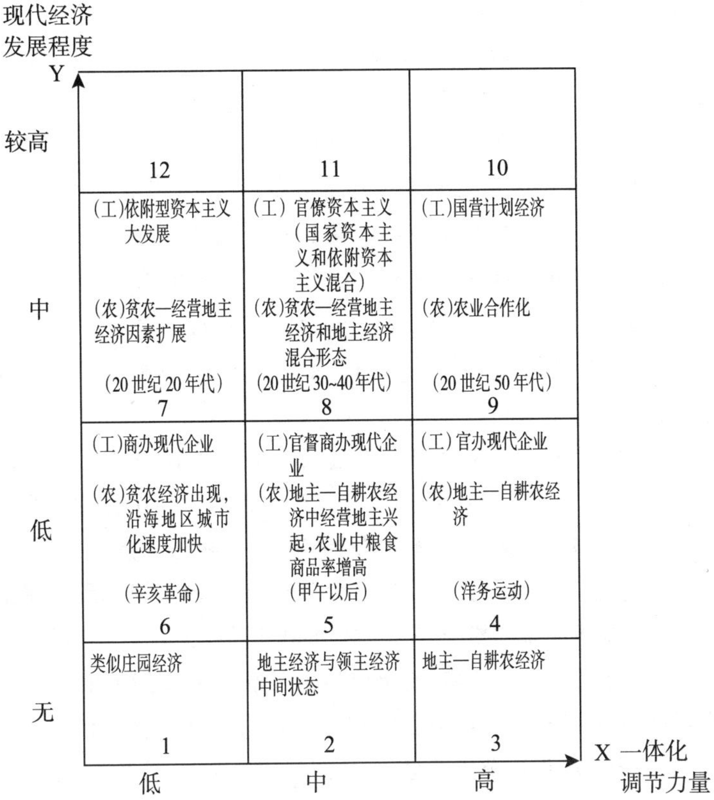

图 10.3　超稳定系统应付外来冲击的模型

近现代史上六次社会内部最重大的历史事件,它们分别是:洋务运动(从第三格跃到第四格)、甲午战败后清廷推行现代化改革(从第四格跃到第五格)、辛亥革命(从第五格跃到第六格)、新文化运动(从第六格上升到第七格)、北伐与国民党统一中国(从第七格跃到第八格)、解放战争(从第八格跃到第九格)。只要对这六次重大历史事变的条件进行研究就可以发现,它们均为前一格社会结构所决定,大历史事变又把社会结构推向下一格。(注五)

根据图 10.2 反 S 曲线,1949 年中国社会进入第九格后,应由第九格上升到第十格(线段cf),即一体化结构不变,仅仅是Y值飞跃一格。到第十格后,又应该进入第十一格(线段fg)。它基本上符合从1956年至1989年这三十多年的宏观变迁。

1956年后国家既然在组织结构上具备了把农业剩余系统转化为工业投资的能力,那么只要这种转化在进行,中国经济中工业成分就能迅速成长。虽然中国共产党1958年想用"大跃进"一下子提高现代经济水平这一幻想破灭了,但在五六十年代,中国经济中工业比重的确出现了某种跃进,1966年工农业总产值是1949年的5.4倍,从Y_3变为Y_4。因此,自60年代中期,中国社会结构进入第十格。(注六)

让我们把社会结构从第九格进入第十格和1840年后中国社会结构从第三格跃入第四格进行比较,两者尽管存在着极大的差别,但有一点却是类似的,就是社会结构向上跃进一格后,它不能继续往上走,也不能一直停留在这个状态,它必然会演化到一体化调节力减弱的第十一格中去。正如1840年后社会由第三格进入第四格后不能停留在第四格,要转移到第五格一样。原因相当清楚:在保持一体化整合方式不变的条件下,现代经济的发展有一个极限:而在今天的世界范围竞争之情形下,中国不可能再永远封闭。一体化结构在闭关锁国条件下发展经济,社会主义和现代市场经济谁胜谁败的问题,迟早会在社会和科学发展水平比较上显示出来。新一体化结构在发展经济竞争中的失败也会导致意识形态认同危机。

1966年中国爆发了文化大革命,它从内外两个方面大大加快了意识形态认同危机的到来。在十年"文革"期间,中国经济发展开始放慢,1967年、1968年甚至出现倒退,1976年国民总产值仅为1966年的1.8倍。而正是在这十年中,东亚出现了经济起飞的奇迹。中国和西方、日本以及亚洲四小龙的差距再次拉开。社会主义可以超过资本主义的神话被现实粉碎。新意识形态如同儒家意识形态一样,是一个独断的迟早僵化的思想体系,它终有一天会成为思想文化和创造力的束缚。因此,新一体化结构这种社会组织方式已内在规定了它在和西方竞争中会碰到传统一体化结构一样的命运:中国再次落后了!落后的现实如同洋务运动失败一样反冲回来,成为破坏新一体化结构意识形态认同的巨大动力。中国共产党人在文化革命带来的巨大灾难面前,认识到必须向西方学习。1976 年 4 月天安门事件如同 1895 年公车上书事件一样,是意识形态认同危机爆发的象征。它立即改变了新一体化结构,使得由强势意识形态控制的 X_3 状态变为弱势意识形态控制的 X_2 状态。因此,文化革命的结束使中国社会由第十格进入第十一格,正如 1895 年后从第四格进入第五格一样。

1978 年 12 月中共的十一届三中全会是社会结构从第十格进入第十一格的标志。这时社会结构又出现了类似于第五格、第八格的种种特点。首先,中国出现了第二次对外开放。在图 10.3 的模型中,与 X_2 相对应的格子,由于意识形态认同危机初步显现,社会均处于开放状态。1840 年中国对外开放并非出于中国自愿,1895 年前大多数士大夫的心灵也并非真正向西方文明开放。只有 1895 年受甲午战败冲击爆发意识形态认同危机,大多数士大夫才意识到中国面临三千年未有之变局,中国出现向西方文明学习的潮流,一批批留学生出国,这才是真正的开放。1979 年后,中国同样形成了留学和引进之狂潮,对外开放成为不可抗拒之潮流。第五格和第八格中,由于一体化结构对经济干预减弱,现代经济成分中并存着国家资本与私人资本,城市经济呈官督商办或官僚资本主义,农业则为传统的地主—自耕农经济。第十一格也出现了类似特点:经济由单一的计划变成了双轨制,乡镇集体所有制、私营和新型的官督商办企业迅猛发展,在短短的十年中产值就占工业总产值的一半。农业经济也摆脱了新一体化结构的强控制,由合作化后党领导下的集体所有制向个体农业经营转化。政治结构也和第五格、第八格有某种类似,出现了意识形态认同危机和政治改革的互动。有人认为从 1989 年到现在,中国社会三个子系统仍处于第十一格之中。很多人甚至相信,我们的时代在某种程度上正在重复 1898 年戊戌变法失败后那种历程。新一体化结构迟早会在意识形态认同危机扩展下瓦解,那时,中国将再次出于类似于第六格那样的多党制和民主宪政尝试,并碰到日益严重的社会整合危机。

研究中国社会 1956 年以后的变迁已超出本书的内容,未来中国的发展到底会怎么样,更不是历史学家所能回答的问题。我们之所以划出 1956 年到今天社会结构变迁极粗略的线条,绝不是说这段时间的变迁已经研究清楚,而只是想表明,在千变万化气象万千之社会事件背后,确有某种整体的演化模式存在着。一个好的理论模型,如果它真的可以勾画出大历史观,那么图 10.3 中剩下的第一、第二两个格子所代表的变迁一定不会没有意义。十分有趣的是,它们恰恰代表了超稳定系统在近代以前受到外来文化冲击时的行为,这就是魏晋南北朝时期的社会结构变迁。我们必须注意,对于第一、第二这两格,现代经济水平始终停留在近乎"无"的 Y_1 上下,这意味着外来冲击仅仅是文化和意识形态上的。一体化结构的组织基础是意识形态认同,当它受到外来文化冲击时,如果意识形态认同发生障碍,传统一体化结构就会解体,社会结构也将经历由 X_3 向 X_2 和 X_1 退化之历程。另一方面,传统意识形态在外来冲击下丧失主导地位的状态并不会长期继续下去,随着外来文化被中国文化同化,儒家意识形态再次恢复正统地位,一体化得以重建。这时,社会再从第一格变到第三格。这样,超稳定系统在近现代之前受冲击的行为可表示为:社会结构由第三格退到第一格,再由第一格回到第三格。即 Y_1 不变,X 出现周期变化。(注七)显然,它正好刻画了从魏晋南北朝到隋唐帝国这一漫长时期社会结构的变迁历程。

近现代中国受到西方冲击和魏晋南北朝时期受外来文明冲击结构上的最大不同是：近代冲击不仅是对原有社会结构形态之干扰，它还伴随着现代化要求，用图表示就是 Y 值的增大。事实上，我们只要将 Y 值从 Y_1 增加到 Y_2、Y_3 和 Y_4，加上对应的 X 值的周期变化，恰恰是一个倒走的 S 型曲线。（注八）超稳定系统在魏晋南北朝时受外来冲击的行为模式和近代西方工业文明冲击下的行为模式居然可以用同一模型把握，这是令人震惊的。它意味着超稳定系统假说可以把中国古代史观与近现代史统一起来。达尔文（Charles Robers Darwin）在他的自传中，谈到他为何探索生物进化规律时曾这样写道："我观察这伟大的世界，尤其是人类的特质，我不能赞成，武断地认为世界只是由无目的的力量在支配着的想法。这个世界不论是善是恶，必然有一个无所不在、巨细靡遗、弥于宇宙的定则存在。"大历史观的探索使我们对达尔文的话深有同感。虽然当前史学界的时尚是把人类社会发展看作偶然的，社会变迁也不会有固定的模式，但是，我们真切地感到，支配着中国历史演化的宏观模式是存在的。

但是，我们在主张过去历史发展遵循某种模式的同时，却不同意历史决定论或宿命论。因为过去的模式未必在未来一定有效。对于历史进程，从来都不存在不可更改的宿命。过去的模式本是历史的斯芬克斯施加的魔咒，它向每一代走到它面前的人，提出同样的自身之谜。只有历史的盲目性未被认识时，斯芬克斯的魔咒才能生效。大约半个世纪前，英国历史学家卡尔（Edward Hallet Carr）在撰写《新社会》（The New Society）时指出，历史演变的模式和自然科学中的规律是不同的。自然科学研究的对象没有过去意识，不会从过去行为中吸取经验，所以同一出戏剧会重演。而推动着历史演变的人类则不同，他们是可以在历史中学习的。过去演变的模式在未来如果仍然发挥效能，它的前提是人们历史记忆之短暂，即历史规律是建立在群体行为的无意识之上的。意识形态魔咒是中国文化和文明几千年来最大的无意识。一旦中华民族在痛苦的历史经验中认识到现代社会再不能依靠意识形态认同来建构之时,这种历史意识本身可以使人们站在一个新的起点上。是的,如果一百多年来中国近现代社会变迁的历程进入了中国人理性之视野,那么一切会如罗素(Bertrand Arthur William Russell)在《我愿意生活于其中的社会》一文中所说:“我们的后代回顾我们时,将会视为黑暗时代之最后一瞬。”

第十章　注　　解

注一　一体化组织方式和经济持续增长之矛盾首先表现在现代化目标和意识形态关系上。用一体化组织来推行经济现代化,有一个前提,这就是经济发展纲领必须被纳入官方意识形态之中。一旦意识形态不能包含进一步的现代化目标,现代化就会被排除出去。洋务运动时期,官方意识形态是儒学的经世致用,它自然不能包含更多现代化内容。洋务运动时期意识形态对现代化的排斥很多人都知晓,十分有趣的是,50 年代后期,我们又看到这一历史规律的新版本,即新意识形态和现代化目标的互斥。意识形态作为一个整体性思想体系,它的内容必须随着政治和经济结构的变动而进行调整。这就潜含着一种可能性,在某种条件下,经济现代化会因意识形态发展而被遗忘。1956 年中国放弃了新民主主义后,曾出现过这种局面。原来,经济现代化是通过新民主主义成为毛泽东思想的组成部分的。新民主主义在政治上强调共产党的领导,经济上推行孙中山的“节制资本”和“耕者有其田”。[1] 然而 1955 年的农业合作化浪潮和“公私合营”却促使现实经济结构超越意识形态框架,新民主主义纲领因不符合现实而过时。意识形态

〔1〕 毛泽东:“新民主主义论”,载《毛泽东选集》(一卷本)。

不得不重新确定有关经济现代化之纲领。经济现代化是否能再次纳入意识形态,则取决于当时政治经济的宏观条件。

在1956年以后的若干时间里,中国共产党的指导思想中应采用什么样的模式来实现经济现代化,一直是一个悬而未决的难题。毛泽东在合作化运动中发现农村基层干部用“人海战术”办农业和种试验田的热忱,认为它可以带来工业生产的大跃进。刘少奇、周恩来和主管经济的务实派则更多地倾向于苏联工业化经验。但是它们均不可能进入中国共产党的意识形态。最先受挫折的是毛泽东发展经济的方案。1958年的“大跃进”是这种经济发展方案之实施。大炼钢铁和群众运动办农业很快被证明是乌托邦式的空想。1960年“大跃进”带来的严重破坏开始显现,农村饿死数千万人,工业经济也达到崩溃的边缘。1961年的国民总产值继续下降38.2%,农民生活非但不如合作化之前,很多地区比1949年前更为困难。在无情的失败面前,毛泽东只得搁置他那十几年超英赶美的经济乌托邦,再次提倡调查研究,自己带头阅读苏联《政治经济学教科书》,并承认中国共产党对于社会主义时期的革命和建设,有着很大的盲目性,在经济领域中还有一个很大的未被认识的必然王国存在。[1]

那么刘少奇等务实派的经济建设方案能否成为党的指导思想呢?“大跃进”失败后,以刘少奇为代表的务实派主张采取比较现实的办法来发展经济。在农业上,他们看到自耕农的生产积极性高于人民公社中的农民,因而主张解散公共食堂,甚至退回到合作化以前的阶段,在农村提倡“三自一包”以恢复农村的生产力。在工业上,他们倾向于全面吸收苏联搞计划经济的经验,推行厂长责任制,重视专家和规章制度。其典型例子是苏联一个大钢厂的管

〔1〕 马齐彬、陈文斌等:《中国共产党执政四十年(1949—1989)》,第177、187页。

理办法被称为“马钢宪法”，并用它来取代毛泽东用群众运动发展经济的“鞍钢宪法”。但是，意识形态是一个整体性的思想体系，某些新的内容能否成为其有机组成部分，不仅要看它在实施中是否有效，还取决于它和意识形态其余部分的关系。

只要共产主义仍是意识形态所追求的理想社会，“三自一包”作为退回到新民主主义阶段的农村建设纲领，是不可能成为已宣布进入社会主义新中国的指导思想的。在工业发展方面，苏联计划经济的经验要成为党的意识形态，首先要确定苏联在意识形态中的位置。只有苏联是社会主义阵营的当然领袖，中国共产党才能认同苏联的今天是中国的明天，这也必然带来中国共产党对苏联的依附地位。民族独立和苏联模式在意识形态上是有矛盾的。早在 1957 年 1 月，毛泽东已不能忍受苏联“老子党”和大国沙文主义的态度。1960 年苏联撤走全部在中国的专家，停止对中国的经济援助项目，中苏关系恶化。中苏的矛盾本属于民族利益之冲突，但是在意识形态与政治一体化的组织方式中，它必须给予一种意识形态意义的解释。在这种关头，中国共产党没有选择余地，为了捍卫意识形态认同，他们只能认为中国坚持了马列主义的正统，苏联则犯了修正主义错误。这就使得用苏联模式来实现经济现代化也不能进入意识形态。

于是，自新民主主义被放弃后，经济现代化在一段时间内不能在党的意识形态中找到位置。正是在中共对采用什么样的经济现代化纲领徘徊不决的三年困难时期中，中苏意识形态论战不断升级，成为毛泽东思想发展的巨大推动力。全党潜移默化地接受了毛泽东反修防修的理论，经济现代化也就随着毛泽东思想之发展被中国共产党遗忘了。1960 年 4 月，《红旗》杂志编辑部发表《列宁主义万岁》等文章，正式提出批判“现代修正主义”的问题。毛泽东认为苏联主要领导人已是“半修正主义”。[1] 1961年10月周恩来率中共代表团参加苏共二十二大，中苏分歧公开化。1962年《人民日报》发表社论《陶里亚蒂同志同我们的分歧》，拉开了意识形态大论战的序幕。差不多与此同时，毛泽东把党内右倾机会主义和国际上的修正主义画了等号，提出党内有人搞修正主义。从1963年到1964年间，中共中央连续发表九篇重头文章，全面阐述了中苏分歧的来由。它们在全党全国产生了极大的影响，被人们称为“九评”。根据九评的逻辑，中苏争执的原因是苏联共产党被野心家篡夺了领导权，出现了资本主义复辟。毛泽东立即把它运用到党内斗争中，指出如果不抓阶级斗争，反修防修，中国也会出现全国性反革命复辟，马列主义的党就一定会变成修正主义的党，变成法西斯党，整个中国就要改变颜色。文化大革命已获得意识形态的合法性。

一旦中苏争论中毛泽东思想的新发展被全党公认，成为马列主义的新发展，那么用它来指导国内实践也势不可当。毛泽东思想在放弃新民主主义后迅速地演变为无产阶级专政下继续革命的理论，经济现代化也被反修防修所压倒。这证明一体化结构中意识形态和政治、经济结构的互动有着自己不可抗拒的内在规律。当党的意识形态随着新的国际国内局势而作整体性调整时，经济现代化很容易被意识形态认为会导致“卫星上天，红旗落地”，它因和挽救亡党亡国反修需要冲突，故而从社会行动纲领中被排除出去。

注二　一体化结构和经济现代化矛盾的另一个方面是，一旦经济越出一体化组织方式所容许的限制，经济进一步发展会对社会整合造成巨大冲击。十年改革期间，共产党的政治文化结构也就显示出和传统一体化结构在洋务运动中类似的两难：当力图巩

---

[1] 从进：《曲折发展的岁月》，河南人民出版社1987年版，第359~360页。

固一体化,保持社会整合时,经济改革就难以推动;一旦把经济改革放在第一位,新一体化结构就会受到越来越大的冲击,社会整合趋向解体。

无论是农村分田到户的责任制还是发展市场经济,就立即会在意识形态上碰到"姓资"还是"姓社"的问题。党内改革派高举"实践是检验真理唯一标准"的大旗,用单干和市场经济的实效来反驳意识形态保守派时,他们也许没有想到,这样做的另一个后果是党内出现日益严重的意识形态认同危机。意识形态本是保持干部廉洁抗拒腐败的精神力量,是共产党的合法性来源,也是中央政府对地方政府的权威基础。日益扩大的意识形态认同危机意味着意识形态在一体化组织中调节功能的丧失,它立即带来党组织涣散、中央政府权威危机和地方主义等问题。

在一体化组织方式中,只能用意识形态教育和控制来对付腐败,意识形态认同危机的扩张使得共产党失去了以前有效对付经济犯罪和腐败的武器。商品经济越是发展,贪污腐败越是难以控制。于是,我们看到在改革开放中干部迅速腐败,双轨制经济中以权谋私贪污成风。早在1982年中共中央不得不作出《关于打击经济领域中严重犯罪活动的决定》。全国立案审查的经济犯罪共有164,000多件,依法判刑的近3万人,追缴赃款赃物32,000多万元。[1]

另一个趋势是共产党执政权威的削弱。早在1979年,邓小平就意识到否定"文革"和对外开放会导致自由化的泛滥,因而提出"四个坚持",即在推行经济现代化的同时尽量维护意识形态认同。但是对外开放和经济改革对意识形态统治权威的冲击其权威性在日益浩大的思想解放思潮中受到怀疑。无论是1983年10月的清除精神污染还是1986年的"反对资产阶级自由化",都未能阻止知

〔1〕 马齐彬、陈文斌等:《中国共产党执政四十年(1949—1989)》,第490页。

识分子要求扩大政治参与、反对僵化意识形态的潮流。

经济现代化对一体化结构消解的典型例子是农村基层组织之变迁。1979年1月安徽省凤阳县梨园公社18个农民首先搞起了责任承包制。随着改革开放的不断扩大，分田到户、单干亦日益普遍，我们立即看到中国农村基层组织的紊乱。原来人民公社、生产大队和小队是政府机构向农村的延伸，搞了责任制后，农民又以一家一户方式生产，原有的生产与行政合一组织再也不适用了。自80年代初，中共中央力图实现党政分家，重建基层组织，到1985年，全国56,000多个人民公社变成了92,000个乡镇政府，在生产大队的基础上则建立了82万个村民委员会。但新建的基层组织软弱无力，有的形同虚设。1986年中共中央、国务院发出的《关于加强农村基层政权建设工作的通知》承认，很多乡政府还没有起到一级政权的作用。〔1〕农村中家族组织重新兴起，处于一种变构中的混乱状态。

农村基层组织之解体意味着对农民控制之放松，中国农村中本来就存在大量剩余劳动力，控制松动立即导致大量剩余劳动力流入城市，他们或作为盲流到城市工作，或成为新兴乡镇企业的后备军。自80年代初，中国再次掀起和近代史上绅士城市化类似的农村人口、资金流向城市之大潮。所不同的是，上一次进城搞现代化的是地主绅士，这一次利用农村剩余劳力和资金搞现代化的却是乡镇企业。据统计，1980年大陆市镇人口占总人口的19.39%，到1988年上升为49.78%，平均每年增长13.9%。〔2〕1981年社队企业的总收入只有670.36亿元，仅占全国工业总产值的

---

〔1〕马齐彬、陈文斌等：《中国共产党执政四十年(1949—1989)》，第534、546页。

〔2〕王嗣均："80年代中国人口城镇化概观"，载中国社会科学院人口研究所编：《中国人口年鉴(1990)》，经济管理出版社1991年版，第121页。

10.8%。[1] 到1990年,乡镇企业的产值已占国家工业总产值的一半左右,它们成为中国现代经济结构中最活跃的部分——开拓国内外市场,挤垮国营企业,取代没有活力的计划经济。乡镇企业依靠自己的经济实力重建乡村自治,甚至给经济日益窘迫的县干部发工资、奖金,把国家基层干部作为自己的代言人,它正在对地方官僚机构造成巨大的冲击。至今为止,它所造成广泛的社会影响仍不可估计。但有一点却十分清楚,正如历史上绅士城市化造成传统一体化解构一样,新一体化结构庞大的官僚控制结构不得不引进新的整合机制,以保证全面推动现代化的过程中社会原有的整合不被破坏。

注三　或许有人会提出台湾经济起飞的经验作为一体化结构与经济现代化冲突的反例。必须指出的是,我们在此讲的国民党一体化整合模式,是指30年代南京国民政府建立的社会结构。很多人把南京国民政府时期中国社会结构和1949年后国民党在台湾建立的政治文化结构等同起来,实际上两者是有很大差别的,南京国民政府的一体化控制网不能达到社会基层,我们在第七章曾论述过它和经济现代化目标之间的矛盾。一方面它不能有效利用农业积累促进工业增长,另一方面国家对经济之干预导致国家资本主义兴起,自由资本主义衰落。如果以1928年注册的民间资本为100,到1930年它已降到38.1,1932年只有12.4。[2] 国家资本主义和一体化结构结合,使腐败和官僚资本主义愈演愈烈,它不利于经济进一步发展。而1949年国民党退守台湾后,组织结构发生了很大的改变。首先它将原先统治全国的党政机构集中到只占全国总面积0.37%的一省,将政府控制网达到基层社会,并成功地实行了土地改革,地主将土地让出来,从政府债券中获得补偿,并把

[1] 马齐彬、陈文斌等:《中国共产党执政四十年(1949—1989)》,第494页。

[2] 汪敬虞:"第二次国内革命战争时期的中国民族工业",转引自中国人民大学编:《中国近代经济史》(下册),人民出版社1978年版,第35页。

这部分金钱投资于工业，也就是说，实现了将农业积累转化为工业投资的机制。[1] 因此，台湾经验只是证明，弱一体化整合对经济现代化阻碍也较少，但一般弱一体化结构不能实现社会整合，而1949年后“国民党政府”只是一个特殊条件下的例子，这样，台湾经验在此不对我们的观点构成矛盾。而且，即使在今天台湾政治民主化进程中，我们仍看到弱一体化组织方式和政治现代化进一步发展之紧张。

注四　我们认为，每一格中社会结构三个子系统状态均可从理论上推出，这是因为社会结构三个子系统处于互相调节的耦合状态，当一体化调节力变化时，相应的经济结构形态是不同的。例如第三格坐标为 X_3Y_1，X_3 表示一体化控制力强，Y_1 则意味着经济系统中不具备现代成分的状态。它代表中国封建社会开放前标准的结构，意识形态是儒家正统，政治结构为大一统帝国，农业经济在一体化调节下呈地主经济。这是中国封建社会的典型状态，代表着1840年前的社会结构。

第四格的坐标为 X_3Y_2。X_3 意味着传统一体化结构未破坏，Y_2 表示现代经济因素已出现，但不高，它呈什么形态，取决于一体化调节能力。在一体化结构干预控制能力很强的条件下，现代企业只能是国家官办的。因此第四格的经济结构为地主经济加上少量国家官办现代企业。这一格对应着1860年代以后的洋务运动时期。

第五格的坐标是 X_2Y_2。它表示一体化调节力减弱与现代经济成分兴起共存。由于一体化控制力较弱，经济结构中现代经济成分受国家官僚控制的钳制也就相应减少，现代经济组织方式处于一体化控制下的官办和没有一体化控制时的民办之间，这就是所

〔1〕 Ambrose Y. C. King：“A Non－Paradigmatic Search for Democracy in a Post－Confucian Culture，The Case of Taiwan，R. O. C”，Political Culture and Democracy in Developing Countries（Lynne Rienna Publishers，Inc.）.

谓官督商办,国家资本与民间资本并存。而地主经济也因一体化调节力衰落而变化,但现代经济成分的涌现则意味着农业经济与世界开放性市场连接,其后果是地主经济中开始出现经营地主—富农等成分。这一格大致对应着甲午以后十几年的社会状态。

第六格一体化调节力消失。它意味着儒家意识形态解构,大一统王权瓦解,国家呈分裂割据局面。经济结构中的现代成分完全摆脱国家官僚控制,呈自由资本主义形态。农业经济中经营地主和富农大发展,相当多自耕农佃农成为半无产阶级化的佣工(身兼小农和农业工人双重身份)。显然,这就是辛亥革命后中国的社会结构。

第七格的政治结构基本上和第六格类似,不同的只是Y值比中间三格大,这意味着现代经济水平比中间三格提高一个数量。它代表了在一体化控制消失条件下,经济结构中自由资本主义大增长。

第八格为在现代经济成分较高条件下,一体化调节力开始恢复,这时出现国家资本主义。经济除了比第五格发达外,其组织形态类似于国家官僚资本与民间资本并存,我们可称之为官僚资本主义。

第九格表示一体化调节能力进一步增长,它只有等某一种强势意识形态占主导地位后才有可能。这时,国家资本压倒私人资本,农业也在一体化强控制之下。经济结构再次转化为强一体化控制下的形态,如计划经济和合作化的农业。

注五　社会结构变迁是由外部冲击和内部三个子系统内容所决定,因此,社会结构变迁的方向完全由上一格决定的具体含义是:我们可以根据某一格社会结构的X值和Y值以及外来冲击而判断它下一步是Y变化还是X变化。我们来看具体例子:

1840年,中国刚对外开放时,社会结构处于第三格,它的坐标为X_3Y_1。由于对外开放,一体化结构必须学习西方科技与国防以对抗外来冲击，它导致 Y 值的变化，这就是 19 世纪 60 年代开始的洋务运动，经济结构中现代成分出现，Y 由 Y_1 上升为 Y_2，它把中国社会结构推向第四格，其坐标为 X_3Y_2。X_3 意味着一体化对经济干预力增强，中国在这一方格中停留了近三十年。正如第二章所讲的，1860～1890 年的这 30 年间，各式新式企业投资中，官办国家资本达一亿元，外资仅 2791 万元，民间资本更少，只有 600 万元，官办企业占绝对优势。它表明在第四格中，其政治结构和意识形态与第三格没有本质不同，只是一体化结构控制力加强；现代经济被完全纳入到一体化组织形态之中。

洋务运动虽增长了经济结构中现代化成分，但却不能达到防卫现代化的目标，社会结构不可能向 Y 值迅速增加方向演化，这时，下一步变迁只能主要是 X 值变化。1895 年甲午战争宣告中国的洋务运动失败，它导致儒家意识形态出现认同危机，一体化调节力减弱，由 X_3 减为 X_2，社会结构进入第五格（X_2Y_2）之中。从 1895 年到 1911 年，中国社会基本上都处于这一格子所限定的形态之中。中国近代史上的官督商办企业虽在洋务时期就已出现，但真正兴旺发达却是 1895 年以后到 1911 年这十五年。当时，意识形态认同危机导致中国出现绅士城市化潮流，大量缙绅把自己来自于土地和经商的收入投资兴办现代化企业。一时社会现代经济成分中，官督商办和有功名的绅商私人办的企业占了主导地位。随着绅士城市化，地主经济中兴起经营地主—富农经济新成分。经济结构呈地主经济和官僚（缙绅）资本主义形态。在政治结构方面，由于意识形态认同危机引发意识形态变迁与政治改革互动，其后果只能是 X 值进一步变小。当时社会改革思潮激荡，政治危机多次涌现。中国经历戊戌维新、义和团运动和 1906 年的预备立宪，终于在意识形态危机与政治结构互动中，爆发辛亥革命。一体化结构上层组织——以王权为中心的大一统官僚机构解体，一体化调节力由 X_2 减少至 X_1，社会状态进入第六格即 X_1Y_2 状态。

在第六格(X_1Y_2)与第七格(X_1Y_3)之间不易找到如同前面那样以 X 状态变化的重大事件作为分界线,但大致说来,第六格代表从 1911 年到 1929 年这十八年的前半段,第七格代表后半段。在第六格中,由于一体化上层组织解构,城市化绅士成为政治舞台的主角。社会组织者的一部分想引进西方民主制,但民主宪政和一体化结构尚未解构的部分(中、下层组织)严重不适应,中国第一次多党制与民主尝试不可能成功。社会组织者中保守部分想恢复帝制,但在意识形态出现认同危机条件下,一体化上层组织无法重建,袁世凯称帝失败。解构了的一体化组织转化为军绅政权,中国出现军阀割据。由于绅士代替王权和官僚成为政治舞台之主角,他们无可逃避地必须为日益严重的社会整合危机负责,社会批判意识开始触及绅权的意识形态基础——儒家伦理。抛弃旧意识形态的新文化运动已在孕育中了。在这一阶段,X 值已降至最小,不能再变化,而 Y 值因解除一体化控制出现较大变化。也就是说,在经济方面,由于一体化结构对现代经济成分的限制和调节消失,自由资本主义开始无束缚地成长。自 1912 年至 1919 年的八年中,新增资本达 1.4 亿元,[1]它比 1870 年至 1911 年这 40 年中民族资本总额 1.3 亿元还要多。也就是说,1919 年后,Y_2 增加到 Y_3,社会由第六格进入第七格状态。

第七格的经济结构是瓦解中的传统地主经济与依附型资本主义相结合的混合形态。由于不存在一体化调节,农村中传统的缙绅地主和租佃地主势力减弱,利用农村中雇佣劳动力专门从事商品粮生产的经营地主和富农普遍兴起,并在农业经济中占不可缺少的地位。农业生产的商品粮比率也由传统地主经济的 10% 提高到 22% 。同样的农业可以养活更多的城市人口。与此同时,中国

---

〔1〕 张仲礼:“关于中国民族资本在二十年代的发展问题”,载《社会科学》1983 年第 10 期。

大城市在一体化解构中也摆脱了传统郡县城市模式，主要通商口岸城市人口以3.5%～9.8%的年增长率增长。这种经济结构不可避免地引起新兴通商口岸城市和广大乡村日益严重的对立。绅士城市化和新兴知识分子的兴起，意味着中国传统社会组织者（士大夫）从乡村向城市的转移。事实上，传统社会组织者离开农村在第五格时已经开始，到了第七格阶段，这一转移过程差不多已经完成，其结果是传统乡村基层组织普遍瓦解。加上政治上军阀混战，军绅政权搜刮无度，农民所受的压迫迅速加重。因此到第七格阶段后期，整个农村社会已孕育着类似农民大起义那样的社会动荡。城市虽然繁荣，但由于一体化调节力之丧失，中国对外来文明冲击的抵抗力降到最低点。关税不能自主，西方列强和日本资本大肆进入，城市人民反帝情绪日益高涨。在意识形态方面，新知识分子从批判儒家伦理开始引发了新文化运动，中国实现了意识形态更替。两种新意识形态——马列主义和三民主义代替儒家成为新的天道，征服了大多数新知识分子。于是在第七格的后期，新意识形态迅速传播，通过列宁主义式政党和政治结构耦合，并在人民反帝反军绅政权的推动下，新意识形态再次和政治一体化，实现社会整合。中国出现了新一体化结构，X_1 为 X_2，社会进入第八格即 X_2Y_3 状态。

第八格从1929年国民党通过北伐削平军绅政权重新统一中国开始算起，到1949年国民党退出大陆结束，历时20年。国民党虽然率先实现社会整合，但同马列主义相比，三民主义是弱势意识形态。信仰三民主义的大多是资本家、地主、城市知识分子及他们的子弟，也就是说，国民党只能利用主要居住在城市的阶级成分组成意识形态政党。它无力把自己的党组织深入到农村，因此国民党整合模式中一体化调节力不高，只能停留在 X_2 状态。由于一体化控制力不强，中国只在名义上实现了统一，使国民政府统治巩固的地区只限于通商口岸和东南沿海经济发达地区，政治上不能做到铁板一块,共产党和军阀势力仍在边远地区存在着。然而,即使如此,一体化调节还是立即对经济结构发生影响,中国自由资本主义的黄金时代过去了,国家资本主义和官僚资本主义迅速增长。新兴经济成分日益纳入国家资本主义和官僚资本主义轨道。根据三民主义意识形态,新一体化结构应该对地主经济进行干预,实行耕者有其田。但是由于国民党不能深入乡村,根本无力实现土地改革,因此只能让农业经济结构停留在第七格自然形成的结构之中,它是一个日趋瓦解的地主经济,土地兼并日趋严重,贫农在农村中占据越来越大的比重,相当多的自耕农在人口压力和土地兼并压力下转化为出卖劳动力的半无产者。正是在这一阶段,中国遇到了近现代史上最严重的外国入侵,新建立的一体化结构不得不肩负起抵抗外来入侵的重担。1937年爆发了全面抗日战争,它严重地削弱了国民党建立的新一体化结构。因为国民党党员基本分布于城市,经济和政治统治基础也是建立在沿海经济相对发达的地区和通商口岸,而在抗战开始后的几个月,敌强我弱的局面决定了国民党丧失其立足之地,不得不退到大西南,依靠广大农村和日本侵略者展开持久战。国民党不具备深入农村进行动员的组织力,但抗战又迫使其对农村扩大动员,只能依靠农村的恶霸地主、保甲长、地痞流氓作国基层力量。本来已经奄奄一息的农村在战争动员与恶霸地主压力下土崩瓦解,广大农民到了走投无路被迫造反的边缘。残存的城市也在战争负担下不断萎缩。通货膨胀消灭了中产阶级,民间企业纷纷破产,而且国民党官僚机构在抗战中腐败不堪。

那些促使国民党整合模式衰落的所有因素都反过来有利于共产党的壮大。马列主义本是比三民主义动员力更强大的意识形态,它在农村崩溃条件下,迅速和农民革命结合。在吸收了中国传统儒家文化与农民文化结合的过程中,马列主义转变为毛泽东思想,它特别容易被农村中本已大量存在的身兼半无产者和传统小农双重角色的贫农接受,于是共产党在农村建立了新一体化结构。由于广大贫农中存在着取之不竭用之不尽的建党必需的干部来源,所以共产党建立的新一体化结构具有庞大的干部队伍,可以深入到每一个自然村,对广大农村的人力和物力进行集中动员。终于共产党用组织得井然有序的农村战胜了不断衰败的城市,取代了国民党在大陆的统治。中国社会结构主导形态由第八格进入第九格。

1949 年到 1957 年,中国大陆社会结构处于第九格(X_3Y_3)。由于新一体化结构有着巨大的调节力,中国共产党真正达到了传统一体化解构以来未曾达到过的政治统一。国家既然具备了集中广大农村社会人力物力的动员能力,它就有可能真正抵御外来文明的冲击和入侵。中国在朝鲜战场上第一次挫折西方最强大的国家——美国。中国大陆形成了以中央直统到基层的巨大官僚机构。一个根据意识形态为蓝图,由官僚机构实施的对经济和社会之改造开始了。首先根据反封建的目标,消灭地主,农业经济变成一种没有地主—富农的纯自耕农结构。这种结构和传统地主—自耕农经济最大的不同是,它不具备向现代城市提供大量商品粮的能力。为了解决商品粮危机,国家不得不用一体化管理力量建立一种迫使自耕农卖粮,由国家供给城市商品粮的制度:这就是所谓实行粮、油、棉的统购统销。市场机制在统购统销制度下破坏了。工业经济中民族工业急骤萎缩,国家资本主义转化为和强大一体化调节相适应的计划经济。自耕农经济在统购统销条件下也是不稳定的,它迅速向由广大农村基层干部控制下的集体所有制农业转化。这里我们看到,随着新一体化结构调节力的增大,它对经济干预必然增强,经济结构只有演化到和一体化调节力相适应的形态,社会结构三个子系统的耦合才是稳定的。在传统一体化结构中,官僚机构只到县一级,县以下一体化组织是由乡绅自治和宗法家族组成的民间社会。与这种一体化结构相适应的工业只是私营手工业、商业,农业是地主—自耕农经济。当国家官僚机构代替传统一体化结构县以下组织时,农业经济形态也就出现了向干部支配下的集体所有制的转化,而工业经济中官营则扩充到一切行业,计划经济和农业集体化是随着国家官僚网控制扩大而出现的。只要分析每一格社会结构三个子系统的状态,我们就能判断它有可能转向哪一格。这六个阶段前一个社会结构状态内在地规定了下一个阶段的特点,中国社会在每一格停留几十年到十几年后转入下一格。

注六　从 1949 年到 1968 年,中国经济成长如表 10.1 所示,它显示了 Y 值的增长情况。

表 10.1　中国经济的成长(1949～1968)

时　间	国民总产值(亿元)	时　间	国民总产值(亿元)
1949	466	1959	1959
1950	575	1960	2094
1951	684	1961	1424.3
1952	810	1962	1280.2
1953	960	1963	1402
1954	1035.4	1964	1648
1955	1103.7	1965	1983.9
1956	1286	1966	2534
1957	1388	1967	2104.5
1958	1640	1968	2015.3

据马齐彬等:《中国共产党执政四十年(1949—1989)》提供数据制表,中共党史资料出版社 1989 年版。

注七　有关这方面的详细论述可见《兴盛与危机》一书的第七章,我们认为秦汉帝国和隋唐帝国的结构基本相同,是第三格的形态。第一格则是魏晋南北朝时期超稳定系统的亚稳定结构,其意识形态子系统中佛教和玄学占主导地位，政治上大一统分裂，经济结构则是一种类似于欧洲和日本的领主经济。第二格则是过渡状态。它分别相当于东晋后期和南北朝后期的社会结构。

注八　主张唯物史观的哲学家经常喜欢用恩格斯的“合力”比喻来描绘历史进程，即当不同阶级（人群）有着不同方向的追求目标时，历史前进实际方向是沿不同推动力的“合力”方向前进的。在唯物史观中“合力”从未有过严格明确的定义，而在我们的大历史观模型中，几种长期变迁的趋势确可以综合起来；以合成一种更为复杂的趋势。现代经济成分之增长和一体化结构周期性变迁之结合就是一个例子。我们认为，历史演变之几种长期趋势之综合，是通过社会结构三个子系统之间的互动实现的。注五就是对社会结构三个子系统互动如何与外来冲击长期影响的综合之描述。

附录一　图表目录

图书在版编目（CIP）数据

开放中的变迁：再论中国社会超稳定结构：2010年版 / 金观涛，刘青峰著.——北京：法律出版社，2010.12（2025.9重印）
ISBN 978-7-5118-1231-5

Ⅰ.①开… Ⅱ.①金…②刘… Ⅲ.①政治思想—研究—中国—1840~1956 Ⅳ.①D092

中国版本图书馆CIP数据核字（2010）第187657号

开放中的变迁：再论中国社会超稳定结构
KAIFANG ZHONG DE BIANQIAN：ZAILUN ZHONGGUO SHEHUI CHAO WENDING JIEGOU

作　　者：金观涛　刘青峰
责任编辑：易明群　黄倩倩
装帧设计：乔智炜
出版发行：法律出版社
编辑统筹：学术·对外出版分社
责任校对：杨锦华
责任印制：胡晓雅　宋万春
经　　销：新华书店
开　　本：A5
印　　张：15
字　　数：352千
版　　本：2011年1月第1版
印　　次：2025年9月第17次印刷
印　　刷：河北晔盛亚印刷有限公司
书　　号：ISBN 978-7-5118-1231-5
定　　价：75.00元

销售电话：010-83938349　客服电话：010-83938350　咨询电话：010-63939796
地　　址：北京市丰台区莲花池西里7号(100073)
网　　址：www.lawpress.com.cn
投稿邮箱：info@lawpress.com.cn
举报盗版邮箱：jbwq@lawpress.com.cn
凡购买本社图书，如有印装错误，我社负责退换。电话：010-83938349